School of Finance, YUFE

➢ 国家自然科学基金（项目编号：72071176、72471205）

➢ 云南省基础研究杰出青年项目（项目编号：202301AV070010）

➢ 云南省哲学社科创新团队项目（项目编号：2022CX01）

新时代背景下
特色金融案例分析

周伟　孟笋　罗丹雪　陈燕 著

CASE ANALYSIS OF
CHARACTERISTIC FINANCE IN
THE CONTEXT OF
THE NEW ERA

经济管理出版社
ECONOMY & MANAGEMENT PUBLISHING HOUSE

图书在版编目（CIP）数据

新时代背景下特色金融案例分析 / 周伟等著.

北京 : 经济管理出版社，2024. -- ISBN 978-7-5096
-9891-4

Ⅰ. F121.23

中国国家版本馆 CIP 数据核字第 2024MU7129 号

组稿编辑：郭　飞
责任编辑：郭　飞
责任印制：许　艳
责任校对：王淑卿

出版发行：经济管理出版社
　　　　　（北京市海淀区北蜂窝 8 号中雅大厦 A 座 11 层　100038）
网　　址：www. E-mp. com. cn
电　　话：(010) 51915602
印　　刷：唐山玺诚印务有限公司
经　　销：新华书店
开　　本：787mm×1092mm/16
印　　张：27
字　　数：545 千字
版　　次：2024 年 10 月第 1 版　　2024 年 10 月第 1 次印刷
书　　号：ISBN 978-7-5096-9891-4
定　　价：88.00 元

前　言

在经济贸易全球化和金融市场一体化的大趋势下，金融领域的每一次微妙波动都可能引发全球经济乃至国际关系的连锁反应。瞬息万变的交易市场、持续创新的金融产品，以及日益多样化、系统化和普及化的金融风险，都对从业者和研究者提出了更高要求。他们不仅要掌握坚实的金融理论基础，还要具备将理论应用于实践、解决具体问题的能力。正是基于这样的背景，笔者携手团队成员撰写了这本研究型案例集。

总体而言，本书是一部来自真实市场，结合了事实现象与理论解释，并形成了完整过程，且以事件研究、过程推演和情景展示为逻辑的研究型案例专著。相关内容不仅能为金融、经济乃至企业管理领域的案例研究提供参考，还能作为金融学、经济学、工商管理等专业本科生、硕士生乃至博士生的课程教材。因此，本书的撰写思路是，通过剖析国内外近期的热点金融事件，引导读者全面理解事件的来龙去脉，借此掌握金融专业知识与关联社会现象，并以理性和客观的态度分析事件的发展过程与可能方向。

此外，本书还分析了这些案例的背景、过程、结果以及经验教训，助力读者深刻洞察金融市场的运作机制，掌握金融工具的应用技巧，增强风险管理的应对意识。全书每章都配备了详尽的案例使用说明，旨在帮助读者深入理解案例的过程、影响与原因，同时激发读者运用金融经济理论进行更深层次的思考与探索。在案例遴选与内容呈现上，本书精心挑选了国内外金融市场尤其是笔者研究领域近年来影响较大的标志性案例，覆盖了金融科技、绿色金融、公司金融、金融市场等多个重要领域。案例涉及金融市场与工具、公司金融与资本结构、风险管理与衍生品、国际金融与外汇市场、金融监管等多个热门金融领域，而且案例都经过了细致的筛选和梳理，力求在真实背景和应对过程的解释上为读者呈现一个全面、立体、连贯且逻辑清晰的金融事件全景。我们深知，将金融理论与市场现实结合是提升金融从业者和研究者专业素养的关键。因此，本书内容还特别强调理论知识与实际操作的深度融合，并尝试对具体案例开展过程逻辑解释与阶段结果剖析。当然，我们也期望这本书能成为相关专业教师的重要教学资料，方便教师能够在课堂上巧妙地将金融理论与真实案例相结合，以此提升教学成效，增强学生的专业能力。

结合上述考虑和定位，本书的案例分析遵循一个清晰且富有逻辑的结构框架："思政启发→背景引入→过程梳理→发展分析"。每个案例之后都附有详尽的案例使用说明，其结构分为七个部分："教学目的与用途→启发性思考题→分析思路→理论参考→具体分析→关键要点→课堂计划建议"。本书分为五篇 15 个金融案例，具体是：第一篇金融科技类案例；第二篇绿色金融类案例；第三篇公司金融类案例；第四篇金融市场类案例；第五篇典型事件类案例。

作为一门应对复杂系统问题的现代科学技术，金融学科的知识领域日益拓展。鉴于笔者的知识储备和视野的局限，书中难免有疏漏与不足之处，恳请广大读者不吝赐教，提出宝贵意见。我们将虚心接受，持续修正与优化，以期达到和实现更高的学术标准和实用价值。愿本书成为连接理论与实践的桥梁，助力读者在金融领域的探索之旅中不断前行，收获满满。

于昆明

2024 年 6 月 27 日

目　录

● 第二篇 绿色金融类案例 ●

第三篇　公司金融类案例

第四篇　金融市场类案例

● 第五篇　典型事件类案例 ●

第一篇

金融科技类案例

案例一 渤海银行金融科技助力数字化转型的案例分析

摘要：金融科技的兴起引领着中国金融的蓬勃发展，给传统商业银行带来了诸多挑战，迫使它们走上创新之路。在这波浪潮中，渤海银行对金融科技的投入不断增加，也使其数字化转型策略备受瞩目。关键问题是，金融科技是否能够为渤海银行的数字化转型提供新的动力？"金融+科技"战略是否足以让这家新兴的国有股份制商业银行实现迅速发展？数字化转型对渤海银行自身产生了哪些深远的影响？这种变革是否与国家普惠金融发展战略相一致？为了回答这些问题，本案例以渤海银行的数字化转型为例进行了深入剖析。首先，对渤海银行的基本信息进行介绍，并从渤海银行的核心业务出发，深入分析其运用金融科技助力自身数字化转型的独特之处。其次，案例进一步探讨了渤海银行在金融科技转型后，积极响应国家普惠金融的政策，为社会弱势群体做出相应的贡献。最后，对渤海银行在数字化转型中所面临的净利润与资本充足率下降等挑战进行深入分析，并从风险管控、培养高技术人才和提高服务质量等方面提出相应的建议。

1 案例背景与案例思政

思政元素：数字经济是全球未来的发展方向，创新是亚太经济腾飞的翅膀。我们应该主动把握时代机遇，充分发挥本地区人力资源广、技术底子好、市场潜力大的特点，打造竞争新优势，为各国人民过上更好日子开辟新可能。（摘自：习近平在亚太经合组织第二十七次领导人非正式会议上的讲话[①]）

---

① 资料来源：中华人民共和国中央人民政府网，https://www.gov.cn/xinwen/2020-11/20/content_5563097.htm。

教学意图：在数字经济时代，如何利用科技赋能金融，让科技成果更好地服务人民？

金融科技是技术驱动的金融创新，该定义由金融稳定理事会（FSB）于2016年提出，旨在运用现代科技成果改造或创新金融产品、经营模式、业务流程等，并推动金融发展提质增效。在新一轮科技革命和产业变革的背景下，金融科技蓬勃发展，人工智能、大数据、云计算、物联网等信息技术与金融业务深度融合，为金融发展提供源源不断的创新活力。1993年，国务院出台了《关于金融体制改革的决定》，明确提出要加快金融电子化建设。经过长时间的金融信息化和互联网金融的发展[1]，直到2014年，互联网金融被写入政府工作报告[2]。2016年，被写入"十三五"科技创新规划[3]。2017年，中国人民银行正式成立金融科技委员会[4]，标志着金融科技行业的正式崛起。2019年，金融科技业首份顶层文件《金融科技（FinTech）发展规划（2019-2021年）》[5] 的发布，为科技金融发展指明了道路。随着金融科技行业的发展，金融监管逐渐引起大众的重视。2022年，《金融标准化"十四五"发展规划》的颁布进一步完善了金融风险防控标准[6]。《金融科技发展规划（2022-2025年）》（以下简称《规划》）强调，要以习近平新时代中国特色社会主义思想为指导，坚持创新驱动发展，坚守为民初心、切实履行服务实体经济使命，高质量推进金融数字化转型，健全适应数字经济发展的现代金融体系，为构建新发展格局、实现共同富裕贡献金融力量。同时，《规划》强调要坚持"数字驱动、智慧为民、绿色低碳、公平普惠"的发展原则，以加强金融数据要素应用为基础，以深化金融供给侧结构性改革为目标，以加快金融机构数字化转型、强化金融科技审慎监管为主线，将数字元素注入金融服务全流程，将数字思维贯穿业务运营全链条，注重金融创新的科技驱动和数据赋能，推动我国金融科技从"立柱架梁"全面迈入"积厚成势"新阶段，力争到2025年实现整体水平与核心竞争力跨越式提升[7]。

---

[1] 资料来源：中国改革信息库，http：//www.reformdata.org/1993/1225/23288.shtml。

[2] 资料来源：中华人民共和国中央人民政府网，https：//www.gov.cn/guowuyuan/2014-03/14/content_2638989.htm。

[3] 资料来源：中华人民共和国中央人民政府网，https：//www.gov.cn/gongbao/content/2016/content_5103134.htm？eqid=eeb316020006f9570000000364979daa。

[4] 资料来源：中华人民共和国中央人民政府网，https：//www.gov.cn/xinwen/2017-05/15/content_5194115.htm。

[5] 资料来源：中华人民共和国中央人民政府网，https：//www.gov.cn/xinwen/2019-08/23/content_5423691.htm。

[6] 资料来源：中华人民共和国中央人民政府网，https：//www.gov.cn/xinwen/2022-02/09/content_5672688.htm。

[7] 资料来源：中国人民银行官网，http：//www.pbc.gov.cn/kejisi/146812/146814/4438627/index.html。

金融科技的演进可以分为三个阶段：第一阶段，金融科技 1.0 时代，即 IT 时代。在这个阶段，以主机系统和数据中心为主导，业务框架与 IT 结构相符，计算机化业务操作流程逐渐出现，主要应用于金融机构内部。这个阶段的特点是金融机构开始利用信息技术来提高内部业务流程的效率和准确性。第二阶段，金融科技 2.0 时代，第三方支付机构的崛起成为焦点，尤其是移动支付和网络支付。此阶段金融科技开始朝去中心化方向发展，高频数据和交易越发普遍，为机构和企业提供了通过新技术拓展业务、提升客户体验、降低服务成本的机会。这个阶段的特点是金融科技开始向外部延伸，为消费者提供更便捷、高效的金融服务。第三阶段，金融科技 3.0 时代，在金融科技 2.0 基础上全面展开。第三方支付运用人工智能、大数据、云计算和区块链等基础技术，广泛渗透金融业各个方面。在3.0 时代，机构和企业能够批量获客、进行精准画像、实现自动审批和智能风险管理，提供综合服务并实现智能运营，同时满足监管合规等需求。这个阶段的特点是金融科技开始深入到金融业务的各个环节，实现了全面的数字化和智能化[1]。

在国外市场环境中，金融科技的发展已经取得了显著的成就。云计算、人工智能、区块链等新兴技术已经在金融领域得到了广泛的应用，这也使金融科技的发展成为了银行业转型的主要驱动力之一（肇启伟等，2015）。金融科技行业同样备受关注。据统计，全球金融科技行业的相关投资金额在 2018 年已经超过 1118亿美元[2]，并且很多国家将其定位于战略层面。2017 年，美国国家经济委员会发布了《金融科技框架》白皮书（*A Framework for FinTech*），明确提出要支持金融科技创新，并将金融科技发展上升到关系国家竞争力的战略高度[3]。2018 年 4 月，新加坡知识产权局在世界知识产权日活动中，推出了一项名为"金融科技快速通道"（FinTech Fast Track）的政策，从而大幅减少了专利申请时间[4]。

对我国而言，该领域的进展和发展同样重要。2021 年，中国经济总规模达17.73 万亿美元[5]，相当于美国的 77%。中国和美国分别占全球经济总规模的 18%和 24%，中国作为全球第二大经济体的地位不断稳固[6]。在构建新发展格局、提升金融市场对外开放水平的背景下，商业银行需快速进行数字化转型，强化数据安

---

①　资料来源：全球化智库，http：//www.ccg.org.cn/archives/67553。

②　资料来源：*The Pulse of Fintech*——2018 *Biannual global analysis*，https：//assets.kpmg.com/content/dam/kpmg/xx/pdf/2019/02/the-pulse-of-fintech-2018.pdf。

③　资料来源：The White House 官网，https：//obamawhitehouse.archives.gov/blog/2017/01/13/framework-fintech。

④　资料来源：IPOS 官网，https：//www.ipos.gov.sg/docs/default-source/resources-library/patents/circulars/（2018）-circular-no-3---launch-of-fintech-fast-track-initiative.pdf。

⑤　资料来源：国家统计局官网，https：//www.stats.gov.cn/xxgk/jd/sjjd2020/202202/t20220209_1827283.html。

⑥　资料来源：世界银行 WDI 数据库。

全治理，将网络安全和数据保护置于经营管理核心。《"十四五"数字经济发展规划》明确了"十四五"时期推动数字经济健康发展的指导思想、基本原则、发展目标、重点任务和保障措施①。因此，2022年，将全面贯彻"十四五"规划，通过多措并举推动《"十四五"数字经济发展规划》实施，高质量推进金融数字化转型。

自2021年以来，中国狭义消费信贷规模已经从2014年末的4.2万亿元增长到2021年末的17万亿元，平均每年以22.1%的速率增长②。我国商业银行的消费信贷业务异军突起，使其传统业务的盈利能力下降，并且面临着向数字化转型的压力。同时，"加快数字化发展，建设数字中国"也是"十四五"规划的关键目标。将新经济数据动力转化为银行技术改革新理念融入数字经济，推动整个银行业数字化转型（谢治春等，2018；盛天翔和范从来，2020）。渤海银行作为全国最年轻的股份制银行，较早认识到数字化转型的关键，以"线上、数据、智能"为模式，以"特色、综合、数字、国际"为四大抓手，推动数字化转型，并以数字化为引领，深化生态银行体系，赋能生态平台。

总体而言，金融科技的迅速发展已经成为银行业转型的重要趋势。商业银行需要加强技术创新和业务创新，实现从传统银行向数字银行的转型。在技术创新方面，商业银行需关注云计算、大数据、人工智能等；在业务创新方面，需涉足数字化服务、开放平台、跨界融合等领域。同时，商业银行也需要加强与金融科技企业的合作，共同推动金融科技与商业银行更好地融合。在金融科技兴起的背景下，商业银行一方面受到新兴互联网金融科技企业在创新金融服务与产品上的冲击和挑战，另一方面积极布局金融科技战略，将金融科技与业务进行融合（邱晗等，2018）。由此可见，在目前的数字经济冲击下，以科技赋能金融已成为银行业加快转型的重要一环。渤海银行是一家具有现代特色的金融企业，它充分意识到金融科技对一家银行的重要性。因此一直在加强对其的研究与开发，以促进其在银行业中的推广与运用。自2022年以来，渤海银行着重提升"金融+科技"硬实力，将数字化转型作为提速工具，带动自身高质量发展，并以实体经济作为着力点，助推数字经济与实体经济的融合发展，以实践激发实体经济转型升级动能。由此可见，金融科技对渤海银行的发展具有重要的意义。那么，渤海银行为何要急于进行数字化转型，并且为什么要利用金融科技来帮助自身实现数字化转型？这一过程中，金融科技又发挥了哪些作用？渤海银行数字化转型过后，能够给社会带来哪些价值？这些问题背后的答案值得深思。

---

① 资料来源：中华人民共和国中央人民政府网，https://www.gov.cn/zhengce/content/2022-01/12/content_5667817.htm。

② 资料来源：国家统计局。

2　朝气蓬勃梦飞扬，年轻有为锦绣芳

2.1　立于天津，辐射全国

随着金融业信息化的不断推进，金融科技正逐步崛起，成为推动金融发展的关键力量。互联网信息技术的飞速发展打破了行业壁垒，促进了不同产业之间的深度交流，尤其在金融领域，大数据和人工智能等先进技术为金融业提供了难得的发展机遇，也为金融业数字化、智能化、服务化的转型创造了新的机遇（唐松等，2020）。因此，新兴的金融技术已成为热门话题，引起了广泛关注。

渤海银行创建于 2005 年 12 月 31 日，是一家较为"年轻"的国有股份银行。渤海银行在渤海银行的"三五"规划中提出，以数字化发展为导向，以技术革新为中心，通过数字化和智能化等技术手段，推动企业的创新发展，成为"最佳体验的现代财资管家"，并为客户提供更好的金融服务。渤海银行在香港的成功挂牌，更是扩大了渤海银行的资金来源，从而为渤海银行今后的发展打下了良好基础。

2.2　初出茅庐，眼光独到

根据业务类型划分，渤海银行的主要业务包括公司银行业务、零售银行业务和金融市场业务。在这些业务中，银行的主要利润来源于存贷利差。然而，随着互联网金融的发展，存贷利差的下降成为不可避免的事实，这给银行的传统盈利模式带来了巨大挑战。与此同时，居民的理财意识不断增强，银行开始意识到个人零售业务所蕴藏的巨大潜力。如何从中增加银行利润，已成为银行亟须解决的问题。

2017 年开始，渤海银行根据自身特点，将消费金融业务作为零售业务战略转型的重要举措之一，通过互联网大数据、智能化等技术驱动，不断挖掘、满足个人客户的消费性融资需求，帮助其实现消费升级[①]。根据渤海银行 2022 年半年报，数据如表 1 所示，2022 年上半年渤海银行业务的营业收入为 70.06 亿元，其中零售银行业务的营业收入为 48.29 亿元，分别占总营收的 52% 和 36%[②]。与 2021 年同期相比，渤海银行在公司银行业务领域实现了利润率的显著增长，然而，零售

---

①　资料来源：渤海银行官网，http://www.cbhb.com.cn/bhbank/S101/xinwenhezixun/bohaixinwen/index 2015015060.htm。

②　资料来源：渤海银行 2022 年半年报。

银行业务方面的利润率却有所下滑。这种变化可能源于数字化转型对零售银行业务盈利能力的提升存在一定时间滞后效应。

表 1 渤海银行业务收入情况   单位：千元

	2022 年 1~6 月		2021 年 1~6 月	
	营业收入	税前利润	营业收入	税前利润
公司银行业务	7006009	2279156	7261562	833571
零售银行业务	4829281	1155981	5633688	2046752
金融市场业务	1616647	1662805	2780026	3867363
其他	38771	−71102	127593	−26904
合计	13490708	5026840	15802869	6720782

资料来源：根据渤海银行 2021 年半年报和 2022 年半年报公开披露资料整理所得。

截至 2022 年第二季度末，我国商业银行资产总规模达 3579003 亿元[①]。就资产规模而言，五大行占据了近 60% 的市场份额。渤海银行资产总量远远低于其他全国性股份制商业银行。在金融科技投入方面，我国的股份制商业银行中，招商银行保持投入金额最多。2021 年，招商金融科技投入达 132.91 亿元，投入增速为 11.58%，占营业收入的 4.37%[②]；平安银行金融科技投入达 73.83 亿元，金融科技投入增速不高，只有 2.40%，是股份制银行中增速较低的银行[③]；中信银行金融科技投入为 75.37 亿元，投入增速为 8.82%；浦发银行（600000）、兴业银行（601166）和光大银行的金融科技投入也都在 50 亿元以上，分别为 67.06 亿元、63.64 亿元和 57.86 亿元；民生银行、华夏银行、广发银行和渤海银行金融科技投入分别为 45.07 亿元、33.19 亿元、31.01 亿元和 9.45 亿元[④]。值得一提的是，渤海银行金融科技投入增速最高，为 68.75%，广发银行投入增速为 35.71%，兴业银行投入增速为 30.89%，民生银行的投入增速为 21.75%。除招商银行、平安银行和广发银行外，其他股份制银行的金融科技投入占营业收入的比例都在 3% 左右（见表 2）。

表 2 股份制银行科技投入基本情况   单位：亿元，%

银行名称	2021 年科技投入	2020 年科技投入	科技投入增速	科技投入占营收比
招商银行	132.91	119.12	11.58	4.37
中信银行	75.37	69.26	8.82	3.68

① 资料来源：中国人民银行。
② 资料来源：招商银行 2021 年年报。
③ 资料来源：平安银行 2021 年年报。
④ 资料来源：中信银行 2021 年年报、浦发银行 2021 年年报、兴业银行 2021 年年报、光大银行 2021 年年报、华夏银行 2021 年年报、广发银行 2021 年年报、渤海银行 2021 年年报。

银行名称	2021 年科技投入	2020 年科技投入	科技投入增速	科技投入占营收比
平安银行	73.83	72.10	2.40	4.36
浦发银行	67.06	57.15	17.34	3.51
兴业银行	63.64	48.62	30.89	2.88
光大银行	57.86	51.50	12.35	3.79
民生银行	45.07	37.02	21.75	2.83
华夏银行	33.19	29.20	13.66	3.46
广发银行	31.01	22.85	35.71	4.14
渤海银行	9.45	5.60	68.75	3.24

资料来源：根据招商银行 2021 年年报、中信银行 2021 年年报、平安银行 2021 年年报、浦发银行 2021 年年报、兴业银行 2021 年年报、光大银行 2021 年年报、民生银行 2021 年年报、华夏银行 2021 年年报、广发银行 2021 年年报、渤海银行 2021 年年报公开披露资料整理所得。

2022 年渤海银行中期业绩报告显示，渤海银行持续加大科技投入，在资本方面的投资已达 5.05 亿元，截至该报告期末，技术人才的比例达 7.48%。数字化转型力度不断增大。同时，由于商业银行金融科技主要投入方向是运用大数据、人工智能、云计算等技术去重构既有架构，从而实现金融基础设施的能级跃迁。由此可见，虽然渤海银行资产总量较小，却仍在持续增加金融科技投入。

在这样的背景下金融科技能否赋能渤海银行数字化转型？"金融+科技"的发展策略能否使一家新成立的国有股份制商业银行迅速发展壮大？渤海银行进行数字化转型后对渤海银行自身产生了哪些影响？渤海银行的这种转变，与国家普惠金融发展战略相契合吗？本案例将通过梳理渤海银行数字化转型过程，来探寻上述问题的答案。

3　摸着石头探转型，谨慎前行过河途

中国商业银行积极进行数字化转型有多方面的原因。随着数字技术的飞速发展，经济的各个领域都在广泛应用数字化工具，而传统经营模式下商业银行竞争力逐渐下降，数字化转型成为提升业务效益、降低成本的必然选择。一方面，数字技术在各个领域被广泛应用，特别是金融科技的崛起，可以适应市场变化和客户需求，通过数字渠道提供的创新服务，银行可以更好地满足客户期望，提高客户满意度。另一方面，商业银行的经营环境发生了深刻的变化，传统的金融思维无法解决现实中的问题，数字化转型使银行更具应变能力，能够更快速地调整战略以适应市场的变化。在数字化转型过程中，商业银行可以利用大数据分析和人工智能等技术手段，对客户行为和需求进行深入分析，从而提供更加个性化和精准的金融服务。数字化转型还可以帮助银行优化内部流程和管理，提高工作效率和风险控制能力。另外，数字化转型也为商业银行带来了新的商机和增长点。通过建立在线银行平台和移动应用程序，银行可以拓展客户群体，吸引更多年轻人和科技爱好者使用银行服务。同时，数字化转型还可以推动银行与其他行业的合作与创新，例如与科技公司合作开发智能投资产品等。这些合作不仅可以为银行带来更多的收入来源，还可以提升银行的品牌形象和市场竞争力。

我国学者也从多方面阐述了商业银行进行数字化转型的原因。项后军和高鹏飞（2023）认为银行数字化转型通过有效降低信贷业务的运营成本，进而降低流动性囤积水平，实现了信贷业务的经济高效运作。徐阳洋和陆岷峰（2022）进一步阐释了商业银行进行数字化转型的动机：第一，传统经营模式下商业银行竞争力下降；第二，数字技术在各领域的广泛应用促使商业银行迫切选择数字化转型；第三，商业银行的经营环境发生深刻变化，传统金融思维无法解决现实问题。裴璇等（2023）指出，我国商业银行体系内存在多种类型的群体，它们的条件、资源和定位各异，对数字化转型的理解、路径选择和投入力度也存在差异。然而，数字化转型仍然是各类型商业银行高质量发展的主要动力。这一观点强调了数字化转型的普遍性和必要性，也凸显了渤海银行选择数字化转型战略的合理性。

上述这些问题在渤海银行中同样存在。因此，为了提升业务效益、降低成本、适应市场变化和客户需求、提高客户满意度、增强应变能力以及开拓新的商机和增长点，渤海银行只有进行数字化转型，不断适应和应用新技术，才能在激烈的市场竞争中脱颖而出。

3.1 金融科技赋能，稳步推进数字化转型之路

随着人工智能、区块链和物联网等新兴技术的迅速发展，商业数字化转型已成为各行业发展的必然趋势。自 2019 年以来，我国金融科技发展水平仅迈入了金融科技的"第二章"，未来仍将沿着数字化、智能化、智慧化的道路持续演进（邢小强等，2019）。

金融科技是通过革新技术对金融服务进行改善和自动控制，从而提高金融服务的效率和便利性。金融科技覆盖了广泛的服务领域，包括移动支付、数字银行、区块链技术等。金融科技通常被视为一种颠覆性力量，能重塑传统金融服务的格局。它赋予新兴企业以挑战既有金融机构的能力，这得益于其能提供更低成本、更大便捷性以及更为个性化的服务的优势。然而，许多传统金融机构也正在采用金融科技来改善自己的服务并提高竞争力。总的来说，金融科技是一个快速增长的行业，

正在改变金融服务的提供方式和客户体验。正因为金融科技可以给商业银行带来巨大的帮助，所以渤海银行不断增加科技金融的投入，以帮助其进行数字化转型。

渤海银行成立后，先后制定并执行了银行自身发展的三个五年规划[①]：

第一个五年规划（2006~2010年）：渤海银行初步形成了全国性分支机构网点布局，形成了各类产品体系和客户群基础，各项业务规模迅速增长，开业次年即实现盈利。

第二个五年规划（2011~2015年）：渤海银行定位为发展期，提出全力推动管理变革和业务创新，夯实管理基础，完善业务资格，拓展分支机构，创新产品服务，抢抓市场机遇，实现了业务规模和盈利收入增长幅度远超同业，同时保持了资产质量的持续稳定，建立起一定的核心优势，为渤海银行进一步转型发展奠定了坚实的基础。

第三个五年规划（2016~2020年）：渤海银行确立了成为"最佳体验的现代财资管家"的发展愿景，业务模式定位于"投行与资管为特色的综合性银行"，推动批发银行投行化和数字化的整体转型；推动金融市场业务向以资产管理和资金交易为主的资本中介中心转型；推动零售银行精耕细作，打造针对"压力一代""养老一族"的特色业务模式。

在第三个五年规划中，渤海银行提出一项数字化发展策略，其中强调以技术为中心，通过互联网、云计算、大数据等数字化、智能化技术手段，推动公司在业务和经营方式上的不断革新。渤海银行高举"网上渤海银行"的旗帜，将互联网、云计算、大数据与银行服务、管理相融合，以实现对整个网络上客户服务过程的全面覆盖，并持续加大对技术的投资和IT系统的构建。

2020年后，渤海银行积极推进第四个五年规划，旨在实现向零售银行、交易银行和轻型银行的转型，并构建生态银行模式，以全面升级其业务模式。渤海银行的目标是通过建立"生态银行"，运用多元化技术如人工智能、生物识别和大数据，提供特色化和定制化服务，推动数字化银行的发展。此外，渤海银行正在率先采取"线上化、数据化、智能化"的"三步走"模式，以数字化转型为关键推动力，实现线上线下融合和跨界融合，提升客户满意度，促进银行的可持续发展。这一战略意味着渤海银行正在不断优化产品和服务，提高银行的竞争力和业务水平，全面实现数字化银行的转型升级。

3.2　内外共同发力，引领渤海银行数字化风潮

渤海银行依托其后发优势，通过不断地创新和探索，打造了一支专业的金融科技团队。为了进一步提升自身竞争力，渤海银行于2017年开展事业部制改革。

---

① 资料来源：渤海银行招股说明书、渤海银行官网，http：//www.cbhb.com.cn/bhbank/S101/xinwen-hezixun/bohaixinwen/index2015015134.htm。

如图 1 所示，渤海银行在此次改革中，将原有的成本中心管理模式转变为利润中心经营模式，并将"网络银行部"更名为"金融科技事业部"，与"信息科技部"构成了金融科技的两股力量，更好地发挥科技在银行业务中的作用，实现金融科技与业务的有机融合，从而提高渤海银行的数字化和智能化水平①。与此同时，如表 3 所示，渤海银行积极与外部公司合作，助力数字化生态银行建设。

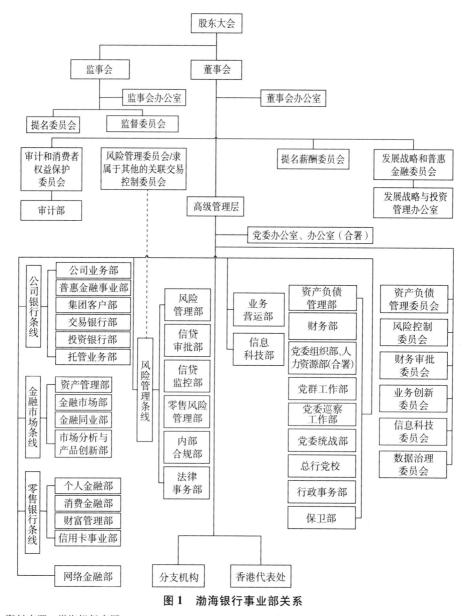

图 1　渤海银行事业部关系

资料来源：渤海银行官网。

———————

①　资料来源：渤海银行官网，http://www.cbhb.com.cn/bhbank/S101/xinwenhezixun/bohaixinwen/index2015015060.htm。

表3　渤海银行合作方

时间	合作方	合作内容
2018年11月	金融壹账通	零售智能营销、"一站式"智能轻量化风控、区块链贸易融资业务等
2019年6月	维信金科	消费金融、普惠金融等
	360金融	支付结算、普惠金融、零售金融等
2019年12月	中兴通讯	云计算、大数据、5G等
2021年10月	华为	金融科技创新、金融应用转型以及互联网新核心系统等

资料来源：根据渤海银行招股说明书、渤海银行官网、证券日报网、中国网等公开披露资料整理所得。

2018年11月，渤海银行与金融壹账通举行了签约仪式，标志着双方将在线上和线下实现全面性的战略合作。这一合作的核心目的是帮助渤海银行在金融科技转型方面与最前沿的科技接轨。金融壹账通作为技术支持方，将助力渤海银行在多个领域如获客、风控、客户交互和用户体验等方面实现智能化经营水平的全面提升，进一步加快渤海银行智能化升级发展的步伐①。

2019年6月，渤海银行与维信金科签署了战略合作协议，标志着双方在金融科技领域的合作进入了新的阶段。这一合作旨在加强双方在新形势下对消费金融发展方向的探索，并共同服务"一带一路"的创新思路。此次合作将进一步推动渤海银行和维信金科服务实体经济，提升消费升级的能力，共享"一带一路"的发展机遇与实践成果。具体来看，这次合作有力推动了消费金融服务的效率与质量的提升，以及普惠信用人群覆盖范围的扩大，从而推动消费升级和小微金融发展②。

2019年6月4日，360金融与渤海银行在西安举行了战略合作签约仪式，标志着双方合作进入新的阶段。这次合作是基于双方过往合作进行的全面升级，充分发挥各自在金融领域的服务优势，实现强强联合，彼此赋能。合作的主要内容围绕支付结算、普惠金融、零售金融、公司金融等领域展开。通过这种方式，双方期望能为用户提供更安全、便捷和包容性的金融服务，推动中国金融科技和普惠金融战略的实施和发展③。

2019年12月，渤海银行与中兴通讯股份有限公司签署了战略合作协议，标志着双方在金融科技领域的合作进入了新的阶段。这次合作是基于双方业务上的互补性和协同性，以"开放公平、优势互补、互利共赢、市场主导"为四大合作原则，全面探索云计算、大数据在银行业的场景化应用，并共同推动5G等创新技术

---

① 资料来源：渤海银行官网，http：//www.cbhb.com.cn/bhbank/S101/xinwenhezixun/bohaixinwen/index2015015121.htm。
② 资料来源：维信金科官网。
③ 资料来源：证券日报网，http：//www.zqrb.cn/jrjg/hlwjr/2019-06-05/A1559714114251.html。

在金融行业的应用落地。渤海银行和中兴通讯都具有显著的协同和互补潜力。通过这种深度合作方式，双方可以依托彼此在各自领域的专业性和优势，一起探讨金融科技运营的新模式，一起创造可以向金融同业输出的金融科技产品。这不仅有助于推动双方的业务发展，也有利于推动整个金融业的数字化进程[①]。

2021年10月，渤海银行与华为技术有限公司在上海签署了战略合作协议。这份协议的签署，标志着双方将开展全面的数字化转型合作，包括金融科技创新、金融应用转型以及互联网新核心系统的建设等领域。根据协议内容，华为将结合渤海银行的实际需求，为其提供基于云计算、5G和大数据等的基础架构及解决方案，以支撑多数据中心、多业务中心和流程化架构的创新。此外，双方还将共同开发下一代先进的ICT架构，以构建面向未来银行业的敏捷开发和快速部署交付机制，进一步推动渤海银行的业务快速发展[②]。

3.3 数字化转型精耕细作，生态场景加速融合

渤海银行的数字化转型之所以能够快速推进，得益于渤海银行在组织保障等方面的充分准备。值得一提的是，渤海银行成立了战略推动与科技转型工程领导小组和办公室，这一重要举措对推动数字化转型的顺利进行起到了至关重要的作用。该小组的成立，旨在推动渤海银行数字化转型的顺利进行，确保业务转型目标的实现。同时，渤海银行还构建了"渤观约取，海润万物"的生态银行业务模式，采用生态化发展战略，加强与生态伙伴的协作，实现资源共享和优势互补，以此实现业务模式的全面升级。除此之外，渤海银行还制定了五大战略能力，包括"聚焦生态""共生共赢""专业赋能""无所不在""智慧引擎"，以满足数字化转型所需的各项能力要求。这些举措的实施使渤海银行数字化转型走在了行业的前列，为渤海银行的可持续发展奠定了坚实的基础。

渤海银行正在以数字化为基石，致力于打造全新的生态环境。在构建这一生态场景时，渤海银行专注于五个核心要素：圈、链、场景、系统和平台。具体而言，在服务实体经济范围方面，渤海银行已经在全国范围内广泛布局，覆盖了大部分的省份和城市，其中包括25个省份、5个副省级城市和香港特别行政区，共计304家正式开业的机构网点[③]。这种广泛的布局使渤海银行在全国范围内的金融服务能力进一步提高，能够更好地满足客户的需求。此外，随着数字化转型的加强，渤海银行从线上及线下两个层面强化了其经营模式，拓展了其经营领域。无

---

① 资料来源：渤海银行官网，http：//www.cbhb.com.cn/bhbank/S101/xinwenhezixun/bohaixinwen/index 2023010601.htm。
② 资料来源：中国财经网，https：//finance.china.com.cn/roll/20211021/5677375.shtml。
③ 资料来源：渤海银行2022年半年报。

论是线上还是线下，客户都能够享受到渤海银行提供的高质量金融服务，这为渤海银行的业务拓展和客户群体的扩大提供了有力保障。

在零售业务创新方面，渤海银行以数字化中台为支撑，为不同客户群体提供个性化、差异化服务。通过精细分析客户需求，银行建立了千人千面的客户画像，并在此基础上细分客户标签，为各个客群提供相应的服务。同时，借助数字化洞察驱动渠道、产品和服务的设计，实现线上线下的双向协同，构建了客户价值提升的完整闭环。这一闭环机制不仅实现了客户价值在线下的"机械增压"和线上的"涡轮增压"，更使银行能够更好地适应数字化时代，满足客户需求，提高客户满意度，并促进业务的全面发展。这一战略不仅提升了银行的服务水平，还为渤海银行在激烈的市场竞争中赢得了竞争优势。

此外，渤海银行不仅持续加强数字化主阵地建设，还推出了手机银行6.0版本，着力构建"渤揽惠"非金融服务专区，打造"渤银E管家"服务品牌。产品与客户需求紧密衔接，数字化触角延伸至生活服务层面，提供全生命周期、全关系图谱、量身定制的贴心陪伴式管家服务。新推出的移动银行突破了传统手机银行模式，构建以移动银行为核心的支持全行在线营销的全新模式。手机银行运用数据埋点、标签管理、客群圈定等手段，积极收集并分析人群属性和行为数据，以个性化展位管理和金融服务，提升在产品管理、营销服务、渠道触达等方面的管理水平。这些举措不仅为手机银行奠定了坚实的实践基础，塑造了全新的客户关系管理系统，而且通过建立完善的整合市场营销系统与数据闭环，实现了全方位数字经营，更好地赋能渤海银行发展①。

4　渤海金融助小微，实体腾飞展新姿

加大对实体经济的支持力度是中国人民银行工作的重要内容。因此，《关于深入开展中小微企业金融服务能力提升工程的通知》要求，加大对中小微企业的信贷投放，优化对个体工商户的信贷产品服务，扩大普惠金融服务覆盖面。银行业金融机构要加大普惠金融科技投入，创新特色信贷产品，开发并持续完善无还本续贷、随借随还等贷款产品，提升用款便利度，降低中小微企业融资的综合财务成本②。这将进一步推进经济的结构性调整和转型升级，从而推动中国经济的高质

---

① 资料来源：中国电子银行官网，https：//www.cebnet.com.cn/20221206/102845960.html。

② 资料来源：中国人民银行官网，http：//www.pbc.gov.cn/zhengwugongkai/4081330/4406346/4693549/4315046/index.html。

量发展。

渤海银行按照国家有关规定，加强对普惠金融的支持，针对东北地区、中西部地区和天津等重点区域，以及重点产业如货运、物流和制造业等，实行有差别的价格优惠；加强对中小微企业、"三农"和欠发达地区的金融服务；加大对制造业、绿色金融和乡村振兴等的信贷投入，使其更好地与实体经济进行匹配①。

4.1 数字化助力大盘稳定，持续深化小微金融服务

数字化转型被认为是推动商业银行进行战略转变的重要力量，能够为银行业带来更高效的运营模式、更便捷的服务体验、更低的运营成本以及更大的商业机会。在当前背景下，数字化转型成为商业银行帮助中小微企业、个体工商户等化解困境的重要举措。银行业加大了对重点领域和薄弱环节的支持力度，进一步推进了数字化转型。

在数字化的助力之下，渤海银行为提高金融服务水平采取了多项措施，这些措施主要分为五个方面，即走进企业内部了解融资需求、深化业务创新、优化金融服务、加强风险防控和降低综合融资成本。具体来说，渤海银行通过深入企业内部调研，在2022年制定了《渤海银行落实稳住经济大盘28条举措》等多项措施②，旨在降低企业综合融资成本。另外，渤海银行加强了对金融风险的监管和管理，增强了风险防控能力。在业务创新方面，渤海银行加强了对金融科技的研究和应用，通过数字化转型提高了金融服务的质效，同时也优化了客户体验。

这些措施的效果都在渤海银行的业绩上得以体现。渤海银行2022年中期业绩报告显示，渤海银行普惠型小微贷款与制造业贷款余额增幅明显。其中，普惠小微贷款余额为672.53亿元，较上年末增加77.71亿元，增速达13%，高于一般性贷款增速9.7个百分点。制造业贷款余额为1064.62亿元，较上年末增幅为5.9%，更好地满足了实体经济的融资需求③。

4.2 破融资难题，打造知识产权融资服务新态势

知识产权在国家发展和国际竞争力中占据重要地位。2021年，中共中央、国务院发布了《知识产权强国建设纲要（2021-2035年）》，强调了我国正在从知识产权引进大国向知识产权创造大国转变。正因如此，知识产权融资在促进中小

---

① 资料来源：渤海银行官网，http：//www.cbhb.com.cn/bhbank/S101/xinwenhezixun/bohaixinwen/index 2022082701.htm。

② 资料来源：渤海银行官网，http：//www.cbhb.com.cn/bhbank/S101/xinwenhezixun/bohaixinwen/index 2022080201.htm。

③ 资料来源：渤海银行2022年中期业绩报告。

型科技企业融资和提升其自主创新能力等方面发挥着重要作用[1]。

为更好地支持科创企业实施"知识产权强国"建设,渤海银行进一步优化了知识产权抵押贷款业务,以更有效地促进科技创新企业的发展。通过加大对知识产权的担保贷款力度,扩大了对各类科技型小微企业的担保贷款服务,实现了将专利转化为股息、将"知产"[2] 变为"资产"的目标。这使得科技型企业真正实现了"可持续发展"的产业转型,将拥有的专利资产转变为实质性的经济收益,形成了有形的财富,为其创造了可持续发展的财富,推动了科技型中小企业的良性发展[3]。同时,渤海银行充分发挥这些网点的辐射效应,广泛宣传知识产权融资扶持政策。在整个知识产权研发、孵化到产业化生产的生命周期中,渤海银行构建了以点带面、以核心带动周边的知识产权融资服务新模式。通过这一模式,知识产权的利用效率得到了最大限度的提升,为科技型企业实现高质量发展提供了有力支持。

4.3 渤海风范展养老,布局业务温情长

人口老龄化让居民对养老保障的需求越来越迫切。因此,应对人口老龄化问题至关重要。它不仅直接关系到国家发展的质量和人民福祉的改善,而且是推进我国经济高质量增长、确保国家安全和维护社会稳定的关键策略。解决好这一问题,是实现可持续发展和构建和谐社会的必然要求。商业银行作为金融行业的重要一员,应该积极探索养老金融,为客户提供更加全面的养老保障方案。

随着人社部宣布个人养老金制度启动实施,渤海银行成为了最早取得个人养老保险业务资质的商业银行之一。渤海银行推出了个人养老保险业务,并在政策要求的先行地区为符合条件的客户提供服务,所有的参保人员都可以在渤海银行的移动支付平台上开通养老金专区,也可以在柜台开户。渤海银行一直在关注人民的生活和自身的社会责任。银行领导曾多次表示,要致力于提升"养老一族"的金融养老规划服务品质[4]。因此,早在2016年,渤海银行就出台了服务养老方案的发展战略,提出要从简单养老产品服务升级到养老金融生态[5]。

养老金融生态为客户提供了个人养老金账户相关的一系列服务。为了更好地服务老年客户,渤海银行还专门针对老年人推出了一款五年期限、起存额50元、

---

① 资料来源:国家知识产权局官网,https://www.cnipa.gov.cn/art/2021/9/23/art_2742_170305.html。

② 知产即知识产权。

③ 资料来源:渤海银行官网,http://www.cbhb.com.cn/bhbank/S101/xinwenhezixun/bohaixinwen/index 2022042801.htm。

④⑤ 资料来源:渤海银行官网,http://www.cbhb.com.cn/bhbank/S101/xinwenhezixun/bohaixinwen/in-dex2022112801.htm。

年息 3.75% 的特殊储蓄产品，旨在满足老年人的养老生活需求①。同时，渤海银行还不断完善"渤银 E 财"养老产品服务体系，让广大的老年客户可以便捷且放心地将其资金存入渤海银行。此外，渤海银行更以金融科技为基础，在渤海银行手机银行 6.0 版本中推出了"长辈版"，其特点是字体更大、图标更醒目、常用功能置顶、插件屏蔽广告等，操作更便捷。同时，新增集成全局语音导航、一键求助等定制功能，推动解决老年群体的"数字鸿沟"，让老年人也能无障碍办理转账、理财等核心业务②。渤海银行用科技让老年人也感受到了金融温度。

5 智慧风帆助渤海，策马扬鞭谱新篇

如图 2 所示，2022 年，渤海银行的营收为 264.65 亿元，同比下降 9.35%，净利润为 61.07 亿元，同比下降了 29.23%。渤海银行的营业收入分为两大块，一块是利息收入，另一块是非利息收入，其中利息净收入和非利息净收入分别为 226.68 亿元和 37.97 亿元，同比降幅分别为 9.97% 和 5.44%。在资本充足率方面，截至 2022 年末，渤海银行的资本充足率相比上年同期降低了 0.85 个百分点，降至 11.5%。由此可见，虽然渤海银行在金融科技的助力下正在加速进行数字化转型，但是仍然面临不小的经营压力。为此，本案例提出以下建议来帮助渤海银行改善这一局面。

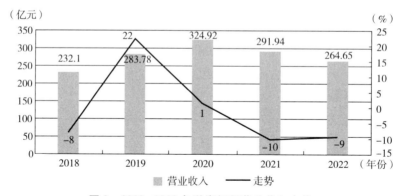

图 2 2018~2022 年渤海银行营业收入走势

资料来源：渤海银行 2018~2022 年年报。

---

① 资料来源：渤海银行官网，http://www.cbhb.com.cn/bhbank/S101/xinwenhezixun/bohaixinwen/index 2022122901.htm。

② 资料来源：渤海银行官网，http://www.cbhb.com.cn/bhbank/S101/xinwenhezixun/bohaixinwen/index 2022063001.htm? firstPage=1。

5.1　加快银行转型，谋求与金融科技双赢

随着互联网技术的迅猛发展，金融科技蓬勃兴起，商业银行基层交易网点迫切需要转变经营理念和更新模式。渤海银行应与科技公司紧密合作，将最新科技融入业务。通过移动支付技术构建智能交易平台，创新交易方式，为客户提供更迅捷、高效的移动支付和业务办理。运用人脸识别等技术监控整个交易流程，提升交易的有效性和安全性。借助大数据技术识别与分析客户资料，量化客户需求、偏好和资金风险，提供更个性化的服务。渤海银行还可以整合人工智能技术提升传统营业机构，结合大数据技术构建智能投资业务，逐步实现智慧银行的愿景。

与此同时，渤海银行还应注重风险管控。自2021年以来，渤海银行与多家互联网平台合作放贷并收取保险费等费用，但却被用户投诉[1]。在与其合作的过程中，由于存在平台问题，导致对合作伙伴的过分依赖，从而造成了其贷后管理的结果[2]。受互联网贷款影响，渤海银行的整体资产质量有所降低。自2021年以来，渤海银行不良贷款、关注类贷款和逾期贷款规模均呈上升趋势，其中2021年逾期贷款规模上涨明显，信贷资产质量面临一定下行压力。2019~2021年，渤海银行分别核销不良贷款10.41亿元、29.49亿元和63.16亿元，核销金额三年增加了5倍[3]。因此，渤海银行需要加强风险控制，并加强核心风控能力的建设，以提升其资产质量。

5.2　培养高技术人才，蓄力渤海未来发展

金融科技正在改变传统银行的业务模式，为了在这个快速变化的环境下保持竞争力，渤海银行需要优化其业务模式，并建立适合的人才团队。金融科技的发展离不开高技术人才，而高技术人才的培养需要一个过程，高技术人才团队的建立更是需要漫长的时间。

为此，渤海银行需要加强对从业人员在计算机技术、信息技术、网络技术等方面的培训，提高员工对金融科技的认知和应用能力，以满足金融科技快速发展的需求。同时，渤海银行需要建立综合的金融科技人力资源开发体系：①通过招聘和培训具备金融科技专业知识和技能的人才，加快建立复合金融科技团队。②与金融科技研究机构和科研机构展开合作，整合和充分利用金融科技人力资源，以应对金融业务模式的困境。这些举措有助于渤海银行在金融科技时代更好地适

---

① 资料来源：中国人民银行官网，http：//www.pbc.gov.cn/zhengwugongkai/4081330/4081344/4081407/4081705/4985128/index.html。

② 资料来源：中国消费网，https：//www.ccn.com.cn/Content/2023/03-16/1156286129.html。

③ 资料来源：渤海银行2019~2021年年报。

应市场需求，提高竞争力，为客户提供更优质的金融服务。

5.3　提高服务质量，扩大银行营收

随着互联网交易中大数据的广泛应用，金融技术迎来了迅猛的发展。渤海银行可充分利用互联网管理平台，以更高效、更经济的方式扫描和分析大规模数据，以便深入地了解客户需求，并满足客户对评估和风险分析的需求。渤海银行致力于提升其对新互联网服务的开发，精心制定战略，并增强技术和资本投资的能力，以适应金融科技快速演进的趋势。这一全面升级的措施旨在加强渤海银行的竞争力，巩固渤海银行在金融领域的领先地位。

将大数据、云计算和人工智能等技术应用于金融领域，能够显著提升商业银行的业务质量。渤海银行应在金融技术领域的研发和应用基础上，规范和优化业务流程，实现与商业银行的智能业务管理。金融技术在渤海银行风险管理系统中的应用涵盖风险评估、早期风险预警和风险管理。它能够客观评估商业银行贷款借款人的信用状况，避免了人工信用风险评估的主观因素，有效避免各种非法活动的发生。风险管理系统最初由负责调查和评估的客户经理通过充分利用金融技术，根据行业特征构建评估模型，并探索各种抵押和承诺模式，以平衡风险与收益。

6　案 例 结 语

渤海银行通过大规模投资于金融科技领域，引入人工智能、区块链、大数据等前沿技术，持续提升自身的技术实力和服务水平，旨在为客户提供更为全面且优质的金融服务。同时，渤海银行积极加强与各类合作伙伴的协作，共同探索并推动金融科技应用的创新，助力渤海银行在银行业务中的科技发展和应用。渤海银行凭借着稳健的经营策略和出色的绩效表现，不断赢得资金市场的信任，更是在 2022 年 9 月 5 日被成功纳入恒生综合指数，展示了其在金融领域的卓越地位①。另外，渤海银行通过强调技术、客户、创新和数据的驱动，不断提升风险管理的精细、规范、数字和流程水平；通过智能、敏捷的风险控制能力，积极推动业务转型升级，以确保全行各项业务的稳健、平衡和可持续发展。在数字化转型的道路上，渤海银行巧妙地将高新技术产品与传统金融服务相融合，加大对普惠金融

---

① 资料来源：英为财情，https://cn.investing.com/news/stock-market-news/article-2127507。

科技的投入，为企业提供更畅通的融资渠道，特别是为中小微企业和个体工商户等摆脱困境提供渠道。同时，借助科技手段，渤海银行致力于为老年人提供更为便捷的金融体验，使数字化转型成果更广泛、更有效地造福整个社会。

　　尽管渤海银行正在加速推进数字化转型，但也不能忽视这一转型过程可能带来的潜在风险。在加速数字化的同时，渤海银行必须时刻保持警惕，确保这一变革顺利落地于渤海银行的产品体系中。通过有效地将数字化成果融入渤海银行的产品线，提升渤海银行的综合竞争力。

📚 案例使用说明

一、教学目的与用途

可将此案例应用于《行为金融学》《投资学》《公司金融》《财务报表分析》等课程中的公司财务分析、公司战略转型、金融科技等章节内容的教学。如将本案例应用于其他课程教学安排，需做相应调整，本案例的使用说明可作为参考。

（一）适用课程

本案例主要适用于《公司金融》《管理经济学》《金融科技》《投资银行学》《金融风险管理》《证券投资学》《财务报表分析》《金融市场学》《金融学理论与实务》《行为金融学》等课程。

（二）适用对象

本案例主要适用于以下对象：

1. 经济学、金融学、投资学等相关专业的本科生和研究生。

2. 对金融和投资领域感兴趣的专业人士，包括但不限于金融分析师、投资顾问、银行工作人员等。

3. MBA、EMBA、MPACC等专业课程的学生，以及其他参与继续教育和职业发展课程的成人学习者。

4. 对金融市场、金融产品、金融技术等有兴趣的企业管理者和决策者。

（三）教学目标

教师可以根据自己的课程选择具体的教学内容、目标和侧重点，灵活地使用本案例，以下思路仅供参考。

渤海银行利用金融科技助力自身进行数字化转型，从而实现渤海银行自身的快速发展，也让我国的小微企业、老龄人口以及其他社会弱势群体感受到了科技所带来的金融温度，这是商业银行扩大普惠金融服务覆盖面的良好实践。这不仅为其他商业银行进行数字化转型提供了借鉴方案，也为我国普惠金融的发展提供了新的思路。为此，本案例从渤海银行数字化转型的原因出发，梳理渤海银行数字化转型的过程，分析了金融科技在渤海银行数字化转型过程中所发挥的作用，以及渤海银行数字化转型对自身发展的益处和对社会发展带来的贡献。

因此，案例通过学习、思考和小组讨论，应该达到以下四个目的：

1. 分析渤海银行迫切进行数字化转型的原因。

2. 梳理渤海银行数字化转型的整个过程，并分析金融科技在渤海银行数字化转型过程中发挥了哪些作用。

3. 渤海银行进行数字化转型，能够给社会带来什么价值。

4. 渤海银行在进行数字化转型的过程中会遇到什么问题，如何应对这些问题。

二、启发性思考题

本案例设置的启发性思考题旨在传递案例的教学知识。在案例讨论前，通过布置启发思考题，引导学生带着问题分析案例。

1. 渤海银行为什么能够运用金融科技在普惠金融领域开辟一条新道路？

2. 渤海银行运用金融科技助力自身数字化转型的例子能够给其他正在进行数字化转型的商业银行带来哪些启示？

3. 在瞬息万变的市场中，渤海银行如何通过金融科技更加有效地服务小微企业？

4. 结合本案例进行分析，渤海银行应该如何利用金融科技更好地助力自身发展？

三、分析思路

授课教师应根据自己的课程及教学目标，安排学生预先搜集金融科技发展的相关信息。本案例通过对渤海银行利用金融科技进行数字化转型过程的分析，为其他商业银行在数字化转型时提供一定的参考。本案例可被灵活使用于前述课程，以下分析思路仅供参考。本案例的核心聚焦于剖析金融科技在渤海银行数字化转型进程中的关键作用以及该行完成数字化转型后，对其自身乃至社会所带来的诸多益处。除深入研读案例中对金融科技的详尽阐述外，学生还需积极展开自主学习，全面探索金融科技的多重功能，并能够提炼出个人独到的见解与观点。

首先，通过对渤海银行数字化转型的整个过程进行背景梳理，使学生了解渤海银行进行数字化转型的原因。

其次，介绍金融科技的相关概念，分析金融科技在渤海银行数字化转型过程中的作用以及效果。

再次，分析数字化转型对渤海银行业务收入及利润的影响并深入剖析数字化转型对我国普惠金融发展的贡献。

最后，通过探讨渤海银行数字化转型的案例，使学生深入思考商业银行进行数字化转型的现实意义，思考商业银行数字化转型过程中还会遇到哪些困难以及相应的解决措施，从而推动我国商业银行的数字化转型进程。

四、理论参考

（一）金融科技

金融科技是指基于大数据、云计算、人工智能、区块链等一系列技术创新，通过革新技术对金融服务进行改善和自动控制，从而提高金融服务的效率和便利性。金融科技覆盖了广泛的服务领域，包括移动支付、数字银行、区块链技术等。金融科技通常与颠覆传统金融服务联系在一起，因为它使新兴的公司通过提供更低的成本、更大的便利性和更个性化的服务来挑战传统金融机构。然而，许多传统金融机构也正在采用金融科技来改善自己的服务并保持竞争力。总的来说，金融科技是一个快速增长的行业，正在改变金融服务的提供方式和客户的体验。

（二）企业社会责任

在公司谋求利益的进程中，其责任不仅仅局限于对股东和员工的关照，同时也需要对社会、环境以及消费者负责。树立正确的企业社会责任价值观不仅需要追求企业自身利益的最大化，更需要持续关注体现企业对社会长远发展的价值。此外，企业在塑造自身社会形象时应时刻关注并凸显对社会、环境和消费者的积极贡献。作为金融体系中至关重要的金融中介机构，银行在引导社会资源的分配和再分配方面发挥着举足轻重的作用，尤其在经济运行体系中，商业银行对社会各个方面的经济活动都具有关键性的影响。

（三）竞争战略理论

竞争战略是由管理学家迈克尔·波特提出的，是企业战略的一个核心组成部分。竞争战略的核心问题在于企业在其所属产业中的相对地位。一个企业在特定行业中的盈利能力高低主要取决于其竞争位置。即便所处行业整体利润水平不佳，若企业的竞争位置优越，依然能够获得可观的投资回报。波特将竞争战略分为三大类，分别是差异化战略、成本领先战略和集中化战略。差异化战略强调通过提供独特的产品或服务，在整个产业范围内树立个性化的形象。成本领先战略要求企业建立高效、规模化的生产系统，全面降低成本，并紧密控制管理、研发、服务、推销、广告等方面的费用。集中化战略则是基于企业的定位和优势，有针对性地占领某一细分市场。

五、具体分析

下面通过回答提出的启发性思考题，详细分析本案例所涉及的知识点，进而达到更全面掌握本案例关键点的目的。

（一）渤海银行为什么能够运用金融科技在普惠金融领域开辟一条新道路？

【理论知识】金融科技、企业社会责任

【分析思路】本题设置的目的是加深学生对金融科技以及普惠金融的认识，并理解金融科技对普惠金融的重要意义。

授课教师在讲解本题时，可以先让学生了解金融科技与普惠金融的相关概念；再引导学生思考渤海银行应该如何将金融科技应用到普惠金融领域，以及金融科技对我国普惠金融发展的重大意义。

【案例答案】普惠金融是指通过金融服务和产品的普及和普惠，使更多人能够获得财务包容性和金融包容性的理念。普惠金融旨在通过提供合适、可负担和高效的金融服务，帮助社会较弱群体和中小企业获得资金、风险管理和金融教育等方面的支持，进而改善其经济状况，促进经济的发展。

渤海银行的零售业务在 2021 年上半年完成了 103.52 亿元的总营收，较上年同期增加了 20.13%。零售客户较上年同期增加 16.34%，达 576.03 万户；个人有效客户较上年同期增长了 1.43 倍，达 184.59 万户；高净值客群增速加快，增长幅度达到了惊人的 76.68%，这也使零售私行客户达到了 5327 户[①]。渤海银行在零售业务上亮眼的成绩无疑是其数字化转型成功的最好证明。按照渤海银行第四个五年规划转型零售发展战略，渤海银行在第四个五年规划时期提出了新的发展方向，并在年度报告中指出，未来的工作重点将由区域战略布局转向全国网点布局，快速推进大型重点城市"综合化轻型支行"的建设，原有网点向中小轻型网点转型，逐步淘汰产能低下的网点，并通过"轻舟计划"优化核心重点城市的分支机构布局，加快提升网点的智能化、场景化服务能力，打造更贴近客户的线下服务网络。渤海银行从不同的客户群体出发，针对不同群体的需求来定制产品。

在个人客户方面：渤海银联在建立"千人千面"的基础上，将渤海银行的客户进行了分类，并以"渤仔""渤锐""渤达""渤泰"四类特殊客户群为目标，将其定位为未成年客户、工作不久的年轻客户、具有一定积累的中年人和老年人客户，并以此为导向，以数字视角来驱动渠道、产品和服务，设计出一套完整的客户服务流程。这一巧妙的分类体现了对不同年龄和经济状况的深刻理解，将未成年客户、初入职场的年轻人、中年积累一定财富的客户以及老年客户有机地纳入其中。基于这一分类体系，渤海银联以数字化视角为指导，积极驱动渠道、产品和服务的创新。通过精心设计的客户服务流程，为每个特殊客户群提供个性化、精准的金融体验。这一综合的策略不仅使渤海银行能够更好地满足不同客户群体的需求，还为客户提供了更全面、更高效的银行服务。由于渤海银行进行了数字化转型，将科技与金融很好地结合，精准地识别客户需求，在设计产品时，从客户需求出发，让客户享受普惠金融所带来的实惠，客户自然更愿意选择渤海银行的金融产品。

（二）渤海银行运用金融科技助力自身数字化转型的例子能够给其他正在进行数字化转型的商业银行带来哪些启示？

【理论知识】金融科技、竞争战略理论

【分析思路】本题设置的目的是加深学生对金融科技以及数字化转型的认识，

---

① 资料来源：渤海银行 2021 年半年报。

并理解金融科技对商业银行数字化转型的重要意义。

授课教师在讲解本题时，可以先让学生了解金融科技对企业数字化转型的必要性；再引导学生思考渤海银行应该如何利用金融科技帮助自身进行数字化转型。

【案例答案】随着互联网和金融科技崛起，大数据和信息科技正逐渐颠覆银行的商业模式。银行步入数字化时代，但传统银行在更新客户体验等方面显得滞后。通过改变客户行为偏好、进行渠道和产品创新，以及减小内外部竞争的压力，银行可以实现数字化转型。

客户偏好和消费习惯已经剧变，必须建立更优越的客户体验。互联网和金融科技推动了客户金融行为和偏好的变化，尤其对线上化特征明显的年轻客户。传统银行的金融产品和营销渠道已难以满足客户日益敏捷、定制、线上化、多元化的金融需求。实现全方位数字化变革、管理客户、提升服务质量已成为商业银行的必然趋势。

实现银行理财渠道和产品的多样化，是构建金融创新能力不可或缺的路径。传统金融机构以线下渠道为主要服务阵地，在金融科技推动下，各种渠道涌现，移动银行的作用日益凸显。数字渠道为商业银行打破营业场所限制提供了契机。通过数字技术，商业银行可以促进产品创新。随着用户行为日益线上化，加之大数据技术的持续优化与深化，普惠金融、即时信贷、移动生态等方面都有广阔的发展空间。因此，各大银行正在推动业务转型和升级。

当前我国总体经济增速放缓，银行间竞争激烈，外界的金融科技公司也进入行业，银行迫切需要借助大数据增强竞争力。各大银行凭借技术和价格优势，下沉业务，使中小商业银行陷入"量增价降"的境地。在产业之外，各大金融机构在支付、普惠等方面占据较大市场份额。网络银行和科技公司具备全新的竞争优势。在这种严峻形势下，尽早部署数字经济发展策略是我国商业银行培育新动力的必要之举。我国商业银行已逐步转向以客户为核心的经营模式。数字化转型与以客户为中心的转型方向高度一致，两者之间存在密切的协同关系。渤海银行在数字改革中始终以客户需求为中心，通过数字改革准确理解客户需求，再根据需求调整产品，提供更优质服务。这种变革之路可供其他商业银行借鉴。

（三）在瞬息万变的市场中，渤海银行如何通过金融科技更加有效地服务小微企业？

【理论知识】金融科技、企业社会责任、竞争战略理论

【分析思路】本题设置的目的是让学生厘清金融科技与小微企业的关系，并理解金融科技服务小微企业的具体路径。

授课教师在讲解本题时，可以先让学生了解金融科技与小微企业的密切联系；再引导学生思考渤海银行应用金融科技对小微企业发展的重要意义。

【案例答案】长期以来，商业银行一直在小微企业信贷方面面临高风险和高成本的问题，制约了其可持续发展。传统商业银行更倾向于为已成功的企业提供融资，而对于陷入困境的小微企业则比较犹豫，更倾向于能够提供"硬信息"和"强抵押"的企业。然而，这一商业模式与小微金融的运营特点和风险偏好不契合。小微企业抗风险能力相对较弱，信息不完整，同时银行和企业之间存在信息不对称，难以准确评估小微企业的经营状况和风险水平。由于小微企业通常缺乏适当的抵质押和稳定的现金流，因此很难满足商业银行对高风险管理的要求。此外，传统商业银行的小微企业信贷产品流程繁琐、时间周期长、操作速度慢，与小微企业普遍的"短、小、频、急"的信贷需求不匹配。

然而，金融科技的崛起为小微金融带来了新机遇。通过互联网、大数据等技术手段，银行能够主动发现小微企业的潜在客户，实现精准画像、主动授信和自动化审核，从而缓解小微企业的信息不对称问题，减少其经营成本，拓展经营范围，提高金融服务的普及性。渤海银行在了解小微企业实际困难的基础上，通过深入企业内部、聚焦重点领域，协助企业纾困，同时帮助企业利用知识产权进行融资，解决了小微企业融资难的问题，促进了其自主创新和科技成果的转化。

此外，渤海银行还能通过金融科技获取和分析小微企业客户的行为特征，实现金融产品的精准营销，并通过移动和社交网络拓展多元化的营销渠道。通过利用金融科技为小微企业提供平台支持，银行可以与客户共建商业生态系统，提供多种金融服务，提升对客户的综合服务。

（四）结合本案例进行分析，渤海银行应该如何利用金融科技更好地助力自身发展？

【理论知识】金融科技、企业社会责任、竞争战略理论

【分析思路】本题设置的目的是让学生理解金融科技在渤海银行发展过程中所发挥的作用。

授课教师在讲解本题时，可以先让学生了解金融科技在商业银行发展中的必要性；再引导学生思考渤海银行应该如何利用金融科技助力自身发展。

【案例答案】金融科技已经颠覆了商业银行的经营和管理模式，当前的银行管理模式已不再适用，必须通过技术构建符合银行需求的风险预警模型。在渤海银行进行金融信息化转变的过程中，强化对风险的控制变得至关重要。随着金融科技的发展，新的金融风险不断涌现，因此，渤海银行在应用金融科技的同时，务必要高度重视风险控制。

渤海银行可以通过金融科技解决信息不对称问题，积极收集数据信息，全面了解银行财务动态、客户软信息、行业前景等方面的信息。渤海银行可以将大数据技术用于数据分析和构建信用评级机制，从而降低人工成本，提升风险控制水

平。因此，金融科技有助于提高渤海银行的业务效率、降低风险，并提升客户满意度。同时，利用区块链技术存储客户交易记录，能够及时发现交易异常，降低操作风险的同时提高效率。渤海银行还可以充分利用人工智能、生物识别等技术，不断优化交易程序，同时提高商业银行的内部安全性。通过建立反欺诈系统和风险控制系统，对银行业务流程进行实时监控，及时拦截可疑交易，以避免客户损失。

我国商业银行的金融科技系统目前多依赖于外部技术服务提供商的支持，这在某种程度上限制了它们在金融市场的灵活应变能力。相比之下，互联网科技公司凭借其先进的技术和创新能力，在金融科技领域取得了显著的发展优势。在这样的背景下，渤海银行虽然相较于传统的四大银行规模较小，但正是这一劣势促使它积极寻求突破，将劣势转化为优势。渤海银行注重内部金融科技的开发，致力于构建自主可控的金融科技系统，以更加灵活和高效地应对市场的变化。

六、关键要点

（一）案例关键点

本案例旨在深入分析渤海银行的数字化转型进程，探讨该银行如何巧妙运用金融与科技，推动自身数字化转型，并为我国普惠金融的发展贡献不懈的努力和显著的成效。主要涵盖以下方面的内容：首先，深入剖析金融科技对渤海银行所带来的深远影响；其次，探讨金融科技在渤海银行的具体应用以及其如何与数字普惠相融合；最后，审视金融科技如何赋能商业银行的数字化转型，并详细分析在这一过程中可能遇到的挑战，提出相应的应对策略。通过深入剖析渤海银行的数字化转型案例，从而使我国其他商业银行全面了解渤海银行在数字化转型中的经验与教训，为我国商业银行数字化转型提供有益的启示与借鉴。

（二）知识关键点

本案例涉及的知识点主要有：金融科技、普惠金融、企业数字化转型、企业战略规划、企业财务分析。

（三）能力关键点

本案例涉及的能力点主要有：金融市场分析能力、问题发现及分析能力、综合及解决问题的能力、自我认知能力及诚信素养。

七、课堂计划建议

本案例可以作为一种特殊的案例讨论课进行，教师可以通过对案例的介绍，按照自己的时间进度，设计出一套好的教学方案，表4安排仅供参考。整个案例课堂讨论控制在90分钟内。为了保证案例教学的质量，建议学生规模控制在30

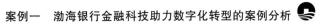

人以内，分为 4 个小组（每个启发性思考题随机抽选一个小组针对性提问）。

表 4　案例教学计划安排

阶段	内容	教学活动	时间
课前准备	提前准备	1. 提前查看案例正文、启发性思考题，并请学生根据案例提前自行检索搜集金融科技、数字转型和生态银行建设等相关信息； 2. 提前要求学生做好分组，建议分为 4 个小组，分配思考题任务	提前一周
	案例引入	授课教师说明课程内容和案例讨论主题，说明案例讨论的教学目的、要求和安排等	5 分钟
	分组讨论	开始分组讨论，各学生根据课前搜集的信息，围绕启发性思考题进行深入讨论	20 分钟
课堂计划	案例教学	带领学生回顾案例正文	5 分钟
	提问思考题	1. 授课教师根据分析思路中给出的案例分析逻辑以及各启发性思考题对应的引导性提问，展开教学； 2. 就每个小组分配的思考题展开回答，每个问题的答案要点做好记录，每个问题时间建议控制在 10 分钟内； 3. 授课教师在提问过程中穿插讲解理论参考和知识点	40~50 分钟
	案例总结	对案例正文的整体叙述、相关理论参考和知识点进行总结归纳，并适当延伸	10 分钟
课后计划	—	要求学生采用小组报告形式对案例讨论的结论与理论基础、分析思路等进行阐述，为后续章节的学习做好铺垫	课后一周

案例二　光大科技"科技赋能"助力金融数字化转型的案例分析

摘要：随着大数据、区块链、人工智能等技术的发展，金融科技快速渗透至经济生活当中。为了谋求更好的业绩和长远的发展，传统银行纷纷成立金融科技子公司。本案例以光大科技有限公司（以下简称光大科技）为研究对象，首先，通过时间顺序和国内视角介绍金融科技的发展状况以及光大科技的公司概况。其次，分析目前金融机构在数字化转型过程中普遍面临业务与技术割裂、缺乏以客户为中心的理念、数据治理难、监管风险大等主要问题。再次，介绍光大科技融合业务技术，打造数字平台，推进数据治理，致力于金融数字化服务转型。最后，针对光大科技提出其需要明确发展的战略，打造开放体系，积极引进人才，强化风险管控的建议与对策，并为其他金融机构未来的发展提供借鉴。

1　案例背景与案例思政

思政元素：当前，互联网、大数据、云计算、人工智能、区块链等新技术深刻演变，产业数字化、智能化、绿色化转型不断加速，智能产业、数字经济蓬勃发展，极大改变全球要素资源配置方式、产业发展模式和人民生活方式。（摘自：习近平向2023中国国际智能产业博览会致贺信①）

教学意图：通过该案例，引导学生掌握金融科技的概念、发展历程以及特点；了解光大科技的业务范围、核心技术、发展前景。

---

① 资料来源：中华人民共和国国家互联网信息办公室，https：//www.cac.gov.cn/2023-09/04/c_169 5482565466037.htm。

2022 年 1 月，中国人民银行印发《金融科技发展规划（2022-2025 年）》（以下简称《规划》）[①]。《规划》提出了新时期金融科技发展指导意见，明确金融数字化转型的总体思路、发展目标、重点任务和实施保障。《规划》指出，要坚持"数字驱动、智慧为民、绿色低碳、公平普惠"的发展原则，以加强金融数据要素应用为基础，以深化金融供给侧结构性改革为目标，以加快金融机构数字化转型、强化金融科技审慎监管为主线，将数字元素注入金融服务全流程，将数字思维贯穿业务运营全链条，注重金融创新的科技驱动和数据赋能，推动我国金融科技从"立柱架梁"全面迈入"积厚成势"新阶段，力争到 2025 年实现整体水平与核心竞争力跨越式提升。

由此可以看出，当前国家对金融科技的发展极为重视。政府出台了一系列金融科技发展规划和政策支持方案，积极引导和规范金融科技行业的发展，加强数字经济基础设施，推动金融创新，提升金融普惠服务水平。在《规划》中，国家制定了多项战略目标，包括促进数字支付的普及，推动区块链技术、人工智能技术等在金融领域的应用，以及加强金融信息安全等方面。这些目标旨在构建更为智能、高效、安全的金融生态系统，推动金融行业朝着数字化、智能化的方向迈进。国家通过制定相关法规和监管政策，保障金融科技行业的健康发展，防范潜在风险。此外，国家提供创业支持、财政资金扶持等措施，以鼓励和支持金融科技企业的创新和发展。这一系列举措共同构建了一个有利于金融科技创新的政策环境，有望推动金融行业迎来更加瞩目的发展阶段。

在金融科技迅猛发展的时代背景下，人工智能、大数据、云计算、物联网等信息技术与金融业务深度融合，金融科技已逐步成为促进金融转型升级的"新引擎"、金融服务实体经济的新方式、防范和化解金融风险的新武器，传统金融业务逐步被新技术变革升级、迭代与重构。以银行为代表的金融业正积极推进数字化转型，金融科技投入占比逐年提升，科技人员规模不断壮大。由于银行建立金融科技子公司具有前期投入大、技术开发不确定性高等潜在风险，需要母公司前期具备较好的技术积累及雄厚的资金，因此这种布局金融科技的模式比较适合规模实力较强、经营范围不受限的国有大行和股份制银行（郭晔等，2022）。这类银行纷纷成立金融科技子公司，在赋能内部业务的基础上，逐步开展对外科技赋能，建立数字化生态，具体如表 1 所示。光大科技有限公司在此背景下创立。

表 1　银行系金融科技子公司创立时间

序号	银行	公司名称	创立时间
1	兴业银行	兴业数字金融服务（上海）股份有限公司	2015 年 12 月

① 资料来源：中国人民银行官网，https://www.gov.cn/xinwen/2022-01/05/content_5666525.htm。

序号	银行	公司名称	创立时间
2	平安银行	上海壹账通金融科技有限公司	2015 年 12 月
3	招商银行	招银云创（深圳）信息技术有限公司	2016 年 2 月
4	中国光大银行	光大科技有限公司	2016 年 12 月
5	中国建设银行	建信金融科技有限责任公司	2018 年 4 月
6	中国民生银行	民生科技有限公司	2018 年 4 月
7	中国工商银行	工银科技有限公司	2019 年 5 月
8	北京银行	北银金融科技有限责任公司	2019 年 5 月
9	中国银行	中银金融科技公司	2019 年 6 月

资料来源：中国电子银行网①。

光大科技于 2016 年 12 月在北京成立，是由光大集团牵头成立的全资控股金融科技子公司。其使命是打造一个具有全球竞争力的世界一流金融控股集团，以支持光大集团实施"敏捷+科技+生态"的战略转型。光大科技专注于推动信息技术的数字化、平台化和智能化发展战略，以加强集团在科技产业领域的创新水平。光大科技的使命在于全面提升光大集团的技术水平和创新能力，为金融科技领域的发展贡献力量。

那么，金融科技具有怎样的价值，让众多传统银行纷纷成立金融科技子公司？在这一过程中，金融科技又发挥了哪些作用？在金融科技时代的浪潮中，光大科技为实现金融数字化服务转型，做出了哪些实践与探索？这些问题背后的答案值得我们去探讨。

2 追本溯源，与时俱进：金融科技的发展之路

2.1 金融科技的定义

根据金融稳定理事会②及中国人民银行③的定义，金融科技（Financial Technology，FinTech）是指技术驱动的金融创新，旨在运用现代科技成果改造或创新金

---

① 资料来源：中国电子银行网，https：//www.cebnet.com.cn/20190613/102580211.html。

② 资料来源：金融稳定理事会（FSB）官网，https：//www.fsb.org/work-of-the-fsb/financial-innovation-and-structural-change/fintech/。

③ 资料来源：中华人民共和国中央人民政府网，https：//www.gov.cn/xinwen/2017-05/15/content_5194115.htm。

融产品、经营模式、业务流程等，推动金融发展提质增效。金融科技的发展通过整合新兴技术，如大数据分析、区块链、人工智能、云计算等，重新塑造和优化传统金融行业的各个方面，包括但不限于支付系统、信贷服务、投资管理、保险业务等。这一领域的创新力主要集中在提高金融服务的效率、降低交易成本、拓展金融普惠以及引入更灵活和个性化的解决方案，推动整个金融领域朝着更加开放、智能和便捷的方向发展。

随着科学技术的快速发展，金融科技企业依托各种金融创新技术更新传统金融行业的产品及服务，拓展传统金融机构的客户获取渠道，提高传统金融服务供应商的经营与风险管理能力。金融和科技都具有较强的迭代性，即在技术发展过程中，通过大量的累积为基础实现跨越式发展。而金融科技拥有更加快速的迭代周期，其以金融需求为导向，以科技创新作为支撑，可以在很短的时间内完成规模巨大而影响深远的变革。

2.2　金融科技的发展历程

从本质上说，金融业是一个数据密集的行业。在整个金融业的发展过程中，信息技术一直扮演着促进金融业发展和变革的关键角色。与此同时，金融机构不仅是信息技术行业的主要客户，也是推动信息技术行业发展的主要力量。从最初穿孔卡用于数据处理到采用电脑实现会计电算化，从使用主机整合商业流程到运用互联网发展在线理财，信息技术已成为推动金融行业创新的强大"引擎"。因此，金融科技并非新时代才崭露头角，而是在很早之前就已经存在。具体而言，金融科技的起源可以追溯至20世纪50年代，50年代信用卡问世，60年代ATM机出现，70年代形成电子股票交易市场，80年代迈入银行超大型主机和海量信息处理的时代，90年代网络和电商的兴起，网络证券公司取代电话证券模式。在这个时期，金融科技兴起与传统金融机构形成了共生共荣的关系，传统银行业并未受到显著的负面影响，反而通过融合金融科技促进了自身发展。

进入21世纪后，金融科技的趋势发生了变化，开始朝着数字化方向发展，移动钱包、移动支付、智能理财和股票投资等一系列广泛应用逐渐成为主流。金融科技不再强化现有金融服务机构，而是在某些方面逐步取代传统金融服务，从而与传统金融公司形成竞争关系。金融科技的蓬勃发展与传统银行形成竞争关系有多种复杂因素。主要原因是2008年金融危机后，监管机构对银行的创新业务实施了严格的监管，督促各大银行降低风险并储备更多资本，导致银行的盈利能力下降。因此，许多传统银行的精英为寻求更好的发展选择离开银行，投身初创的金融科技公司。不同于传统银行，这些金融科技公司能最大限度地规避一些监管要求，通过吸引传统银行的精英拥有了雄厚的人才资本。与此同时，大数据处理、云计算等技术使金融科技的发展成本更低，为金融科技公司挑战传统金融机构的一些业务提供了可能性，进一步推动了金融科技的真正发展。

2.3 金融科技的国内发展

就国内市场而言，中国金融科技发展初期营收规模并不显著。自 2018 年以来，我国金融科技行业市场发展规模呈现高速增长的态势，详情如图 1 所示。根据图 1 中的数据可知，目前我国的金融科技仍处在起步阶段，市场规模每年逐步上升，增速情况保持稳定，有广阔的上升发展空间。

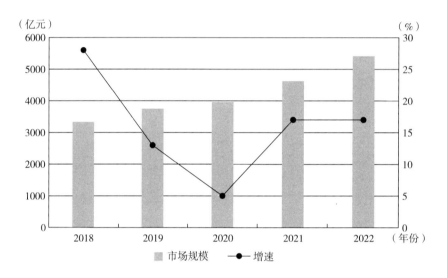

图 1　2018~2022 年中国金融科技行业市场规模及增速情况

资料来源：根据华经情报网公开披露资料整理所得①。

面对金融科技的发展，我国采取多种措施、制定一系列的政策对其进行积极的引导。中国人民银行于 2017 年发布了《中国金融业信息技术"十三五"发展规划》②，明确提出了我国金融信息化"十三五"规划的指导思想、基本原则、发展目标、重点任务和保障措施，为我国金融信息化建设提供了新的思路。特别确立了发展目标，主要包括金融信息基础设施达到国际领先水平、信息技术持续驱动金融创新、金融业标准化战略全面深化实施、金融网络安全保障体系更加完善、金融信息技术治理能力显著提升。

---

① 资料来源：华经情报网，https：//www.huaon.com/channel/trend/857151.html。
② 资料来源：中国人民银行官网，http：//www.pbc.gov.cn/goutongjiaoliu/113456/113469/3333848/index.html。

2019 年，中国人民银行印发《金融科技（FinTech）发展规划（2019—2021 年）》①，从顶层设计角度对金融科技做出全局性规划，也指出了金融科技在未来发展的方向。随后 2019 年底，中国人民银行启动金融科技创新监管试点，在北京率先推出之后，稳步向其他地方纵深推进。截至 2020 年 9 月，9 个金融科技创新监管试点（监管沙盒）覆盖北京、上海、重庆、深圳、雄安新区、杭州、苏州、广州、成都 9 个城市，北京市金融科技创新监管试点详情如表 2 所示。同时，从 2020 年开始，中国人民银行提出了发展和监管“两手抓”的要求，并在 2020 年对金融科技领域的六大工作进行了部署（董方冉，2020）。这些工作主要集中在以下六大方面：完善金融科技的顶层设计、加强金融科技监管、推动金融科技创新发展、强化金融科技风险管理、优化金融科技发展环境、提升金融科技国际竞争力。这些部署旨在促进金融科技的健康发展，防范和控制出现的风险，确保金融系统的安全稳定。

表 2　北京金融科技创新监管试点应用公示（2020 年第一批）

序号	应用名称	试点单位
1	基于物联网的物品溯源认证管理与供应链金融	工商银行
2	微捷贷产品	农业银行
3	中信银行智令产品	中信银行/中国银联/度小满/携程
4	AIBank Inside 产品	百信银行
5	快审快贷产品	宁波银行
6	手机 POS 创新应用	中国银联/小米数科/京东数科

资料来源：根据中国人民银行北京市分行官网公开披露资料整理所得②。

3　乘风而上，扬帆起航：光大科技的发展概况

　　光大科技是中国光大集团旗下的一家二级独资企业，是以光大集团为核心的科技创新平台，是“光大集团信息化服务的提供者、共享平台的建设者、创新技术和产品的孵化者”，肩负着以科技创新驱动光大集团“敏捷、科技、生态”的中

---

　　①　资料来源：中华人民共和国中央人民政府网，https：//www.gov.cn/xinwen/2019-08/23/content_5423691.htm。

　　②　资料来源：中国人民银行北京市分行官网，http：//beijing.pbc.gov.cn/beijing/132024/3959445/index.html。

长期战略转变的重任。

光大集团对光大科技的发展给予了高度关注。光大银行把信息技术作为企业发展的主要驱动因素，通过科技投资来提高企业的自主创新能力。成立至今，光大科技已荣获多项国内外专业领域、媒体和机构奖项，先后斩获2019金融科技影响力品牌、2019中关村金融科技30强、2020中国金融科技竞争力百强、2020金融科技行业——云原生最佳实践奖、2021数字化转型推动力奖、2021数字赋能先锋企业30强、2021中关村金融科技30强、2022大数据企业50强等多个奖项[①]。

3.1 深谋总体战略，制定技术规划

光大科技以数字化、平台化、智能化三大竞争力为核心，以实现集团的技术创新和发展为目标。首先，光大科技是信息化服务提供者，为集团及其成员企业提供信息项目建设的服务。其次，光大科技是共享平台的建设方，对整个光大集团的共享平台以及相关的基础设施进行计划与建设，并对整个集团的数据进行整合、分析与挖掘，从而促进光大集团的生态协作共享。最后，光大科技承担着建设集团的创新孵化器功能，以开拓新技术和新产品，提高企业技术和创新价值。光大科技在数字化、平台化、智能化三大竞争力方面，具体做出了以下技术实施，帮助集团实现"科技赋能"。

第一，打造数字化能力，帮助集团及其成员企业进行数字化转型，从而实现集团的现代化管理以及科技赋能。以"微服务、厚平台、轻应用"的架构设计理念为基础，进行产品创新研发，打造端到端数字化服务与解决方案，推动企业的数字化转型进程，为客户提供更好的服务体验。

第二，发展平台化能力，为"集团+互联网"转型提供了有力支持，构建数字化光大的生态体系，利用平台化的科技能力来推动集团内部和外部的生态互联。搭建光大云平台，建立从IaaS、PaaS到SaaS的平台化产品研发与运营模式。构建协作生态系统，为实现全集团的商务协作、平台化运作提供技术支持。通过建立数据港平台，将集团的数据资源进行集成，挖掘出其中的数据价值，提供数据分析和数据操作的服务。

第三，培育智能化能力，推动"互联网+创新"。采用构建金融科技创新实验室、承载创新孵化、科技生态合作、打造柔性创新组织、成立内部创业团队等多种形式，强化创新技术的研究和成果转化，帮助集团及各企业创新发展。

---

① 资料来源：光大科技有限公司官网，https://www.ebchinatech.com/ebchinatech/622523/646542/index.html。

3.2　推进数字化转型，发展科技新生态

从创立初期开始，光大科技的起步势头就极其迅猛。经过几年信息技术的发展，光大科技逐渐形成了以云计算、大数据、人工智能、区块链、开放金融为核心的领域，并形成了具有自主控制能力的产品和系统。光大科技在产品研发过程中将重点放在了公司的发展方向上，并在实际工作中进行了持续的反思和总结，顺利推出了多款具有自主知识产权的创新产品，确立了在外部市场上的领先地位。

3.2.1　云计算与云服务

目前，云计算正在主导 IT 产业及技术生态，随着传统数据中心向云数据中心的逐步升级，从传统的开发流水线向"稳态+敏态"的双态流水线转型，IT 效率大幅提升。许多企业纷纷开始向云转型、生态转型、敏捷转型等方向发展。光大科技围绕以金融行业标准的云计算能力为核心，面向"一体化云数据中心解决方案"，开发出六款"云"类技术产品，并将其应用于整个云数据服务体系的构建。其中"云信"是由光大科技自主开发的 BaaS 基础服务平台，以区块链技术为依托，为各大企业进行相关的研究与开发①。

3.2.2　人工智能与大数据

在金融业中，数据技术的应用情况是衡量技术发展的一项重要指标。从以往的以"数据+BI"的方式，到如今的以"大数据+AI"的方式，对数据的认识与运用已经逐渐变成金融机构经营与发展的重要能力。光大科技立足于光大集团在金融行业的核心应用场景，并融合光大集团多种业务的特点，推出了"智"系列产品，为企业在数据资产管理、智能运营、智能营销、智能风控等方面打下了扎实的基础。

3.2.3　生态协同与应用开发

目前，互联网的发展重点已经从消费互联网转移到了产业互联网，互联网巨头和大型金控集团在进行产业互联网的布局时，都需要有"科技＆生态"的支持。光大科技立足于技术能力，打通产业链上下游，推动行业间的跨界合作，重点提升客户共享能力、场景融合能力、业务创新能力、数据驱动能力、资源整合能力，构建了信息互通、交易引流、生态孵化的创新"生态协同"业务模型，为企业提供了全方位的外部协作、赋能和业务创新的一体化解决方案。在前、中、后端，光大科技运用上述多种技术，开发研制成果，为金融行业带来了新的能量（见表 3）。

---

① 资料来源：光大科技有限公司官网，https：//www.ebchinatech.com/ebchinatech/636242/cp65/yxl/636812/index.html。

表3 光大集团在前、中、后端的金融科技成果

科技运用	研发成果
前端	云缴费：最大的开放式缴费平台
前端	手机银行：应用生物识别、条码技术及客户画像
前端	阳光 AI 投：智能投顾
前端	阳光融 e 链：在线供应先保理
前端	泛资管阳光链：以区块链技术和云服务技术搭建管理人和托管人系统直通
中端	国粮中心在线融资业务自动化审批及放款项目
中端	阳光"滤镜"：产生大数据风险预警信号，提示高违约风险的企业信息
后端	机器人流程自动化（RPA）：代替人员操作运营集中系统

资料来源：根据光大银行官网公开披露资料整理所得。

当前处于金融和科技的融合飞速发展的阶段，结合国家宏观经济形势，科技力量对保障金融的业务支撑、正常营业、正常办公发挥了至关重要的作用，金融科技的重要性得到了进一步凸显与加强。短期内，各企业对基于互联网技术的远程办公、工作协同、业务管控工具的庞大需求，激增了消费者对金融服务线上化、场景化的需求。从长远来看，各行业的数字化、智能化转型升级将更加迫切，金融行业将迎来新的数字化发展契机。光大科技则抓住数字化转型契机，积极进行科技赋能金融的探索与实践。

4 探索发展，稳步推进：光大科技赋能金融的数字化转型

当前，新兴科学技术在金融业的广泛运用，对金融业务的精细化运营和集约化发展起到了很大的推动作用。不仅提升了金融服务的可及度与便捷度，还促进了数字化普惠金融的可持续发展，使广大企业在数字化转型中步入正轨。在大量传统金融机构主动拥抱新兴科学技术，积极进行数字化转型之际，也存在诸多问题。这些问题需要去解决，这也是传统金融机构所面临的挑战。

2018 年，光大集团提出了全新的战略协同发展理念，旨在打造六大 E-SBU 生态圈，包括财富、投行、投资、旅游、健康、环保。这里的 SBU 指的是战略业务单元（Strategic Business Unit），而 E 则涵盖生态圈化（Ecosphere）、数字化（Electronic）和光大一家（Everbright）三个概念。在此战略中，财富 E-SBU 是以光大银行为基础，依托光大集团的优势，借助金融科技和互联网平台思维，构建了开

放的 E-SBU 生态圈。该生态圈旨在为所有对财富管理有需求的客户提供综合金融服务方案,满足客户综合、多元、复杂的金融服务需求。

4.1 融合业务与技术,赋能数字化转型

金融科技的真正价值只有在与业务深度融合的情况下才能得以体现,这样才能有效推动全面的数字化转型。然而,从实际应用的角度来看,尽管在常规业务中已经实现了一定程度的金融科技融合,但许多核心业务和创新业务与技术的融合程度仍不够深入,线上线下一体化的程度尚未达到理想水平,各个业务条线之间的渠道、数据和产品整合仍存在一定的割裂。因此,许多机构在业务流程和产品创新方面的应用融合存在着一定提升空间。

在光大集团建设"数字光大"战略,推进旗下银行、证券、信托等业务的数字化转型过程中,光大科技积累了丰富的科技服务经验和多样的产品体系。面对市场上对科技创新的需求,光大科技能够提供技术咨询与规划、生态合作平台搭建、企业数字化管理解决方案和数字化转型升级服务等。通过科技的力量,光大科技加强了科学技术与金融业务之间的紧密联系。

以光信通为例,该产品面向交易银行场景,将区块链技术和银行业务融合创新,为核心企业在线记录包括付款人、收款人、金额和期限在内的账目信息,并采用电子签名方式验证贸易背景,开创了金融业务的新模式。光信通包括签发、签收、转让、融资、兑付、上链等多个流程环节。客户可以通过区块链联盟的网络平台办理相关业务,实现数字债权凭证的在线签发和流转。光信通还与核心企业合作,介入其上下游提供结算和融资服务,同时在新客户中发掘新的核心企业及其供应链伙伴,以此扩大业务合作范围。通过"点一链"模式,光信通产品将企业的应收账款转化为支付结算和融资工具,显著改善了企业间的交易结算和融资方式。

4.2 打造数字化平台,以服务客户为中心

随着平台经济的飞速发展,开放和互联已成为互联网时代发展的必然趋势。在数字化的背景下,客户在消费过程中的行为和习惯也在不断变化。客户积极寻找信息并自主进行金融业务选择的意识和能力加强,使用多渠道的客户比例也在逐年增加,客户的行为也围绕着更加开放、趋于个性化方向的平台金融发展。在金融服务数字化转型中,强调以客户为中心,要求能够迅速响应客户需求并具备灵活扩展能力。这需要定制化、场景化的动态适配客户金融需求,给银行的流程适配、业务并发和信息安全带来了新的挑战。特别是在银行总行系统与分行特色客户平台的个性化适配方面,矛盾更加显著。

光大集团在数字银行发展体系中提出"一个智慧大脑、两大技术平台、三项服务能力、N个数字化名品"即"123+N",在银行业务转型与创新发展过程中的驱动作用逐渐显现。其中,"N个数字化名品"体现了光大银行以服务客户为中心,以金融科技为支撑的云缴费、云支付、随心贷、阳光区块链、普惠金融云、出国金融云等名品,充分展现了科技在国民经济发展和普惠金融服务中的创新作用。通过这些应用,光大银行不断提高服务水平,为客户提供更为智能、便捷、创新的金融服务体验。这一全面的数字化发展战略不仅加强了银行的技术实力,同时也在金融科技领域确立了光大银行的领先地位[①]。

以光大云缴费为例,云缴费是光大银行金融科技的重要"名片",是中国最大开放式缴费平台,为广大用户提供安全、及时、贴心的缴费服务。光大云缴费事业中心成立于2018年,全面负责便民缴费业务,成为北京市金融科技与专业服务创新示范区的重点扶持项目。云缴费持续推动电、水、燃气、有线电视、通信、供暖六大公共基础服务并向省、市、县三级纵深发展,覆盖范围显著扩大。截至目前,光大云缴费已接入超过1.5万项缴费代收项目,其中电费、通信费、有线电视费已覆盖全国31个省份,水费县域覆盖率达67%,燃气费县域覆盖率为66%,供暖费县域覆盖率为81%,水、燃气、供暖等线上缴费项目新增覆盖了504个区县[②]。云缴费通过合作机构的线上渠道,包括微信、支付宝等特大型互联网平台,将服务不断输出,云缴费业务模式如图2所示。云缴费的推动使各级政府服务性收费线上化水平迅速提升,各类政府项目的收入大幅增长。逾亿客户通过云缴费服务完成个人生活和企业管理缴费,有效践行了普惠金融理念。

在光大集团以服务客户为中心的理念下,光大科技通过建立"数据港"、E-SBU协同平台以及云生活App,成功实现了以财富、投行、投资为主的"大财富"生态圈和以环保、旅游、健康为主的"大民生"生态圈的协同发展。同时,充分利用平台工具和数字要素,加速推动"交叉销售""客户迁徙"和"合作式产品创新"等方面的进展。在生态圈建设中,充分发挥科技赋能的关键作用,实现了全集团客户和产品的全景整合,为协同场景的建立和用户迁徙提供了开放式场景平台。

光大科技充分发挥产融结合的优势,为企业升级与发展提供有力支持。通过利用光大集团的产融生态资源,积极探索"金融+科技+产业"领域的生态协同业

---

① 资料来源:中国光大集团官网,https://www.ebchina.com//ebchina/xwzx/gdyw/632309/2022092915091787137/index.html。

② 资料来源:中国新闻网,https://baijiahao.baidu.com/s? id = 1770450016926159689&wfr = spider&for = pc。

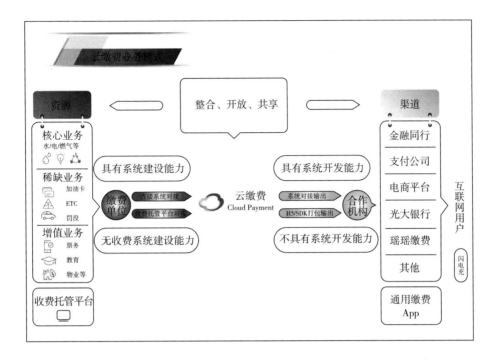

图 2　光大云缴费示意图

资料来源：人民网。

务模式，打造了具有光大特色的产融 E 链解决方案。以产业链核心企业为中心，构建扁平化的交易关系，将产品与业务场景相结合，为制造业、运输业、服务业、金融业等提供数字化服务。这有助于改善上下游企业的现金流，优化融资渠道，同时提高核心企业对产业链的数字化管理能力。该解决方案已成功应用于大宗商品、文化教育等行业。同时，光大科技将金融业与旅游业结合，基于客户的消费行为进行延展，例如，根据游客的旅行订单为其推荐相应的保险服务，实现智能出行。此外，光大科技还积极探索"医养结合+智慧养老"的新模式，将智能家庭、智能档案管理、费用管理等体系相融合，解决就医与养老分离的问题，实现医养结合智慧化，打造集医疗、康复、护理、养老和金融于一体的康养综合服务（王硕和莫斯琪，2021）。

4.3　积极推进数据治理，实现全面数据赋能

2022 年颁布的《国务院关于加强数字政府建设的指导意见》① 指出，要主动顺应经济社会数字化转型趋势，充分释放数字化发展红利，进一步加大力度，改

---

① 资料来源：中华人民共和国中央人民政府网，https://www.gov.cn/zhengce/content/2022-06-23/content_5697299.htm？eqid=b19eb13e0001cce1000000046459ee8a。

革突破，创新发展，全面开创数字政府建设新局面。金融业本身就拥有着数字"基因"，怎样才能更好地跟上政策导向，健全数据治理体系，有效发挥数据的价值，促进自身转型升级，这些都是金融机构需要着重思考的问题。

当前金融机构已建立了多个系统，存在包括系统标准不一致、数据共享能力差、互联互通难度大，以及部分金融数据库中的数据呈碎片化和非结构化的状态。不同的业务和项目在各自的数据库中运行，导致数据整合、处理和分析变得极为困难。由于存在信息孤岛，这些系统的功能没有得到充分体现，对数据的赋能和优化管理的功能遇到了阻碍。数据治理面临规模大、风险大、标准不统一等主要难点，实现对数据的全方面赋能仍然面临严峻的挑战。

面对数据治理带来的诸多问题，光大科技进行积极探索，推陈出新，打造了智享大数据平台。该平台是光大科技基于多年金融行业实践经验的成果，依托大数据生态组件核心能力精心打造的一款全生命周期数据管理体系，具备高效安全的特性，支持实时与离线数据接入、集成、运维、工作流调度、数据管理与安全。该产品以实际应用场景中的数据存储、计算、分析等共同需求为出发点，聚焦在数据资产管理、数据价值挖掘以及多样化构件功能上，提供统一的技术服务规范。该平台通过管理数据资产、挖掘数据价值以及充分发挥各种构件的能力，为企业业务转型与价值创造提供全方位支持。

光大科技开发的智享大数据平台具备丰富的数据应用、技术和管理方面的价值。智享大数据平台整合数据资源，提供了一体化数据服务，在平台上支持图形化一键式部署，以可视化方式快速构建数据模型，快速满足业务需求，提高科技开发效率。面对数据量大和数据价值挖掘困难的问题，智享大数据平台采取了湖仓一体化策略，这项策略结合数据湖和数据仓库优势的数据管理平台，能够实现数据间的共享，最大化持续推进联合数据平台的建设，促进了企业内外部数据的整合和数字化运营的协同工作。通过数据资产管理和深入挖掘数据价值，智享大数据平台助力企业业务转型和价值创造。面对企业数据质量参差不齐、难以驱动管理的问题，智享大数据平台制定了统一的数据标准，与各业务部门沟通，确保数据标准的适用性，在数据标准管理平台上得到体现。在数据入库时设置了拦截规则和预警机制，防止问题数据进入库中。此外，通过数据质量管理平台定期进行质量检测，并生成质量报告，以确保数据的准确性和可靠性。智享大数据平台具体流程架构如图 3 所示[①]。

---

① 资料来源：光大科技官方公众号。

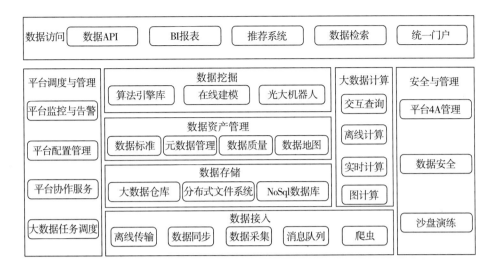

图 3　智享大数据平台流程架构

资料来源：光大科技网①。

4.4　引领科技创新，积极引进人才

受到科技成熟度和理论向实践转化的限制，传统金融机构通常选择最稳定而非最先进的技术。因此金融科技在该行业内仍有较大的提升空间。相较于发达国家，中国金融科技人才相对匮乏，开放合作的深度和广度也相对不足。对银行而言，战略文化、制度流程以及组织体系与技术创新的不适配等问题也需要认真思考（王硕和莫斯琪，2021）。

光大科技积极推动与高校、科研院所以及大型互联网公司的深度合作，设立联合创新实验室，加强在新兴技术领域如大数据、人工智能和区块链等方面的合作研究，具体合作项目如表 4 所示。通过与学术界和行业领先机构的紧密合作，共同探索创新性解决方案，推动科技领域的前沿发展。

表 4　光大科技金融科技合作项目

合作方	合作方式	合作内容
腾讯	金融科技创新实验室	搭建金融科技创新平台
京东	战略合作	云缴费、保险业务、基金业务
中国银联	战略合作	互联网金融、云缴费、电子支付、新型收单、信用卡等领域
科大讯飞	战略合作	智能语音、人工智能

---

① 资料来源：光大科技官方公众号。

续表

合作方	合作方式	合作内容
百度	战略合作	金融科技、个人金融、消费金融、支付与场景、公司金融、员工综合服务、综合金融等领域，理财子公司深度合作
雄安集团	数字金融科技实验室	区块链商业化

资料来源：根据中国光大集团网公开披露资料整理所得。

除了与外部合作伙伴的紧密合作，光大科技每年还通过人才引进计划，吸引更多优秀的员工加入公司，并通过持续的培训不断提升员工的技能和专业知识。这一举措为光大科技和整个集团积累了强大的人力资源，以更好地应对未来的挑战和机遇。通过综合利用外部合作、创新投资和人才引进等多重手段，光大科技将不断加强创新能力，推动技术与业务的深入融合，实现持续增长和发展（李璠，2018）。

5 仰望星空，脚踏实地：光大科技的建议与对策

金融科技的本质是金融和科技深度融合，金融机构在数字化转型过程中，期望能够突破传统金融服务的两大痛点——信息不对称和交易成本高，从而帮助实体经济发展、促进消费提升和产业升级。面对科学技术迅速更新迭代的趋势，光大科技应该做好以下几点：

5.1 做好顶层设计，明确发展战略

光大科技必须在光大集团的引领下，确立公司未来发展战略，做好顶层设计。根据自身定位提出合适的发展战略与清晰的规划，对各个阶段的发展目标进行设计，最终实现从顶层设计到落地实施的整体突破。

光大科技需要承担将金融科技手段与金融服务有机结合的责任。通过构建平台，打造数据互联、生态互联、安全互联，实现客户服务场景化、经营管理综合化、产融协作生态化、风控管理智能化的目标，致力于成为推动集团数字化转型的关键引擎，为未来业务的创新与发展奠定坚实的基础（李璠，2018）。

5.2 打造开放体系，缩小"数字鸿沟"

在数字化转型过程中，有一些人群对新技术的接受程度低，导致无法享受数字化服务带来的便利。"数字鸿沟"问题需要引起高度重视。光大科技需要针对这

些人群提供更加简单方便的服务，提供差异化金融科技服务，按照要求开发出精准化、差异化金融科技产品。不仅能改善低收入人群使用数字工具的不足、低效率和安全性问题，还能让他们体验到金融科技带来的新服务和新产品。缩小"数字鸿沟"能够缩小这些群体在数字化转型中的差距，拓宽数字金融服务的覆盖范围。

5.3 运用金融科技，强化风险管控

金融科技的发展推动了产品和服务的创新，同时也带来更多的风险。光大科技应当加强内部风控管理，避免由于自身管理不当产生风险漏洞，导致自身风险溢出到金融系统造成系统性风险。应当建立权责分明、制度健全的管理体系，优化内部治理，增强对抗风险的实力。同时，光大科技应探索成熟有效的金融科技风控模式，将大数据技术、人工智能等技术运用到风控的各环节，增强风险识别、预警的能力。

在光大科技执行内部监管的同时，国家相关监管机构也应充分利用金融科技的力量，强化对金融领域的监管。随着金融科技在实践中的广泛应用，各金融机构对金融科技的应用范围不断扩大。如果监管机构不能及时采取相应的监管措施来规范金融科技的运用，金融系统中的信息不对称问题将会进一步加剧，可能出现监管套利、系统风险等问题。金融监管机构应充分发挥金融科技的功能，建立科学有效的金融科技监管框架。首先，要完善对数据搜集、技术应用、产品创新等方面的监管标准。其次，要建立数字化监管系统，对关键信息数据进行协调共享，同时确保共享数据的时效性和安全性，采用算法进行自动化的风险监测，以作为人工监管的有益补充。最后，要构建灵活适度的监管环境，既促进金融科技的良性发展，又防范系统性风险的发生，以实现监管与创新的平衡（王浩斌和陈钰，2023）。同时，政府也要强化对银行金融科技的监管，健全多方参与、协同共治的金融科技伦理规范体系，防范银行金融科技潜在风险，依托金融科技"监管沙箱"持续扩容，构建事前事中事后的全方位风险防范体系（李逸飞等，2022）。

6 案 例 结 语

金融科技服务金融，金融服务实体经济。随着数字新基建、产融结合、碳中和等新兴经济模式不断涌现和演进，推动实体经济的数字化转型已经成为一种引领潮流的趋势，而金融科技有责任紧随时代发展趋势，更加有效地促进金融服务

的数字化升级和全面发展。察势者智，驭势者赢。金融与科技的深度融合既带来了机遇，也带来了挑战。在适应新时代需求的大背景下，光大科技正在积极进行互联网化和数字化的转型。通过深度融合业务、技术以及数据，整合全集团资源，致力于加速业务流程的创新，为股东创造更大的价值，更高效地为实体经济提供服务，并进一步深化金融便民惠民工程。

光大科技秉持"创新驱动、质量为先，人才为本"的基本原则，践行"科技+金融+生态"的服务模式，以金融科技为传统产业赋能，致力于实现科技创造价值的最大化。不断推动创新，以质量为核心，注重人才培养，构建科技与金融的深度互动，打造更具生态意识的服务模式，以满足未来社会的多元化需求。推动科技与金融的有机融合，助力经济的可持续发展，努力推动产业升级和服务普惠金融。随着科技的不断进步和市场需求的不断变化，光大科技将能够克服各种挑战，取得数字化转型的成功，为中国金融业的繁荣与创新注入新的活力。

案例使用说明

一、教学目的与用途

（一）适用课程

本案例主要适用于《公司金融》《金融工程》《金融科技》《金融风险管理》等课程。

（二）适用对象

本案例主要适用于以下对象：

1. 经济学、金融学、金融工程、投资学等相关专业的本科生和研究生。

2. 对金融和投资领域感兴趣的专业人士，包括但不限于金融分析师、投资顾问、银行工作人员等。

3. MBA、EMBA、MPACC 等专业课程的学生，以及其他参与继续教育和职业发展课程的成人学习者。

4. 对金融科技有兴趣的企业管理者和决策者。

（三）教学目标

本案例具体教学目标分为以下几个方面：

1. 理解和掌握金融科技的概念，了解金融科技的发展历程以及不同阶段的特点。

2. 理解和掌握金融机构在金融科技时代面临的挑战，以及如何应对这些挑战与更好数字化转型。

3. 了解金融科技公司的业务范围、核心技术、发展前景，为今后的学习丰富理论知识，同时为将来从事金融科技相关工作打下坚实的基础。

二、启发性思考题

1. 总结类似光大科技金融科技公司的定义，并结合案例中金融科技的发展之路分析金融科技的特点和具体内容，最后分析金融科技的进步所带来的影响。

2. 在金融科技的浪潮下，金融机构在数字化转型过程中面临什么样的挑战？结合案例，分析光大科技在金融数字化服务转型中做出了哪些探索与实践。

3. 金融科技在未来有怎样的发展趋势？国家在金融科技领域应该采取怎样的措施？

三、分析思路

授课教师应根据自己的课程及教学目标，安排学生预先搜集金融科技发展的相关信息。本案例内容涉及概念范围较广,包括金融科技的发展历程以及光大科技对金融科技的具体应用。本案例可被灵活使用于前述课程,以下为分析思路,仅供参考。

首先,本题的重点在于对金融科技的学习,除了要熟悉案例中对于金融科技的定义以及发展过程的介绍之外,还要求学生进行自我学习,深入了解金融科技的各种定义,并能够综合这些信息提炼出自己的观点。在此基础上,通过案例中光大科技将金融业务与科学技术相结合的运用,分析其特点和具体内容。最后基于对金融科技在我国发展现状的了解,分析金融科技所带来的影响。

其次,本题的重点在于分析金融科技时代下,金融机构所面临的问题与挑战以及面临转型的迫切需求,光大科技赋能金融服务具体有何作用,如何实现金融数字化服务转型。需要学生了解金融机构运作模式,分析如何利用金融科技解决其面临的重大问题。

最后,本题的重点在于全面了解金融科技,以及在对金融科技运用的基础上,展望未来金融科技的发展趋势,并分析光大科技将来怎样服务银行、实体经济以及金融市场。

四、理论参考

(一) 金融科技

根据金融稳定理事会及中国人民银行的定义,金融科技 (Financial Technology, FinTech) 是指技术驱动的金融创新,旨在运用现代科技成果改造或创新金融产品、经营模式、业务流程等,推动金融发展提质增效。

(二) 金融数字化服务转型

金融数字化服务转型是指金融机构通过采用数字技术和创新,改变其业务模式、流程和服务,以顺应数字时代的发展趋势。①金融机构需要制定清晰的数字化战略和愿景,明确数字化转型的目标和方向。这包括确定如何利用技术来提高效率、创造价值,并更好地满足客户需求。②金融数字化服务转型强调提升客户体验。通过数字化,金融机构可以创造更便捷、个性化、实时的服务,以吸引和保留客户。③利用大数据和分析技术,金融机构可以更好地理解客户需求、优化业务流程,并做出更明智的战略决策。数据的质量和分析的深度对数字化转型至关重要。④采用人工智能、机器学习和自动化技术,金融机构能够提高操作效率、降低成本,并提供更快速的服务。智能自动化还有助于减少人为错误和风险。⑤区块链是一种分布式账本技术,可以提高交易透明度、安全性和效率。金融机构可以利用区块链来改进支付、清算和合规性方面的业务。⑥金融数字化服务转型推动了数字支付和加密货币的发展。采用数字支付和虚拟货币可以提高交易速度、降低交易成本，并促进跨境交易。⑦金融机构需要与科技公司、初创企业等合作，共同推动数字化转型。开放性的生态系统可以促进创新，并为客户提供更多选择。⑧在数字化转型过程中，金融机构必须保证符合监管要求，并采取有效的安全措施，以防范网络攻击和数据泄露。⑨为了成功实施数字化转型，金融机构需要培养具备数字技能的人才，并倡导一种积极的数字文化，以便员工能够适应新的工作方式和技术。

（三）金融风险

金融风险是指与金融活动相关的风险，涉及金融市场风险、金融产品风险和金融机构风险等方面。这种风险具有不确定性、相关性、高杠杆性和传染性等基本特征。金融风险可能源于多种因素，包括宏观经济扰动、突发事件冲击、金融机构风险累积、金融市场动荡和金融基础设施不完善等。

五、具体分析

（一）总结类似光大科技金融科技公司的定义，并结合案例中金融科技的发展之路分析金融科技的特点和具体内容，最后分析金融科技的进步所带来的影响

【理论知识】金融科技定义、金融科技公司定义

【分析思路】本题设置的目的是了解类似光大科技金融科技公司设立的意义，通过总结金融科技的特点与带来的影响，加深对金融科技的定义的理解。

【案例答案】

银行金融科技公司的定义：

主要指银行金融科技公司，以大数据、云计算、人工智能、区块链为代表的新兴技术与金融业的深度融合，是推动传统金融业进入转型发展的快车道。对金融机构而言，金融与科技的融合已不仅仅停留在技术层面，更体现在思维、理念、业务模式、管理模式等全方位的融合。传统银行纷纷成立金融科技子公司，利用市场化机制进一步扩大和深化金融科技领域的研发与场景应用落地，在服务集团内部的同时，对外提供技术能力输出。

金融科技的特点：

第一，应用技术前沿。金融科技以应用最新的科技为核心，包括人工智能、大数据分析、区块链技术、云计算等。通过将这些前沿技术应用于金融领域，创造出具有差异化竞争优势的产品和服务。

第二，创新商业模式。金融科技企业通常采用新颖的商业模式，以打破传统金融行业的常规规则。例如，P2P借贷、数字支付、智能投顾等模式的引入，使金融服务更灵活、高效。

第三，重视用户体验。金融科技强调用户体验，通过简化流程、提高操作便

捷性、个性化服务等手段，吸引用户并提供更好的客户体验。这种关注用户需求的创新，是传统金融机构相对较难实现的。

第四，快速迭代和敏捷开发。金融科技公司通常采用快速迭代和敏捷开发的方法，能够更迅速地推出新产品和更新服务。这种敏捷性使它们能够更好地适应市场变化和用户需求。

第五，数据驱动决策。金融科技充分利用大数据分析，通过对海量数据的挖掘和分析，进行精准的风险评估、用户画像构建等，为业务决策提供科学依据。

第六，开放合作生态。金融科技企业通常倡导开放合作的生态，与其他科技公司、金融机构以及创新初创企业合作，实现资源共享、共同推动创新。这种开放性有助于整个生态系统的创新。

第七，跨界融合。金融科技常常涉足多个行业，通过与其他领域的融合，创造出新的业务场景和产品。例如，金融科技和健康科技、物联网等领域的跨界合作，产生了多元化的创新。

金融科技的影响：

第一，挑战传统金融模式。金融科技的兴起挑战了传统金融机构的经营模式，推动了金融行业的竞争格局变革。一些新兴的金融科技公司通过创新的商业模式崛起，形成了与传统金融机构的竞争关系。

第二，降低金融服务成本。通过自动化、数字化的手段，金融科技有效降低了金融服务的运营成本。这使得金融机构能够提供更为经济高效的服务，并将这些成本优势传递给用户。

第三，拓展金融普惠。金融科技为传统金融难以触及的人群提供了更为便捷的金融服务。通过数字支付、移动银行等方式，普及了金融服务，缩小了金融服务的地域和社会差异。

第四，提高金融服务效率。金融科技的应用加快了金融服务的处理速度，减少了交易时间，提高了效率。这对快速、及时满足用户需求，以及加强风险管理都起到了积极作用。

第五，推动数字化转型。金融科技推动了整个金融行业的数字化转型。传统金融机构通过引入新技术，提升了自身的数字化水平，提高了业务处理的智能化和自动化程度。

（二）在金融科技的浪潮下，金融机构在数字化转型过程中面临什么样的挑战？结合案例，分析光大科技在金融数字化服务转型中做出了哪些探索与实践

【理论知识】金融科技、数字化转型、金融服务

【分析思路】本题设置的目的是考查学生对金融机构数字化转型过程中所面临的挑战以及光大科技在该领域的探索实践的了解程度，评估学生对金融科技

和数字化转型的理解和分析能力，帮助学生了解金融机构在数字化转型过程中需要面对的问题和解决方案，以及如何利用科技手段提升金融服务的效率和质量。

【案例答案】

金融机构面临的挑战：

第一，业务与数据割裂。在金融科技发展中，业务和技术并没有始终保持紧密的协同。虽然在技术方面取得了显著的进步，包括人工智能、区块链、大数据分析等先进技术的广泛应用，但这些技术的应用并未始终与金融业务深度融合，导致了业务和技术的脱节。这一分离使得技术创新和实际业务需求之间存在"鸿沟"，未能充分发挥技术在提升金融服务效能和创新业务模式方面的潜力。

第二，数据不统一，治理成本高：首先，由于金融科技涉及多个业务领域和数据源，数据的来源和格式可能存在多样性。不同业务部门或系统采用的数据模型、标准和命名规范各异，导致了数据的异构性。这种异构性使整合、分析和应用数据变得异常困难，阻碍了有效的数据治理。其次，金融科技应用通常依赖于大规模的数据集，而这些数据集可能分散在不同的系统和数据库中。数据的分散性使得其难以建立起全面的数据视图，造成了信息孤岛的问题。为了使数据在不同系统之间能够协同工作，需要投入大量资源和时间进行数据整合，这进一步提高了数据治理的成本。

第三，国内金融科技起步晚，运用成熟度需要评估。金融科技的起步晚通常意味着技术基础相对滞后。在金融科技应用的初期，可能面临技术基础设施建设和更新的问题，这些涉及硬件设备、网络基础设施、数据存储与处理能力等方面，对这些技术要素的成熟度评估是确保金融科技顺利运用的重要一环。此外，金融科技的应用涉及法规政策、监管体系等多方面因素，在金融科技兴起之初，可能面临对相关法规的适应性以及监管政策的不断完善与调整。因此，对金融科技应用的法律法规环境和监管成熟度的评估十分关键，以确保其合规性和可持续性。

光大科技做出的探索与实践：

光大集团高度关注金融科技为行业数字化转型和高质量发展带来的新机遇，坚持以科技创新为核心，将"光大所能"和"国之所需""民之所盼"密切结合。同时，根据新发展阶段，贯彻新发展理念，以"中国光大，让生活更美好"为愿景，积极推进"敏捷、科技、生态"战略转型，促使实现"做精金融，做优实业"的战略目标。通过增强科技创新，加速推进业务的线上、移动和开放化，加快数据驱动的智能化营销、服务、运营和风险管理，以深化金融数据应用为基础，加速构建新的发展格局，积极支持数字金融高质量发展，更好地助力数字经济提质增效。

第一，做好数据治理与合规共享，推动数据价值提升。

在数字经济时代，数据作为国家基础性战略资源和关键生产要素，是经济社会发展的基础资源和创新"引擎"，同时也是促进产业升级的关键因素。金融控股集团对数据融合和数据共享有强烈需求，其拥有的信息和数据具有多元金融属性和海量数据的特征，通过多机构间数据要素的互联互通能够带来更多的价值。因此，只有通过有效的数据治理和合规共享，才能实现最大化的价值创造。光大集团在数据治理框架、数据协同方案、数据安全保护和数据信任机制等方面进行了详细设计，在传统数据安全处理方案的基础上，深入探索创新技术的应用。通过采用联邦学习、零知识证明等隐私计算技术和完善客户画像等手段，实现对客户价值的深度挖掘，在银保、银证客户迁移等方面取得了显著效果。此外，结合内外部数据进行风险联合建模，根据风险评价辅助判断，以提升风险管控能力，确保数据安全，赋能数据价值提升，助力金融控股集团高质量发展。

第二，数字赋能多场景应用，助力美好数字生活。

光大集团积极围绕"金融+场景"新模式，让金融与消费场景更加紧密融合，让金融服务更加便捷，为聚合优质资源，集众智，合众力，整合集团财富管理和民生服务领域的优势为广大客户提供全方位的"一站式"服务。案例中"光大云缴费"用户已经破亿，涵盖各项生活缴费，体现了光大科技的便民性，助力美好数字生活。此外，光大科技专注于核心数字技术创新，以实现"智慧光大"为目标，充分利用丰富的场景和海量数据的优势，推动数字技术与实体经济的深度融合，建立全新的产融生态合作模式，加速推进产业的数字化转型。在产业生态的基础上，光大科技重点关注战略行业和领域，致力于提供定制化的高质量解决方案。

第三，科技赋能金控集团数字化转型，助力业务发展。

科技创新是金融控股集团发展的重要驱动力。光大科技积极贯彻实施创新驱动的新发展理念，紧密推动金融控股集团的数字化规划和建设。在金融控股风险管理领域，全面构建数字化风险系统，建立风险管理、内控合规、管理交易、审计管理四大功能模块，涵盖信用风险、操作风险、市场风险等主要风险领域，建立了事前、事中、事后三道风险防线，有助于多法人主体的全面风险辨识，服务资产规模已达万亿以上。在综合金融领域，通过科技赋能支持多渠道、多产品、多元化的金融服务，实现了"一个客户、多个产品"交叉销售。与此同时，光大科技不仅在内部赋能光大集团，还积极为多家外部客户伙伴提供支持，推动开放赋能行业的高质量发展。此外，光大科技持续加强数字人才的培养，成立了"数字化协同实验室"和"大数据追光实验室"，加快培养专业技术人才和业务技术复合型人才，致力于以人为本，为实现高质量发展打下坚实基础。

（三）金融科技在未来有怎样的发展趋势？国家在金融科技领域应该采取怎样的措施？

【理论知识】金融科技、风险管理

【分析思路】本题设置的目的是基于金融科技现状，对金融科技的未来发展进行发散性的思考，答案可以具有创新性。同时分析国家需要做的措施，旨在让学生了解目前金融科技还有哪些方面仍需完善。

【案例答案】

金融科技未来的发展趋势：

云计算、大数据、人工智能和区块链等新兴技术与金融业务不断融合，科技对金融的作用被不断强化。在政策的大力支持下，金融机构对金融科技的投入力度持续加大，数据价值被持续不断地体现并释放出来，金融业务环节的应用场景更加丰富，金融解决方案推陈出新。开发银行、无人银行、资产证券化、数字票据、不良资产处置等方面业务在科技的赋能下由概念逐步变为现实，随着第五代移动通信技术（5G）、量子计算等前沿技术由概念阶段发展到实际应用，金融作为最先拥抱技术的领域，也会摩擦出新的火花。

我国在金融科技领域需在以下几个方面加强探索：

第一，构建并完善金融消费者权益保护机制。以金融科技的长期、健康发展为基础，借鉴国外的经验，不断完善金融消费者保障机制，在已有的法规基础上，制定出金融消费者专门的保护制度，对消费者的知情权和求偿权进行界定。金融机构必须公开可能存在的风险，对出现问题后的消费者进行赔偿。

第二，加强标准制定。尽快做好金融科技标准研究和制定相关工作，确保实现标准化，为互联互通建设奠定基础。

第三，持续完善"监管沙箱"等工具，做好新技术评估，确保技术可用、风险可控。

第四，在普惠金融方面持续发力，更好地服务实体经济。例如，完善大数据的信用体系相关建设，做好普惠金融。积极探索基于5G、区块链和物联网等技术相融合的数字产业解决方案，破解小微企业融资难、融资贵的问题。积极探索基于人工智能的智能投研、投顾等业务。通过金融科技赋能，不断提升金融服务模式的可得性和持续性，让普惠金融变得更高效、更透明。

六、关键要点

（一）案例关键点

本案例以光大科技为研究对象，介绍在数字技术快速迭代的大背景下，金融科技发展面临的问题与挑战，并且阐述光大科技如何解决问题，助力金融数字化服务转型发展，同时针对光大科技提出了建议与对策。故学生应该厘清金融科技发展的脉络，对金融科技金融数字化服务转型中做出的实践与探索有清晰的认知。同时学生需透过案例本身，对案例及相关经济原理的融合过程进行有效掌握，从而能够更好地理解经济知识及其运用方式，对金融科技、数字化转型有更深层的经济见解。

（二）知识关键点

本案例涉及的知识点主要有：金融科技理论、数字化转型理论、金融服务理论、风险管理理论。

（三）能力关键点

本案例涉及的能力点主要有：分析、综合、批判性思维，培养金融科技发展和创新意识，运用所学理论工具研究传统金融机构数字化转型的能力。

七、课堂计划建议

表5　案例教学计划安排

阶段	内容	教学活动	时间
课前准备	提前准备	1. 提前查看案例正文、启发性思考题，并请学生根据案例提前自行检索搜集金融科技、数字化转型和金融服务建设等相关信息； 2. 提前要求学生做好分组，建议分为4个小组，分配思考题任务	提前一周
	案例引入	授课教师说明课程内容和案例讨论主题，说明案例讨论的教学目的、要求和安排等	5分钟
	分组讨论	开始分组讨论，各学生根据课前搜集的信息，围绕启发性思考题进行深入讨论	20分钟
课堂计划	案例教学	带领学生回顾案例正文	5分钟
	提问思考题	1. 授课教师根据分析思路中给出的案例分析逻辑以及各启发性思考题对应的引导性提问，展开教学； 2. 就每个小组分配的思考题展开回答，每个问题的答案要点做好记录，每个问题时间建议控制在10分钟内； 3. 授课教师在提问过程中穿插讲解理论参考和知识点	40~50分钟
	案例总结	对案例正文的整体叙述、相关理论参考和知识点进行总结归纳，并适当延伸	10分钟
课后计划	—	要求学生采用小组报告形式对案例讨论的结论与理论基础、分析思路等进行阐述，为后续章节的学习做好铺垫	课后一周

案例三 云南红塔银行供应链金融发展案例分析

摘要：供应链金融作为一项创新型金融业务在我国飞速发展。众多国内银行为了拓展业务并力图在竞争中脱颖而出，陆续发展供应链金融业务，但是在当前的发展过程中面临许多新的挑战。本案例以云南红塔银行股份有限公司（以下简称云南红塔银行）供应链金融发展的历程为研究对象，对云南红塔银行在供应链金融业务发展中所取得的一些成果进行总结。此外，本案例从云南红塔银行自身发展模式和监管体系等方面对其所存在的信息不对称问题、风险管理问题和经营管理问题进行分析。最后，根据云南红塔银行供应链金融业务的自身情况和国家政策，提出在增强对信用风险和操作风险的防范能力、完善相关法律体系、增强创新和抗风险能力方面的合理化建议和展望。

1 案例背景与案例思政

思政元素：宏观政策要在扩大需求上积极作为，财政货币政策要有效弥补社会需求不足，保持流动性合理充裕。要提高产业链供应链稳定性和国际竞争力，优化国内产业链布局。要落实国家总体安全观，强化粮食安全保障，提升能源资源供应保障能力，保持金融市场总体稳定。（摘自：中共中央召开党外人士座谈会 习近平主持并发表重要讲话[①]）

教学意图：了解我国供应链金融行业的发展历程，介绍云南红塔银行供应链金融逐渐发展成熟的几个关键节点，激发学生对供应链金融的学习热情，将所学

[①] 资料来源：中国人民政治协商会议全国委员会，http://www.cppcc.gov.cn/zxww/2022/07/29/ARTI 1659056783739109.shtml。

知识应用在未来供应链金融的发展中。

2023 年《政府工作报告》多处提及金融方面的举措，随着报告的发布，也提前透露了 2023 年金融政策及金融发展的新动向。各商业银行也在不断积极响应政府号召，大力发展供应链金融，服务社会。2023 年《政府工作报告》提出，"稳健的货币政策要更精准有力。保持广义货币供应量和社会融资规模增速同名义经济增速基本匹配，支持实体经济发展"。与 2020 年《政府工作报告》① 中货币政策"更加适度灵活"，2021 年《政府工作报告》② 中"灵活精准，合理适度"和 2022 年《政府工作报告》中③ "加大稳健的货币政策实施力度"相比，2023 年《政府工作报告》提出稳健的货币政策要精准有力，为 2023 年的金融发展奠定了基调。要实现货币政策精准有力，关键在于聚焦关键领域和薄弱领域，从而确保有效作用于实体经济。在产业发展方面，既要让产业政策促进发展又要确保其安全，助推产业升级，加固产业链薄弱的环节。

云南红塔银行积极响应政府的号召，切实贯彻中国人民银行直达实体货币政策工具要求，为客户提供灵活的金融服务，其中包括延后还款和逾期息费减免。为了支持实体经济，云南红塔银行坚守本源、回归实体，积极加强与各级政府和企业的沟通与合作。此外，云南红塔银行还通过加大对重点领域、重点项目以及小微企业的金融支持，在保持风险可控的前提下，采取实际行动助推实体经济的健康发展。

此外，2023 年《政府工作报告》提出：深入实施种业振兴行动，强化农业科技和装备支撑。发展乡村特色产业，拓宽农民增收致富渠道。巩固拓展脱贫攻坚成果，坚决防止规模性返贫。2023 年中央一号文件④ 曾 6 次提及金融，涉农贷款是乡村振兴发展资金的重要来源。为此，云南红塔银行不断加大对"三农"领域的金融支持力度，积极助力乡村振兴。特别是在服务实体经济方面，云南红塔银行将烟草行业作为重要切入点，通过持续创新信贷产品，加大资金组织和信贷投放力度，致力于强化普惠金融服务。这一系列举措有力地促进了乡村特色产业的发展，引导金融资源聚焦经济社会发展的重点领域和薄弱环节，为乡村振兴取得显著成效提供了坚实支持。其中，云南红塔银行创新推出的"香叶贷"⑤ 线上信贷产品为乡村振兴注入了源源不断的动力。该产品执行了快速审批流程，最大限

---

① 资料来源：中华人民共和国中央人民政府网，https：//www.gov.cn/guowuyuan/2020zfgzbg.htm。
② 资料来源：中华人民共和国中央人民政府网，https：//www.gov.cn/zhuanti/2021lhzfgzbg/index.htm。
③ 资料来源：中华人民共和国中央人民政府网，https：//www.gov.cn/zhuanti/2022lhzfgzbg/index.htm。
④ 资料来源：国家粮食和物资储备局，http：//www.lswz.gov.cn/html/xinwen/2023-02/13/content_273655.shtml。
⑤ 香叶贷是为烟草种植户打造的专属的个人经营性贷款。

度地简化了贷款手续。通过云南红塔银行微信小程序，申请者仅需 3 分钟完成申请、1 分钟完成审批、1 分钟完成放款，即可实现即时到账。这一创新为烟农提供了申请容易、使用便捷的信贷产品。截至 2023 年 2 月末，云南红塔银行普惠小微贷款余额为 9875 万元，比 2023 年初增加 2313 万元，比 2023 年初增速 30.59%①。

云南红塔银行所取得的这些成就与其付出的努力息息相关，在烟叶农忙时节，云南红塔银行的工作人员积极参与各个烟站收购点的工作，特别关注烟农在生产过程中面临的资金困难问题。他们与种植户进行面对面的亲切交流，主动询问种植户在烟叶资金结算以及云南红塔银行卡使用过程中可能遇到的各种问题。这种贴近实际、深入了解客户需求的工作方式有助于工作人员更好地了解并解决烟农在资金管理方面的困扰，为其提供更加贴心和有效的金融支持。这种关怀和沟通的方式为云南红塔银行赢得了烟农的信任，体现了云南红塔银行在服务乡村经济的过程中的积极参与和关怀态度。

与此同时，为确保更多有需求的烟叶种植农户了解"香叶贷"信贷产品，云南红塔银行工作人员积极走进烟农家中，现场为农户详细讲解该产品的信息和申请流程。通过线下收集资料与线上审批相结合的方式，实现了现场申请、审批和放款。工作人员贴心和热情的服务赢得了烟农的认可，成功帮助烟农解决了生产环节资金短缺等问题，有效缓解了乡村烟农增收过程中的痛点和难点。这种全方位的金融服务模式不仅促进了金融科技在产业链各环节的应用，还促进了金融机构与实体经济的深度融合。除此之外，云南红塔银行还推出了"一部手机种烤烟"模式，积极融入烟农服务工作中，协助烟农优化产业管理。这一举措进一步强化了银行与烟农之间的合作，使金融服务更加贴合实际需求，促进了农业生产与金融科技的有机结合，为乡村振兴提供了有力支持。

此外，在金融服务方面，云南红塔银行始终坚持"以客户为中心"的服务理念，不断强化队伍建设。通过持续的系统更新升级和精确的数据匹配，为"香叶贷"客户提供更广泛、深入、高效和优质的金融服务，切实提升农民的获得感和幸福感。

2　旭日初升，长路漫漫

2.1　供应链金融业务的初步尝试

云南红塔银行前身为玉溪市商业银行股份有限公司。云南红塔银行于 2006 年

---

①　资料来源：镇雄融媒，https：//weibo. com/ttarticle/p/show? id=2310474882211512909873。

5月26日正式挂牌营业，在中国烟草总公司云南省公司和云南合和（集团）股份有限公司等企业加入并增资扩股后，2015年12月改名为云南红塔银行股份有限公司。截至2020年末，云南红塔银行已经在云南省6个地州设立分行，全行共有42个营业机构①。云南红塔银行致力于满足云南省委、省政府及国家烟草专卖局对其发展的要求，同时充分满足股东的期望。云南红塔银行专注于对云南省的重大项目建设、中小微企业、骨干企业以及高原特有农业业务的投资，通过深耕烟草产业，积极探索产融相结合的新路径和新模式。在这一过程中，云南红塔银行形成了具有代表性的金融服务体系，旨在为云南省的跨越式发展提供全方位的金融服务与支持。随着云南红塔银行的日益壮大，其供应链金融业务逐渐呈现多元化、智能化和一体化的发展趋势。这种多元化的业务模式有助于满足不同行业和客户的需求，智能化提高了金融服务的效率和便捷程度。云南红塔银行通过整合各个环节的一体化发展，进一步增强了自身在金融市场中的综合竞争力，为云南省的经济发展和产业升级提供了有力的支持。

此外，云南红塔银行在供应链金融产品的研发中不断释放活力。在金融产品特色方面，云南红塔银行相继推出了一系列特色金融产品，如"香叶贷""悦贷""香薪贷"，这些产品针对烟草产业的金融需求进行了定制化设计，为行业提供了多样化的金融支持。在服务范围拓展方面，云南红塔银行所研发的金融产品不仅覆盖了烟草产业的主要业务，还延伸到了整个产业链，实现了从主业到全产业的服务覆盖。同时，云南红塔银行还通过线上线下相结合的方式，将服务范围拓展到全国各地，为更广泛的客户群体提供支持。在产品创新方面，2020年云南红塔银行围绕云南高原特色产业优势，创新推出了"苹果贷""花椒贷""天麻贷"等新产品。这些产品针对当地特色产业，提供定制化的金融服务，为地方实体经济的发展注入了新的活力。通过以上举措可以看出，云南红塔银行不断丰富和创新其供应链金融产品，助力地方实体经济发展，促进产业升级和经济增长②。

云南红塔银行的供应链金融业务覆盖了多个方面：在贷款支持业务方面，云南红塔银行通过发放短期、中期和长期贷款，为供应链中的企业提供资金支持，帮助其解决生产经营中的资金需求问题。在融资业务方面，云南红塔银行通过办理票据承兑与贴现等业务，为供应链中的企业提供更多选择和便利。在信用担保业务方面，云南红塔银行还为供应链中的交易提供信用证服务和担保，以提高交易的可信度和安全性。在支付结算业务方面，云南红塔银行通过代理收付款项、保险代理等服务简化支付流程，增强资金的流动性和安全性，促进供应链中的交

---

① 资料来源：CloudHub云之家，https：//baijiahao.baidu.com/s？id=1757226889754444057。

② 资料来源：中国金融信息网，https：//finance.sina.com.cn/rol/2021-02-04/doc-ikftpnny4517443.shtml。

易顺畅进行。在投资和跨境交易业务方面，云南红塔银行通过提供基金销售和外汇业务，满足不同企业的投资和跨境交易需求。在风险管理业务方面，云南红塔银行通过提供资信调查、咨询和见证服务，帮助企业了解和评估交易对象的信用状况，降低其交易风险，以确保交易的安全和合规。通过这些全方位的金融服务，云南红塔银行为供应链中的企业提供了一体化的解决方案，促进了供应链的高效运作和持续发展。

2.2　供应链金融业务的艰难险阻

在"十三五"规划①期间，我国云南红塔银行的供应链金融业务在国家烟草专卖局和云南省委、省政府的鼎力支持下应运而生。国家烟草专卖局对云南红塔银行提出了"扎根行业、服务云南、走向全国"的期许，此外云南省委、省政府对云南红塔银行进一步提出了"立足滇中、服务云南、辐射周边"的要求。为了实现这些目标，云南红塔银行确立了"产业银行+科技银行"双轮驱动的发展战略，利用金融科技赋能供应链金融。在发展初期，云南红塔银行将企业文化命名为"梦想开始的地方"，并建立了一套企业"梦想文化"体系。这一文化体系不仅体现了云南红塔银行的初心和使命，还展示了员工对文化环境的认同和工作动力。然而，管理层通过与员工沟通和对其考察发现，员工在工作中仍存在一些不足之处，如审批流程不够灵活、协同力和执行力有待提高等。这些问题在一定程度上阻碍了员工个人理想的实现，进一步影响到云南红塔银行将文化理念落实到人的初衷。

云南红塔银行在发展供应链金融业务初期遇到了一些问题，主要体现在以下四个方面：第一，沟通效率低下。在电脑端，云南红塔银行内部交流主要依赖免费的飞秋②软件，但由于缺乏统一的服务器和离线消息机制，因此容易导致网络拥堵和信息丢失。在手机端，员工主要使用腾讯 QQ、微信等第三方工具进行交流，这不仅影响信息安全，还可能导致信息传递不畅。第二，尚未建立"一站式"服务平台。随着信息化建设的推进，云南红塔银行的业务系统呈现多系统、多厂商的特点。因此，对用一个账号和密码登录所有业务系统的"一站式"服务平台的需求日益迫切。此外，由于业务的多样性，待办管理分散化现象日益严重，需要建立一个统一的待办管理平台。第三，审核流程过于繁琐，效率不高。原有 OA 系统③存在着执行力和协同力不足的问题，审批流程配置不够灵活，无法实现高效的一体化管理。因此，建立一个灵活高效的审批流程已成为云南红塔银行新一代智

---

① "十三五"规划一般是指中华人民共和国国民经济和社会发展第十三个五年规划纲要。

② 飞秋是一款局域网聊天传送文件的即时通信软件。

③ OA 系统全称 Office Automation，是将计算机、通信等现代化技术应用到传统办公方式，进而形成的一种新型办公方式。

能审批的关注重点。第四，业务管理缺乏规范性，未能充分体现以员工为中心的发展理念。原有的人力资源管理系统功能较为单一，许多流程仍停留在手工录入阶段，如员工档案管理和薪资核算等。随着员工数量的增加，人工成本将逐渐上升。因此，当务之急是提升企业信息化水平，推动企业管理向流程化、制度化和规范化发展。与此同时，要充分利用人力资源管理系统规范薪酬体系和发放管理，规范人事档案、培训、绩效和调动管理，并不断规范招聘过程中的职位发布、简历筛选、面试和录用等环节。

随着云南红塔银行企业规模的不断扩大，传统的电话沟通和线下协作方式已经无法满足其发展需求。在当前我国数字经济高速发展的背景下，产业数字化已成为数字经济发展的重要推进力。据统计（见图1），2021年我国产业数字化增加值达37.2万亿元，占国内生产总值（GDP）的比重为32.4%。根据艾瑞咨询的预测（见图2），到2026年，中国供应链数字化服务收入规模有望增长至4.9万亿元。这意味着供应链金融业务将迎来更广阔的发展空间，为云南红塔银行带来新的发展机遇。

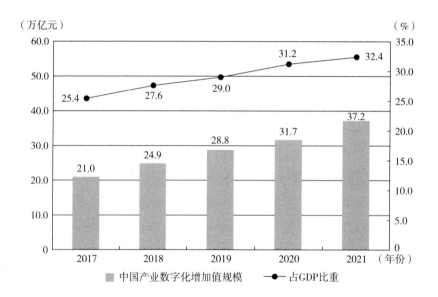

图1　2017~2021年中国产业数字化规模

资料来源：根据艾瑞咨询发布的《2024年中国供应链数字化行业研究报告》整理所得。

为了发展供应链金融业务，提高公司的协作效率并保障长期稳定发展，云南红塔银行提出了金蝶云南之家办公平台与金蝶s-HR人力资源管理平台相结合的运行模式。基于"以组织和人员为中心、以提高办公协作效率为核心、以智能化办公为建设主线"的总思路，云南红塔银行逐步实现了统一审批、统一待办、统

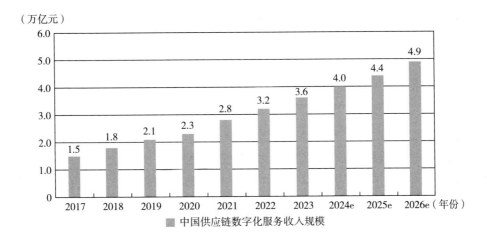

图2　2017~2026年中国供应链数字化服务收入规模

注：2024e、2025e、2026e为对应预期值。

资料来源：根据艾瑞咨询发布的《2024年中国供应链数字化行业研究报告》整理所得。

一沟通和统一用户等目标，进一步提升了全行员工的办公体验。为了实现这一目标，云南红塔银行推出了香云平台（见图3），下面进行具体分析。

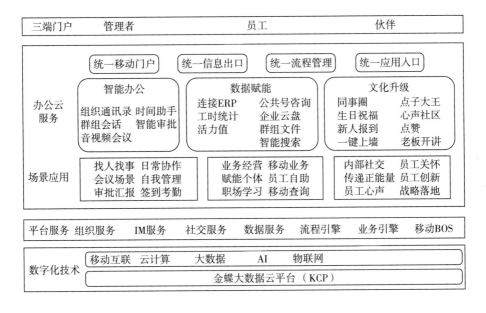

图3　智能协同（香云）业务解决方案

资料来源：根据金蝶云官网①整理所得。

---

① 资料来源：金蝶云官网，https://www.kingdee.com/success-stories/1574325329143554050.html。

香云平台作为云南红塔银行建立的企业级交流协作平台，有效地解决了使用微信、飞秋和腾讯 QQ 等沟通软件带来的内外网协作不畅、资料外泄风险等问题。通过香云平台，员工可以实现电脑端、移动端和 Web 端的信息同步，随时随地进行高效沟通和协同工作，为银行全体员工提供了一种高效率的协作及沟通方式。此外，香云平台还提供了统一应用管理和"一站式"的服务体验。除实现平台本身的待办提醒和审批功能外，香云平台还连接了云南红塔银行的人力资源系统、在线直播系统、邮件系统等第三方业务和待办提醒，实现了全行待办管理的集中化处理。通过香云平台，员工只需使用一个 App 即可完成全行第三方系统的待办提醒、业务办理和审批等操作，实现了足不出户的办公方式。此外，香云平台的智能审批设置具有可视化、灵活且高效的特点。相较于传统的 OA 系统，香云平台能够实现移动办公和简化流程的目标。通过使用香云平台的智能审批模块，企业可以实现审批时效的管控、审批过程的移动端操作、审批过程与沟通的无缝集成以及审批流程的简化等，从而实现真正的一体化建设。在人力资源管理方面，云南红塔银行实现了统一组织、以人为本和员工全生命周期管理的目标。随着企业规模的不断扩大，人才管理需要一个闭环式、规范和高效的管理系统作为支撑。通过人力资源管理平台，云南红塔银行对全行所有信息化系统的员工信息和组织架构进行集中统一管理，实现企业薪酬核算的"一站式"完成，减轻了手工核算薪酬的工作人员的压力，减小了出错的可能性。同时，将薪酬与考勤和社保进行综合计算，规范了全行薪酬项目的设置和使用，实现了银行业绩效递延薪酬的计算和管理。

通过上述具体分析，借助香云平台的集成轻应用方式，云南红塔银行实现了对出差、请假、补卡等审批流程的管理，让香云平台为员工提供自助服务。此外，香云平台还利用个性化开发的求职网站，将招工职位由人力资源系统自动发布到求职网站，满足求职人员网上填写或导入简历的需求。与此同时，香云平台的求职信息可以自动同步到云南红塔银行的人力资源系统中，实现对全银行员工的全生命周期管理。借助此网站，实现了人力资源平台和云南红塔银行香云平台因私出国（境）在线审批的互通，为员工出国（境）提供了相关证件照到期的提醒服务。香云平台的成功上线使云南红塔银行在移动办公、沟通效率和待办处理等方面得到了巨大的提升。通过香云平台建设，云南红塔银行实现了"一站式"登录和一体化建设，逐渐由 ERP① 转向 EBC②，最终实现了连接客户、连接员工、连接

① ERP 代表企业资源计划（Enterprise Resource Planning），是一种集成管理企业核心业务流程的软件系统，侧重于整合和优化企业内部的各种业务流程。

② EBC 代表企业业务能力（Enterprise Business Capabilities），是一种在线购物和交易的数字平台，是企业将资源、信息、流程和环境等因素进行综合利用，为灵活满足客户需求和响应速度要求而提供的工作方法和手段。

经销商，共同打造生态利益共同体的目标，同时也实现了自我赋能，实现战略与业务模式转型。

在发展战略方面，云南红塔银行紧密结合"扎根烟草"定位，大力推进双轮驱动战略实施，加强金融产品创新，服务云南支柱产业。截至 2020 年，云南红塔银行产业链金融服务实现了从云南到全国、线下到线上、主业到全产业的转型和创新，服务覆盖范围涉及云南省 16 个州市、100 多家烟草单位、6 万多烟草种植户、2 万多烟草零售户以及云南省外 43 家烟草企业。

在制度创新方面，根据现代商业银行的公司治理方向和金融法律法规要求，云南红塔银行建立了完善的公司管理机制，在 2019 年银保监会公司治理监督评估中，云南红塔银行得分达 82.25 分，居省内商业银行之首①。云南红塔银行自 2020 年以来深入调研产业银行建设举措和金融科技创新方向，为下一阶段的创新发展进行战略布局，力争到"十四五"规划②末实现上市。

3　问题探索，稳步前行

3.1　供应链金融业务的经验借鉴

云南红塔银行在供应链金融业务上的努力带来了多方面的价值，为其他商业银行提供了一些宝贵经验。

首先，云南红塔银行建立了企业级的沟通和协作平台，通过香云平台的成功上线实现了业务流程和管理的公开化、标准化。这一平台融合了文件传输、在线预览、待办提醒、智能审批和统一用户等功能，使沟通与协作不再受限于时间和地点。这种"一站式"登录和一体化建设的做法提高了组织协作效率，降低了沟通交流成本。

其次，云南红塔银行打造了以员工为中心的人力资源管理平台。该平台部署在内网环境中实现了人力资源系统的私有化部署，为云南红塔银行提供了统一的数字化人力资源平台。通过与其他系统的有机连接，实现了信息流和人力流的协同管理。云南红塔银行高度重视以员工为主体，以数据为基础的员工自助服务理

---

① 资料来源：中国县域经济报，https://baijiahao.baidu.com/s? id = 1689291245749534973&wfr = spider& for = pc。

② "十四五"规划一般是指中华人民共和国国民经济和社会发展第十四个五年规划和 2035 年远景目标纲要。

念。它在推动企业进行决策时提供即时的人力资源数据支持。这种管理模式不仅提高了员工的参与度和满意度，也提升了企业的运营效率和管理水平。

最后，云南红塔银行通过统一企业管理制度和建立标准化数据，成功提升了70%的办公协同效率①。规范化的管理模式使各个管理层面能够进行横向和纵向的对比，解决了纸质单据的随意性和信息传递不及时的问题。这不仅解放了手工编制业务单据员工的双手，还全面提升了全体员工的工作效率。与此同时，打破了各部门之间信息传递的壁垒，实现了统计数据的统一性，整合了信息的及时性、快速性和准确性。这种统一的管理模式为云南红塔银行提供了更好的决策依据和管理工具。

云南红塔银行以云南烟草产业为基础，借助先进的信息科学技术，成功实现了移动办公、高效办公和一体化办公等目标。同时，云南红塔银行制定了"产业银行+科技银行"的长期发展策略，致力于将企业资源计划转变为企业业务能力。通过连接员工、客户和经销商，打造生态利益共同体，使自我赋能成为可能，为云南红塔银行的供应链金融升级和发展提供了有力支持。因此，其他商业银行可以借鉴云南红塔银行的经验，结合自身产业结构的特点和优势，探索适合自身的供应链金融发展道路。通过实现商业银行和产业链的相互赋能，推动商业银行的转型升级。

3.2　供应链金融业务的教训借鉴

随着云南红塔银行供应链金融发展模式的初步形成，其发展模式本身也存在一些不足。在信用评估方面，云南红塔银行虽然可以通过供应链平台获得企业内部真实的信息数据，不过云南红塔银行难以对有关与企业达成保密协议中的信息进行信用评估和判断，因此无法对企业进行全面的信用评价。

在互联网方面，随着云南红塔银行将互联网金融模式逐渐融入供应链金融产业，互联网附带的一些弊端也在其供应链金融业务中逐渐暴露出来。一方面，互联网作为新型产业，其金融监管存在诸多漏洞，金融监管政策仍然需要完善。另一方面，互联网金融模式的安全性与其他供应链金融发展模式之间存在着较大差距，P2P②平台若是运营不当，会致使投资者的资金难以追回。

在组织创新方面，云南红塔银行供应链融资主要还是其对传统业务的补充，组织创新有待突破。在供应链金融组织中，以银行为主体的融资组织有极大的局限性。供应链融资的大部分存货是中间商品，具有专用性特点，不容易利用市场估值及变现，风险控制更加复杂。此外，当前的融资组织管理方式更多的是将金

---

① 资料来源：金蝶云官网，https://www.kingdee.com/success-stories/1574325329143554050.html。

② P2P，即点对点网络借款（Peer to Peer Lenging），是一种将小额资金聚集起来借贷给有资金需求人群的一种民间小额借贷模式。

融资源向核心企业集中，使其信用放大和风险聚集扩散效应扩大。这些隐患会引发由供应链资金管理不善导致的公司经营困难，甚至引发破产重组的危机，云南红塔银行的供应链金融组织创新遇到了发展瓶颈，必须进行有效突破。

因此，对于云南红塔银行所出现的供应链金融问题，其他商业银行也需要高度关注，一些问题是供应链金融发展的通病，要及时做出预警，防患于未然。与此同时，要制定切实可行的应急预案，将损失降到最低。对发展模式、互联网媒介所引发的监管漏洞、相关规章制度、经营管理模式等方面的问题要进行及时补充和完善，加快供应金融发展的步伐，使其在商业银行的供应链金融发展中占据优势地位。

4　知其然，知其所以然

4.1　供应链金融业务中的信息不对称问题

根据乍志忠（1997）的信息不对称理论经济分析，可以看出云南红塔银行的供应链金融业务也存在相应的信息不对称问题。云南红塔银行在开展供应链金融业务时，由于企业与银行之间签订了保密协议，导致银行无法获取企业的关键数据，从而造成了信息漏洞。具体来说，这种信息不对称问题主要表现在以下三个方面：

第一，由于缺乏完整的数据支持，银行无法进行准确的数据分析和评估。这使得银行在进行信贷决策时，可能会对企业的信用评级过高或过低，从而影响到供应链金融业务的运行效率。例如，如果银行对企业的信用评级过低，可能会导致企业无法获得足够的融资支持，影响到企业的正常运营；如果信用评级过高，可能会导致银行承担过高的风险。

第二，信息不对称可能会导致企业在供应链金融业务中的融资成本上升。企业在与银行合作过程中可能会遇到诸如审批周期长、手续繁琐等问题，这些问题都会增加企业的融资成本，影响到企业的利润水平。

第三，信息不对称还可能导致企业在供应链金融业务中面临更高的风险。由于银行无法准确评估企业的信用风险，企业可能需要承担更高的风险溢价，这会增加企业的财务压力。

4.2　供应链金融业务中的风险管理问题

结合供应链金融风险管理理论，云南红塔银行的供应链金融业务因其发展模式的特点存在三方面供应链金融风险防范不到位的情况（刘德红和田原，2020）。在信用风险方面，云南红塔银行在供应链金融业务中过于关注整个供应链条的交易状况，而忽视了对中小企业信用风险的全面识别。虽然这种模式有助于降低银行的信用风险，但在实际操作中，可能会因为对中小企业信用风险的评估不足而导致潜在的信用风险。

在操作风险方面，云南红塔银行在发展供应链金融业务时，力求打造"产业银行+科技银行"的模式。虽然金融科技的发展为供应链金融带来了便利，但同时也可能引发操作性风险。例如，信息科技系统的故障可能导致数据丢失、传输错误等问题，从而影响到供应链金融业务的正常运作。

在市场经济稳定性方面，市场经济的不稳定变动可能会对供应链运作过程产生影响，导致出现供给不稳定的现象。全球经济在当前极端事件频发背景下，市场经济的不稳定变动愈加明显，云南红塔银行在进行供应链金融业务时，需要关注市场经济的变化趋势，及时调整风险管理策略，以应对可能出现的供给不稳定问题。

4.3　供应链金融业务中的经营管理问题

通过对企业经营管理理论的分析，可以发现一个企业的发展离不开决策、组织和协调（陈宇，2023）。对云南红塔银行来说，要想在组织形式上进行突破，就必须有制度上的保障。然而，目前云南红塔银行在创新发展中存在制度上的约束，下面进行具体分析。

在服务范围方面，分业经营管制限制了银行服务的发展。由于分业经营管制的严格性，云南红塔银行无法从整体上为供应链管理提供财务融资服务。这使得银行在开展供应链金融业务时，难以充分发挥其资金优势和专业能力，从而影响到业务的发展和创新。

在控制环节方面，供应链金融业务的管理与运营受到限制。供应链金融业务涉及多个参与主体，如供应商、生产商、分销商等，以及多种金融工具和服务。这些复杂的业务流程和环节使得供应链金融业务的管理和运营变得困难，给银行提供融资服务带来了挑战。

在金融服务需求方面，以银行为主体的供应链融资模式难以满足中小企业的金融服务需求。目前，云南红塔银行在开展供应链金融业务时，主要围绕大企业提供服务。然而，中小企业在供应链中占据重要地位，对金融服务的需求迫切。因此，云南红塔银行需要调整业务策略，将更多关注点放在中小企业上，以满足其金融服务需求。此外，云南红塔银行还需要加强组织创新、制度创新，改变不适应公司发展决策的组织形式和制度，让它们能够正确引导供应链金融实现全面的创新。

5　未雨绸缪，举比有功

5.1　防范供应链金融业务中的信用风险和操作风险

在信用风险中，提高供应链系统授信准入标准，防范信用风险。云南红塔银行的供应链金融授信业务主要依赖于核心企业的信用状况，将核心企业视为整个供应链系统信用担保的主要承担者。这一角色对云南红塔银行的资金安全至关重要。因此，提高对核心企业的授信准入标准不仅有助于强化风控机制，促进行业的健康发展，最大限度地减少和防范金融风险，而且还能为行业监督和政府监管提供相关依据和标准。由于供应链金融的授信方式相对单一，主要以核心企业的信用状况为依据，核心企业对整个供应链系统的信用担保状况直接影响各金融机构的资金安全。为了提高准入标准，有效防范信用风险，应采取具体措施如下：

第一，加强对核心企业授信前的调查力度，做好供应链金融业务风险的第一道防线。云南红塔银行要严格规范工作流程，对不同供应链的核心企业制定有针对性的授信方案。降低市场风险较小行业的授信力度，提高市场风险较高行业的授信力度，从赊销状况、上下游企业交易记录以及核心企业的从业经历等各个方面进行全面考察。

第二，完善供应链金融业务以及加强运作流程中的风险控制。加大对融资企业的违约惩罚力度，降低信用违约行为发生的可能性，例如，可要求核心企业对供应链系统的信用提供连带责任担保、回购担保、定向付款等保障性措施。对于连带责任的担保，可以让核心企业对上下游企业进行监督，若无法按时归还资金和利息，核心企业要承担相关费用。对于回购担保，可以让核心企业回收购买下游企业无法销售的产品，从而降低供应链风险。最后降低供应链系统中的信用违约风险。

第三，全面协调银行系统和第三方征信机构的征信体系，全面考察和鉴定融资企业的抗风险能力、营销能力和发展潜质等。与此同时，将云计算、大数据、人工智能等现代信息技术和智能化管理设备应用到供应链金融系统中，进而实现智能化监控和标准化管理。

第四，加强与电商或金融互联网企业在智能和互联网技术方面的交流，提升传统商业银行的智能化水平，实现其智能化监督与风控管理（禄丹等，2023）。

在操作风险中，加强人才培养和内部操作管理规范，防范操作性风险。在人才培养方面，随着云南红塔银行将互联网融入供应链金融，业务内容变得更为复杂多变，相应地，面临的风险也越来越多。因此，在互联网供应链金融产品设计与推广中，对互联网金融风险的识别、产品设计与营销等方面的人才提出了更高的要求，需要同时具备专业的金融知识和互联网技术背景。以下是具体措施：

第一，在内部人才培养方面。从云南红塔银行内部挑选具有丰富金融知识的从业人员，通过社会培训和企业技术合作等方式进行培训。这种方式可以充分发挥内部员工的经验和专业知识，提升其在互联网供应链金融领域的综合素质。

第二，在外部培训计划方面。与社会培训机构合作，制订人才培训计划。定期组织专家进行知识宣讲和技术讲解，帮助员工不断更新互联网金融领域的知识，提高其适应新技术和新趋势的能力。

第三，在复合型人才培养方面。加强对复合型人才的培养，使其既具备金融专业知识，又具备互联网技术的应用能力。通过全面培养，减少操作风险的发生，提高员工的综合素质。

第四，在校企深入融合方面。强化与学校的深度合作。通过校企合作计划，建设专业研究与实验室，将实践性人才需求融入名校理论的教学中。这有助于促进理论型人才向实践型人才的有效转换，为行业整体发展提供有力支持。

在内部操作管理中，规范化管理是确保云南红塔银行内部运作顺畅的关键。通过规范的内部操作，可以激发员工创新活力，实现高效产出。规范化管理主要包括以下三个方面：

第一，在合同单据完整性方面。在放款时，要求企业提供完整的合同单据，并检查是否包含可向税务部门查询真伪的增值税发票，以避免伪造的情况发生。确保合同文件的完备性有助于提高交易透明度，降低风险。

第二，在严格执行统一登记制度方面。贷款时要严格执行统一登记制度，按时在登记机构查询并办理登记。通过有针对性的检查，了解融资的物流和资金流状况，使银行能够有效监控抵质押物。这有助于提高对借款方的监管水平，减少潜在风险。

第三，在严格监管质物方面。银行需要加强对质物的监管，可考虑引入专业仓储机构或物流公司，并与其签订监管协议，明确各方的权利和义务。必要时，要求借款人对质物进行投保，如仓储险、运输险等，并将银行列为第一受益人，以确保银行的权益得到有效保障（吕江林和张蕊，2019）。

5.2　完善供应链金融业务中的法律体系

商业银行供应链金融种类日益增多，融资企业会与供应链上多个参与主体进行业务上的往来，在信用产生问题时，难免会引发产权纠纷。因此，加快完善供应链金融的相关法律法规，推出发展供应链金融的政策迫在眉睫，这些内容对供应链金融行业的发展至关重要，以下是一些具体建议：

一方面，政府需推出鼓励供应链金融发展政策。将鼓励政策多向农业、制药业等有关民生的行业倾斜，结合农业生产所在地的经济地理和自然地理因素，建设符合当地的特色农业产业链，并对其提供资金支持。此外，当地政府可用财政贴息为杠杆，引导银行的信贷业务，实现银行对供应链的资金总额的增加。

另一方面，我国供应链金融业务的健康发展，离不开成熟的外部法律环境。目前，我国相关供应链金融的条款并不完善，供应链金融业务涉及多个主体的利益，主要包括质权、所有权的原始分配和其流动带来的再分配，这些极易引发所有权的纠纷。在我国，供应链金融的法律界定、登记制度、处理纠纷方面尚不清晰并且存在漏洞，严重制约供应链金融的发展。例如，《物权法》虽然为商业银行授信业务创造了良好的法律环境，但是它也在动产抵押登记公示上存在笼统和不规范等方面的不足，给商业银行带来推动作用的同时也给其带来了挑战。政府要进一步完善物权法登记的体系，不断出台配套的相关法律及规章制度。此外，做好风险管理的执法工作，不仅要做到有法可依，更要做到违法必究，创造一个公平公正的法制环境（周林彬等，2013）。

5.3　增强供应链金融业务中的创新和抗风险能力

积极推进组织和制度创新，增强创新的后劲。在组织创新方面，云南红塔银行不仅应将供应链金融作为银行业务创新的范畴，更应该围绕供应链管理，建立信息服务、物流服务、资金服务和商务服务有效统一的供应链第三方综合物流金融中介公司，使其不仅具有银行的融资职能，也具备第三方物流公司的职能。此外，云南红塔银行还可通过供应链金融业务整体或部分外包的合作形式，提供全面的金融服务，健全业务风险应对机制，实现企业、银行绩效的顺利达标和对风险的有效控制。

在制度创新方面，云南红塔银行应建立灵活高效的公司管理机制。例如，把银行非核心的业务外包给专业的供应链第三方综合物流金融中介公司。在供应链金融服务中，让第三方综合物流金融中介帮助红塔银行监管质押物。与此同时，为红塔银行提供商务服务和相关信息，优化信息不对称问题，提高红塔银行的市场控制、风险管理和综合服务能力，形成服务云南红塔银行新的金融中介产业，不断推进制度创新，增添供应链金融的创新活力，让创新保持持续性（赵佳和姜长云，2013；徐鹏等，2023）。

完善供应链金融生态圈，提高抵抗市场经济波动能力。云南红塔银行供应链金融品种繁多，融资企业的质押物权可能与供应链内多个参与主体有关，为避免信用产生问题时产权发生纠纷，应促进供应链金融模式多元化发展，建立完善的内部风控监管体系，构建供应链金融生态圈，具体措施如下：

首先，实行浮动抵押制度，解决供应链金融质押权问题。云南红塔银行可以将供应链系统内的所有不动产或者动产都纳入抵押的范围，但是要注意将原材料、半成品或者成品排除在外，以提升企业融资的资产使用效率。此外，要把握好对抵押物的监管审查力度，避免资产重复抵押的情况。

其次，鼓励不同类型供应链金融企业相互合作，开发新的金融产品，建立完善的综合性服务平台。随着供应链金融参与主体的增多，要细化供应链金融产业的分工，制定金融产品标准化组合。

最后，建立内部风控监管体系，提高云南红塔银行规避风险的能力。云南红塔银行可以根据不同产业的供应链系统出现的风险问题，有针对性地在产品设计中规避风险。在其供应链金融业务的实际运行中，真正考虑到风险，不断对法律合同文本进行完善，通过法律形式明确双方彼此的义务和权利，从根源上降低潜在风险，推动供应链金融生态圈的构建（张敬峰和周守华，2013；徐鹏杰和吴盛汉，2018）。

6　案例结语

本案例通过分析云南红塔银行供应链的金融业务，可以看出供应链金融的融资模式相对于传统金融借贷业务而言，具有借款条件宽泛、资金的监管成本较低、金融业务流程简洁等独特优势，供应链金融业务逐渐成为传统商业银行转型的核心发展业务。然而随着"互联网+"[①]战略的不断深入，由此衍生的信用风险、市场风险和操作性风险也越发显著，行业应给予高度关注，及时采取有效措施解决与预防。

供应链金融随着时代的发展，未来将呈现专业化、智慧化和全程化的特点。在专业化方面，供应链金融更注重细分行业，专业分析和研判行业属性和特征，在对客户经营状况进行充分了解，掌握其经营需求后，高效把握各环节存在的风险，对不同的商业银行提供符合其实际情况的供应链金融产品服务。在智慧化方面，供应链金融将更加关注与信息技术的高度融合，通过商业银行来推动供应链金融业务在流程、管理和决策方面朝着标准化、可视化和智能化方向转型。在全

---

① "互联网+"是指在创新2.0（信息时代、知识社会的创新形态）推动下由互联网发展的新业态，也是在知识社会创新2.0推动下由互联网形态演进、催生的经济社会发展新形态。

程化方面，企业要想打破信息闭塞，必须要建立深度信息联盟。同时，要严格明确供应链金融各主体之间的交易边界，让交易接口、交易合约以及交易流程实现标准化管理，让数据彼此高效互通，真正实现供应链金融全程化服务。

在我国，供应链金融已经广泛应用到了各行各业，不同行业的应用衍生了不同的行业特性，在这样的基础上，垂直行业专业化和平台化的趋势日益明显。未来，行业需要合理应对风险增长，强调风险管理，确保供应链金融业务可持续发展。同时，行业应关注企业建立自身供应链金融平台的限制和要求，以更好地适应未来发展的需要。总体而言，供应链金融有望在未来成为金融行业的重要支柱，但需要密切关注风险，并不断创新与优化服务模式。

案例使用说明

一、教学目的与用途

（一）适用课程

本案例主要适用于《货币银行学》《公司金融》《金融工程》《管理经济学》《金融科技》《衍生金融工具》《投资银行学》《金融风险管理》《金融市场学》《金融学理论与实务》等课程。

（二）适用对象

本案例主要适用于以下对象：

1. 经济学、金融学、金融工程等相关专业的本科生和研究生。

2. 对金融领域感兴趣的专业人士，包括但不限于金融分析师、银行工作人员等。

3. MBA、EMBA、MPACC 等专业课程的学生，以及其他参与继续教育和职业发展课程的成人学习者。

4. 对金融市场、金融产品、金融技术等有兴趣的企业管理者和决策者。

（三）教学目标

1. 通过案例讨论加强学生对金融科技赋能商业银行供应链金融发展模式的了解与把握，深刻认识传统商业银行面临发展困境的原因，探寻最佳解决办法。

2. 通过案例讨论加强学生对供应链金融的深入了解，掌握供应链金融的具体含义及其优势，并分析供应链金融下传统商业银行如何更好发展。

3. 通过案例讨论使学生了解云南红塔银行利用供应链金融引领发展的具体历程，让学生感受到新的时代下传统商业银行及时转型的重要性。

二、启发性思考题

1. 全球金融科技发展背景下，为什么说商业银行供应链金融发展是必然的？

2. 分析云南红塔银行能够进行供应链金融发展的独特优势。

3. 根据案例分析，总结云南红塔银行如何发展供应链金融。

4. 根据案例分析，思考未来云南红塔银行在供应链金融发展中将会遇到哪些新的挑战，又该如何应对。

三、分析思路

教师可根据自己教学目的灵活使用本案例，本案例提供的分析思路仅供参考。

本案例简要讲述了云南红塔银行积极推进供应链金融业务的发展，并最终从众多商业银行中脱颖而出的主要过程。云南红塔银行以金融科技赋能产业，先进的技术支持使云南红塔银行在金融科技潮流到来时能够快速抓住机遇，借助科技驱动金融创新，以及始终坚持"产业+科技"双轮驱动的发展战略，由此获得巨大的经营优势。缜密的发展布局使云南红塔银行成效斐然，成功步入金融科技前列。

四、理论参考

（一）企业经营管理

1. 企业经营管理定义

企业经营管理是指企业为了满足社会需要，为了自己的生存和发展，对企业的经营活动进行策划、组织、指挥、协调和控制。企业经营管理的目的是让企业充分面向所有市场和用户，使企业的各种资源最大化使用，尽可能满足各类型用户的需求，取得良好的经济效益和社会效益。

2. 企业经营管理职能

企业经营管理职能包括五个方面的内容，即战略职能、决策职能、开发职能、财务职能和公共关系职能。①战略职能。企业经营管理的首要职能是战略职能，它处于首要地位是因为影响企业经营管理的因素有很多，企业所面临的经营环境非常复杂，变化迅速并且竞争激烈。在这样的环境中，企业必须高瞻远瞩，审时度势，随机应变，才可以实现长期稳定的生存和发展。②决策职能。企业经营管理的中心职能是决策职能。该职能影响企业经营的成功与失败。决策失误，将会使企业陷入长期困境之中；决策正确，企业将充分发挥出其自身优势。③开发职能。企业经营管理的优势职能是开发职能。企业的开发不局限于财和物，经营管理的开发职能的关键点在于对产品和市场的开发、对技术的研发以及对能力的开发。企业只有拥有一流人才和技术，制造一流产品，才能在市场竞争中占据优势地位。企业只有在产品和服务、人才和技术以及市场适应性方面都占据主动，才能在激烈的市场竞争中脱颖而出。④财务职能。企业经营管理的基础职能是财务职能。财务职能主要集中表现为资金筹措和运用、经营分析以及增值价值分配。企业经营的战略职能、决策职能、开发职能，都必须以财务职能为基础发挥作用，最后再依据财务职能做出评价。⑤公共关系职能。企业经营管理的协调职能是公共关系职能。公共关系职能主要目的是协调企业与它赖以存在的社会经济系统的各个环节，即使企业与外部环境保持协调。

3. 经营的主要方式

企业资产经营的核心是资产的经营与运作。企业并购是企业的主要经营和运作方式，在现实经营过程中，企业并购失败主要是由于整合失败、收购战略的失误以及管理粗放等。因此，为了减少有形资产经营的投入，要对企业资产进行资产经营，结合转换经营机制，提高管理水平，加强战略协同、文化融合、技术改造、资产重组和制度创新等，保证企业并购的成功。

（二）金融科技理论

1. 金融科技内涵

金融科技最早于 2016 年由金融稳定理事会提出，金融科技可以简单理解为"金融+科技"，它是金融业务与新兴科技的组合融合发展，即 IBCDE 技术、大数据、区块链、云计算、人工智能等，其核心是利用移动互联网、信息科技等改造和创新现有金融产品及服务模式。2016 年，金融稳定理事会（FSB）首次划定了金融科技基本范围，包括四个领域：支付清算（移动支付、线上支付、数字货币、分布式账本技术等）、存贷款（众筹、P2P 等）、金融市场基础设施（智能合约、基于云计算的数字化身份验证技术）、投资管理方面（利用智能合约做投顾，基于机器人建议做的智能化交易等创新）。

2. 金融科技发展模式

金融科技的发展模式大致可分为两大块，即金融赋能和数字化转型。①金融科技公司主导的金融赋能。回顾国内外近些年来金融科技发展历程，科技公司对金融业务的数字化赋能大致分为三个阶段：第一阶段，科技公司通过申请小额贷款公司、第三方支付等牌照，开展支付、贷款、理财等方面的业务。第二阶段，在自身技术积累的基础上，叠加金融业务的积累，向金融机构输出金融科技解决方案，帮助金融机构做好业务和服务。第三阶段，对前两个阶段的融合，打造开放平台，一方面给金融机构赋能，另一方面对接金融消费者，以平台开放实现金融服务与实体产业的链接和融合发展。②金融机构自身的数字化转型。金融机构数字化是网络化和信息化之后的新阶段，其核心是通过移动通信、人工智能、云计算、大数据、区块链等，对技术架构、业务模式、组织管理等进行改造，实现数字技术、金融业务、消费和产业发展的融合，综合缓解信息不对称、信息不可得和信息不会用的问题，释放数据作为生产要素的生产力。其本质是改变整个银行金融机构在经营管理中的"成本—收益—风险"函数，最终目标是对内提升自身经营绩效，降低成本、提高效益、保障风险，对外提升覆盖面和用户体验，让金融服务更便捷。

（三）战略转型理论

1. 企业战略转型概述

企业战略转型是指企业通过转变长期运营模式、经营方向及其相应组织和资源方式，来提升企业的社会价值、重塑竞争优势和企业新形态的过程。中国目前大多数企业的转型都属于企业战略转型。

2. 企业战略转型的驱动因素

企业战略转型的驱动因素：①发现扩张盈利新路径。当企业的市场份额和规模达到一定程度时，企业的股票价值和营收利润并未达到预期，企业会选择舍弃低成本产品，将重心转向具有创新性和差异化的商品，投身某些增速较快的市场。②应对本土市场行业格局的剧变。市场供过于求，市场中涌入大量外资巨头，新业务模式逐渐诞生，企业之间成本竞争加剧，企业为了满足不同客户的需求，要清晰划分客户群体来实现产品的差异化。③并购重组。并购重组后的公司会面临运营磨合的巨大挑战，执行力不足，往往会导致在公司面临问题、挑战或变革时缺乏行动、迟疑不前、缺乏创新，让有价值的客户和优秀员工失去耐心和信任。此时需要对组织机构实施重新设计和业务流程再造。④增强企业活力。很多中小企业的高层管理人员缺乏实干精神，总是纸上谈兵，未将愿景转化为实际的行动，实干型人才总是供不应求。企业战略要深入人心、留住人才是企业战略转型的重要内容。

（四）信息不对称理论

信息不对称理论是指各个人员在市场经济活动中获取相关信息的能力是存在差异的，获取信息能力较强的一方往往比能力较弱的一方更具有优势，在一些行为活动中占据有利地位。信息不对称理论指出，在经济市场中，销售者比消费者更容易获取商品的相关信息，并且这些信息更可靠。掌握更可靠信息的销售者可以通过向消费者传递信息而获取好处。信息不对称理论不仅可以在信贷配给、商品市场占有、商品促销等方面提供有力解释，而且该理论已经逐渐成为现代信息经济学的核心理论。与此同时，信息不对称理论不只应用在传统的农产品市场，更应用到了现代金融市场的各个领域。信息不对称理论指出，信息对市场经济起着十分重要的作用，它指出了市场经济体系中的一些弊端，只依靠宽松的经济市场机制不一定会给市场经济带来效益最大化，尤其是在投资、环境保护、就业和社会福利等方面。信息不对称理论着重强调政府在经济运行中的重要性，大力呼吁政府要加大对经济运行的监督力度，力争确保信息的对称与可靠，减少市场机制本身所产生的一些不良影响。

（五）供应链金融风险管理理论

供应链金融风险是指银行开展此项业务时，由于一些不确定的因素，使产品的实际收益无法达到预期目的，甚至所有贷款都无法收回，银行因此面临巨额损失风险。供应链金融风险按风险来源分类主要有三种，具体为信用风险、操作风险、市场风险。信用风险是指交易的一方未履行到期债务所面临的风险，此类风险具有非系统性、不对称性、累积性、内源性的特征。操作风险是指由于信息系统自身缺陷以及内部控制漏洞而造成意外损失所面临的风险，此类风险常常由人为因素、内部控制不当和电脑系统故障造成。市场风险是指由于未来市场价格（汇率、股票价格、利率和商品价格）具有不确定性，阻碍企业实现其既定目标所面临的风险，此类风险是一种系统性风险，不可以增加多样性消除，但可以利用对冲来减少发生。

供应链金融风险管理是指银行通过分析损失的可能性及其大小，运用合理有效的方法主动规避防范风险。供应链金融风险管理主要包括风险识别、风险评价和风险控制三个方面。风险识别是风险管理的第一步，也是风险管理的基础。它是指通过归类、感知或判断的方式对现实的风险性质和潜在的风险性质进行鉴别的过程。风险评价是指以风险识别和风险估计为基础，通过综合考虑风险的损失程度、风险发生的概率及其他因素，得出发生系统性风险的可能情况。通过对比公认的安全标准，确定企业的风险等级，进而对是否要采取控制措施做出判断。风险控制是指风险管理者为了减少或消除风险事件发生的各种可能性，或减少风险发生时造成的损失而采取各种措施和方法。

五、具体分析

（一）全球金融科技发展背景下，为什么说商业银行供应链金融发展是必然的？

【理论知识】 金融科技理论、战略转型理论

【分析思路】 本题设置的目的是加深学生对供应链金融发展是大势所趋的理解，明确金融科技驱动供应链金融发展的重要性。

授课教师在讲解本题时，可以先让学生了解供应链金融发展的国内外背景以及金融科技崛起助力各产业的方方面面；再引导学生思考在全球金融科技发展背景下为什么会推动商业银行供应链金融的发展。

【案例答案】 经济下行，银行压力剧增。自2020年以来，国内外经济形势严峻，经济持续下行给银行类金融机构带来了经营压力，对国内银行提出了新的挑战，使得商业银行在资产质量、风险管控等方面面临考验。受全球经济衰退的影响，2020年全球债务规模达226万亿美元，成为全球债务增加较多的年份之一，全球债务总量与国内生产总值（GDP）之比上升至256%，其中公共债务占比为99%。从2020年1月至2021年10月，全球对冲公共卫生事件的财政支出高达10.79万亿美元，进而引起新兴市场经济体与发达经济体债务与GDP之比创历史新高①。银行是典型的顺周期行业，银行的资产业务发展与实体经济增长、通货膨胀和利率水平高度相关，实体经济面临的问题将直接导致银行业增速

---

① 资料来源：新华网，http://www.news.cn/globe/2021-12/27/c_1310396553.htm。

放缓，盈利水平持续下滑，银行业务经营压力增大，因此银行供应链金融业务发展迫在眉睫。

供应链金融迅速渗透，关联影响更为明显，传统金融机构"单点式"风险防范模式难以应对。金融科技的飞速发展重塑着金融生态，以 ABCDMI（人工智能、区块链、云计算、大数据、移动互联、物联网）为核心的科技力量，已经成为新时代金融创新和转型的强大"引擎"。未来，以客户体验为中心，全渠道、场景化、定制化、便捷化的产品和服务成为大势所趋。从 2020 年的人工智能技术成熟度曲线可以看出，自带身份、构成化 AI、编组式 AI、嵌入式 AI、本体和图谱等新技术逐渐成熟，进一步推进社会高度智能化的发展。

（二）分析云南红塔银行能够进行供应链金融发展的独特优势

【理论知识】企业经营管理理论、战略转型理论

【分析思路】本题设置的目的是深入了解云南红塔银行发展供应链金融所具备的独特优势，以及该企业在供应链金融发展方面所做的前期准备，为探索供应链发展提供参考。

授课教师在讲解本题时，可以先让学生去查阅云南红塔银行的绩效数据，再让学生去官方渠道查阅一些云南红塔银行有关供应链金融的项目措施，两者结合进一步探究其发展优势。

【案例答案】截至 2021 年 6 月 30 日，云南红塔银行资产总额达 1345 亿元，各项贷款超过 500 亿元，负债总额达 1200 余亿元，各项贷款超过 1000 亿元，全银行存贷市场份额同比实现 10%以上的增长，业务发展创 2019~2021 年间最好成绩，各项业务涨幅较 2020 年 6 月 30 日均有较大提升。与此同时，云南红塔银行的不良贷款率较 2021 年 1 月下降 0.04 个百分点，云南红塔银行的资产质量始终保持较优良状态[①]。

云南红塔银行以产业金融服务地方实体经济，以产入融、以融促产，相继推出了"香叶贷""悦贷""香薪贷"等特色金融产品，搭建了一部手机种烤烟、两烟结算平台、现代卷烟零售终端等科技平台，助力烟草产业金融服务实现了从主业到全产业、从线下到线上、从云南到全国的发展。同时，云南红塔银行在总结烟草产业金融服务经验的基础上，积极向非烟产业复制推广。2020 年，云南红塔银行围绕云南高原特色产业优势，创新推出了"苹果贷""花椒贷""天麻贷"等产品，让供应链金融业务更好地服务地方实体经济的发展[②]。

---

① 资料来源：中央广播电视总台央广网，https：//www.cnr.cn/yn/ynkx/20210825/t20210825_525579583.shtml。

② 资料来源：中国金融信息网，https：//finance.sina.com.cn/roll/2021-02-04/doc-ikftpnny4517443.shtml。

在业务准入方面，云南红塔银行坚持选择优质客户、优质项目、优势行业的三优原则，辅以授信审批流程优化，中高风险业务审批权上收，将风险管控前置，巩固业务风险防火墙。

（三）根据案例分析，总结云南红塔银行如何发展供应链金融

【理论知识】战略转型理论、信息不对称理论、金融科技理论

【分析思路】本课题设置的目的是进一步加深学生对云南红塔银行发展供应链金融的整体布局的了解，更加清晰化地了解发展供应链业务的每一步措施，取其精华，弃其糟粕。

授课教师在讲解本题时，可以让学生去查阅有关媒体对云南红塔银行供应链金融业务发展的采访和点评，进而对每一阶段的供应链业务金融有一个侧面了解；再结合官网的相关举措新闻，引导学生总结云南红塔银行有关供应链金融业务发展的相关措施。

【案例答案】打造"产业银行+科技银行"是云南红塔银行的长期战略目标，云南红塔银行的发展基于云南烟草产业，同时依托先进的信息科学技术，从而实现办公移动化、一体化、高效化、规范化、制度化等。通过香云平台和人力资源平台建设，达到云南红塔银行信息系统一体化建设、"一站式"登录的目的，从而实现科技银行的战略目标。最终实现由 ERP 向 EBC 转型，实现连接客户、连接员工、连接经销商，共同打造生态利益共同体，同时也实现了自我赋能，实现战略与业务模式转型。

（四）根据案例分析，思考未来云南红塔银行在供应链金融发展中将会遇到什么新的挑战，又该如何应对

【理论知识】供应链金融风险管理理论、企业经营管理理论

【分析思路】本题设置的目的是让学生了解发展供应链金融业务在目前还存在哪些风险和漏洞，进一步让学生思考应采取哪些措施以防患于未然，这对理解和完善供应链金融发展业务有重要意义。

授课教师在讲解本题时，可以让学生了解云南红塔银行在供应链金融发展业务中有哪些负面的新闻，进而对其遇到的困难问题进行深度剖析，从而探索其供应链金融业务出现的一些问题；最后让学生了解有关供应链金融风险管理理论和企业经营管理理论的相关知识，结合相关理论总结应对措施。

【案例答案】

挑战：

第一，随着科技的不断发展，供应链金融领域也将面临数字化风险和技术漏洞。网络安全威胁、数据泄露等问题可能给云南红塔银行的供应链金融业务造成负面影响。

第二，金融行业一直受到监管政策的影响，未来可能会有新的法规和政策出台，对供应链金融业务产生影响。

第三，随着供应链金融市场的逐渐成熟，竞争可能变得更加激烈。其他银行或金融科技公司可能会进入这一领域，提供更具竞争力的产品和服务。

第四，全球供应链的变革和不确定性可能给云南红塔银行的供应链金融业务带来挑战。例如，全球贸易紧张局势等因素都可能导致供应链中的不稳定性。

措施：

第一，云南红塔银行需要加强信息安全措施，不断更新和优化技术系统，确保客户数据和交易信息的安全性。

第二，云南红塔银行需要密切关注监管环境的变化，及时调整业务模式和合规性管理，以确保业务的可持续发展。

第三，为了保持市场份额，云南红塔银行需要不断提升自身的服务水平，加强创新，提供差异化的产品。

第四，云南红塔银行需要灵活应对全球供应链的不确定性变化，加强风险管理，确保在复杂的经济环境中保持业务的稳健性。

六、关键要点

（一）案例关键点

本案例旨在分析云南红塔银行在供应链发展中金融科技赋能供应链金融业务的作用机理及结果。主要内容包括：云南红塔银行供应链金融业务发展至今的历程与背景，发展中遇到的问题以及应对措施，结合相关理论分析其发展所遇问题的原因，相应的解决办法，以及对我国供应链金融发展提出的启示与展望。

（二）知识关键点

本案例涉及的知识点主要有：财政学、货币银行学、风险管理学、产业组织经济学、行为经济学、可持续发展经济学、法经济学、信息经济学。

（三）能力关键点

本案例涉及的能力点主要有：综合分析能力、理论联系实际能力、创新思维能力、领导与管理能力、逻辑能力。

七、课堂计划建议

本案例可以用来作为相关的案例讨论课程，具体的教学计划安排如表1所示。本案例课程的课堂时间设置为2个课时，共计90分钟。

表 1　案例教学计划安排

阶段	内容	教学活动	时间
课前准备	提前准备	1. 提前查看案例正文、启发性思考题，并请学生根据案例提前自行检索搜集供应链金融、金融科技和商业银行转型等相关信息； 2. 提前要求学生做好分组，建议分为 4 个小组，分配思考题任务	提前一周
	案例引入	授课教师说明课程内容和案例讨论主题，说明案例讨论的教学目的、要求和安排等	5 分钟
	分组讨论	开始分组讨论，各学生根据课前搜集的信息，围绕启发性思考题进行深入讨论	20 分钟
课堂计划	案例教学	带领学生回顾案例正文	5 分钟
	提问思考题	1. 授课教师根据分析思路中给出的案例分析逻辑以及各启发性思考题对应的引导性提问，展开教学； 2. 就每个小组分配的思考题展开回答，每个问题的答案要点做好记录，每个问题时间建议控制在 10 分钟内； 3. 授课教师在提问过程中穿插讲解理论参考和知识点	40~50 分钟
	案例总结	对案例正文的整体叙述、相关理论参考和知识点进行总结归纳，并适当延伸	10 分钟
课后计划	—	要求学生采用小组报告形式对案例讨论的结论与理论基础、分析思路等进行阐述，为后续章节的学习做好铺垫	课后一周

第二篇

绿色金融类案例

案例一　光大集团与中信集团绿色金融发展的双案例对比分析

摘要：我国环境保护和经济转型的需要使绿色金融发展和完善更加重要，同时"双碳"目标对我国绿色金融的布局提出了新要求。而在我国金融机构中，中国光大集团股份公司（以下简称光大集团）和中国中信股份公司（以下简称中信集团）是发展绿色金融业务的代表性实践者，同样是国内的重要金融机构，它们的绿色金融发展模式有何不同？有哪些值得其他金融机构借鉴的方面？在未来的发展中，光大集团和中信集团的绿色金融业务将走向何方？分析对比光大集团和中信集团的发展现状、经营模式、特色业务和关键问题，有利于推动我国绿色金融发展的全面开展。基于此，本案例围绕光大集团和中信集团展开三个方面回顾和分析：首先，从多维度概述我国金融机构近年来的绿色金融发展现状，针对我国金融机构绿色金融业务发展模式的不同进行分类；其次，从多层面分析光大集团和中信集团在绿色金融业务上的布局特色和发展问题；最后，通过对比两者的特色业务和发展模式，总结各自在绿色金融发展中的优缺点和针对措施，对两大金融集团未来的绿色金融发展提出建议与对策。

1　案例背景与案例思政

思政元素：金融是实体经济的血脉，为实体经济服务是金融的天职，是金融的宗旨，也是防范金融风险的根本举措。金融要把为实体经济服务作为出发点和落脚点，全面提升服务效率和水平，把更多金融资源配置到经济社

会发展的重点领域和薄弱环节，更好满足人民群众和实体经济多样化的金融需求。（摘自：全国金融工作会议在京召开[①]）

教学意图： 通过对光大集团和中信集团旗下的金融机构近年来绿色金融业务的分析，本案例旨在引导学生对国内金融机构的绿色金融业务发展路径做深入了解，使学生能够理解我国绿色金融发展的中观及微观组成机制。

为完成"碳中和"与"碳达峰"目标，我国将发展绿色金融纳入"碳达峰""碳中和"政策体系，促使我国绿色金融体系不断完善。中国人民银行推出碳减排支持工具和支持煤炭清洁高效利用专项再贷款。一些地区先行先试，探索绿色金融助力地区产业结构优化、生态环境改善的模式，许多金融机构积极开发绿色金融产品。绿色金融在促进全社会绿色低碳转型方面展现出巨大潜力和价值。2023年10月22日在北京召开的中央金融工作会议[②]强调，金融是国民经济的血脉，是国家核心竞争力的重要组成部分，要加快建设金融强国，全面加强金融监管，完善金融体制，优化金融服务，防范化解风险，坚定不移走中国特色金融发展之路。推动我国金融高质量发展，为以中国式现代化全面推进强国建设、民族复兴伟业提供有力支撑。2022年6月1日，中国银行保险监督管理委员会（以下简称"中国银保监会"）发布的《中国银保监会关于印发银行业保险业绿色金融指引的通知》[③]明确指出，《银行业保险业绿色金融指引》（以下简称《指引》）旨在促进银行业、保险业发展绿色金融，积极服务兼具环境和社会效益的各类经济活动，更好地助力污染防治攻坚，有序推进我国"碳达峰""碳中和"工作。《指引》要求银行保险机构从战略高度推进绿色金融发展，同时在组织管理、政策制度建设、能力建设、投融资流程管理、内控管理与信息披露以及监督管理六个方面对银行业、保险业提出下一阶段绿色金融发展的具体要求。

随着全球环境气候峰会和联合国大会提出各国所要遵守的环保约定，加之我国经济发展方式转型的要求，自2021年以来，政府出台了大量关于绿色金融发展的指导规划，绿色金融在我国经济发展"日程表"中处于越来越重要的位置。值得注意的是，我国绿色金融发展存在起步晚、布局落后的情况。实际上，自2002年开始，国内各大金融机构在各类相关政策文件的指导下，已经开始对绿色金融

---

① 资料来源：中华人民共和国中央人民政府网，https：//www.gov.cn/xinwen/2017-07/15/content_5210774.htm。

② 资料来源：中华人民共和国中央人民政府网，https：//www.gov.cn/yaowen/liebiao/202310/content_6912992.htm。

③ 资料来源：国家金融监督总局，http：//www.cbirc.gov.cn/cn/view/pages/ItemDetail.html?docId=1054663&itemId=928。

业务进行布局，各种绿色金融格局是沿着三种不同的发展路径形成的。在各大金融机构中，光大集团和中信集团业务范围广、绿色金融业务发展快，表现尤为突出。而具体到各自的绿色金融发展路径，它们分别存在着怎样的特点？各自布局有哪些？有什么优势？为解答以上疑问，在本案例中，我们从分析中国绿色金融发展现状出发，逐步介绍光大集团与中信集团的绿色金融业务发展状况，从对两家金融机构的分析与比较中得出对我国绿色金融发展的启示。

2　扬帆起航："双碳"承诺与绿色金融

2.1　步步为营：绿色金融发展

2020 年 9 月，国家主席习近平在第七十五届联合国大会上提出，中国将提高国家自主贡献力度，采取更加有力的政策和措施，二氧化碳排放力争于 2030 年前达到峰值，努力争取 2060 年前实现"碳中和"[①]。中国这一承诺一经发出，引起了国内外的讨论热潮。"碳中和"和"碳达峰"（以下简称"双碳"）分别是什么？中国政府为什么要做出这种承诺？显然，我国做出这一承诺，一是出于对世界环境问题的大国责任考虑，二是"双碳"目标达成对我国经济良性发展有着重要意义。对于这一环境保护承诺，我国在社会经济多方面出台政策予以支持，这一经济发展思路也符合我国经济结构转型的重要战略目标。在金融领域，对"双碳"目标的达成，就是通过有效的激励约束安排，降低交易成本，帮助克服信息不对称问题，提高经营主体绿色低碳发展的主动性、有效性（文书洋等，2022）。

在国际领域，从当前国际金融界实践来看，"绿色金融"就是为从事环保节能的企业提供金融产品和金融服务。一类绿色金融产品是绿色信贷、绿色证券、绿色保险等，其定义出现于 2003 年 6 月，是由花旗集团、荷兰银行、巴克莱银行等国际性银行机构共同制定的一套非强制、自愿性准则，以保证金融机构在其项目融资业务中充分考虑到社会和环境问题。另一类绿色金融产品是利用金融市场及金融衍生工具来限制温室气体排放，表现为碳交易市场与碳金融产品和服务（吴茵茵等，2021）。我国早已提前布局了绿色金融体系，在 2016 年 8 月，国务院生态环境部等七部委就联合发布了《关于构建绿色金融体系的指导意见》（以下简称

---

①　资料来源：求是网，http://www.qstheory.cn/yaowen/2020-09/22/c_1126527764.htm。

《指导意见》）①，《指导意见》将绿色金融定义为：绿色金融是支持自然环境改变、适应气候变化以及资源节约有效运用的金融经营活动，是针对环境保护、节能、洁净能源、绿色交通、绿化建设等领域的项目投融资与项目经营。这也是目前国内普遍认可的绿色金融定义。根据金融服务方式的不同，目前我国的绿色金融产品分为绿色信贷、绿色债券、绿色基金、绿色保险、碳金融等几大种类（何德旭和程贵，2022）。2015～2021 年，以中国人民银行和财政部为首的各机构发布了各种政策文件和指导意见来规范和指引我国各大金融机构绿色金融产业布局，如表 1 所示。

表 1　2015～2021 年各部门政策文件及指导意见

实施时间	政策名称	相关内容
2015 年 9 月	《生态文明体制改革总体方案》	首次明确提出中国金融战略体系的基础性制度框架
2016 年 8 月	《关于构建绿色金融体系的指导意见》	推动建立中国绿色金融体系，动员和激励更多资本投入到绿色产业，通过绿色信贷、绿色债券、绿色股票指数和相关产品，绿色发展基金、绿色保险、碳金融等金融工具和相关政策支持经济绿色化转型的制度安排
2017 年 6 月	《金融业标准化体系建设发展规划（2016-2020）》	将绿色金融标准化工程作为重点工程
2018 年 3 月	《中国银行业绿色银行评价实施方案（试行）》	规范银行机构绿色信贷工作，指定绿色银行评价方案
2019 年 3 月	《绿色产业指导目录（2019 年版）》	明确绿色产业发展重点
2020 年 7 月	《关于印发〈银行业存款类金融机构绿色金融业绩评价方案〉的通知（征求意见稿）》	将绿色债券纳入绿色金融业务考核范围
2021 年 3 月	《中华人民共和国国民经济和社会发展第十四个五年规划和2035 年远景目标纲要》	构建绿色发展体系，大力发展绿色金融

资料来源：根据中华人民共和国中央人民政府网、中国人民银行官网公开披露资料整理所得。

由于我国一直奉行虚拟经济为实体经济服务的原则，无论是间接融资还是直接融资，其作用机理和投融资目的都主要是为绿色项目的发展服务（陈国进等，2021）。表 2 为我国的主要绿色金融产品和其作用机理，由于金融产品的特殊性，其作用有时候不仅仅表现为直接为绿色项目服务，还包括帮助形成正确的绿色金融产品价格和市场良序（王宏涛等，2022）。其中，碳金融是我国大力提倡的绿色金融项目之一，碳排放交易市场的建设和完善对我绿色金融发展起着重要作用。

---

① 资料来源：中华人民共和国中央人民政府网，http：//www.gov.cn/xinwen/2016-09/01content_5104132.htm。

表 2　我国当前绿色金融产品分类及作用机理

融资方式	产品	作用机理
间接融资	绿色信贷	降低绿色项目的融资成本
	绿色保险	将环境风险通过保险显化
	绿色基金	提高规模效益和专业化运作能力
直接融资	绿色债券	提高资金可获得性和使用效率
	绿色股权投资	引入风险投资，提高投资效率
	碳排放交易	通过市场机制，降低减排成本

资料来源：根据中国人民银行官网公开披露资料整理所得。

2.2　平波缓进：“碳市场”起步

碳排放权交易市场是我国建设的容许各企业在其中进行碳排放交易的市场，其主要使用经济学中变负外部效应为企业内部效应的理论（张娆和郭晓旭，2022）。在碳交易市场中，如果企业新技术的应用使得边际减排成本低于碳排放权价格，其就可以在碳排放交易市场上出售自己的碳排放权，这样使企业具有研发新技术以减排的动力。碳排放交易市场形成了一个新的交易结构，从而也给了诸如券商等金融机构创新金融产品的空间，其二级交易市场促使了碳配额衍生品的形成（朱民等，2022）。目前，在碳交易市场发展较快的欧洲，已经初步形成了碳远期、碳期货、碳期权、碳掉期四种衍生产品[①]，其中碳期货品种是交易量最大的衍生品交易种类。2013 年以来，我国建立了 7 个碳交易试点市场。其中，北京、上海、湖北、广东和深圳碳市场表现较好[②]。截至 2020 年 12 月 31 日，我国各试点碳市场配额现货交易累计成交 4.45 亿吨二氧化碳当量，成交额为 104.31 亿元。广东、湖北、深圳累计成交量位列前三，广东、湖北、北京累计成交额位列前三[③]，碳排放权交易市场的发展对我国达成“双碳”目标具有重要意义。

从对绿色金融业务的布局和对碳市场的参与度来看，目前我国工商银行、中国银行、光大集团、中信集团等 12 家大型金融机构对旗下绿色金融业务布局较深且广。由于我国金融机构的绿色金融业务发展各具特色，不同的金融机构形成了不同的绿色金融发展布局。其中，光大集团和中信集团业务主体架构灵活、绿色金融产品更新较快，且已经具备了一定的绿色金融发展规模。本案例从对两家金

---

① 资料来源：北京理工大学能源与环境政策研究中心官网，https：//ceep. bit. edu. cn/docs//2022−01/eb3a1bf65b6e499281122c9d55ef2f7d. pdf。

② 资料来源：中华人民共和国中央人民政府网，https：//www. gov. cn/zhengce/2021−10/27/content_5646697. htm。

③ 资料来源：《中国应对气候变化的政策与行动》白皮书，https：//www. gov. cn/zhengce/2021−10/27/content_5646697. htm。

融机构绿色金融业务发展的分析中提出以下问题：光大集团和中信集团各自采取了怎样的绿色金融发展路径？它们的绿色金融发展模式各有什么特点？是否值得其他金融机构借鉴？我国其他金融机构绿色金融业务采取了怎样的发展模式？本案例将在介绍这两家集团绿色金融布局的基础上对以上问题做深入的分析。

3　再启征程：光大集团绿色金融布局

光大集团由财政部和中央汇金公司发起设立，是中央管理的国有企业，于1983年5月在香港创办，同年8月18日正式开业。光大集团成立之初以经营外贸和实业投资为主，当时注册名为紫光实业有限公司，1984年7月更名为中国光大集团股份公司。2014年12月8日，经国务院批准，光大集团由国有独资企业改制为股份制公司，并正式更名为中国光大集团股份公司。中国光大集团股份公司是跨金融和实业、国内和国外，并涉及银行、券商、保险、基金、信托、期货、租赁、投资和环保、文旅、医疗和实业的特大型金融控股集团[①]。光大集团控股情况如图1所示，光大集团下属公司涉及多个方面的业务，其中，中国光大银行股份有限公司（以下简称光大银行）和光大证券股份有限公司（以下简称光大证券）分别从事商业银行业务和证券类业务。光大集团的绿色金融业务，重点是依托光大银行和光大证券两家金融机构开展的。

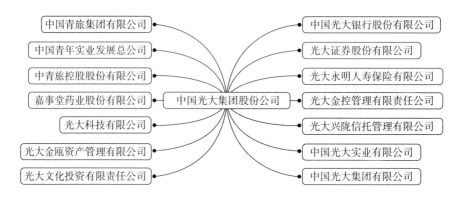

图1　光大集团控股情况

资料来源：中国光大集团官网。

① 资料来源：中国光大集团官网，https://www.ebchina.com/ebchina/gywm/jtjj/index.html。

3.1　高屋建瓴：光大集团绿色金融项目顶层设计

光大集团根据 2022 年 6 月中国银保监会印发的《银行业保险业绿色金融指引》①，从自身实际出发，制定了《中国光大银行绿色金融工作管理办法（试行）》②（以下简称《管理办法》）及《中国光大银行推进碳达峰碳中和及绿色金融工作中期行动方案（2022—2025）》③（以下简称《行动方案》）。《管理办法》在组织结构与责任分配、政策机制、投融资过程监督管理、信息公开等方面确定了发展绿色金融的工作要求。《行动方案》明确了光大银行绿色金融业务的中期发展目标。

在组织结构方面，光大银行董事长履行绿色金融主体责任，制定绿色金融发展策略，审核高级管理人员提出的绿色金融服务目标等，批准开展具体工作（见图 2）。高级管理人员落实董事会审定的绿色金融发展目标，形成全行绿色金融服务议事协调机制，在总行层面成立"双碳"领导小组，由总行资产负债监督管理委员会履行工作领导小组职责，统筹推动绿色金融业务和环境、社会和公司治理（ESG）有关工作，并设置绿色金融、环境与资产风险管理、银行低碳转型三个"双碳"专门工作组，开展具体工作④。

图 2　光大银行绿色金融业务组织架构

资料来源：中国光大集团官网。

3.2　着眼当下：光大银行绿色金融项目发展现状

在 2023 年 4 月 3 日，光大银行发布的《中国光大银行 2022 年度社会责任（环境、社会及治理）报告》⑤中，详细说明了公司对于节能环保产业的支持，包括武汉分行对当地污水处理项目的固定资产贷款（专项银团贷款 10 亿元）支持；

---

①　资料来源：国家金融监督总局官网，http：//www.cbirc.gov.cn/cn/view/pages/ItemDetail.html？docId=1054663&itemId=928。

②　资料来源：中国光大银行官网，http：//www.cebbank.com/site/ceb/gddt/mtgz/218894274/index.html。

③④　资料来源：中国光大银行官网，http：//www.cebbank.com/site/tzzgx/256479541/256479544/256479558/index.html。

⑤　资料来源：中国光大银行官网，http：//static.cebbank.com/site/resource/cms/article/256479545/256479561/2023082919084291814.pdf。

合肥分行对当地矿山修复的 1.6 亿元贷款项目支持；西安分行为陕煤集团榆林化学有限责任公司提供 1.26 亿元基本建设项目固定资产贷款额度，以支持其建设 1500 万吨/年煤炭分质清洁高效转化热解启动工程项目；杭州分行支持建设熔盐储能项目（杭州分行为绍兴绿电能源有限公司绿电熔盐储能示范项目投放贷款 1 亿元）；重庆分行支持建设重庆江北国际机场绿色升级项目；等等。各地分行对当地环保节能项目的支持是光大银行绿色金融业务的重点①。随着中国新能源汽车领域和轨道交通领域的发展，银行和负责债券承销的分支金融机构不但能将资金贷给可再生能源相关的上游企业，也可以选择诸如蔚来、理想等新能源汽车企业（刘华军等，2022）。

在信贷业务领域，光大银行主要将环境和社会风险管理纳入信贷业务管理范围，加强了对客户面临的环境和社会风险的识别，将符合环境检测标准、污染治理效果标准和生态保护标准作为信贷审批前提，严格限制对高耗能、高排放和产能严重过剩的行业授信投放。表 3 显示了 2020～2022 年光大银行绿色信贷业务各项余额。绿色贷款余额在 2020～2022 年大幅下降，其中节能环保产业贷款余额下降了 93%，清洁能源产业贷款余额下降了 73%。这说明光大银行对绿色产业的贷款收回情况良好，表明银行在绿色行业的信贷业务具有较强的潜力。光大银行在以信贷业务为基础的同时，开展绿色产品创新，推出"碳易通""节能融易贷"及"林权抵押贷款"等绿色金融产品②。这些都显示光大银行在 2020～2022 年，绿色金融业务金额增幅较大，且有绿色金融产品方面的创新，发展速度较快。

表 3　2020～2022 年光大银行绿色信贷业务各项余额　　　　单位：亿元

指标名称 ＼ 年份	2020	2021	2022
绿色贷款余额	1992.91	1245.91	1037.22
节能环保产业	403.17	193.96	144.10
清洁生产产业	77.86	41.00	24.91
清洁能源产业	311.58	127.21	82.59
生态环境产业	431.95	374.73	341.30
基础设施绿色升级	755.62	495.96	432.21
绿色服务	12.73	13.05	12.11

资料来源：根据光大银行公开披露资料整理所得。

---

① 资料来源：中国光大银行官网，http：//static. cebbank. com/site/resource/cms/article/。

② 资料来源：财新网，http：//www. cebbank. com/site/ceb/gddt/mtgz/218894274/index. html。

3.3　一马当先：光大银行在"双碳"目标上的实践

光大银行在总行层面设立"双碳"领导小组，制定和更新相关信贷政策，开展环境和社会风险管理，依照香港联合交易所《气候信息披露指引》①，就气候相关议题建立内部工作流程②。2022 年，光大银行董事会风险管理委员会审议通过《中国光大银行股份有限公司 2021 年度风险管理情况的报告》③、《中国光大银行股份有限公司 2022 年上半年风险管理情况报告》④，全面加强银行 ESG 风险管理，并更新风险偏好设定，提升气候变化适应能力。

在助力"双碳"目标的实践上，光大银行在几个层次上对业务进行了顶层设计、事前评估等政策支持，管理设计如下：①确定合适的管理架构，在"双碳"领导小组下设三个专门的工作组；发布《关于落实碳达峰、碳中和重大决策部署全面推进绿色金融发展的通知》，落实"双碳"目标的工作方案和行动计划；运用碳减排支持工具支持清洁能源、节能环保等碳减排重点领域贷款项目低成本融资，带动项目减少碳减排量以提升环境效益，助力"双碳"目标实现；重检修订《中国光大银行环境、社会和治理风险管理政策》⑤，将 ESG 风险管理纳入银行全面风险管理体系，完善放款审核、贷后管理等相关管理制度；将气候风险管理纳入全面风险管理报告范畴，定期向董事会汇报。②对整体信贷情况进行行业分析，开展环境压力测试。③基于定性/定量方法确认气候相关风险的重要性，在贷前调查、审查审批、合同管理、放款审核、贷后管理各环节中加入对 ESG 风险的识别、评估和管理。④强化对高耗能高排放领域的风险管控，在这一步，光大银行重点关注绿色产业的风险识别，才能在既保证贷款流向环保节能企业的同时，确保自身利益不受到损害。⑤基于公司所在位置和业务性质，识别气候相关重大风险对业务造成的影响；实行客户 ESG 风险分类管理，根据气候相关重大风险将存量客户分为支持类、维持类、压缩类、退出类四大类。⑥以气候相关业务为标准制定公司的参数、指标及目标，光大银行的管理层为绿色金融业务制定了标准，即绿色贷款增速不低于一般贷款增速、清洁能源产业贷款增速不低于一般贷款增速。⑦对多元化经营的企业，光大银行注重将贷款向节能环保方面倾斜，引导企业重

---

①　资料来源：香港交易所官网，https：//www. hkex. com. hk/-/media/HKEX-Market/Listing/Rules-and-Guidance/Environmental-Social-and-Governance/Exchanges-guidance-materials-on-ESG/guidance_ climate_ disclosures_c. pdf。

②　资料来源：中国光大银行官网，http：//www. cebbank. com/site/ceb/gddt/mtgz/223338175/index. html。

③　资料来源：中国光大银行官网，http：//www. cebbank. com/site/tzzgx/cwbg/Ag55/193079819/index. html。

④　资料来源：上海证券交易所官网，http：//static. sse. com. cn/disclosure/listedinfo/announcement/c/new/2021-03-27/601818_20210327_13. pdf。

⑤　资料来源：中国光大银行官网，http：//www. cebbank. com/site/tzzgx/256479541/256479542/256479601/index. html。

点发展绿色产能①。

目前，部分高耗能企业无法在短时间内完成转型，如果光大银行仍要对其发放贷款，会使相关信贷项目面临风险。针对这一点，光大银行决定在"双碳"目标实现和国家经济转型时期，严格审批授信企业的资质，不再发放贷款给高耗能、高污染企业，从而倒逼此部分企业实现转型。从银行自身来说，高碳排放企业在将来的经济发展中会被逐步淘汰，贷款给高碳排放企业将提升银行的坏账风险（孙红梅和姚书淇，2021），出于风险考量，光大银行对高碳行业的授信会更为审慎。在产品创新方面，光大银行主要将业务重点向承销绿色债券、发放绿色贷款倾斜。客户管理创新是光大银行注力较多的一个方面，授信的前提是对客户所从事行业的分类，以识别客户是否符合低碳发展的要求。在我国经济粗放发展时期，客户风险识别仅涉及经济方面，即在信贷业务上考虑是否到期还本付息，保障银行自身利益。但向绿色金融转型的要求使得光大银行不得不对客户进行分类，并在风险识别上做出更为细致的划分，其中就包括在目标客户中选取能源生产端、能源利用端和减碳支持端的企业，明确不同类型的节能环保企业。在此基础上，银行还要顾及自身利益，在这些通过识别的企业中选择可授信的客户。绿色金融业务无疑加大了光大银行的工作量，但同时也使其避免了本来存在的信贷风险。

由表4可以看出，相比2021年，2022年光大银行绿色信贷业务除手续费及佣金净收入下降以外，绿色中间业务与利息净收入均有所上升，其中利息净收入即绿色信贷业务的收入仍然占比最高。除光大银行外，光大集团旗下的光大证券选择在ESG总体框架的部署下开展绿色金融业务，从董事会层面开始布局ESG管理领导方式，而绿色金融是其中的重点部署项目②。在《光大证券股份有限公司2021年社会责任报告》③（以下简称《光大证券责任报告》）中披露了关于光大证券ESG项目的建设与实施情况。《光大证券责任报告》显示，截至2021年12月，光大证券共承销发行17单"碳中和"相关项目，承销规模60.62亿元；参与绿色低碳领域投融资交易，发行绿色金融债券186.13亿元。其中有两个较为突出的业务：一是支持中国三峡新能源（集团）股份有限公司首次公开发行A股股票，共发行85.71亿股，合计募集资金227亿元；二是与鹏华基金两支ETF低碳基金的合作以及与华夏碳中和ETF、泰康碳中和ETF基金的合作④。

---

① 资料来源：中国光大集团官网，http：//ea. cebbank. com/site/tzzgx/256479541/256479542/256479601/index. html。

② 资料来源：光大证券官网，http：//www. ebscn. com/ueditor/jsp/upload/file/20220421/1650536663568075456. pdf。

③ 资料来源：光大证券官网，http：//www. ebscn. com/a/20220325/23343882. html。

④ 资料来源：光大证券官网，http：//www. ebscn. com/ueditor/jsp/upload/file/20220421/1650536691660091457. pdf。

表4　2022年光大银行绿色金融业务收入及同比增长情况　单位：亿元，%

业务	收入	同比增长
利息净收入	1136.55	1.34
手续费及佣金净收入	267.44	-2.09
绿色中间业务收入	114.11	4.97

资料来源：光大银行2022年年报。

总体来看，光大集团的绿色金融布局较为完整，尤其是在组织架构上体现了全面和严谨的特点。集团旗下的光大银行和光大证券，在绿色金融发展方面都注重从董事会层面进行管理设计，这种方式有助于促进集团的业务整体向绿色化、可持续化发展。相较之下，下辖中型商业银行和大型券商的中信集团，其绿色金融业务则是另一种发展路径。

4　重点布局：中信集团绿色金融实践

中信集团（Citic Group）为中央金融企业，是经改革开放总设计师邓小平亲自倡导和批准，由前国家副主席荣毅仁于1979年10月4日创办的公司，主要业务集中在金融、实业和其他服务业领域[①]。2018年12月，在世界品牌实验室编制的2018世界品牌500强中，中信集团排名第241[②]。中信集团控股情况如图3所示，与光大集团不同的是，中信集团旗下涉及绿色金融业务的子公司不只有综合金融板块的部分，还包括从事新能源板块的公司，下文将介绍中信集团如何凭借自身优势发展绿色金融业务。

4.1　独辟蹊径：中信集团全力支持"双碳"目标

在中信银行股份有限公司（以下简称中信银行）发布的《中信银行股份有限公司2021年度可持续发展报告》[③]（以下简称《可持续发展报告》）中，提到了中信银行在绿色金融业务上发布的三个指导性文件，其中《中信银行环境和社会风险分类管理办法》[④] 放在首位，可见，中信银行同光大银行一样，业务重点首先

---

① 资料来源：中信集团官网，https：//www.group.citic/html/About_ CITIC/Brief_ Introduction/。
② 资料来源：世界品牌实验室，http：//www.worldbrandlab.com/world/2018/brand/brand.html。
③ 资料来源：中信银行官网，https：//www.citicbank.com/about/introduction/socialresponsibility/202207/P020220726564853256590.pdf。
④ 资料来源：中信集团官网，https：//www.group.citic/html/2021/News_0311/2344.html。

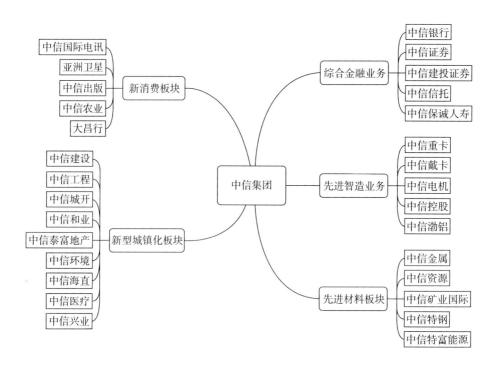

图 3　中信集团控股情况

资料来源：中信集团官网。

放在了客户风险识别上，其中需要识别的重要风险是企业是否为"两高一剩"企业，"两高"即高耗能、高污染，"一剩"即产能过剩。

在中信银行管理层的指导意见中，严格限制对"两高"企业的授信是重中之重，这一点同光大银行一样。原因在于"两高"企业纵使目前盈利状况较好，但其在经营过程中造成环境污染，使不可再生能源过度损耗，是一种不可持续的发展方式，这种企业将在未来面临较大政策风险，同样不在中信银行的考虑授信范围之内。表 5 为中信银行在 2020 年和 2021 年对"两高一剩"企业的授信情况，从表 5 可以看出，钢铁行业的贷款余额仍然在其中占比较高，而在剩余的几个细分行业中，铝冶炼和火力发电企业的贷款额度较高。同时，中信银行对下列"两高一剩"企业中除钢铁行业和火力发电外的企业贷款余额有所下降。这也说明2021 年中信银行对于下列行业的企业授信规模收缩。目前我国经济转型所要进行整改的"两高一剩"行业中，钢铁和火力发电行业阻力较大，这种阻力是我国新能源领域尤其是可再生能源领域发展不足，以及钢铁行业及发电行业的历史遗留问题导致的。总的来说，2021 年，中信银行已经在授信业务上对传统"两高一剩"行业做了相当大的限制，使这一部分贷款在公司总贷款额中占比已不足 3%。仅从《可持续发展报告》来看，中信银行的大规模授信以支持银川风能发电项目和成都"碳中和债"项目为主，其中向前者贷款 4.17 亿元用于支持发展风能发电，后者则是国内首个金融机构与地方国企合作的"碳中和"相关的绿色债券，资金主要用于成都天府机场的海绵城市设计。在银行的个人信贷项目上，中信银行是极少数推出"个人碳账户"的银行之一，在 2022 年 4 月，中信银行首次推出了这个产品，目的是通过建立个人低碳行为记录的账户，量化个人碳资产，来对实践低碳活动的个人客户进行奖励。

表 5　中信银行对"两高一剩"行业企业的贷款余额与占比　单位：亿元，%

"两高一剩"涉及行业	2020 年		2021 年	
	贷款余额	在公司贷款中占比	贷款余额	在公司贷款中占比
钢铁	247.24	1.25	266.75	1.25
水泥	72.73	0.37	52.31	0.25
焦炭	1.81	0.01	1.67	0.01
铜冶炼	15.40	0.08	12.07	0.06
铝冶炼	112.44	0.57	107.15	0.50
铅锌冶炼	3.06	0.02	1.66	0.01
火力发电	114.89	0.58	128.78	0.60
合计	567.57	2.87	570.38	2.68

资料来源：中信银行官网。

2022 年发表的中信集团《碳达峰碳中和行动白皮书》[①]（以下简称《白皮书》）中，重点介绍了中信集团间接减少碳排放的各项占比情况，其中绿色金融业务对集团间接减少碳排放贡献占比达 70%。中信银行的信贷项目主要授信了清洁能源类企业和绿色交通类企业。除中信银行以外，中信集团下属的中信建投证券有限责任公司（以下简称中信建投）、中信证券有限责任公司（以下简称中信证券）旗下的绿色金融业务分别占中信集团绿色金融业务总量的 10% 和 27%[②]。与光大集团最为不同的一点是，中信集团除旗下中信银行、中信建投、中信证券的绿色金融业务外，还包括中信泰富特钢集团股份有限公司、中信泰富能源投资股份有限公司（以下简称中信泰富能源投资）、中信戴卡股份有限公司（以下简称中信戴卡）、中信金属股份有限公司、中信矿业国际股份有限公司等专门从事新能源与材料创新的企业，也在从事新能源与绿色经济相关的业务。这些企业是碳市场的主要交易者，同时也为铌钢铁的创新应用等方面做出贡献，可见，中信集团在

①　资料来源：中信集团官网，https://www.group.citic/uploadfile/2022/0322/bps.pdf。
②　资料来源：中信集团《碳达峰碳中和行动白皮书》，https://www.group.citic/uploadfile/2022/0322/bps.pdf。

碳交易市场和绿色信贷上的业务较为广泛。

4.2　日新月异：中信集团重点部署绿色金融

中信集团由于历史遗留问题不能及时抽身"两高一剩"行业，但其优势在于除从事传统信贷业务的中信银行以外，还拥有诸如中信建投、中信证券等头部券商，也有中信戴卡等直接与新能源相关的企业。尽管不像光大集团管理层将绿色金融上升到顶层管理设计的层次，但是中信集团却是实实在在的绿色经济实践者。《白皮书》显示，中信集团目前被纳入全国及地方碳市场的企业有三家：中信泰富能源投资旗下两家发电企业被纳入全国碳排放权交易市场，2020年碳排放1632万吨，免费配额足以覆盖并有少量富余；中信泰富特钢旗下湖北新冶钢被纳入湖北碳排放权交易市场，2020年碳排放598万吨，未来有可能被纳入全国碳市场。值得注意的是，中信泰富能源是中信集团旗下首个参与碳市场履约期的企业，目前已经完成了配额清缴工作。还有早在2008年成立并由中信集团注资40亿元成立的中信环境技术有限公司（以下简称中信环境），通过投资控股了数家环保类公司，其中包括专门对环保类企业进行投资的基金，如图4所示。中信环境产业投资基金是专门为投资新能源企业、可再生能源企业设立的私募基金，先后在生物质能源发电、污水处理高端装备、绿色建筑新材料等领域布局①。

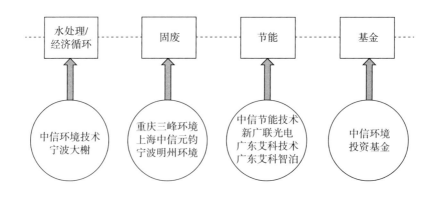

图4　中信环境控股企业

资料来源：中信集团官网。

对于证券业务，包括中信建投和中信证券在内的中信旗下券商，其主要经营方式与以信贷业务为主的中信银行有很大的不同，前者在绿色金融业务上的发力点着眼于投资银行业务与固定收益业务。2021年，中信建投和中信证券绿色公司

---

① 资料来源：中信环境官网，https：//www.citicei.com/web/zxhj/aboutus/view？type=1。

债（含资产证券化产品）发行方面分别以 109.28 亿元和 67.09 亿元的发行金额包揽了证券行业前两名①。表 6 展示了 2019~2021 年中信证券协助发行绿色债券的情况，协助企业为银行与金融租赁企业，总协助发债规模达 115 亿元，其中 65 亿元用于青海银行和浙商银行绿色金融服务的建设和提升，50 亿元用于绿色经济相关的环保项目。

表 6　2019~2021 年中信证券协助发行绿色债券情况　　　单位：亿元

协助企业	发债规模	发债目的
长城国兴金融租赁	20	减碳排放
青海银行	15	建设青海绿色金融体系
浙商银行	50	提升绿色金融服务水平
农银金融租赁	30	可再生能源项目

资料来源：中信集团官网。

　　此外，中信证券通过绿色股权融资（含资产重组）为环保科技企业和新能源企业累计融资规模达 229.5 亿元，且资金全部用于绿色产业项目。2022 年 5 月，中信证券又成为首家发行"碳中和"绿色债的主承销商，成功发行了多家企业的"碳中和"绿色债，发行规模合计达 70 亿元②。这里要说明的是，同样属于债券类产品，绿色债券与金融机构发行的普通金融债券有很大的不同，主要表现为绿色债券在指定债券价格利率与发行对象时要从多方面考虑，包括发行主体的环境信息披露情况、第三方绿色认证、募集资金用途的绿色程度、绿色债券产生的绿色效益等等，在金融市场上的影响还包括绿色债券指数对市场能否形成良性引导、能否形成合理的市场定价等问题。

　　在中信证券发布的《中信证券 2022 年度社会责任报告》③（以下简称《中信证券责任报告》）中，对 ESG 的布局成为其中的最大亮点。从中信证券董事会层面成立发展战略与 ESG 委员会，到管理层成立 ESG 领导小组，再到业务部门和子公司设立 ESG 工作组，中信证券在组织架构上建立了从顶端到底端的 ESG 业务负责制度。ESG 包括了环境保护、社会责任和公司治理三大部分，本案例关注中信证券在环境保护方面的 ESG 相关业务。2022 年投资银行业务中可持续融资项目如表 7 所示，这 5 项融资活动的客户均为新能源企业，融资方式多样。融资总额较

　　① 资料来源：中信集团官网，https：//www.group.citic/html/2021/News_0326/2352.html。
　　② 资料来源：《中信银行股份有限公司 2021 年度可持续发展报告》，https：//www.citicbank.com/about/introduction/socialresponsibility/202207/P020220726564853256590.pdf。
　　③ 资料来源：中信证券官网，https：//www.citicbank.com/about/introduction/socialresponsibility/202207/P020220726564853256590.pdf。

大，为 166.78 亿元，其中保荐亿玮科技定增项目融资额达 90 亿元。《中信证券责任报告》显示，2022 年，中信证券共承销绿色债券（含资产支持证券）129 只，融资规模 2737 亿元，承销规模 651 亿元，排行同业第一。境外方面，发行境外 ESG 债券 45 只，融资规模 173.7 亿美元，承销规模 11.4 亿美元。

表 7　2022 年中信证券投资银行业务中可持续融资项目　　　单位：亿元

具体业务	企业所属行业	募集金额
保荐从麟科技上市	危废处理	15.90
保荐亿玮科技定增	锂电池	90.00
协助晶澳科技非公开发行	光伏	50.00
牵头格林美发行存托凭证	绿色领军企业	3.81
牵头明阳智能发行 GDR	风能发电	7.07

资料来源：中信证券官网。

表 8 为 2022 年中信证券绿色债券项目，在中信证券的绿色债券发行业务中，主要分为公司债券、政府债券、银行债券三大类。在项目数量上，主要以新能源相关产业的公司债为主，共募集金额 88 亿元；在募集金额上，单个项目募集金额最高的是与中国银行、工商银行合作的绿色债券发行业务，以及与三峡集团合作的能源行业绿色转型债券发行业务，为 100 亿元。中信证券依靠其在证券行业多年深耕、业务成熟的优势，不但与不同行业的企业合作较多，且发行的债券种类也多种多样，包括银行绿色金融业务、绿色债券、绿色公司债等，其中公司债 6 项，协助银行发行债券 5 项，地方政府债券 1 项。中信证券在绿色债券这一类项目中帮助客户企业进行了大规模的融资，2022 年绿色债券发行总金额达 700 亿元。

表 8　2022 年中信证券绿色债券项目

具体业务	债券种类	募集金额
工商银行绿色金融债	银行绿色金融业务	100 亿元
宝钢股份绿色公司债	能源行业绿色转型债券	5 亿元
三峡集团绿色可交债	能源行业绿色转型债券	100 亿元
金茂凯晨 CMBS	抵押贷款支持证券	87 亿元
中国诚通绿色科创债	上交所绿色科创公司债	25 亿元
深圳市地方政府债券	离岸人民币债券	50 亿元
中国银行绿色债券	绿色债券	5 亿美元
中国银行绿色债券	生物多样性绿色债券	3 亿美元

具体业务	债券种类	募集金额
中国国新科技创新公司债	科技创新可续期公司债	25 亿元
中化国际可持续挂钩公司债	可持续发展公司债	35 亿元
中国银行境外分行绿色债券	绿色债券	3 亿美元
中国银行澳门分行浮息债券	绿色浮息美元债券	10 亿美元

资料来源：中信证券官网。

2019～2021 年，中信证券协助银行发行的债券基本以《可持续金融共同分类目录报告》[①] 为基准的绿色金融债券为主，而公司债则以多种可再生能源利用相关的企业为主。与 2019～2021 年中信证券的绿色债券发行情况相比，2022 年的绿色债券业务趋向于金融产品的多元化，而债券融资的发展方向也从构建基础性绿色金融体系，转变为将金融产品与可持续发展进行更深层次的结合。其中最有亮点的是中信证券在 2022 年的境外项目，包括牵头格林美在瑞士证券交易所发行存托凭证、深圳市离岸人民币债券、中国银行的境外绿色债券等[②]。在《中信证券责任报告》中，还提及了包括旗下华夏基金的三支 ESG 主题基金，包括新能源汽车交易型开放式指数（ETF）基金、华夏中证新能源 ETF 基金、华夏中证低碳经济主题 ETF 基金；在碳市场参与和碳金融产品创新方面，中信里昂证券有限公司在香港国际碳市场 Core Climate 平台进行交易[③]。

《中信证券 2022 年年度报告（A 股）》[④] 显示，在境内股权融资方面，中信证券 2022 年完成 A 股主承销项目 166 单，主承销规模 3763.17 亿元（现金类及资产类）。中信证券完成首次公开发行（Initial Public Offering，IPO）项目 58 单，主承销规模 1498.32 亿元，可持续发展相关的绿色金融承销业务仅占总业务量的 10% 左右。可见，虽然中信证券绿色金融业务资金规模较大，但环保节能企业仍然不是中信证券股权融资业务的主要客户。造成这一现象的原因有以下几点：第一，我国从事环保与新能源产业的企业不足；第二，从事环保与新能源产业的企业规模较小；第三，部分规模较大的企业本身没有股权融资的意愿。

总体来说，与光大集团相比，中信集团最大的不同是除了信贷业务外，还依靠中信建投和中信证券在债券发行、承销方面的巨大优势在投行业务上大放异彩。旗下中信建投、中信证券等依靠在业内多年来累积的巨大声望，能够在维持公

---

① 资料来源：中国金融学会绿色金融委员会官网，http：//www.greenfinance.org.cn/upfile/file/20220619205551_655187_49211.pdf。

②③ 资料来源：《中信证券 2022 年年度报告》，https：//www.citicbank.com/about/introduction/socialresponsibility/202207/P020220726564853256590.pdf。

④ 资料来源：中信证券官网，http：//www.cs.ecitic.com/newsite/tzzgx/cwbgyzy/cwbg/202303/P020230331398581726715.pdf。

司大体量的同时，快速地向绿色金融转型，同时，中信集团旗下从事新能源研究与新能源投资的企业能够借助这个大平台的声望，便捷地完成业务创新与整合。这种模式在其他金融机构中较为少见，本案例将具体介绍光大集团和中信集团发展的不同特点，以及自国内绿色金融行业兴起以来各大金融机构不同的发展模式。

5 路在何方：光大之路 VS 中信之路

5.1 各显神通：国内绿色金融三种发展模式

我国商业银行的绿色金融布局可大致分为三种模式，分别是以兴业银行为代表的"拓荒者"模式、以中国工商银行为代表的"全面布局"模式和以中信集团为代表的"独辟蹊径"模式。"拓荒者"模式，顾名思义就是在我国绿色金融还没有较为正式的政策出台和行业布局之前，就已提前进行部分业务转型的金融企业。"拓荒者"模式由于起步较早，抛开其前瞻性的战略布局，截至 2023 年，已经有了相当专业的系统化运营方式来支持绿色金融发展。以兴业银行为例，早在 2011 年，就已形成了专业的碳金融业务，在 7 家碳排放交易中心成立后，也率先与之达成合作。在系统支持方面，以兴业银行为代表的"拓荒者"率先使用了大数据来对客户进行分析。

"全面布局"模式是从组织架构上吸取国内外先进经验，形成相对专业的组织管理体系和制度设计体系，在产品设计、环境风险评估等方面全面与国际接轨，将诸如"赤道准则"等国际统一标准与自身发展直接结合起来。以工商银行为例，在实操维度，有信贷部门专门管理绿色金融业务的风险控制、制度建设、授信监督等流程；成立城市金融研究所，专门负责金融领域的政策研究；等等。这类模式的金融机构有一个最大的特点，即深挖政策信息和审慎评估客户的环境风险，无论是工商银行还是本案例重点讨论的光大银行，都直接将 ESG 纳入风险评价标准，在事前对环境压力进行测试，形成了集团内部一套与绿色金融深度结合的政策制定与管理系统，这种模式下的金融机构最容易向"深绿"银行[①]转变。

"独辟蹊径"模式在绿色金融领域起步较晚，是自身情况较为复杂的金融机构选择的最优发展方式。其基本特点就是绿色金融布局晚于 2015 年，没有形成一定

---

① "深绿"银行是指绿色金融业务在银行总体业务中占比超过 50% 的银行。

规模的绿色金融布局，相比于"拓荒者"模式下的金融机构和"全面布局"模式下的金融机构，选择"独辟蹊径"的金融机构往往有良好的经验可以借鉴，并可以直接参与已经成熟的绿色金融市场。

这里要说明的是，前文所说的这三种模式，不单单体现在商业银行的绿色金融发展中，对规模日渐庞大、业务愈加复杂的金融集团同样适用。如前文所述，光大集团从顶到底的 ESG 管理模式，不单单针对光大银行，对于光大证券的业务同样具有约束和管理能力。假设光大集团仅依靠商业银行的传统业务实现绿色金融转型，很难用"全面布局"来概括。同样，对中信集团这样业务量庞大复杂、短期内难以完全转型的金融机构，其特点是中信银行、中信证券可依靠集团大平台实现逐步转型，单凭中信银行在信贷等传统业务上转型发展，也无法体现其绿色金融业务发展"独辟蹊径"的特点（见图5）。因此，这三种绿色金融发展模式都应该用来描述业务范围更广、更能体现其发展特点的集团总体，而不是仅仅针对商业银行。

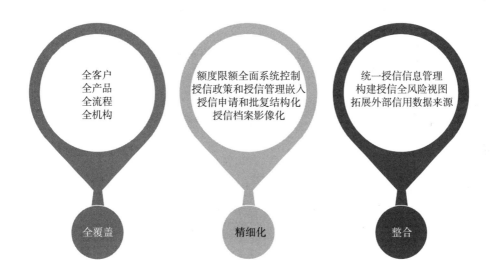

图5　中信银行"520 新一代授信业务"特点

资料来源：中信银行官网。

5.2　珠玉在侧：光大与中信绿色金融布局对比

回顾前文所述的组织架构和制度设计方面的不同，可以看出光大集团是"全面布局"模式类型，无论是从董事会层面建立起来的绿色金融领导小组，还是在具体业务实施上，都有相应的团体进行管理。在金融产品方面，光大集团将 ESG 理念几乎融入到旗下产品的各个方面，如图6所示。尽管光大集团在绿色金融领域布局较早，且遵循了"全面布局"模式的发展路径，但相对工农中建①四大行来说，这种发展路径依然有其弊端。例如，由于光大银行在银行网点建设上不如上述四大行的建设完全，本质还带有中型商业银行的特点，在布局绿色金融业务时，地域性互动较少导致境外业务不如上述四大行，削弱了其"全面布局"模式带来的优势。

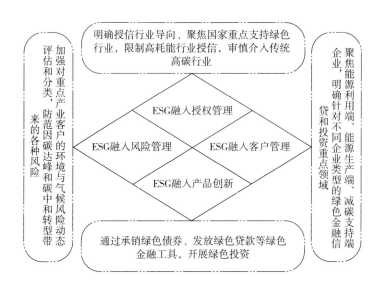

图 6　光大银行 ESG 理念融入信贷业务

资料来源：中信银行官网。

在《中国光大银行股份有限公司 2021 年年度报告》② 中，同为此模式下的中国工商银行很早就初步完成了在行业标准和绿色金融业务上的境外布局，但是光大银行及其分支机构鲜有大规模的境外业务出现在报告中。尽管三种模式下的国内商业银行，无论其规模大小，境外业务基本上以债券发行为主，但是随着我国绿色金融的快速布局，具有先发优势的金融机构，也将更快地跟上国际步伐，率先深入国际市场。在光大集团的"全面布局"过程中，还有一点值得关注，就是将过多的注意力放在了光大银行的信贷业务上，如前文所述，在《2021 年光大证券责任报告》③ 中提及的旗下合作 ETF 基金和涉及绿色金融的债券承销项目，明显少于中信证券。光大集团在绿色金融产品设计上的布局，最为明显的特点则是

---

① "工农中建"是指中国工商银行、中国农业银行、中国银行、中国建设银行。
② 资料来源：光大银行官网，http：//static.cebbank.com/site/tzzgx/cwbg/Ag55/193079819/20220325213 44517753.pdf。
③ 资料来源：光大证券官网，http：//www.ebscn.com/ueditor/jsp/upload/file/20220421/1650536691660 091457.pdf。

严谨且全面的风险管理，这使得光大集团在绿色信贷业务上优质项目较多，这也是促使光大银行向"深绿"银行转型的重要因素。

反观中信集团，其绿色金融布局属于典型的"独辟蹊径"模式，特点是绿色金融创新业务较多，但不将绿色金融作为主要业务发展。例如前文所述的中信证券设计的新型绿色债券，就是中信集团在绿色金融领域"独辟蹊径"的例证。中信集团是我国最早的几家作为改革开放试点的金融机构之一，早年为谋求发展，在我国经济粗放型发展的时代，以大量快速发展的能源消耗型企业作为其业务支柱，在绿色金融转型上具有一定困难。但2015年之后，中信银行在信贷业务上采取对"两高一剩"行业授信严格限制等措施，确实使其有了巨大转变，对这些企业的贷款已不足总贷款额的3%。本案例认为，中信集团作为"独辟蹊径"模式的代表，有以下几个特点：

第一，建立中信PPP联合体①。中信集团与光大集团最大的不同在于，旗下各个公司都有强大平台作为支撑，包括中信建投、中信证券、中信工程、中信环保等下属企业组成的"中信PPP联合体"。这一点在中信集团处理环境保护相关业务时最为明显，中信集团可以利用中信环境做评估并进行技术处理，然后旗下其他金融机构负责授信或债券方式融资。这样的模式较为罕见，这与中信集团在集团业务上的布局范围有很大的关系。

第二，中信租赁的发展。我国融资租赁产业的发展已进入快车道时期，在这种背景下，中信银行于2015年4月成立子公司——中信金融租赁有限公司（以下简称中信金租），其目标行业为新环境、新能源、新材料以及清洁能源、节能环保等产业。作为银行下属的租赁公司，中信金租并没有拘泥于传统信贷模式的资金投放业务，而是加大了对租赁物的专业判断力度。与前文所述的"中信PPP联合体"相同，中信金租走出了一条"金融+技术"的路线，例如，对新能源电站的价值评估，就加入了实时监测技术，极大地提高了项目期内租赁物的风险缓释能力。此外，中信金租还利用平台优势，联合国银租赁等几家金融租赁机构，建立了国内首个绿色金融租赁共同体。利用中信集团这个巨大平台，还能实现客户维护、业务拓展、业务协作等。

第三，市场差异化。绿色金融是一个分支较多、范围较广的行业，中信集团虽然在这一领域起步较晚，但是能利用自身的资源整合优势，在进入市场后选择当前最适合自身状况的分支行业发展业务。例如中信金租和中信证券的金融创新产品、"金融+实业"的联合发展模式等，都是中信集团合理利用市场从而差异化定制的表现。中信集团在绿色金融行业的规模大于光大集团，原因就是采取"独

---

① PPP（Public-Private Partnership）是指政府和社会资本的合作模式。

辟蹊径"模式的中信集团拥有着"后发优势",可以利用自身特点填补市场空白,灵活地进入适合自身的领域。但处于"拓荒者"模式和"全面布局"模式的金融机构则由于较早的布局失去了这种灵活切入市场的能力。

本案例详细剖析了光大集团和中信集团自 2016 年以来在绿色金融领域的业务分布。光大集团在"全面布局"模式下,以信贷业务为核心,以制度设计和管理体制改革做顶层设计,让绿色金融和 ESG 理念深入到业务的各个层面,是我国金融机构向"深绿"转型的典范。中信集团在进入绿色金融行业较晚的情况下,业务重点不仅仅放在信贷业务上,而是充分利用中信建投、中信证券、中信金租等在业界的优势,联合旗下中信环境等实业类企业,构建"中信 PPP 联合体",实现了从风险评估到事后审议的全流程业务模式。可见,无论在绿色金融领域起步早还是晚,在规模足够、业务精深的前提下,金融机构都可以在这一行业形成自己独有的优势,促进自身转换经营方式。

采用"全面布局"模式的金融机构,往往起步早,设计完善,已经有了完整的内控体系和明确的组织架构,但是这类金融机构往往在创新上有所不足,一部分精力被消耗在了过于谨慎的业务上,难以做市场的"开拓者"。因此,在发展规划上,这种模式下的机构应当注重金融产品的创新和业务的分工,从源头开始,注重相关人才的培养,将绿色金融业务与员工绩效挂钩,从而激发员工的积极性。对于已有的环境压力的测试和审慎风险管控等优点,更应该加以发扬。"独辟蹊径"模式下的金融机构,其优势在于差异化的市场定位、资源整合能力强劲和更灵活的市场切入,但最后一种优势会随着自身绿色金融业务的定型而逐渐消失。对于这一类金融机构,应当提升政策敏感度,依靠大平台优势,迅速整合自身资源,系统性地制定差异化策略。对于市场上客户需求的变化,应当制定合规并适应客户需求的结构化产品。风险识别上的不足则可以利用平台优势,建立起相对专业的评估团队来解决。

2016 年之前,我国的环保事业以政府扶持的形式存在,这导致了我国环境资源型经济发展不足,环保产业难以盈利,因此无法健康、独立发展。再加上环保项目一直以来都具有资金回收周期长、资金缺口大的特点,本着金融为实体经济服务的原则,绿色金融的发展必然要优先解决当前此类行业的问题。如前文所述,我国绿色金融业务处于起步阶段,金融创新不够、金融产品较为单一。以欧洲各国为首的发达国家在绿色金融衍生品上已有碳远期、碳期货、碳掉期等较为成熟的金融产品交易准则与市场,但是在我国,信贷业务仍然是绿色金融的主流业务,排在第二的绿色债券品种也较为单一。随着我国对绿色金融行业越发重视和环保类事业的市场化,加之新能源企业的增多,如果金融机构在发展过程中既充分借鉴国际先进经验,又能结合我国特点,利用自身优势,就能为我国新型实体经济做出特有的贡献。

6　案例结语

绿色金融几乎包含了金融业务的方方面面，其中既有一般银行从事的传统信贷业务，又包括对企业进行直接投资的风险投资业务和独属于证券机构的IPO等。在发展绿色金融的背景下，金融机构最基本的业务大部分是针对绿色企业和新能源企业，例如中信集团在旗下设置的新能源与环保企业，尽管这些企业从事的主要业务不属于金融机构业务的范畴，但是却可以背靠大平台，迅速完成资源整合与业务拓展，并帮助金融机构完成转型。光大集团同样建立了光大环境等专门从事环保业务的公司，目的是与中信集团形成相同的规模经济。不同的金融集团旗下机构所侧重的金融业务不同，且每个大型金融集团开始布局绿色金融的时间不同，这导致了国内不同的金融企业选择了不同的绿色金融发展模式。在我国绿色金融发展日新月异的今天，采用"拓荒者""全面布局""独辟蹊径"三种绿色金融发展模式的金融机构通过业务创新和互相借鉴，实现金融业务转型，这将促进我国经济向着绿色化、可持续化发展。

案例使用说明

一、教学目的与用途

本案例主要适用于金融机构绿色金融课程，目的在于分析金融机构绿色金融业务的进展、组织形式与分类。

（一）适用课程

本案例主要适用于《货币银行学》《商业银行管理》《金融市场学》《投资学》等课程。

（二）适用对象

本案例主要适用于以下对象：

1. 金融学、保险学等相关专业的本科生和研究生。

2. 对金融和投资感兴趣的专业人士，包括但不限于金融分析师、投资顾问、银行工作人员等。

3. MBA、EMBA 等专业课程的学生，以及其他参与继续教育和职业发展课程的成人学习者。

4. 银行、券商等机构中绿色金融业务相关从业者。

（三）教学目标

发展绿色金融是我国可持续发展战略的有力支撑，过去以银行为代表的主要金融机构从事的传统金融业务必须向绿色金融转变。本案例从光大集团和中信集团旗下的金融机构所开展的绿色金融业务出发，细致考察了包括绿色信贷、绿色债券、绿色 IPO 等业务的布局，发现不同的金融机构有着不同的绿色金融发展模式。本案例的研究有利于深入了解我国绿色金融业务的发展现状，有利于促进各金融机构分析自身绿色金融业务发展的优势和不足，有利于形成具有特色的绿色金融新格局。因此，本案例通过学习、思考和小组讨论，应该实现以下三个目标：

1. 梳理光大集团和中信集团绿色金融发展历程和发展现状。

2. 理解不同的绿色金融发展模式产生的原因。

3. 思考不同的金融机构在未来会选择怎样的绿色金融发展模式。

二、启发性思考题

本案例设置的启发性思考题旨在传递案例的教学知识。在案例讨论前，通过布置启发性思考题，引导学生带着问题分析案例。

1. 光大集团绿色金融业务的特点是什么？它是如何实现绿色金融转型的？

2. 中信集团的绿色金融业务有何特点？为何称其绿色金融发展模式为"独辟蹊径"模式？

3. 光大集团和中信集团为何不能采取同一种绿色金融发展模式？

三、分析思路

本案例分析了光大集团和中信集团两家金融机构的绿色金融业务布局，逐步进入到对绿色金融业务模式的探讨，教师可从《商业银行学》和《投资银行学》的角度引导学生从银行信贷业务开始讨论。同时，由于本案例涉及的金融业务较多，教师可按照自己的教学目的来灵活地使用本案例，这里提出本案例的分析思路，仅供参考：

首先，通过对我国当前经济发展状况的分析，使学生了解我国发展绿色金融的原因。

其次，通过对光大集团和中信集团绿色金融发展状况的分析，使学生拓展了解我国其他大型金融机构绿色金融布局。

再次，通过对我国大型金融机构的不同绿色金融布局的分析，思考我国大型金融机构绿色金融的发展模式。

最后，对不同的绿色金融发展模式做总结，并对金融机构的绿色金融业务发展做出建议对策。

四、理论参考

（一）资产负债综合管理理论

商业银行经营中，资产管理理论侧重资金的流动性和安全性，而负债管理又使商业银行面临负债过重导致的经营风险，综合管理则同时兼顾了两者，使商业银行在适当安排资产结构的同时，寻找新的资金来源，对资产负债进行统一协调以达到最优组合状态，其中，利率敏感性缺口管理和流动性缺口管理至关重要。光大银行在绿色金融转型中综合平衡了吸纳客户储蓄与授信绿色企业的数量，确保了转型的同时不出现经营风险。

（二）预期收入理论

预期收入理论认为，银行资产的流动性取决于授信对象的预期收入，而不是贷款的期限长短。在借款客户的收入有保证的情况下，期限较长的贷款也可以安全收回；在客户无法保证有稳定的预期收入时，期限较短的贷款也面临无法收回的风险。预期收入理论强调了贷款风险与未来预期收入的关系。在光大银行和中信银行的绿色金融转型中，授信给符合绿色发展要求的企业，这部分企业由于发展经营顺应当下的经济发展情况，其预期收入有基本的保证。因此绿色转型对于商业银行自身来说也具有规避风险的必要性。

（三）优序融资理论

企业在为新项目融资时，遵循先使用内部盈余，再使用外部债务融资，最后使用外部股权融资的顺序，其中内源融资相比外部债务融资的优点是企业不需要考虑额外的债务负担问题，而外部债务融资优于外部股权融资的原因在于股权融资需要支付股息，增加了企业的资本支出负担，且股权融资会使企业面临更大的价值风险。在中信证券的业务分布中可以看出，承销绿色企业债券发行的业务量要高于绿色企业的 IPO 业务量，这说明企业在考虑融资方式时，会倾向于债券融资的方式。

（四）资产组合理论

现代资产组合理论认为，投资者与机构应采取多元化投资的方式，将投资分散于不同性质的资产中，这些不同资产往往面临的是不同风险，因此可以实现既定收益下的风险最小化。因此金融机构的业务分布不会只集中于其中某一项业务，原因是对单一项目的投资会导致机构面临风险敞口。以本案例中介绍的中信集团为例，其绿色业务中包括绿色信贷业务、绿色债券承销业务、新能源开发业务等，所面临的行业风险不会集中出现。这体现了中信集团在业务分布上考虑了风险分散。

五、具体分析

（一）光大集团绿色金融业务的特点是什么？它是如何实现绿色金融转型的？

【理论知识】资产负债综合管理理论、预期收入业务理论

【分析思路】本题设置的目的是使学生理解金融机构在绿色金融业务上的布局特点，以及在绿色金融发展中需要考虑的自身经营问题。授课教师在讲解本题时，可以先让学生通过课外资料了解光大集团的基本业务格局，再逐步介绍我国主要金融机构的经营理论。以下提供辅助问题，仅供参考：

1. 光大集团的绿色金融发展为何选择"全面布局"模式？
2. 光大银行的绿色金融业务是如何发展的？

【案例答案】光大集团绿色金融业务主要依靠光大银行和光大证券两家机构进行，其中光大银行的绿色信贷业务是主要发力点。光大银行在董事会层面设立了绿色金融转型管理设计方案，对绿色金融业务的运营责任机制、信贷风险管理进行了统一规划。其在向绿色金融转型的同时，充分对自身的资产负债情况进行权衡，在客户授信方面较为审慎，考察了授信对象的经营情况，并判断其未来预期发展，因此其信贷业务运营状况良好，绿色金融业务发展较快，在保证自身不面

临较大经营风险的同时逐步向"深绿"金融机构转型。

（二）中信集团的绿色金融业务有何特点？为何称其绿色金融发展模式为"独辟蹊径"模式？

【理论知识】优序融资理论、资产组合理论

【分析思路】本题设置的目的是考查学生是否理解本案例中对中信集团绿色金融业务的分析，促使其思考不同金融机构绿色金融发展模式的优点和缺点。授课教师在讲解本题时，可先让学生仔细阅读本案例，从中信集团绿色金融发展历程中思考此问题。以下提出辅助问题，仅供参考：

1. 中信证券的主要绿色金融业务是什么？有何特点？

2. "独辟蹊径"这一绿色金融发展模式有何特点？

【案例答案】中信集团的绿色金融业务布局广泛且各有特色，其中包括中信银行主要面向绿色企业的信贷业务，中信证券针对绿色企业的债务融资需求设计的绿色债券承销业务，还有中信集团旗下的新能源企业开展的清洁能源开发业务等，这都体现了其向绿色金融转型的决心。同时，由于中信集团业务布局的广泛性，旗下机构可以利用中信集团的平台优势，在各个业务之间形成完整的业务布局，这样既能减少以外部融资的方式发展绿色金融业务，又使其不会面临较大的风险，减少了风险管理的成本。中信集团的这种绿色金融业务布局方式不同于其他金融机构，所以称其为"独辟蹊径"模式。

（三）光大集团和中信集团为何不能采取同一种绿色金融发展模式？

【理论知识】资产负债综合管理理论、资产组合理论

【分析思路】本题设置的目的在于考查学生对于光大集团和中信集团绿色金融发展模式的辨析。授课教师可以借此题考查学生是否理解中信集团作为绿色金融业务的后发者，却能依靠大平台做到"后发制人"的真正原因，以及光大集团发展绿色金融业务的特点。以下提出辅助问题，仅供参考：

1. "全面布局"模式与"独辟蹊径"模式有何不同？

2. "全面布局"这一绿色金融发展模式有何特点？

【案例答案】在上文所述的三种绿色金融发展模式中，光大集团属于"全面布局"模式、中信集团属于"独辟蹊径"模式。光大集团绿色金融布局较早，在我国绿色金融发展早期，其最优策略是利用先发优势加强顶层政策倾斜和组织架构设计，而不是选择"独辟蹊径"模式来另寻业务重点。因此，光大集团从管理层开始，对集团的绿色金融转型的运营管理进行了设计，形成了一整套管理模式。在绿色金融业务上，其既注重业务的绿色化转型速度，又从自身经营考虑，对银行业务的资产负债管理采取审慎的态度。而中信集团绿色金融转型开始得较晚，旗下金融机构较为多样，并在投行业务上有着得天独厚的优势，旗下的机构可以

通过不同业务的相互影响，减少对外部支持的依赖，以更灵活的方式切入市场，并且中信集团业务分布在不同领域，有助于其分散风险。因此，对于中信集团来说，选择"独辟蹊径"模式更有利于发展绿色金融业务。

六、关键要点

（一）案例关键点

本案例旨在分析光大集团与中信集团的绿色金融发展历程与特点，从两家机构出发总结分析我国金融机构不同的绿色金融发展模式。主要内容包括：光大集团的绿色金融布局，包括绿色信贷业务、绿色债券发行、绿色 IPO 等；中信集团的绿色金融业务布局，包括中信集团向绿色金融转变的过程，金融业务与旗下环保公司、新能源公司的合作，中信证券大力主持新能源企业 IPO 等方面。通过分析不同的金融机构的绿色金融业务的发展经过，总结出国内金融机构绿色金融业务发展的不同模式："拓荒者"模式、"全面布局"模式、"独辟蹊径"模式。

（二）知识关键点

本案例涉及的主要知识点有：绿色金融、商业银行经营、投资银行业务、债券发行。

（三）能力关键点

本案例涉及的能力点主要有：分析与综合能力、比较分析能力、理论联系实际能力、逻辑分析能力。

七、课堂计划建议

本案例可以作为专门的案例讨论课来进行讨论。按照时间进度提供的教学计划按排如表 9 所示，仅供参考。

课前计划：提出启发性思考题，请学生在课前完成阅读和初步思考。

课中计划：简要的课堂前言，明确主题（2~5 分钟）。

分组讨论（30 分钟），告知发言要求。

小组发言（每组 5 分钟，控制在 30 分钟以内）。

引导全班进一步讨论，并进行归纳总结（15~20 分钟）。

课后计划：如有必要，请学生采用报告形式给出更加具体的解决方案，包括具体的职责分工，为后续章节内容做好铺垫。

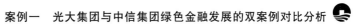

表 9　案例教学计划安排

阶段	内容	教学计划	时间
课前准备	提前准备	1. 要求学生提前预习案例正文、启发性思考题，并请学生根据案例提前自行检索绿色信贷、绿色债券等绿色金融相关信息； 2. 提前要求学生自行分组，建议划分为 3 个小组，并给每个小组分配思考题任务	提前一周
	案例引入	教师介绍课程内容和案例讨论的主题，并说明案例讨论的教学目的以及要求与安排	10 分钟
	分组讨论	要求学生分组讨论，各个小组根据课前收集的信息，以启发性思考题为中心进行讨论	30 分钟
课堂计划	案例教学	引导学生对案例正文进行复习	5 分钟
	提问思考题	1. 教师根据分析思路中给出的案例分析逻辑，并以启发性思考题为引导，对学生进行案例教学； 2. 要求每个小组按照分配的思考题展开回答，对每个答案要点进行赋分，每个回答时间建议控制在 10 分钟内； 3. 教师在对学生回答进行补充时讲解理论参考和知识点	30~40 分钟
	案例总结	带领学生回顾案例正文，并对相关理论参考和知识点进行归纳，在案例主题上做适当延伸	10 分钟
课后计划	—	要求学生参照本案例的第 5 章内容进行案例总结，并讲述学习案例的心得体会，为以后的案例学习打好基础	课后一周

案例二　兴业银行绿色金融助力经济绿色发展的案例分析

　　摘要： 绿色金融是绿色发展背后不可忽视的重要推动力。在"绿水青山就是金山银山"理论的指引下，一系列促进绿色金融发展的政策举措出台，绿色金融体系不断健全，中国绿色金融发展迈上新台阶。为推动经济的绿色高效发展、助力"双碳"目标的实现，发展绿色金融已成为我国重要的国家战略。兴业银行是国内最早探索绿色金融的商业银行，是加入"赤道原则"的第一家中国银行，本案例将探讨兴业银行是如何探索出一条集团化"寓义于利，由绿到金"的可持续发展之路，又是如何从绿色金融的探索者成为当代该领域的引领者的。从兴业银行集团架构以及业务模式入手，对兴业银行绿色金融的探索之路，以及其对绿色金融三阶段的探索进行分析，发现兴业银行发展绿色金融存在的三个问题：多元化管理难度、环境和社会风险管理以及技术和创新风险问题。最后得到兴业银行绿色金融的探索带给我国商业银行的启示：商业银行应坚持绿色金融创新，且积极参与发展模式的变革，将其自身的发展与环境社会的进步相结合。

1　案例背景与案例思政

　　思政元素： 绿色低碳转型是系统性工程，必须统筹兼顾、整体推进。没有发展，就不能聚集起绿色转型的经济力量；忽视民生，就会失去绿色转型的社会依托。我们要准确理解可持续发展理念，坚持以人民为中心，协调好经济增长、民生保障、节能减排，在经济发展中促进绿色转型、在绿色转型

中实现更大发展。（摘自：习近平在亚太经合组织工商领导人峰会上的主旨演讲①）

教学意图：通过兴业银行绿色金融发展的案例研究，引导学生加深对绿色金融相关理论以及对绿色发展、环保和气候变化的系统知识的理解，探讨商业银行如何在绿色金融道路上高质量发展。

2022年10月16日，习近平总书记在中国共产党第二十次全国代表大会上作了题为《高举中国特色社会主义伟大旗帜 为全面建设社会主义现代化国家而团结奋斗》的报告②（以下简称报告），报告对推动绿色发展，促进人与自然和谐共生作出战略部署，提出必须牢固树立和践行绿水青山就是金山银山的理念，站在人与自然和谐共生的高度谋划发展。习近平总书记在报告上指出，推动经济社会发展绿色化、低碳化，推动经济实现质的有效提升和量的合理增长。发展绿色金融不仅是推动绿色发展的必然选择，而且是一个关键的驱动力。绿色金融旨在支持那些有助于环境改善、应对气候变化以及实现资源节约与高效利用的经济活动，它充当了推进绿色低碳发展的催化剂和加速器。积极推动绿色金融的健康发展，在促进绿色经济的发展、有效地将绿水青山转化为金山银山方面扮演着重要的角色。

我国在绿色金融领域的发展已经奠定了坚实基础，通过加强绿色金融的顶层设计，我国已成为全球绿色金融政策体系相对完备的国家之一。如图1所示，2015年，《生态文明体制改革总体方案》首次提出了"建立绿色金融体系"的总体目标③；2016年，《关于构建绿色金融体系的指导意见》明确了构建绿色金融体系的关键任务和具体措施，为规范绿色金融发展提供了政策支持④；党的十九届五中全会于2020年再次强调了"发展绿色金融"的重要性⑤；2021年，《中共中央 国务院关于完整准确全面贯彻新发展理念做好碳达峰碳中和工作的意见》⑥明确要求积极推动绿色金融发展，建立健全绿色金融标准体系，为有效实施金融支持碳达峰、碳中和工作提供了基本遵循。

---

① 资料来源：中华人民共和国中央人民政府网，https：//www.gov.cn/xinwen/2021-11/11/content_ 5650227.htm。

② 资料来源：新华网，http：//www.news.cn/politics/2022-10/25/c_1129079429.htm。

③ 资料来源：中华人民共和国中央人民政府网，https：//www.gov.cn/guowuyuan/2015-09/21/content_ 2936327.htm。

④ 资料来源：中国人民银行官网，2018072719250789661.pdf（pbc.gov.cn）。

⑤ 资料来源：新华网，http：//www.news.cn/2022-10/12/c_1129061701.htm。

⑥ 资料来源：《中国环境报》，http：//epaper.cenews.com.cn/html/1/2021-10/25/02B/2021102502B_ pdf.pdf。

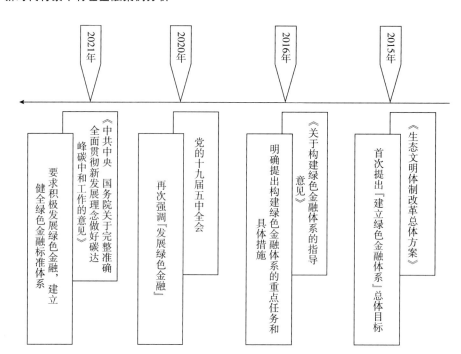

图1 我国绿色金融体系发展示意图

资料来源：根据公开披露数据整理所得。

我国的绿色信贷政策框架正持续地得到完善和强化。在全球范围内，我国在绿色信贷领域率先启动，积累了丰富的实践经验，相较于其他领域，绿色信贷在我国的绿色金融体系中占据最大的份额，并且其发展水平已经达到了相对成熟的阶段。自2007年银监会发布《节能减排授信工作指导意见》[①]起，涌现出了《绿色信贷指引》[②]《绿色信贷实施情况关键评价指标》[③]等一系列政策文件，这一系列政策文件涵盖了多个层面，如监管指导、数据统计、分类指导等，不断完善着我国信贷政策框架，也推进了我国银行业金融机构从战略高度推动绿色金融的发展。在强力支持绿色低碳循环经济的同时，政策体系注重防范环境和社会风险，提升金融机构的环境和社会责任履行能力。截至2021年9月末，我国21家主要银行的绿色信贷余额达14.1万亿元，较年初增加2.5万亿元，占各项贷款的比重为10.32%[④]。多年来，我国在全球绿色信贷领域始终位居前列，其整体不良贷款

---

① 资料来源：中国银行业监督管理委员会，https://www.winlawfirm.com/ueditor/asp/upload/file/20170703/14990554671634977.pdf。

② 资料来源：中华人民共和国中央人民政府网，https://www.gov.cn/gongbao/content/2012/content_2163593.htm。

③ 资料来源：中国银行业监督管理委员会，https://www.cbirc.gov.cn/cn/view/pages/ItemDetail.html?docId=63217&itemId=928&generaltype=0。

④ 资料来源：中国新闻网，https://www.chinanews.com.cn/cj/2021/11-19/9612642.shtml。

率在 2016~2021 年始终保持在 0.7% 以下。这不仅体现了绿色信贷领域的稳健发展，而且其环境效益也逐渐显著。据估计，依据信贷资金在绿色项目总投资中的占比，这 21 家主要银行每年能够节省超过 4 亿吨的标准煤，并减少逾 7 亿吨[①]的二氧化碳排放，从而为环境保护做出了重要贡献。

我国绿色信贷的规模和占比持续呈现增长态势。截至 2021 年末，我国主要金融机构的本外币绿色贷款余额达 15.9 万亿元，其在总贷款规模中的比重上升至 8.25%[②]。进一步分析绿色信贷的用途显示（见图 2），47% 的绿色贷款被投入到基础设施的绿色升级领域，而清洁能源和节能环保产业分别吸引了 26% 和 12% 的绿色贷款[③]，这反映了我国在推动绿色发展方面的坚定承诺和实际行动。

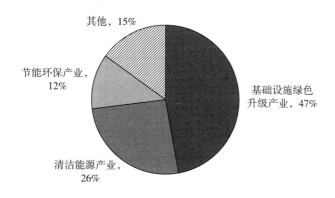

图 2　2021 年中国主要金融机构本外币绿色贷款余额方向

资料来源：中国信息网。

与传统金融相比，绿色金融更加关注我们共同依赖的生存环境。其独特之处在于，它把环境保护和资源利用效率作为综合评价标准的一部分，目的是引导经济活动参与者关注自然生态平衡的重要性。绿色金融致力于促进金融活动与环境保护、生态平衡之间的和谐发展，以实现经济与社会的可持续发展。绿色金融与传统金融的差异十分显著，传统金融主要以追求经济效益为目标，或者是在履行政府政策任务的框架下运作，这种模式可以视为政策驱动型金融。而绿色金融则突出了金融活动与环境关系的重要性，它将环境资源视为公共财产，依托政府政策的支持，促使金融机构在考虑贷款对象时，必须评估其生产或服务的生态效率。这样，绿色金融不仅推动了经济的绿色转型，也促进了更广泛的社会和环境责任感的形成。

绿色金融的发展主要受到对环境可持续性增长的关注以及对解决气候变化和

---

① 资料来源：中国新闻网，https：//www.chinanews.com.cn/cj/2021/11-19/9612642.shtml。

②③ 资料来源：中国新闻网，https：//www.chinanews.com.cn/cj/2022/01-30/9666022.shtml。

资源枯竭等环境问题的紧迫解决需求的驱动。通过引入绿色理念至金融领域，可以更有效地协调经济增长与环境保护之间的关系，推动社会向更可持续的发展方向前进。在绿色金融的推动下，政策发挥了实现可持续发展目标的关键作用，为金融体系注入了更强烈的社会责任和环境保护意识。得益于众多政策的支持，中国在绿色金融政策制定、实践活动和市场规模方面都取得了显著的成就，尤其在绿色信贷和绿色债券领域居于全球前列。以兴业银行股份有限公司（以下简称兴业银行）为例，作为国内绿色金融的先锋，兴业银行在支持美丽中国建设中发挥了重要作用。其绿色金融业务体系不仅全面而且完善，通过不断的商业模式创新，将企业社会责任与银行业务有效融合，探索并实践了一条富有成效的、可持续发展的道路。自 2006 年开始，兴业银行是如何不断推进绿色金融的发展，开拓了怎样的可持续发展道路，以及其成功经验为我国其他商业银行的绿色金融发展提供了哪些策略建议，都是值得深入探讨的问题。这些探讨不仅揭示了兴业银行在实践中的卓越成就，还深化了对绿色金融发展的理解，为我国商业银行在绿色金融领域的可持续发展提供了宝贵的经验和启示。

2 "碳" 路先锋：兴业银行概况

2.1 银行架构

兴业银行成立于 1988 年 8 月，是经国务院和中国人民银行批准设立的首批股份制商业银行之一。2007 年，兴业银行在上海证券交易所正式挂牌上市，股票代码为 601166，总部位于福州市。随着时间的推移，兴业银行已经成长为一家跨境经营的现代综合金融服务集团，成功实现了线上线下服务的有机融合。它的业务范围广泛，稳定地位居全球银行行业前 20 强，并且荣登世界企业 500 强榜单。兴业银行集团结构示意图如图 3 所示。

兴业银行是国内最早涉足绿色金融领域的商业银行。它的绿色金融旅程始于 2006 年，当时该行推出了国内首个能效融资产品，开启了绿色金融的先河。2008 年，兴业银行主动采纳赤道原则①，标志着成为国内首家 "赤道银行"②；此后，

---

① 赤道原则（Equator Principles）旨在判断、评估和管理项目融资中的环境与社会风险，是国际金融机构项目融资环境与社会风险管理的工具和行业基准。

② "赤道银行" 是指已宣布在项目融资中采纳赤道原则的银行。赤道原则是参照国际金融公司（IFC）的可持续发展政策与指南建立的一套自愿性金融行业基准，旨在判断、评估和管理项目融资中环境和社会风险，倡导金融机构对项目融资中的环境和社会问题尽到审慎性核查义务。

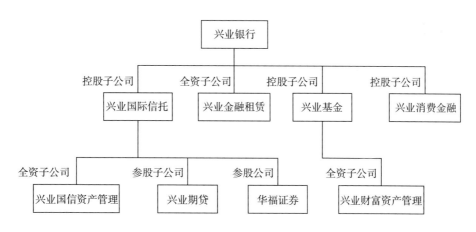

图 3　兴业银行集团结构示意图

资料来源：兴业银行官网。

兴业银行持续拓宽其绿色金融产品和服务的范围，逐步建立了一个全面的绿色金融体系，包含绿色融资、绿色租赁、绿色信托、绿色基金、绿色理财和绿色消费等多个领域，成为绿色金融的综合服务提供者。

　　为了更好地推动绿色金融事业，兴业银行建立了专门的组织架构。兴业银行绿色金融组织架构如图4所示。具体来看，总行成立了绿色金融业务委员会，并在集团层面设立了专门的绿色金融转向推动小组，负责整个集团绿色金融业务的规划和协调，这种组织架构旨在确保兴业银行在绿色金融领域的领导力和协调能力。

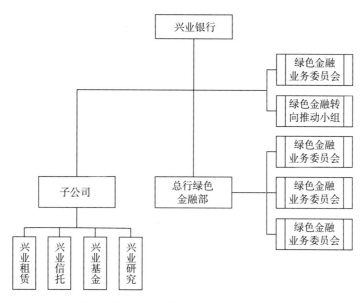

图 4　兴业银行绿色金融组织结构示意图

资料来源：兴业银行官网。

在具体职能方面，总行设立了绿色金融部，这是一个一级部门，主要负责集团绿色金融业务的产品开发、市场推广、品牌建设以及相关业务的统筹、协调和推进。在分行层面，同样兴业银行设立了绿色金融部或相关职能部门，并配备了专职产品经理。此外，各子公司还建立了专注于绿色金融业务和研究的团队，整个银行形成了近200人的专业绿色金融团队。

2.2 银行绿色金融产品体系

兴业银行有效利用其集团的综合优势，积极适应绿色产业的特性和发展趋势，以及相应的融资需求，致力于建立一个全面的绿色金融生态系统。兴业银行依托于其多元化的产品组合和创新能力，通过各种金融工具和服务，推动可持续性、环保和绿色发展战略。兴业银行在绿色金融领域的主要举措体现在其全面的绿色金融产品体系（见图5），展现了该银行在推动绿色金融方面的深度参与和承诺。

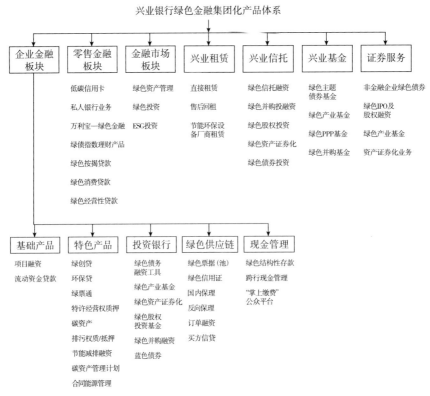

图5 兴业银行绿色金融集团化产品体系

资料来源：兴业银行官网。

兴业银行绿色金融产品体系内容介绍①如下：

---

① 资料来源：兴业银行官网绿色金融板块，http://www.cib.com.cn/cn/minipage/10th/html/article/145.html。

118

（1）绿色创新投资业务（绿创贷）：绿创贷是 2019 年由中国清洁发展机制基金管理中心、省级财政部门、兴业银行三方共同发起，用于支持地方绿色低碳、节能减排等有利于国家应对气候变化项目的融资创新业务。

（2）环保贷：环保贷是由地方财政、环保部门与合作银行共同发起的，通过设立风险补偿机制为贷款企业提供增信措施的信贷业务。

（3）中国人民银行绿色票据再贴现（绿票通）：企业以其持有的绿色票据（绿色企业或用于绿色项目的商业汇票）向银行申请贴现业务后，银行用其持有的绿色票据向中国人民银行申请再贴现的业务。

（4）特许经营权质押：适用于绿色企业将其依法取得的特许经营权及其收费权作为融资担保方式进行质押融资，从而获得项目建设、运营所需资金。兴业银行接受企业的特许经营权作为质押物，提供融资服务的业务模式，这种业务通常针对拥有政府授予的经营权、使用权或者服务权的企业，如水电站、矿业、公共交通服务等领域的企业。

（5）资产/排污权质/抵押融资：适用于企业以自身拥有的，在国内碳/排污权交易市场中可交易的碳资产/排污权作为质/抵押品申请的融资。这种业务模式为企业提供了资金支持，同时促进了环保和可持续发展。在资产质押融资方面，企业可以使用其资产，如房产、设备或其他有形资产，作为质押物来获取贷款，这种方式为企业提供了利用其现有资产获得资金支持的途径。在排污权质押融资方面，独特之处在于企业可以将其排污权作为质押物。排污权作为一种环境资产，指的是企业在符合规定的前提下获得的一定数量的排放权。

（6）碳资产管理计划：针对控排企业在配额管理、碳资产增值等方面的需求，通过引入专业第三方服务，创新推出的配额加利息的收益组合产品。

（7）节能减排融资：通过引入损失分担机制，适当降低担保门槛，为符合条件的中小企业客户开展节能减排项目提供固定资产和流动资金贷款。

（8）合同能源管理融资：适用于节能服务公司向银行申请融资用于合同能源管理项目建设、运营，采用项目未来收益权质押或其他担保方式，以其分享的节能效益作为主要还款来源的融资产品。

3　开创引领：兴业银行绿色金融发展历程

兴业银行在绿色金融领域的演进经历了三个重要阶段：单一产品创新、赤道原则的引入以及向整体集团化发展的过渡。这一发展轨迹为中国商业银行在绿色金融未来的发展模式提供了重要经验和参考。从最初探索绿色金融产品到逐步扩大绿色金融服务的范围，兴业银行在这一过程中所取得的成绩，展示了其在可持续发展理念指导下的积极实践和探索。

3.1 首推能效融资产品，开启绿色金融之路

在 2006 年，兴业银行与国际金融公司（International Finance Corporation, IFC）[①] 展开合作，共同设计了一项创新性的节能减排融资项目，并推出了能效融资产品，为中国绿色金融服务树立了新的里程碑。这一合作为广泛的企业群体，特别是那些致力于提升能源效率、开发和应用清洁及可再生能源的企业，提供了关键的信贷支持。

在该项目框架下，IFC 承担了认定项目资格的责任，兴业银行按照其信贷审批流程为符合条件的企业提供贷款。同时，IFC 向兴业银行提供了人民币本金损失分担，确保了贷款组合的最大额度可达 4.6 亿元[②]。该计划的一大创新之处是引入了损失分担机制，该机制将项目销售额作为主要还款来源，从而降低了对抵押担保等次要还款来源的依赖，有效减低了中小企业的融资门槛。这一机制使得许多经营效益良好、发展潜力大、具有明显生产经营优势的中小企业能够获得节能技改项目的资金支持，实现了商业效益与环保公益的双赢。通过这种独特且市场化的运作模式，兴业银行成功进入了中国蓬勃发展的节能融资市场，开辟了广阔的空间来探索新的市场机遇和培育核心客户。同时，IFC 提供的资助资金效用得到了显著放大，更有效地促进了中国的节能和环保事业发展。

2007 年 6 月，兴业银行在开展能效融资项目的一年后，因其卓越的示范效应，被《金融时报》提名获得"新兴市场可持续银行奖"和"可持续交易奖"[③]。更加值得称赞的是，兴业银行最终荣获"2007 年度全球可持续交易奖"，成为国内唯一一家获得该项荣誉的金融机构。这个奖项旨在表彰兴业银行在可持续金融领域的杰出贡献，并充分肯定了其在推动可持续发展方面的领导地位。

3.2 走向绿色金融全面发展之路

2008 年，兴业银行正式采纳赤道原则，成为中国首家"赤道银行"，这一事件不仅是中国银行业可持续发展的重要里程碑，也象征着兴业银行在绿色金融发展历程中的关键进步，为绿色金融的广泛和快速发展奠定了坚实基础。2009 年，

---

① 国际金融公司（IFC）成立于 1956 年，是全球最大的专注于发展中国家私营部门发展的机构，旨在促进全球经济发展并改善人民生活，消除极端贫困并促进共同繁荣。

② 资料来源：兴业银行官网，https：//www.cib.com.cn/cn/aboutCIB/about/news/2008/20080729_3.html。

③ 资料来源：兴业银行官网，https：//www.cib.com.cn/cn/aboutCIB/about/news/2008/20080815.html。

兴业银行进一步成立了可持续金融中心，该中心后来升级为一级部门：可持续金融部（后更名为环境金融部、绿色金融部），随着绿色金融业务体系的逐步完善，绿色金融逐渐成为兴业银行的特色业务。

兴业银行通过采纳赤道原则，不仅吸收了这一国际通行的环境与社会风险管理框架及其方法和工具，还实现了这些原则的本土化融合，这一过程促进了公司治理、风险管理、业务流程和技术体系的全面提升。兴业银行成功地将对社会和气候变化等环境问题的关注与应对纳入其整体发展战略，并将环境与社会风险管理模式整合到其业务管理体系中，实现了从注重股东利益到关注所有相关方利益，再到推动环境、社会和经济的统一和谐的发展阶段。兴业银行将社会责任和可持续发展理念有机融入其经营管理实践，构建了符合经营转型和创新需求的社会责任管理体系，走出了一条独具特色的"从绿到金"的发展之路。在服务实体经济方面，银行已经达到了新的战略高度。截至 2016 年末，兴业银行已对 973 笔项目进行了赤道原则适用性评估，其中 316 笔项目获得了赤道原则的项目融资，涉及的总投资额达 8715.75 亿元。赤道原则项目的资产质量保持优秀，不良率仅为 0.089%[①]，远低于行业平均水平，体现了兴业银行在风险管理和可持续发展方面的卓越表现。

兴业银行不只在国内持续分享绿色金融的经验，还应 IFC 之邀，积极参与国际交流，与越南、泰国、蒙古等新兴市场国家的同行进行经验分享[②]，展现了兴业银行采纳赤道原则在新兴市场国家的示范作用。此外，兴业银行积极参与制定赤道原则第三版等国际可持续标准，并倡导推动新兴市场国家的金融机构采纳赤道原则，强化其在国际金融领域的影响力。兴业银行的这些努力使其在国际舞台上发出了中国银行业的声音，保障了新兴市场国家银行业的利益。自 2008~2016 年采纳赤道原则以来，兴业银行受到了国内外权威媒体、监管机构和非政府组织的广泛赞誉。在各种国际和国内评比中，获得了包括"年度亚洲可持续银行奖"冠军、"优秀自然保护支持者奖"在内的多个奖项，并作为唯一的金融机构获得了"中华宝钢环境优秀奖"。此外，兴业银行连续六年被评为"最具社会责任金融机构奖"，并五度获得"中国最佳企业公民"[③] 称号，充分体现了其在可持续发展和社会责任方面的卓越贡献。

3.3　绿色金融集团化推动阶段

自进入绿色金融领域以来，兴业银行经过十年的深耕与探索，已在该领域取

---

①②　资料来源：兴业银行官网绿色金融板块，https：//www.cib.com.cn/cn/minipage/10th/html/article/145.html。

③　资料来源：兴业银行官网，https：//www.cib.com.cn/cn/minipage/10th/html/article/145.html。

得了显著的业内专业优势。依托其在国内最为庞大的绿色金融专业队伍，兴业银行建立了严格的技术标准和完备的绿色金融信用审核制度。此外，兴业银行也发展了一个综合性的绿色金融认证体系①，深度认证和分析绿色项目的环境效益，确保这些项目符合"可测量、可报告、可验证"的全球标准。兴业银行在能源合约管理、碳排放交易和排污权交易等融资领域采取了创新策略，并推出了"绿金融·全攻略（2013）"②，逐步发展出一个涵盖绿色产业链各个阶段的综合性金融产品体系。这些举措不仅巩固了兴业银行在绿色金融领域的领导地位，也对推动绿色经济的发展产生了重大影响。

作为拥有众多金融牌照的国内商业银行之一，兴业银行充分发挥其集团化及综合化经营的优势，主动推动融资与筹资工具的创新。在融资领域，除了运用传统信贷手段，兴业银行还引入了租赁、信托、债务融资等多样化金融产品来服务环境金融客户，特别是通过租赁和信托等非传统信贷手段提供的融资占了近50%③。在筹资方面，利用绿色信贷资产证券化、发行金融债券等多元策略来扩大绿色金融业务的资金渠道，从而增强了资金结构的多样性。

在执行其集团化与综合化战略的过程中，绿色金融业务被提升到了集团战略的高度。方智勇④指出，在2015年上半年，兴业银行在集团层面设立了环境金融推进小组，建立起了一个集团内部协作机制，目的是强化产品与业务整合，以实现从"绿色银行"到"绿色金融集团"的转变。这一过程包括在各业务线和集团成员单位建立集体化的业务支撑团队，完善与集团环境金融业务发展相配套的市场组织、绩效测量、资源配置和产品创新流程与体系，并且建立了协同的市场营销和协调推动机制，主要由环境金融部牵头，实施跨部门及跨集团成员的综合营销，并承担项目协调与推进职责。为了实现向"绿色金融集团"⑤的转型，兴业银行制定了"两个不低于"和"两个一万"的目标。即2015~2020年，集团环境金融业务的增长速度与增长量要不低于全行的平均水平；而在2020年之后，集团的环境金融业务的融资余额应达到一万亿元，服务的客户或项目数超过一万户。

---

① 资料来源：兴业银行官网，https：//www.cib.com.cn/cn/aboutCIB/about/events/。
② 资料来源：兴业银行官网兴业动态，https：//www.cib.com.cn/cn/aboutCIB/about/news/2013/20130708.html。
③ 资料来源：兴业银行官网绿色动态，https：//www.cib.com.cn/cn/aboutCIB/about/news/2015。
④ 方智勇，中国金融学会绿色金融专业委员会副秘书长、兴业银行环境金融部总经理。
⑤ 资料来源：兴业银行官网兴业动态模块，https：//www.cib.com.cn/cn/aboutCIB/about/news/2015/20151216.html。

4 抓住机遇：对于兴业银行绿色金融成就分析

4.1 立足当下：推动能源结构转型

达成"碳达峰"和"碳中和"目标以及加快能源结构的转型，是至关重要的使命。在这个过程中，金融的支撑作用是不可或缺的，兴业银行正在积极推进能源安全与绿色转型的协调发展，增强对能源结构向绿色低碳转变的金融支持。2021 年前三季度，兴业银行的绿色贷款新增额达到 2020 年全年的 2.5 倍以上，清洁能源行业的绿色贷款余额达 612 亿元，比年初增长了 55%[①]。

2016 年，我国大力促进能源结构的调整和转型升级，实现了能源多元化和低碳化的逐步转变。清洁能源和可再生能源投资需求的快速增长，为商业银行的绿色金融发展打开了新的领域。兴业银行积极为高耗能企业提供服务，并更加主动地支持清洁及可再生能源产业的发展。特别是在清洁和可再生能源领域，兴业银行优化了授信授权策略，加大了对水电、风电、光伏等清洁能源产业的支持力度，并实行差异化的绿色信贷授权政策，以提升审批效率。风力发电作为能源结构向绿色转型的关键部分，因其显著的社会效益、节能环保及低碳减排效益，成为兴业银行重点支持的领域。2021 年 7 月，兴业银行为一家大型国有电力企业集团提供了 600 兆瓦陆上风电项目贷款支持[②]，该项目是国家重点风电基地项目，通过高效审批和放款，兴业银行及时满足了客户的需求，保证了项目的顺利进行。在《中华人民共和国国民经济和社会发展第十四个五年规划和 2035 年远景目标纲要》[③] 规划期间，兴业银行确立了宏伟的目标，即翻倍增加其绿色金融融资余额。为实现这一目标，兴业银行计划持续将更多资源投向绿色项目，优先支持那些能够促进能源结构向更环保和可持续方向转型的倡议。这不仅涉及增加绿色项目的储备量，还包括积极促进清洁能源和绿色资产的发展。

4.2 商投并举：构建多元融资体系

2018 年，兴业银行提出了"商业银行+投资银行"[④] 的战略方针：将客户放在

---

①② 资料来源：兴业银行官网今日兴业模块，https：//www.cib.com.cn/cn/aboutCIB/about/news/2021/20211126_1.html。

③ 资料来源：中华人民共和国中央人民政府网，https：//www.gov.cn/xinwen/2021-03/13/content_5592681.htm。

④ 资料来源：兴业银行官网兴业动态，https：//m.cib.com.cn/netbank/cn/aboutCIB/about/news/2021/20210903.html。

首位，视商业银行为基础，投资银行为手段，旨在通过协作合作成为卓越的综合金融服务提供者，促进从规模导向到价值导向的银行转型。

在兴业银行的转型过程中，兴业银行一方面持续加强和扩大其商业银行基础，充分利用企业金融服务的优势，并专注于加强绿色金融服务，深化对普惠金融和小微企业等关键领域的信贷服务。同时，银行构建了"交易银行"模式，并积极采用移动互联网、大数据、云计算等新兴技术来增强传统的支付结算功能。在完善客户服务的同时，兴业银行不断提高专业技能和市场开拓能力，加强零售业务基础，保持养老金融服务的领先优势，并深化信用卡业务的组织改革，优化消费金融服务体系，培养新的增长点。兴业银行还持续增加对零售金融科技的投入，深化"织网工程"以快速提升在线服务能力。同时，改进同业业务管理体系，将服务于金融机构客户作为核心，强化银行间平台的功能，并扩大结算和财富管理业务，发展成为资产交易的流通平台。

另一方面兴业银行在增强投资银行部门的竞争力上采取了多项策略措施，有效利用其在直接融资市场长期积累的牌照、业务、机制和文化优势。重点发展投资银行和财富管理等直接融资业务，促进社会资本与实体经济的直接融通，目的是提供多市场、多货币的综合金融服务方案，满足客户在整个生命周期和产业链上的金融需求。利用其在业务上的优势，兴业银行积极发展直接融资业务，并通过构建完善的投资银行服务体系，更有效地响应客户在不同发展阶段和业务领域的需求。同时，兴业银行还采用全球化视角，提供更全面的金融服务，包括跨市场资金管理和跨货币的金融解决方案，为客户带来更多灵活性和多样化选择。在投资银行领域，兴业银行充分利用其研究能力和人才优势，深入分析宏观经济趋势、市场规律及国家战略方向，以更精准地掌握市场趋势，主动适应产业结构调整和转型。这促进了金融资源的优化配置，使银行资金更加有针对性地支持符合国家产业政策和市场需求的项目，增强了资本吸引和智慧融合的效果。

兴业银行在投资银行业务的竞争中强调专业性和合规性，认为作为一个知识密集型服务机构，应通过专业和合规的优势来获得成功。通过打造一支高水平的研究团队和培养专业人才，银行能为客户提供高品质的一站式服务，如财务咨询、资本市场操作等，支持客户在规模和价值上实现双重增长。这些举措目的是促进银行的持续发展，通过增强投资银行业务的竞争力，兴业银行不仅更有效地服务于实体经济，也能在金融市场获得更优势的地位，确保良好的收益。基于专业和合规的战略导向，有助于银行在竞争激烈的金融市场中保持长期稳定，向客户提供更高质量的金融服务。

4.3 点绿成金：创新新观念

兴业银行积极发挥绿色金融的推动力，紧密关注经济社会绿色转型升级的金融服务需求，充分利用集团化经营的优势，不断进行创新，从而成功打造了商业银行绿色金融体系建设的典范。

兴业银行所发布的《2018 年度可持续发展报告》①，充分展现了兴业银行在绿色金融领域的积极参与和推动作用。通过实施融资与融智整合的战略，积极推动了中国绿色金融体系的进步。兴业银行直接参与制定了全国首批五个绿色金融改革创新试验区的规划，并率先与浙江、贵州、江西、新疆等省份的首批绿色金改创新试验区②，以及内蒙古、甘肃、青海等省份签署了绿色金融战略合作协议。截至 2018 年 6 月底③，兴业银行在这些试验区总共提供了超过 2600 亿元的绿色融资，并在这些区域的首年提供了近 800 亿元的绿色融资服务。这一行动凸显了兴业银行在推进绿色金融体系建设方面的领导角色，对中国的可持续发展作出了显著的贡献。

在创新试验区，兴业银行主动将绿色金融与普惠金融结合，向低收入地区等脆弱领域和关键项目提供全面金融支持，扩大了绿色金融的影响范围，并形成了兴业特有的绿色普惠金融发展路径。截至 2017 年，兴业银行在江西省实施的 60 兆瓦光伏扶贫项目惠及了 2238 户低收入家庭，有效促进了国家政策的落地，将绿色金融与国家发展策略成功结合。在贵州，通过为盘县的石漠化治理项目提供绿色融资，兴业银行不仅显著改善了当地的生态环境，还推动了农业产业结构调整和土地利用的优化，有效解决了农村发展问题，实现了经济与社会效益的双重提升。这些行动彰显了兴业银行在推进可持续发展和履行社会责任方面的领导地位。

5 棘手之难：兴业银行绿色金融问题与分析

兴业银行投身于绿色金融的浪潮中，全力推进可持续金融的发展。在这一过程中，面临着诸如管理多元化、环境和社会风险控制、技术创新带来的风险等一系列复杂挑战。对这些问题的深入分析不仅凸显了兴业银行在推进可持续金融发展道路上所遭遇的关键挑战，也展现了在促进绿色金融过程中需要解决的多维度复杂问题。这进一步表明，在追求可持续金融目标的征途中，兴业银行必须持续优化其管理策略和加强风险控制，以确保绿色金融项目的稳健执行，并最大化其积极影响。

---

① 资料来源：兴业银行官网 ESG 报告，https：//www.cib.com.cn/cn/aboutCIB/ESG/report/index.html。
②③ 资料来源：中国人民银行官网，http：//www.pbc.gov.cn/goutongjiaoliu/113456/113469/3332861/index.html。

5.1 多元化管理难度

兴业银行在绿色金融领域遇到的一个主要挑战是管理多元化项目。这一挑战源于其涉及的项目类型涵盖能源、环保、可再生能源等多个领域的广泛性。这种多元性提升了项目管理的复杂度，因为不同项目在专业性和复杂性方面各不相同，这要求银行拥有跨领域的专业知识和技能来有效地管理这些项目。

在能源领域，兴业银行所面对的复杂技术和工程问题需要其深入了解各种能源技术和市场动态。能源项目的特殊性使得银行在支持和投资过程中需要具备高度的灵活性，以便理解并解决可能出现的技术挑战，确保项目的可持续性和成功实施，每一种能源项目都有其特点，可能涉及不同的工程技术、运营模式以及市场定位，因此兴业银行需要拥有跨领域的专业知识，以更好地应对多元化的项目需求。能源领域的市场需求和政策变化的敏感性是兴业银行需要关注的另一个重要方面，能源市场的变化可能受到技术进步、能源价格波动以及政府政策的直接影响。兴业银行需要时刻保持对市场动态的敏感性，及时调整其支持和投资策略，以适应迅速变化的市场环境，这可能包括了解新兴技术的发展趋势、能源市场的供需情况以及可能的政策调整，以在不断变化的背景下做出明智的决策。

在环保项目中，法规合规性和社会认可度显得尤为关键。银行需要深入了解相关法规，以确保项目符合环保法规的要求，并在社会层面赢得认可，这要求兴业银行与政府和环保组织建立紧密的合作关系，及时了解并适应法规的变化，积极参与社会沟通和宣传活动是确保项目在社会责任方面取得成功的关键一环。兴业银行可以通过有效的沟通渠道，向公众传达项目的环保价值和可持续性，提高公众对绿色金融项目的理解和接受度。此外，不同项目结构的复杂性也是一个需要认真对待的挑战，一些环保项目可能涉及多方合作，需要处理复杂的合同和法律事务。在处理这些合作关系时，银行需要具备审慎的尽职调查和合同设计能力，以最大限度地降低与多方合作相关的潜在风险，确保项目的顺利进行，这可能包括需要兴业银行制定明确的合同条款、明确各方责任并确保法律合规性，从而为项目的成功实施提供坚实的法律基础。

能源和环保领域的绿色金融活动需要银行具备广泛的专业知识和灵活性。建立强大的专业团队，时刻保持对市场变化的敏感性，积极与政府和环保组织合作，以及处理多方合作关系都是确保兴业银行在这一领域取得成功的关键要素，只有深入理解各种技术、市场和法规，才能更好地支持并推动绿色金融项目，促进可持续发展。在不断发展的能源和环保领域，兴业银行将面临更多的机遇和挑战，但通过不断提升能力和紧跟时代的步伐，银行将能够在这一领域中起到引领和推动的积极作用。

5.2 环境和社会风险管理

绿色金融项目的推进在很大程度上需要在可持续性和风险管理之间取得平衡。一方面，银行在项目中全面考虑环境和社会因素，致力于推动社会责任和可持续发展目标。另一方面，银行在面对绿色金融项目可能面临的多样化风险时需要迅速而有效地进行风险管理。在这个过程中，银行面临的任务是确保项目在经济可行性和可持续性目标之间找到最佳的结合点，以实现经济效益和社会责任的双赢。

绿色金融项目的可持续性是其成功实施的关键。这要求兴业银行在项目中全面考虑环境和社会因素，着重投资于清洁能源、环保技术和其他低碳项目，以减轻对环境的负面影响。通过这种方式，银行不仅能够实现社会责任和可持续发展目标，还能够在社会中树立良好的形象，提高可持续金融的社会认可度，这种社会责任的体现有助于确保银行在推动经济发展的同时，也能够关注并满足社会的可持续需求。然而，绿色金融项目也面临着各种风险，包括技术风险、市场风险、环境风险等，为了确保项目的经济可行性和长期稳健性，银行需要采取一系列有效的风险管理措施。这包括：全面的尽职调查，以深入了解项目的潜在风险；合同设计，以明确各方责任和权利；监测和评估机制，以及时应对各类潜在风险。这些措施的实施确保了项目的可持续性，使其能够在不同风险面前保持弹性和稳健性。

在实现经济效益和可持续性目标的平衡中，兴业银行需要在项目选择阶段更加谨慎地评估风险，优化项目结构，确保项目在可持续的同时也具备足够的经济回报。这可能包括了解和降低项目可能面临的各种风险，并通过合适的保障措施来提高项目的抗风险能力。与此同时，银行需要时刻关注市场和政策的变化，灵活调整战略，以适应不断演变的环境，这种灵活性使兴业银行能够更好地适应市场变化，确保项目在长期内保持稳健性。通过平衡风险管理和可持续性目标，银行能够更好地应对复杂的金融环境，确保其在绿色金融领域的成功推进，银行需要在决策和执行中保持灵活性，不断优化其风险管理策略，以实现经济效益和可持续性的双赢。在推动绿色金融项目的同时，银行还将扮演着引领可持续金融发展的角色，为社会和经济的可持续性作出积极贡献。

5.3 技术和创新风险

在积极推进绿色金融的过程中，兴业银行不可避免地遭遇了包括技术创新在内的多重风险。这些风险主要源于新兴技术的不确定性、数据隐私和安全问题，以及市场变化和竞争压力。因此，银行需要实施全面的管理策略，以确保绿色金融发展的持续性和稳定性。

兴业银行绿色金融项目可能会涉及采用诸如智能能源管理和区块链等新兴技术，这些技术在实际应用中可能存在性能不稳定和市场接受度未知等不确定性因素。为了有效应对这一问题，银行需要建立高度专业化的团队，进行深入的技术评估，并采用渐进式方法，选择那些已经具备较高成熟度的技术进行投资，这不仅有助于降低技术引入的风险，也能确保项目的稳健实施。还有数据隐私和安全风险在绿色金融项目中成为不可忽视的问题，由于这些项目通常需要大量敏感信息的收集和处理，例如用户的能源使用数据等，因此可能面临来自数据隐私泄露和网络安全方面的潜在威胁。为了应对这一挑战，兴业银行需加强数据加密、隐私保护和网络安全措施，以确保符合相关法规，并提高客户对绿色金融项目的信任度，及时应对可能的安全威胁，采用最新的安全技术和最佳实践也是必不可少的。市场变革和竞争压力是兴业银行在绿色金融领域所面对的另一个重要问题，绿色金融市场的竞争激烈，不断涌现出新的技术和金融产品，这使得银行可能面临市场变革带来的不确定性和竞争压力。为了保持竞争优势，银行需要定期进行市场调研，灵活调整技术和产品策略，以及与合作伙伴建立紧密合作关系，紧跟市场发展趋势，这有助于确保兴业银行在激烈的市场竞争中能够稳健发展，并不断提升在绿色金融领域的领导地位。

在管理绿色金融技术和创新风险时，银行需实施一系列综合管理策略，包括组建专业团队、加强数据隐私与安全措施，并灵活适应市场变化。这些措施有助于有效降低风险并确保绿色金融项目的成功与可持续发展。这种战略性的努力将巩固兴业银行在绿色金融领域的领先地位，并为其在推动可持续金融发展中发挥关键角色作用奠定坚实的基础。

6　案例结语

我国当前正处于发展模式转型的关键时期，金融业作为经济和社会发展的"润滑油"与"驱动器"，在市场调节和缓解市场与政府失灵问题上具有重大影响力。作为一个基于市场的行业，金融业不仅能够追求盈利和效率，还应积极承担企业公民的社会责任，特别是在调整经济结构、促进创新、节能减排和环境保护等方面发挥核心作用。因此，金融业将作为"催化剂"在中国经济的高碳向低碳转型中发挥关键作用。面对传统金融业务的诸多挑战和限制，绿色金融将成为金融业新的利润增长点。金融行业应主动承担社会责任，推动社会从高碳向低碳经济转换，并实现绿色可持续发展，这正体现了兴业银行在进行绿色金融案例分析时的重要意义。

对我国商业银行在发展绿色金融方面的启示，除了兴业银行当前阶段所面临的多元化管理难度、环境和社会管理以及技术和创新风险问题外，还要注意以下关键问题：第一，随着"低碳经济"崛起，有必要对"绿色金融"进行创新支持。商业银行在这一领域需要积极响应，通过不断创新金融产品和服务，以更好地支持低碳经济的发展。同时，商业银行应当积极参与发展模式的变革，将其自身的发展与环境社会的进步相结合，通过绿色金融创新来履行社会责任，实现可持续发展。与发达国家相比，我国在绿色金融方面仍存在一定差距，但有机会在这一领域发挥后发优势，争取主动权。商业银行应当借鉴国际上通行的可持续发展原则和经验，加强对绿色概念的实施，推动我国发展模式的成功转型，不断提升在绿色金融领域的国际竞争力。第二，商业银行在绿色金融发展方面扮演着先导角色，这是合理的，但也需要关注在发展过程中可能遇到的问题和挑战。我国绿色金融发展仍然面临政策和市场环境不完善、缺乏政策配套和制度构建、战略准备不足等问题，因此需要更多本土银行像兴业银行一样积极探索，推动政策和市场环境的改善，加强与监管机构的合作，以促进绿色金融在国内得到更为健康和全面的发展。

绿色金融是现代金融发展的重要趋势，同时也是一个渐进的过程。考虑到我国传统产业结构以高碳为主，低碳经济的实现将是一个逐步推进的过程，随着低碳经济的不断发展，绿色金融创新也将是一个渐进的过程。商业银行应当以长远眼光，通过不断优化绿色金融产品和服务，促进金融体系的绿色化，逐步推动我国经济向更为可持续的方向发展。这既符合国家发展战略，也有助于银行业在未来更具竞争力和可持续性。

案例使用说明

一、教学目的与用途

（一）适用课程

本案例主要适用于《绿色金融》《绿色金融概论》《可持续金融》《金融市场学》等课程中的个案讨论。教师可以系统介绍绿色金融领域最新政策、研究进展及应用现状、主要绿色金融产品的设计与操作。同时，引导学生把绿色发展问题融入会计、投资、融资等金融相关领域，启发学生思考。

（二）适用对象

本案例主要适用于以下对象：

1. 经济学、金融学、金融工程、投资学等相关专业的本科生和研究生。

2. MBA、EMBA、MPACC等专业课程的学生，以及其他参与继续教育和职业发展课程的成人学习者。

3. 对金融市场、金融产品、金融技术等有兴趣的企业管理者和决策者。

（三）教学目标

本案例选取兴业银行绿色金融作为研究对象，旨在引导学生深入理解绿色金融、绿色发展等概念，并在此基础上深化对"可持续发展"等理论体系的理解。同时，也期望学生学习和思考应该如何借鉴已形成的先进经验，通过本案例的阅读和分析讨论，预期达到的教学目标如下：

1. 使学生了解我国商业银行绿色金融的发展现状，加深学生对绿色金融、绿色发展等基本概念、内容以及运作原理的理解。

2. 加深学生对于实现碳达峰、碳中和"双碳"目标下金融改革绿色转型、金融产品服务创新理论的认识，思考发展绿色金融的必要性，思考我国商业银行绿色金融生态体系的构建方向与重点，以及未来所面临的机遇与挑战。

3. 深入了解兴业银行绿色金融的发展逻辑，熟悉绿色金融的常规实践，思考商业银行绿色金融发展的特色与经验，探讨其未来可能的优化方向。

二、启发性思考题

1. 什么是商业银行多元化经营？本案例中兴业银行的"商行+投行"模式是否属于多元化经营战略的一种？

2. 请查阅资料分析，兴业银行如何运用绿色金融为欠发达地区和薄弱领域提供金融支持？

3. 结合本案例，查阅相关资料分析我国商业银行在发展绿色金融上有哪些挑战和机遇。

三、分析思路

教师可根据教学目标，灵活运用该案例。当前，我国正处于经济转型的关键时期，而绿色金融作为我国金融供给侧结构性改革的重要动力，对经济结构和产业体制的转型升级具有深远意义，因此我国相继颁布了一系列相关政策文件，致力于推动绿色金融的蓬勃发展。以兴业银行绿色金融为例，介绍了该银行在绿色金融领域的背景下，在推动绿色金融改革过程中的政策制定、实践探索以及取得的成效。通过对兴业银行绿色金融的实践经验和取得的成果进行案例分析，探讨相关理论在推动绿色金融方面的应用，且在此基础上进一步提出对兴业银行绿色金融改革的建议对策，深入分析其对整个金融行业和可持续发展的积极影响，最后对兴业银行在绿色金融改革过程中的经验教训进行总结，并展望未来的发展方向。这一案例分析不仅有助于学生深入理解兴业银行在绿色金融领域的实际运作，也为理论与实践相结合的金融课程提供了丰富的教学素材。

四、理论参考

（一）绿色金融

根据《关于构建绿色金融体系的指导意见》① 中的规定，绿色金融是指为支持环境改善、应对气候变化和资源节约高效利用的经济活动，即对环保、节能、清洁能源、绿色交通、绿色建筑等领域的项目投融资、项目运营、风险管理等所提供的金融服务。

这个定义包含以下几层意思：

第一，绿色金融旨在资助那些对环境有益的项目，这包括促进环境改善、应对气候变化和实现资源的高效利用。

第二，绿色金融界定了绿色项目的关键类型，这对于未来绿色金融产品（如绿色信贷、绿色债券、绿色股票指数等）的定义和分类具有重要的导向作用。

第三，绿色金融明确包括支持绿色项目的投融资、运营管理和风险管理的金融服务，表明绿色金融不仅涵盖了融资活动如贷款和证券发行，也涉及风险管理活动如绿色保险，以及功能多样的碳金融业务。通过明确定义绿色金融及其产品，可以帮助绿色企业和投资者获得应得的"声誉效应"，进而刺激更多的绿色投资行为。

---

① 资料来源：中华人民共和国中央人民政府网，https：//www.gov.cn/xinwen/2016-09/01/content_5104132.htm。

（二）多元化经营理论

多元化经营指的是企业不是专注于单一产品或行业，而是扩展到不同的产品和行业领域。这种经营模式主要关注企业所涉及的产品类型和数量。然而，仅根据产品的种类和数量来界定企业的多元化并不全面，因为涉及多个高度相关产品的经营与涉及多个跨行业、低相关性产品的经营在多元化程度上存在差异。尽管产品种类数量可能相同，但跨行业经营显示出更高程度的多元化，对企业的经营影响也更加显著。

商业银行多元化经营：商业银行多元化经营就是指商业银行在传统的存贷业务的基础上，通过对业务范围的拓宽来获得更多利润的行为，商业银行的多元化经营主要包括横向多元化和纵向多元化两个方面。其中，横向多元化是指商业银行在向客户提供传统的银行业务服务的基础上，将服务领域延展到银行业务领域之外，向客户提供证券、基金等相关金融领域的服务。纵向多元化是指商业银行通过对金融产品和金融服务的创新，在开拓潜在客户的同时，为新老客户提供更深层次的服务，满足新老客户的多元化需求。

（三）可持续发展理论

可持续发展的概念最早于20世纪60年代出现，当时环保人士开始争论经济增长对环境的影响。自此，社会开始提出和讨论有关可持续和可持续发展的不同定义，其中最为广泛采用的是联合国环境与发展世界委员会于1987年发表的报告《我们的共同未来》（又称"布伦特兰报告"）① 中有关可持续发展的定义，"可持续发展是指既能满足当代的需要，而同时又不损及后代满足其需要的发展模式"。

随着社会科学发展观的提出，可持续发展理论逐渐深化，这一理论强调社会各经济体的经济行为不仅应适应当前的发展趋势，而且不应危害未来社会的发展。初期，学术界对可持续发展理论的定位主要是将其视为一种漫长、稳定、持续的经济增长现象。然而随着经济社会的不断演进，学者们逐渐认识到，只有在经济、人文和生态协同发展的前提下，经济才能真正实现可持续发展。

五、具体分析

（一）什么是商业银行多元化经营？本案例中兴业银行的"商行+投行"模式是否属于多元化经营战略的一种？

【理论知识】多元化经营理论、商业银行多元化

【分析思路】这个案例的关键在于兴业银行的商投互动模式，学生需要深入研

---

① 资料来源：https：//sustainabledevelopment. un. org/content/documents/5987our-common-future. pdf。

究这一模式的特点，同时理解它是如何与绿色金融相结合的。因此，本题设置的目的在于引导学生深入思考，更全面地理解多元化经营理论的实际应用和运作机制。

授课教师在讲解本题时，可以引导学生从业务、风险、盈利、客户服务和战略等多个维度入手，综合考虑各方面因素，掌握和理解多元化经营的内核。以下提供辅助问题，仅供参考：

1. 什么是商业银行多元化经营？

2. "商行+投行"模式是什么？商业银行多元化经营的关键点是什么？

【案例答案】商业银行多元化经营就是指商业银行在传统的存贷业务的基础之上，通过对业务范围的拓宽来获得更多利润的行为。商业银行的多元化经营主要包括横向多元化和纵向多元化两个方面，其中，横向多元化是指商业银行在向客户提供传统的银行业务服务的基础上，将服务领域延展到银行业务领域之外，向客户提供证券、基金等相关金融领域的服务；纵向多元化是指商业银行通过对金融产品和金融服务的创新，在开拓潜在客户的同时，为新老客户提供更深层次的服务，满足新老客户的多元化需求。

在兴业银行的案例中，采用"商行+投行"模式可以被视为一种多元化经营战略。在这一模式中，商行代表传统的零售银行和公司银行业务，包括存款、贷款、信用卡等传统金融服务，而投行代表更为复杂的金融服务，包括资本市场业务、证券承销、并购咨询等。这两个板块的结合使兴业银行能够同时从传统金融服务和更高风险高收益的金融服务中盈利，形成了业务的多元化。

采用这种多元化经营战略使兴业银行更具灵活性，能够在面对市场波动和变化时更为应对得当。商业银行和投资银行的结合使兴业银行在金融服务领域拥有更为广泛的业务线，并能够更好地满足不同客户群体的需求，这同时也有助于银行更全面地分散风险，实现可持续的盈利和增长。因此，可以说兴业银行的"商行+投行"模式是其多元化经营战略的一种体现。

（二）请查阅资料分析，兴业银行如何运用绿色金融为欠发达地区和薄弱领域提供金融支持？

【理论知识】可持续发展理论

【分析思路】这个问题的设定旨在激发学生对商业银行如何在不断变化的外部发展环境中灵活运用策略，抓住时代的发展机遇，以科学的方式调整内部发展计划的深刻思考。通过对这一问题的思考，学生被引导去探讨如何有效地适应和利用外部环境的变化，以实现银行业务的更加全面、有序和持续的发展。

在回答这个问题时，授课教师可以引导学生从以下几个方面回答：外部发展环境分析、时代发展机遇的把握等。通过以上思考，学生可以形成对商业银行在外部发展环境中科学应对的全面认识，为推动银行业务的持续健康发展提供有力的理论支持和实践指导。

【案例答案】兴业银行在运用绿色金融为欠发达地区和薄弱领域提供金融支持方面，通过实施绿色金融项目，积极支持一系列有益于社会和环境的项目。以江西省的光伏帮扶项目和贵州省的石漠化综合治理项目为例：

在江西省，兴业银行支持了一项规模为 60 兆瓦的光伏帮扶项目，致力于通过发展光伏产业解决当地的低收入问题。通过提供融资服务，兴业银行支持项目建设，使得 2238 户低收入家庭得到实质性的受益。这一金融支持不仅展现了银行在绿色金融方面的社会责任感，还带来了可持续的效益。项目的实施不仅提高了当地的能源结构，还为低收入户创造了就业机会，促进了当地经济的可持续发展。在贵州省盘县，兴业银行为一个全国低收入县的石漠化综合治理项目提供绿色融资支持。通过金融支持，兴业银行帮助项目取得了显著的成果，不仅在治理石漠化方面取得成功，还改善了当地的生态环境。这个项目不仅关注了环境的可持续性，还在社会层面带来了显著效益，促进了农业产业结构的调整，解决了"三农"问题。

两个事例充分展示了兴业银行在绿色金融方面的积极探索和社会责任担当，通过结合帮扶和薄弱领域治理的需求，银行有效地为欠发达地区提供了有力的金融支持，推动了这些地区经济和社会的绿色发展。国家经济在面对调结构、转方式的考验时，环境保护成为保障经济发展的重要推手，而发展绿色金融正是支撑经济绿色转型的重要手段。经济走向新常态，客观上给经济主体将绿色理念渗透到可持续的经济发展模式中的能力提出了更高的要求，要进行可持续发展必须做到淘汰落后产能，将绿色标准作为经济转型的必然要求，发挥绿色金融在调结构、转方式、促进生态文明建设等方面的积极作用。

（三）结合本案例，查阅相关资料分析我国商业银行在发展绿色金融上有哪些挑战和机遇

【理论知识】绿色金融理论

【分析思路】本题设置的目的是深化学生对绿色金融理论和其特性的理解，并探讨在哪些方面影响商业银行发展绿色金融。通过这个问题，学生将更深入地了解绿色金融的核心概念以及商业银行在这一领域的发展所面临的影响因素，为后续案例研究提供必要的理论基础。

首先，在教学过程中，授课教师可以通过深入的学习和讨论，引导学生逐步理解绿色金融的概念与特点。通过与学生互动，强调绿色金融的积极影响，激发学生对其优势的深入思考。其次，探究商业银行发展绿色金融的原因，从市场需求、社会责任等多个角度剖析其动机。最后，引导学生关注国家战略与银行业盈

利目标之间的潜在冲突。

【案例答案】我国商业银行在发展绿色金融方面面临几个挑战。首先，我国商业银行需要提升对绿色环保的理解和认知。目前，我国商业银行主要侧重于最大化股东利益和盈利，而对绿色金融的重要性认识不足。兴业银行已经在这方面进行了思想上的改革，把支持节能减排和绿色金融创新作为其发展战略的核心。国际上，很多金融机构已经将可持续发展理念纳入其经营核心，并设立了专门的环境部门和岗位。例如，瑞士信贷银行就建立了一个环境执行委员会来加强其环保工作。其次，我国商业银行亟须在业务政策和流程方面进行深层次的改革和优化，以更好地融入绿色金融的发展趋势。目前，我国商业银行在实施绿色金融策略时往往缺乏深度和细致度，这表明绿色金融在其业务运作中尚未充分融入或得到优先考虑。为了有效地推进绿色金融，商业银行应重新评估和调整其业务政策，确保这些政策能够促进环境友好型投资和贷款活动。最后，我国商业银行缺乏绿色金融领域的专业人才和技术，尤其在项目的技术可行性分析、节能量计算和政策标准方面存在短板。尽管有些银行与国际金融公司合作开展能效项目，但对技术可行性的判断仍然依赖于后者的技术支持。然而，兴业银行在国际合作、产品开发和推广方面已取得一定进展，为其在绿色金融领域的发展积累了宝贵经验。

我国商业银行在绿色金融方面拥有显著的发展机遇：首先，全球范围内对可持续发展的共识加深，国际合作与交流日渐活跃，为我国商业银行开辟了学习和合作的新途径，助力绿色金融的进步。随着"十四五"规划的实施，我国正经历着将环境保护与经济发展并重的历史性转型，促进了经济结构的调整和增长模式的转变，为绿色金融创造了强大的需求和支持性政策环境。其次，绿色金融展现出广阔的发展前景，为商业银行开启了新的业务领域。随着各行各业对可持续发展理念的深入实践，节能减排领域的融资需求激增，绿色产业的发展势头强劲，为商业银行提供了进入这一领域的有利条件。最后，发展绿色金融有助于降低经营和声誉风险，提升商业银行的环境风险管理和可持续发展能力。同时，这也为我国商业银行参与国际市场竞争尤其是在国际化经验方面，如兴业银行通过与IFC的合作，积累了国际业务经验，为其未来的国际扩张奠定了坚实基础。

六、关键要点

（一）案例关键点

本案例分析核心在于探讨如何通过推动经济的绿色和高效发展，实现"碳中和"和"碳达峰"的目标。以兴业银行的绿色金融实践为例，案例深入分析了兴业银行如何从绿色金融的先行者成长为该领域的领军者。通过划分"启动阶段、全面发展阶段和集团化发展阶段"三个关键阶段，详细考察了绿色金融在推动兴业银行自身发展中的作用，以及其如何影响了银行的战略方向和业务模式。

（二）知识关键点

本案例涉及的知识点主要有：绿色金融理论、赤道原则、多元化经营理论、可持续发展理论。

（三）能力关键点

本案例涉及的能力点主要有：分析、综合、批判性思维，培养绿色金融发展和创新意识；运用所学理论工具研究金融问题的能力。

七、课堂计划建议

本案例适用于专门的案例讨论课。授课教师可参考本案例使用说明，做好案例教学计划安排。案例课堂教学时间建议控制在 90 分钟内。为了保证案例教学的质量，建议学生规模控制在 30 人以内，分为 5~6 个小组。课堂计划如表 1 所示。

表 1　案例教学计划安排

阶段	内容	教学活动	时间
课前准备	提前准备	1. 提前发放案例正文、启发性思考题和补充信息，并请学生根据案例提前自行检索搜集绿色金融、商业银行多元化经营的相关信息； 2. 提前要求学生做好分组，建议 5~6 人分为一小组	提前一周
	案例引入	授课教师说明课程内容和案例讨论主题，说明案例讨论的教学目的、要求和安排等	5 分钟
	分组讨论	开始分组讨论，各学生根据课前搜集的信息，围绕启发性思考题进行深入讨论	20 分钟
课堂计划	案例教学	带领学生回顾案例正文	5 分钟
	提问思考题	1. 授课教师根据分析思路中给出的案例分析逻辑以及各启发性思考题对应的引导性提问，展开教学； 2. 就每个小组分配的思考题展开回答，每个问题的答案要点做好记录，每个问题时间建议控制在 10 分钟内； 3. 授课教师在提问过程中穿插讲解理论参考和知识点	40~50 分钟
	案例总结	对案例正文的整体叙述、相关理论参考和知识点进行总结归纳，并适当延伸	10 分钟
课后计划	—	要求学生采用小组报告形式对案例进行讨论，自行搜集整理相关案例，总结出商业银行绿色金融的多元化经营实现可持续发展的建议	课后一周

案例三　长江绿融通助力重庆绿色金融改革的案例分析

摘要：随着"双碳"目标的提出以及绿色金融改革创新试验区前期先行先试和探索的铺垫，探究新形势下绿色金融如何有效促进绿色发展变得格外重要。本案例首先从新设立的重庆绿色金融改革创新试验区入手，回顾绿色金融改革的背景。从政策、实践、成效的维度介绍重庆绿色金融改革前因后果，并发现重庆在绿色金融改革过程中存在以下四方面问题：信息不对称、面临新监管挑战、产品创新附加风险、非市场风险。其次本案例梳理重庆绿色金融改革的发展，并从绿色金融项目识别、措施落地激励、丰富数据库等角度应对信息不对称问题；从细化绿色金融准则与标准、加强绿色金融数字化建设等角度应对监管新挑战问题；从信息披露与风险评估等角度应对产品创新的风险问题；从建立风险管理系统和行业标准和规范、加强国际交流与合作等角度应对非市场风险问题。最后本案例对重庆绿色金融改革的历程进行总结和展望。

1　案例背景与案例思政

> **思政元素：**我国经济社会发展已进入加快绿色化、低碳化的高质量发展阶段，生态文明建设仍处于压力叠加、负重前行的关键期。必须以更高站位、更宽视野、更大力度来谋划和推进新征程生态环境保护工作，谱写新时代生态文明建设新篇章。（摘自：习近平在全国生态环境保护大会上强调：全面推进美丽中国建设　加快推进人与自然和谐共生的现代化①）

---

① 资料来源：中华人民共和国中央人民政府网，https://www.gov.cn/yaowen/liebiao/202307/content_6892793.htm。

教学意图： 通过新设立的重庆绿色金融改革创新试验区的案例研究，旨在引导学生深入理解绿色金融、绿色发展等概念，以及深化对"可持续发展""高质量发展"等理论的理解。

自 1978 年生态文明建设被第一次提出，到 1995 年可持续发展战略的提出，再到党的十七大首次将"生态文明"写入党代会报告，接着进入新时代，最终形成自党的十八大以来的习近平生态文明思想。2022 年 10 月，党的二十大报告通过对绿色发展的全局性部署，为中国今后的绿色经济发展，站在人与自然和谐共生的高度谋划发展，牢固树立和践行"绿水青山就是金山银山"的理念，设定金融有力支持其绿色发展的基调。2023 年 7 月 18 日，习近平总书记在全国生态环境保护大会上亦强调，全面推进美丽中国建设，加快推进人与自然和谐共生的现代化。同时习近平总书记指出，要加快推动发展方式绿色低碳转型，坚持把绿色低碳发展作为解决生态环境问题的治本之策，加快形成绿色生产方式和生活方式，厚植高质量发展的绿色底色[①]。发展绿色低碳产业以及绿色转型，这都需要强化绿色发展的金融支持。发展绿色金融，正是推动绿色发展的必然要求。绿色金融是促进绿色低碳发展的催化剂和加速器，推动绿色金融健康发展，对于促进绿色经济发展、切实把绿水青山转化为金山银山具有积极意义[②]。

在我国生态文明建设过程中，虽然社会生产生活质量越来越高，但人类的生存环境发生了改变，由此带来的环境污染问题也越来越严峻（马骏，2015）。结合金融手段应对环境问题，"绿色金融"由此随时代发展逐渐应运而出，并从理论到实践开始被重视与运用（王馨和王营，2021）。绿色金融把生态文明理念与金融相结合，对金融进行新思考，逐步转变过去高消耗、低产出、重规模、低效率的金融增长模式，建立能够节约资源、降低消耗、提高经济效益、改善生态的绿色低碳经济发展方式（王遥等，2019）。

比较绿色金融发展实践的国内外状况可以发现，国外关于绿色金融的实践发展出现较早。1974 年，联邦德国成立世界第一家政策性环保银行，专门负责为一般银行不愿接受的环境项目提供优惠贷款[③]。从那时起，在诸多国际金融机构的带动下，金融支持逐渐朝着可持续的绿色方向发展。随后在 1992 年联合国大会上通过的《联合国气候变化框架公约》[④] 是世界上第一份致力于对包括二氧化碳在内

---

① 资料来源：中华人民共和国中央人民政府网，https：//www.gov.cn/yaowen/liebiao/202307/content_6892793.htm。

② 资料来源：《人民日报》，http：//opinion.people.com.cn/n1/2023/0324/c1003-32650183.html。

③ 资料来源：上海高级金融学院官网，https：//www.saif.sjtu.edu.cn/shows-1045-3379.html。

④ 资料来源：《联合国气候变化框架公约》秘书处官网，https：//unfccc.int/sites/default/files/convchin.pdf。

的温室气体在大气层中的浓度进行综合控制，以应对全球变暖对人类社会造成负面影响的国际条约，金融助力可持续发展的规范性世界公约由此拉开帷幕，促进各国经济转向可持续发展。同时，绿色金融的内涵也在不断丰富，理念也逐渐受到广泛认同。2005年，在日本京都举行的联合国会议上通过的《联合国气候变化框架公约》第一个附加协议——《京都议定书》[①] 签署生效，这是人类历史上第一次通过国际法规来限制各缔约方的温室气体排放量，世界各国对于全球气候变化和经济生活的可持续发展越来越重视。2015年，第21届联合国气候变化大会（巴黎气候大会）上通过的《巴黎协定》[②] 做出更具体且有法律约束力的规定，旨在将全球气温增幅控制在2℃以内，并积极推动温室气体的减排，实现气候适应性的发展。《巴黎协定》是全世界178个缔约方共同签署的具有里程碑意义的世界性协议，表明世界经济逐渐向低碳可持续发展转型。表1是对国外关于绿色金融实践的国际公约进行的补充说明。

表1 国外关于绿色金融实践的国际公约信息汇总

时间	国际公约	重要性
1992年5月在联合国大会上通过，1994年3月生效	《联合国气候变化框架公约》	世界上第一份为全面控制温室气体排放，应对全球气候变暖给人类经济和社会带来不利影响的国际公约
1997年12月在联合国会议上通过，2005年2月生效	《联合国气候变化框架公约》的附加协议《京都议定书》	人类历史上第一次通过国际法规来限制各缔约方温室气体的排放量
2015年12月在第21届联合国气候变化大会（巴黎气候大会）上通过，2016年11月生效	《巴黎协定》	全世界178个缔约方共同签署的具有里程碑意义的世界性协议，更加具体且有法律约束力

资料来源：根据《联合国气候变化框架公约》秘书处官网公开披露资料整理所得。

虽然国内对于绿色金融的实践发展起步较晚，但中国在经济发展中也逐渐认识到保护人类赖以生存的自然环境的重要性，由此经济社会的可持续发展理念不断被强调并逐渐衍生到金融领域（何德旭和程贵，2022）。在中国持续重视和强化经济转向绿色低碳发展的背景下，绿色金融也得到蓬勃发展（天大研究院课题组等，2011）。2015年9月，中共中央、国务院印发《生态文明体制改革总体方案》[③]，为推动我国经济绿色、低碳转型提供更多的资金支撑，并对构建绿色金融

---

① 资料来源：《联合国气候变化框架公约》秘书处官网，https：//unfccc. int/resource/docs/convkp/kpchinese. pdf。

② 资料来源：《联合国气候变化框架公约》秘书处官网，https：//unfccc. int/sites/default/files/chinese_paris_ agreement. pdf。

③ 资料来源：中华人民共和国中央人民政府网，https：//www. gov. cn/gongbao/content/2015/content_2941157. htm。

体系进行了顶层设计（俞岚，2016；刘贯春等，2017；王凤荣和王康仕，2018）。此后，中国的绿色金融政策不断出台，逐步构建起多层次、全方位的绿色金融监管体系（郑嘉榆和胡毅，2023）。2016 年 8 月，经国务院同意，中国人民银行等七部委发布《关于构建绿色金融体系的指导意见》[①]，在促进绿色金融的规范化和标准化的同时，对绿色金融体系的构建提出更具体的要求，这也意味着，发展绿色金融已成为国家的一项重要战略（中国工商银行绿色金融课题组等，2017）。2016 年 9 月，在二十国集团领导人第十一次峰会上，"绿色金融"被纳入 G20 的议程，会上发布的《G20 绿色金融综合报告》[②]，进一步明确了绿色金融的内涵、宗旨、服务对象与伴随的机遇和挑战，这意味着中国以大国担当和情怀支持全球绿色低碳化生产与发展的同时，也促进了世界绿色金融向前发展。表 2 是对国内关于绿色金融实践的重要文件进行的补充说明。

表 2　国内关于绿色金融实践的重要文件信息汇总

时间	重要文件	意义
2015 年 9 月，中共中央、国务院印发	《生态文明体制改革总体方案》	既是中国生态文明领域改革的顶层设计，又是构建绿色金融体系的顶层设计
2016 年 8 月，中国人民银行、财政部、国家发展改革委、环境保护部、银监会、证监会、保监会发布	《关于构建绿色金融体系的指导意见》	对绿色金融体系构建提出更具体的要求，标志着发展绿色金融成为国家重要战略
2016 年 9 月，二十国集团领导人第十一次峰会上发布	《G20 绿色金融综合报告》	明确绿色金融的内涵、宗旨、服务对象与伴随的机遇和挑战，促进世界绿色金融向前发展

资料来源：根据中华人民共和国中央人民政府网、中国人民银行官网等公开披露资料整理所得。

　　2017 年 6 月，从浙江、广东、贵州、江西、新疆这 5 个省份中选出 8 个地区，又在 2019 年选择甘肃兰州新区，分别设立发展侧重与发展特色不同的绿色金融改革创新试验区，由此我国绿色金融试点改革的实践在国内逐步推进和探索，中国用"绿色"生动诠释着高质量发展的"底色"。

　　习近平主席在第七十五届联合国大会一般性辩论上指出，中国将提高国家自主贡献力度，采取更加有力的政策和措施，二氧化碳排放力争于 2030 年前达到峰值，努力争取 2060 年前实现碳中和。这是中国第一次在世界范围内公开地提出碳达峰与碳中和目标（以下简称"双碳"目标），同时也是我国经济向低碳转型发

---

　　①　资料来源：中国人民银行官网，http：//www.pbc.gov.cn/goutongjiaoliu/113456/113469/3131687/index.html。

　　②　资料来源：G20 可持续金融工作组官网，https：//g20sfwg.org/wp－content/uploads/2021/07/2016_Synthesis_Report_Full_CH.pdf。

出的一种长期的绿色政策信号，绿色金融助力绿色发展由此变得更加重要和紧迫。2021 年，随着"双碳"目标被纳入中华人民共和国国民经济和社会发展第十四个五年（2021~2025 年）规划当中，绿色金融支持绿色发展的重要性再次被强调。2021 年 9 月，中共中央、国务院印发《关于完整准确全面贯彻新发展理念做好碳达峰、碳中和工作的意见》①，这更要求在积极发展绿色金融的同时，需要兼顾金融深入支持"双碳"目标的工作。

同时，重庆地处长江上游和三峡库区腹心地带，是长江上游生态屏障的最后一道关口，地理位置特殊，生态责任重大。习近平总书记在 2016 年 1 月视察重庆时曾指出，保护好长江母亲河和三峡库区，事关重庆长远发展，事关国家发展全局。要深入实施"蓝天、碧水、宁静、绿地、田园"环保行动，建设长江上游重要生态屏障，推动城乡自然资本加快增值，使重庆成为山清水秀美丽之地。习近平总书记在 2019 年 4 月考察重庆时指出，更加注重从全局谋划一域、以一域服务全局，努力在推进新时代西部大开发中发挥支撑作用、在推进共建"一带一路"中发挥带动作用、在推进长江经济带绿色发展中发挥示范作用②。

重庆市政府为积极落实《生态文明体制改革总体方案》和《长江经济带发展规划纲要》③等文件要求，全面贯彻碳达峰碳中和等重大战略决策，深入落实习近平总书记关于推动成渝地区双城经济圈建设等重要指示精神，坚持生态优先、绿色发展，共抓大保护、不搞大开发。重庆市政府以金融支持绿色低碳产业发展和生态保护为主线，深化绿色金融体制机制改革，强化绿色投资国际合作，促进绿色转型和生态发展，探索形成可复制可推广的绿色金融可持续发展经验与模式，充分发挥绿色金融在促进生态文明建设、推进长江经济带绿色发展中的积极作用。

中国人民银行重庆营管部围绕习近平总书记对重庆所作系列重要指示精神，会同有关部门聚焦绿色低碳高质量发展，持续完善绿色金融政策框架体系，做实做强绿色金融"三大功能""五大支柱"④，取得积极进展和重大突破。2022 年 8 月，经国务院同意，中国人民银行等六部门印发《重庆市建设绿色金融改革创新试验区总体方案》⑤（以下简称《总体方案》），不仅标志着重庆成为全国首个全

①　资料来源：中华人民共和国中央人民政府网，https：//www.gov.cn/zhengce/2021-10/24/content_5644613.htm。

②　资料来源：重庆市人民政府网，http：//www.cq.gov.cn/ywdt/jrcq/202206/t20220620_10828323.html。

③　资料来源：中华人民共和国中央人民政府网，https：//www.gov.cn/xinwen/2016-09/12/content_5107501.htm。

④　资料来源：中华人民共和国中央人民政府网，https：//www.gov.cn/xinwen/2021-11/17/content_5651381.htm。"三大功能"是指绿色金融积极发挥资源配置、风险管理和市场定价功能。"五大支柱"则是指绿色金融标准体系、金融机构监管和信息披露要求、激励约束机制、产品和市场体系、国际合作。

⑤　资料来源：中华人民共和国中央人民政府网，https：//www.gov.cn/zhengce/zhengceku/2022-08/26/content_5706982.htm。

省域覆盖的绿色金融改革创新试验区[1]，更是围绕"双碳"目标对绿色金融改革下一步的探索，也是在改革探索深化阶段上寻求绿色金融促进绿色发展的新尝试和新目标。这不仅有力支持了经济社会绿色低碳发展与平稳有序转型，而且开启了重庆的绿色金融助力经济绿色高质量发展的改革试验之路。

作为深入推进"生态优先、绿色发展行动计划"的重要实践城市，重庆市持续出台绿色金融改革发展的政策和举措。在国内国际重视经济绿色低碳发展的大背景下，重庆获批绿色金融改革创新试验区的意义重大。本案例选取重庆市作为研究绿色金融改革推动绿色发展的案例对象，是在已有实践基础上对绿色发展的新解读。重庆在推进绿色金融方面结合先进经验进行了哪些切实有益的探索和创新？建设绿色金融改革创新试验区对重庆来说有什么新的发展目标？未来，重庆将如何在全国范围内继续发挥好绿色金融改革创新"试验田"的作用？这些都值得进一步探讨和分析。

2 宝剑锋从磨砺出：重庆绿金改革——绿改前因篇

基于国家绿色发展战略导向的需要，在金融领域，绿色金融不断被提起和强调，尤其是在《关于构建绿色金融体系的指导意见》[2] 发布后，我国在绿色金融体系、绿色金融服务和产品等方面出现了一些尝试性的改革。基于此，重庆积极响应国家和时代绿色发展建设的号召，中国人民银行重庆营管部于2016年12月结合重庆市市情，全面展开绿色金融调查研究，探索重庆的绿色金融改革发展方向，随后中国人民银行重庆营管部在2017年9月印发《重庆市绿色金融发展规划（2017-2020）》[3]，为重庆建设绿色金融服务体系的探索提供政策支撑。

习近平总书记在《推动形成优势互补高质量发展的区域经济布局》[4] 中指出，要发挥各地区比较优势，促进各类要素合理流动和高效集聚。重庆是西部大开发的重要战略支点，处在"一带一路"和长江经济带的联结点上，在国家区域发展和对外开放格局中具有独特而重要的作用[5]。重庆需要利用好自身各种优势，在长

---

① 资料来源：重庆市人民政府网，https://www.cq.gov.cn/zwgk/zfxxgkml/zcjd_120614/bmjd/202304/t20230417_11883982.html。

② 资料来源：中国人民银行官网，http://www.pbc.gov.cn/goutongjiaoliu/113456/113469/3131687/index.html。

③ 资料来源：重庆市人民政府网，http://chongqing.pbc.gov.cn/chongqing/107671/3417981/index.html。

④ 资料来源：中国人民银行官网，https://www.gov.cn/xinwen/2019-12/15/content_5461353.htm。

⑤ 资料来源：求是网，http://www.qstheory.cn/dukan/qs/2020-01/16/c_1125459388.htm。

江经济带建设发展中发挥好示范带头作用，积极探索并引领绿色发展的改革实践。在实践中，一方面，重庆市政府进行"先行先试"的绿色金融自行探索和吸取其他已成立2年的绿色金融改革创新试验区的成功宝贵经验；另一方面，从2019年开始，为寻求绿色金融改革的政策支持，重庆市政府由中国人民银行重庆营管部牵头进行重庆市"绿色金融改革创新试验区"的申报创建。而且重庆市坚持"边申报，边改革探索"的原则，从全市层面充分谋划，持续出台政策和采取措施，通过积极推进本地区的绿色金融改革助力国家经济的绿色发展。重庆绿色金融改革的发展历程时间逻辑如图1所示。

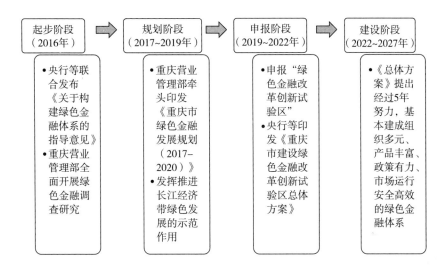

图1　重庆绿色金融改革的发展历程

资料来源：根据中华人民共和国中央人民政府网、中国人民银行官网公开披露资料整理所得。

2.1　绿改前奏，政策层面

重庆的绿色金融政策体系正逐步完善。尤其在2021年，重庆市的区县相继发布绿色金融发展规划，如渝中区于2021年8月发布《重庆绿色金融大道发展专项规划》①，为环保企业上市出台"最高600万元"的政策扶持措施来提供资金支持。2021年9月，重庆市住房和城乡建设委员会等三部门印发《重庆市绿色金融支持建筑行业绿色发展工作试点方案》②，提出推动绿色建筑与建筑产业化融合发

---

①　资料来源：重庆市渝中区人民政府网，http：//www.cqyz.gov.cn/zwgk_229/zcwj/qtwj/202108/t20210809_9561916.html。

②　资料来源：重庆市住房和城乡建设委员会官网，http：//zfcxjw.cq.gov.cn/zwxx_166/gsgg/202111/t20211112_9968747.html。

展的试点方案，旨在探索创新绿色金融支持建筑行业绿色发展的制度机制。2022年4月，中国人民银行重庆营管部印发《2022年重庆市金融支持全面推进乡村振兴工作要点》[1]，通过推动积极改革创新绿色金融产品和服务体系来支持乡村振兴的绿色发展。

2.2 绿改前奏，实践层面

在《关于构建绿色金融体系的指导意见》的指导下，重庆市出台一系列措施推动绿色金融发展。绿色金融数字化研究持续向前：重庆市在2019年建设"长江绿融通"绿色金融大数据综合服务信息平台，通过大数据的采集与处理，融资信息的对接，绿色专业服务，货币政策工具的运用与管理，逐渐打造形成"金融科技+绿色金融+绿色产业"的数字发展新格局，以此来推进全市绿色金融的改革与创新。同时重庆确定五大核心区[2]作为绿色金融改革创新的先行区，相关区县政府依据本地实际，在绿色金融组织体系、绿色金融产品与服务质量提升和绿色金融信息交流与规范化等方面进行了绿色金融的改革探索。重庆的武隆、万州、江津等区县在农田面源污染综合防控、畜禽养殖污染治理、水产养殖污染防治等农业面污染治理方面[3]不仅通过绿色金融的支持进行实践治理和交流，而且积极探索符合市场原则的可持续金融支持模式。

绿色金融市场化发展稳中推进：2019~2022年，重庆市鼓励并引导金融机构增加对绿色产业的投资，举措包括构建部门之间的绿色金融合作机制、创新绿色信贷政策、丰富绿色债券产品、设立绿色信贷专营点、再贴现绿色票据、增强绿色金融数字化的基础设施等。为激励金融机构积极支持绿色发展，重庆市通过货币政策差别引导，推出"绿易贷"再贷款和"绿票通"再贴现专项支持工具，并对碳减排贷款给予最高2‰的财政补贴，深入推动碳减排支持工具和支持煤炭清洁高效利用专项再贷款快速对接落地[4]，以进一步促进绿色金融发展。

绿色金融产品和服务愈加丰富：为支持重庆市绿色金融改革探索，重庆市内的各金融机构对抵质押担保模式进行积极探索，如通过活体抵押贷、碳排放权抵质押贷、未来收益权质押贷等方式，稳步扩大绿色信贷投放，支持节能环保等绿色产业的企业和项目。重庆银行于2022年3月启动"排污许可质押贷款"，以重

---

① 资料来源：中国人民银行重庆市分行官网，http：//chongqing. pbc. gov. cn/chongqing/107662/4534972/index. html。

② 资料来源：重庆市人民政府网，https：//www. cq. gov. cn/ywdt/jrcq/202302/t20230221_11628992. html。五大核心区是指重庆市的两江新区、万州区、渝中区、江北区、南岸区。

③ 资料来源：重庆市人民政府网，https：//nyncw. cq. gov. cn/zwxx_161/tzgg/202201/t20220106_10280790. html。

④ 资料来源：重庆市人民政府网，https：//www. cq. gov. cn/ywdt/jrcq/202302/t20230221_11628992. html。

庆国际复合材料股份有限公司所拥有的排污许可指标为担保，向其提供 1 亿元的环保贷款①。此外建行重庆市分行联合市、区两级农业管理部门，推出了潼南"花椒 E 贷""正大经营贷""农担 E 贷"等系列定制化绿色普惠产品，并率先推出"可再生能源补贴确权贷"②；国开行重庆市分行推出了生态修复贷，重庆农商行推出了"碳达峰碳中和"的绿色金融债券，兴业银行重庆分行推出了全国首只清洁交通类碳中和债③。

2.3　上有前因，下有后果

重庆市在绿色金融改革发展道路上，也遇到了诸多瓶颈。对企业而言，要获得绿色金融服务支持，项目绿色标准的识别和评估就是一大难题④。为解决这一难题，重庆自 2021 年以来采取措施不断完善绿色项目评估准则、评估指标体系，建立与之相适应的绿色信息分享机制。而且重庆将对建筑、交通、工业、农业、林业等重点产业的环境效果进行全面评估，并将评估标准进一步推广到其他领域。

为深入贯彻习近平总书记 2019 年 4 月在重庆考察时"在推进长江经济带绿色发展中发挥示范作用"的重要指示精神，重庆市在积极申报建立"绿色金融"改革创新示范区的同时，也在不断摸索并走出一条有重庆特点的绿色发展道路。但在绿色金融创新探索中，重庆绿色金融改革出现数字化程度低、部门协同难、信息共享缺乏平台、标准不统一、数据精准性和时效性差等问题。基于此，中国人民银行重庆营管部拟研发"长江绿融通"绿色金融大数据综合信息服务平台，以支持长江与重庆全域绿色金融的改革创新。长江绿融通产品开发与应用逻辑流程如图 2 所示。

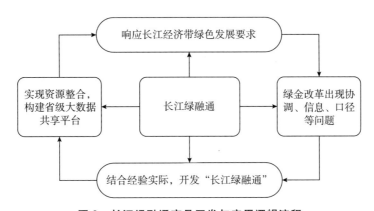

图 2　长江绿融通产品开发与应用逻辑流程

资料来源：根据重庆市人民政府网、中国人民银行重庆营管部公开披露资料整理所得。

---

① ④　资料来源：重庆市人民政府网，https：//www.cq.gov.cn/ywdt/jrcq/202302/t20230221_11628992.html。

② 　资料来源：人民网，http：//cq.people.com.cn/n2/2023/1016/c367643-40605452.html。

③ 　资料来源：人民网，http：//cq.people.com.cn/n2/2023/0220/c365413-40308714.html。

为建设这一系统，中国人民银行重庆营管部广泛吸取其他绿色金融改革创新试验区成功经验，并结合重庆市市情，探索建设自主可控、敏捷开发、常变常新、多方连接、数据颗粒化采集的长江绿融通系统。通过该系统，重庆市全域绿色金融资源得以整合，省级绿色金融大数据共享应用平台得以构建。因此，长江绿融通系统在解决绿色金融改革创新探索过程中出现的问题上具有重要的作用，通过该系统有望把重庆建设成长江经济带绿色发展的典型示范地区。

3 梅花香自苦寒来：重庆绿金改革——绿改奔新篇

重庆的诸多实践和努力获得国家认可，2022年8月，重庆成为全国首个全省范围内的绿色金融改革创新试验区①。在绿色金融改革创新试验区成立前的四年时间里，重庆在发展绿色金融的过程中，已逐渐走出一条与绿色发展相适应、体现重庆特色、凸显绿色行业特征的绿色转型发展之路，这使重庆具备了创建绿色金融改革创新试验区的良好基础。

为贯彻落实绿色发展的新理念，并参考国际上通用的绿色金融制度建设与实践标准，《总体方案》明确提出从加强培育发展绿色金融市场体系、建立绿色金融与绿色产业融合发展体系、持续建设数字化绿色金融基础设施、加强绿色金融跨区域交流合作、建立和落实绿色金融改革创新保障体制五个方面支持重庆市向低碳经济转型。希望重庆在未来五年内，建立起一个组织形式多样、产品种类丰富、政策健全有力、市场运行安全高效的绿色金融体系，助力重庆持续降低其碳排放强度，进一步促进长江经济带和全国经济的绿色低碳发展。

重庆市的绿色金融改革创新试验区建设与其他6省9地的实践目标和经验一脉相承，但也有其特点。根据《总体方案》的要求，重庆绿色金融改革创新试验区主要注重五个方面的特点，即产品服务创新、产融协同发展、科技赋能绿金、绿金跨域合作、强化效能保障②，并由此整理出《总体方案》五大重点发展路径，如图3所示。重庆是我国首个将碳排放强度持续下降目标作为省级绿色金融改革的新的努力方向的改革试验区③，同时，也显示出我国对于"碳达峰""碳中和"目标的高度重视。

---

① 资料来源：重庆市人民政府网，https：//www.cq.gov.cn/zwgk/zfxxgkml/zcjd_120614/bmjd/202304/t20230417_11883982.html。
② 资料来源：中央财经大学绿色金融国际研究院官网，https：//iigf.cufe.edu.cn/info/1012/5828.htm。
③ 资料来源：重庆市人民政府网，https：//www.cq.gov.cn/ywdt/jrcq/202208/t20220827_11043602.html。

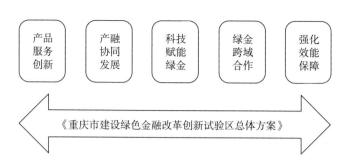

图 3　《总体方案》五大重点发展路径

资料来源：根据中国人民银行官网等公开披露资料整理所得。

3.1　绿改新程，政策层面

根据《总体方案》的要求，重庆陆续出台政策措施，形成全面支持绿色金融发展大格局。根据发布的《关于重庆市 2022 年国民经济和社会发展计划执行情况及 2023 年计划草案的报告》[①]，重庆印发了《关于完整准确全面贯彻新发展理念做好碳达峰碳中和工作的实施意见》[②]、《重庆市工业领域碳达峰实施方案》[③] 和制定了《以实现碳达峰碳中和目标为引领深入推进制造业高质量绿色发展行动计划（2022—2025 年）》[④]、6 个重点领域实施方案、N 个支撑保障方案，基本形成了碳达峰碳中和 "1+2+6+N" 政策体系。

重庆市加强绿色金融政策制度体系的建设。重庆市印发《重庆市建设绿色金融改革创新试验区实施细则》[⑤] 等文件，并出台 10 多个与绿色金融有关的标准，如《重庆市碳排放配额抵（质）押融资业务指南（试行）》[⑥] 和《重庆市绿色金融服务绿色建筑指南（试行）》[⑦]。这些政策和标准的制定，为重庆市发展绿色金融提供了制度保障和引导，为创新绿色金融产品和服务提供支持和方向，促进了重庆绿色经济的转型升级，有助于我国应对全球气候变化带来的低碳发展需求。

---

①　资料来源：重庆市人民政府网，https：//www. cq. gov. cn/ywdt/jrcq/202302/t20230216_11611217. html。

②　资料来源：中华人民共和国中央人民政府网，https：//www. gov. cn/zhengce/2021-10/24/content_5644613. htm。

③　资料来源：重庆市经济和信息化委员会官网，https：//jjxxw. cq. gov. cn/zwgk_213/zcwj/qtwj/202301/t20230129_11542161. html。

④　资料来源：重庆市人民政府网，https：//www. cq. gov. cn/zwgk/zfxxgkml/szfwj/xzgfxwj/szf/202207/t20220715_10925347. html。

⑤　资料来源：重庆市人民政府网，https：//www. cq. gov. cn/zwgk/zfxxgkml/szfwj/xzgfxwj/szfbgt/202302/t20230203_11565673. html。

⑥　资料来源：人民网，http：//cq. people. com. cn/n2/2022/0826/c367643-40098822. html。

⑦　资料来源：重庆市住房和城乡建设委员会官网，https：//zfcxjw. cq. gov. cn/zwxx_166/zyww/202307/t20230731_12199136. html。

作为制造重市，重庆在成为绿色金融改革创新试验区前也致力于推进绿色低碳工业的发展和推进产业绿色转型。为此，在2022年10月重庆市政府印发《重庆市"十四五"节能减排综合工作实施方案》①。该行动计划提出22项政策措施，旨在2025年前，让全市规模以上工业单位增加值的能源消耗比2020年降低14.5%，并建成30个绿色园区和300家绿色工厂②。具体措施包括聚焦钢铁、化工等重点用能行业和用能领域，推进节能提效改造升级；持续开展能效提升专项行动；推动工业企业、工业园区加强用能管理，提升产业链供应链综合能效水平；推动构建状态感知、实时分析等能源管控体系，发展节能服务。

3.2 绿改新程，实践层面

产业实践：工业园区是重庆市工业经济发展的核心区域。越来越多的园区采取多种措施推动工业绿色发展和改善周边环境。回首2022年，重庆许多工业园区已经在广泛使用各种智能传感器等设备，通过对暖通、给排水、变配电监控等数据进行全面采集，实时了解园区内企业的水、电、气能耗使用及碳排放情况，从而提高园区环境监测的精细化程度和效率。同时，这些传感设备对高耗能、高风险的企业可实施有针对性的、精准的、可视化的监控，一旦企业的污染物排放量超过标准，就会触动系统预警，并在必要时干预，为企业解决隐患。这些措施催生许多低碳绿色园区建设的兴起，如重庆经开区的国家电投集团远达环保催化剂有限公司正在建设重庆第一个"低碳工业园区"的示范工程项目③。该项目涵盖碳捕集、智慧能源、绿色电力替代等五大类，能够综合利用光伏、小风力发电、储能等多种能源模式。这一项目的预期是每年减少4500吨的二氧化碳排放量，这相当于种下90万棵树。而且国家电投集团远达环保催化剂有限公司将在重庆市引进第一个可用于低碳工业的微型超低浓度碳捕获装置，每年可捕集二氧化碳150多吨，推进整个园区的绿色环保④。在国家绿色低碳发展的政策引导下，重庆市在降低能耗强度方面取得良好进展，全市2022年的能耗强度下降约2.5%⑤，达到"十四五"期间的预定进度，也为在"双碳"目标下实现良好开局。

产品和服务实践：在政策的引领推动下，重庆金融机构不断推陈出新，致力于研发绿色金融产品和服务，积极支持节能环保等绿色产业企业和项目，这为推

---

① 资料来源：重庆市人民政府网，https://www.cq.gov.cn/zwgk/zfxxgkml/szfwj/qtgw/202210/t20221008_11168422.html。

② 资料来源：《重庆市"十四五"节能减排综合工作实施方案》。

③④ 资料来源：重庆市人民政府网，https://www.cq.gov.cn/ywdt/jrcq/202302/t20230220_11623631.html。

⑤ 资料来源：重庆市人民政府网，https://www.cq.gov.cn/zwgk/zfxxgkzl/fdzdgknr/ghxx/gmjjhshfzgh/202302/t20230216_11611224.html。

动经济社会绿色发展提供重要助力。2023 年 2 月，中国农业银行重庆市分行联合农银理财有限责任公司，为国家电投集团重庆合川发电有限公司成功投放 1000 万元碳配额理财融资款。这是全国首次引入理财资金为企业提供基于碳排放配额（CEA）的融资业务①。同时根据原重庆银保监局（现挂牌为国家金融监督管理总局重庆监管局）的公开披露资料，截至 2022 年末，重庆市绿色信贷余额为 5525亿元，同比增长 30.4%；绿色贷款余额达 5227.6 亿元，同比增长 39.8%；绿色保险提供风险保障达 7364 亿元，同比增长 230%，绿色保险的成功签单突破 18 万单。其中，环境污染责任保险提供风险保障 4.13 亿元，同比增长 68%；森林保险提供风险保障 364 亿元，同比增长 13.6%；新能源汽车保险提供风险保障 5826.5亿元，同比增长 690%②，由表 3 可知，重庆对于新能源汽车方面的绿色保险资金投入占比高达约八成，说明其比较重视汽车转型的能源发展方向。

表 3　绿色保险类项目结构表　　　　　　　单位：亿元，%

绿色保险类项目	其他保险风险保障	环境污染责任保险风险保障	森林保险风险保障	新能源汽车保险风险保障
金额	1169.37	4.13	364	5826.5
占比	15.88	0.06	4.94	79.12

资料来源：根据原重庆银保监局公开披露资料整理所得。

此外，根据中国人民银行重庆营管部、重庆市人民政府网提供的公开资料，截至 2022 年底，重庆已设立 20 余个绿色金融专营部门或支行，推出超过 270 款绿色金融产品；重庆也已创建 78 家绿色工厂和 5 个绿色园区，成功入选国家首批气候投融资试点，碳排放权交易管理进一步规范，关于碳排放的指标累计成交达4000 万吨和 8.4 亿元③。这是多方共同努力的结果，也是重庆绿色金融发展的新起点。

3.3　先有奔新，后有不足

随着中国对绿色发展与"双碳"目标的重视，现阶段重庆绿色金融的发展也面临新的问题与挑战。

信息不对称：金融机构通过对工业型企业的调查来测算企业的绿色信贷额度，从而助力产业进行结构升级与优化。但由于企业乃至行业的生产活动专业性强，

① 资料来源：重庆市人民政府网，https://www.cq.gov.cn/ywdt/jrcq/202302/t20230221_11628992.html。
② 资料来源：根据原重庆银保监局公开披露资料整理所得。
③ 资料来源：根据重庆市人民政府网、中国人民银行重庆营管部公开披露资料整理所得。

且信息量非常大,所以,在应该披露什么信息、如何披露等问题上,难以形成一套统一的信用制度评估标准。这就使得金融机构较难对风险进行有效识别,也较易引发贷款规模杠杆率过高的问题,从而引发信用风险。中小企业在融资难和融资贵的问题上,虽可利用绿色债券来解决,但同样可能因为信息不对称,会出现绿色债券的存续期与项目期不匹配的问题。

监管面临新挑战:在当前形势下,绿色金融发展迅速,绿色信贷、绿色保险、绿色衍生产品等产品的市场规模日益壮大。在这个过程中,金融机构储存大量的交易数据和客户信息,并且这些数据的覆盖面越来越广,数据量呈现指数型的爆炸性增长,因此监管机构对数据处理的时间较长,很难对其进行及时有效的监管。在这一过程中,也出现一些"洗绿"现象,即在获得"绿色信贷"或"绿色债券"之后,并没有将其全部用于相应的绿色产业升级、结构优化等方面。监管部门只有进行实地调查后,才能发现这些公司的资金运用是否合规,并且公司一般是事后受到惩罚,因此容易导致监管的滞后和不确定。同时,各金融机构间的数据源不一致、格式不一,易出现"数据孤岛",导致各金融机构的数据清理工作繁重、时间长、成本高、难以融合,较难及时发现系统性风险。

产品创新附加风险:随着人们对绿色金融产品多样化的要求越来越高,绿色衍生产品市场随之出现。然而,绿色金融衍生品在市场上的流动性不强,在交割时的价格波动很大,在产品设计上也越来越复杂,并且产品的信息越来越不透明,从而导致相应的风险类型增多。这将使监管者识别绿色金融衍生品中的风险变得更为困难,从而不能及时为金融机构提供意见和指引。

非市场风险:在发展绿色金融的过程中,重庆市面临着一些非市场风险,如转型风险、竞争风险等。在"双碳"目标下,传统的高碳行业面临诸如限制碳信贷额度、严格的排放标准和提高碳税等约束。同时,鉴于我国企业在项目融资中所占比重较大,而当前金融机构对项目融资的识别和评价还不够完备,这就要求金融机构对项目融资所带来的风险进行防范,以最大限度地减少项目融资所带来的经济损失,并避免对系统金融稳定性产生影响。此外,随着技术创新速度的加快,高科技企业所面临的竞争压力也日益增大。金融机构在为新能源企业提供融资贷款服务时,要注意企业所面临的竞争风险,以避免因融资项目期限变长,或市场过饱和及产品变现困难而造成流动性风险。

3.4 重庆绿金改革——成长总结篇

重庆市在前期绿色金融改革发展先行先试道路上,也遇到诸多困难,总结重庆绿色金融改革过程逻辑,如图4所示。对企业而言,想要获得绿色金融相关融资服务，首先需要对企业项目绿色标准进行识别和评估，但对绿色项目进行识别评估的现有技术和标准并不成熟。同时重庆在绿色金融创新探索过程中，也发现存在数字化程度低、部门协同难、信息共享缺乏平台、标准不统一、数据精准性和时效性差等问题。

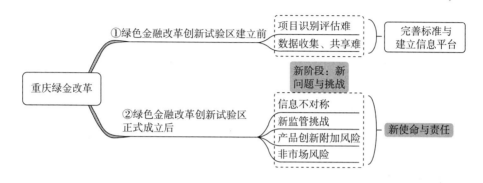

图4　重庆绿色金融改革逻辑

资料来源：根据重庆市人民政府网、中国人民银行重庆营管部等公开披露资料整理所得。

　　为解决上述绿色项目识别评估的难题，重庆持续加强对绿色项目评价标准和核算体系的完善，并建立相关绿色信息共享机制。为解决上述绿色金融改革创新探索过程中出现的诸多数据信息问题，中国人民银行重庆营管部通过"长江绿融通"绿色金融大数据综合服务系统的开发，进一步整合重庆市全域绿色金融资源，并构建省级绿色金融大数据共享应用平台作为支撑长江和重庆全域绿色金融改革创新的重要数字化基础设施，使重庆在长江经济带的绿色发展过程中做出持续长效的积极表率。

　　随着国家对绿色发展的愈加重视，现阶段我国绿色金融的发展也面临新的问题与挑战，重庆的绿色金融改革创新试验区在新的阶段有新的使命和责任，需要从已有基础和宝贵经验出发，继续深化探索绿色发展与自然环境、"双碳"目标等新的协调适应发展道路。特别是面对其他所有绿色金融改革创新试验区存在的普遍痛点和难点问题，重庆更加需要注意其中存在的各种金融风险问题，强化配套监管制度的广度与深度，同时需要继续发挥好已有的绿色资源优势和巩固好已探索出的优秀成果，持续推进绿色金融改革向正向优发展。

4 纸上得来终觉浅，绝知此事要躬行：
理论分析与建议对策

4.1 读书破万卷：重庆绿金改革——绿改理论基础篇

4.1.1 绿色金融理论

在国际上，绿色金融通常是一种运营策略，其核心是金融部门如何运用多元化的金融工具和金融业务，以达到保护环境、促进经济可持续发展的目的[①]。在中国，绿色金融指的是支持资源节约、环境保护和气候改善的一种经济活动，即对各种清洁能源、节能环保、绿色出行、绿色建筑等绿色项目，提供投融资、后续运营和风险控制等金融服务[②]。

4.1.2 赤道原则

赤道原则（Equator Principles）于2003年在全球范围内被提出，确立以项目融资的环境和社会风险为核心的金融产业标准，并逐步形成产业实践。赤道原则规定，金融机构必须谨慎核实项目投资是否符合环保等因素，并以此为基础，对其进行投资[③]。赤道原则的提出，在一定程度上促进了全球环境的改善，同时也让人们认识到环保在经济发展中的重要意义。

4.1.3 可持续发展理论

可持续发展理论是指，社会各经济体的经济行为不仅需要适应当前的发展趋势，还不能危害未来社会的发展。前期学术界对于这一理论的定位是一项漫长的、稳定的、持续的经济增长现象，但是随着经济社会的不断发展，学者们渐渐明白，在经济、人文、生态协同发展的前提下，经济才更可能真正得到可持续发展[④]。"五大发展理念"将绿色转型界定为可持续发展的内在要求。当一个国家的经济面临着调结构、转方式的挑战的时候，环境保护就成了保证经济持续发展的重要力

---

① 资料来源：北京大学汇丰商学院官网，https：//www.phbs.pku.edu.cn/2018/viewpoint_0620/5268.html。
② 资料来源：中华人民共和国生态环境部官网，https：//www.mee.gov.cn/gkml/hbb/gwy/201611/t20161124_368163.htm。
③ 资料来源：赤道原则协会官网，https：//equator-principles.com/app/uploads/EP4_Chinese.pdf。
④ 牛文元.可持续发展理论的内涵认知——纪念联合国里约环发大会20周年［J］.中国人口·资源与环境，2012，22（05）：9-14。

量，而发展绿色金融正是支撑经济绿色转型的重要手段①。

4.2　下笔如有神：重庆绿金改革——绿改理论分析篇

探究出我国发展绿色金融的必要性，由此为后续重庆绿色金融改革创新试验区成立以及进行绿色金融创新的情节提供理论依据。绿色金融与传统金融的最大不同之处在于，前者更注重在融资过程中对环境的关注，并以金融机构为导向，引导资金流动方向，使全社会更加绿色化，实现可持续发展。绿色金融是将资金投向环保、节能的企业，让机构从"经济人"的思维中解脱出来，而不是单纯地追求经济效益，更多的是向长远可持续发展目标靠近。

由于我国社会和经济发展面临着结构转变、方式转变的挑战，因此，环境保护已经渐渐变成了保证经济发展的重要推力，而发展绿色金融正是支撑经济绿色转型的重要手段。经济走向新常态，客观上对经济主体将绿色理念融入可持续经济发展模式中的实践能力提出了更高的要求。因为实施绿色标准是实现经济转型的必由之路，所以在"调结构、转方式"和推动生态文明建设过程中，我国要充分发挥绿色金融的积极作用。但我国绿色低碳发展面临的最大难题仍然是资金问题，特别是我国中小绿色企业普遍存在着融资难、融资贵的问题。这是因为信息不对称、分析工具缺乏、配套监管不健全、风险易发等，导致了中小企业较难从传统金融市场上获取充足的融资支持。

重庆正积极地制定各种绿色金融的政策与措施，不断推进绿色项目评估标准与核算体系的健全，并构建与之相关联的绿色信息分享机制。这为向绿色转型发展并有信贷需求的公司提供了财务保证和金融服务，也从而形成一种可持续的金融推动力。同时重庆积极学习已获批绿色金融改革创新试验区的先进经验，运用金融工具和服务手段，解决绿色投融资所面临的问题，为实体经济的绿色低碳转型升级提供更符合本地实情的服务。当前，重庆正依托长江"绿融通"体系，通过资源整合、数据共享等方式，为重庆乃至整个长江经济带的绿色科技发展注入新的"内生动力"。但要建设绿色金融改革创新实验区，重庆仍需要保证持续、有力的政策支持、人才支持。因此，重庆需要进一步充实"绿色金融"支持政策体系，出台"以绿色为导向"的财税政策，提升金融机构对"绿色"产业的支持力度。而且重庆需要完善高层次绿色金融人才培养和引进政策，制定人才奖励等支持措施。

4.3　细诊民瘼对症施：重庆绿金改革——绿改建议对策篇

4.3.1　应对信息不对称

完善绿色金融项目识别标准：目前，我国在绿色小微企业、绿色农业、绿色

---

① 资料来源：人民网，http://theory.people.com.cn/n1/2021/1116/c40531-32283179.html.

消费等方面，绿色标准的可操作性不强。重庆市政府可借鉴这一经验，研究制定具有可操作性的绿色金融标准，方便金融机构识别绿色小微企业、绿色农业、绿色消费等，进而将绿色金融产品、绿色金融支持政策等延伸并促进绿色金融与普惠金融的深度融合。在此基础上，重庆市不断健全绿色项目评估与评估指标体系，构建与之适应的绿色信息共享机制，并研究制定出适合我国高碳型企业的转型融资规范。

强化绿色金融落地激励机制：在《总体方案》的落实过程中，重庆市政府需要统筹各种资源，特别是要拿出部分资金，为绿色金融的贴息和担保等激励措施的实施提供支持，这样才能使绿色金融在改革实践中发挥出四两拨千斤的作用，产生出百倍于社会资本的效果。

丰富绿色环保项目数据库：重庆的长江绿融通已建立覆盖能源、交通、建筑、工业等多个重点领域的绿色项目（企业）数据库，不仅减少了金融机构和绿色企业主体间的信息不对称，更好地满足绿色投融资需求，而且为银企融资提供了便利。下一步，重庆市应整合全市及周边资源，做好信息的协调与共享。同时，重庆市要抓紧对转型金融、绿色小微企业、绿色农业和绿色消费项目（企业）数据库的建设进行深入的研究，持续扩大绿色项目库的覆盖范围。

4.3.2 应对监管新挑战

细化绿色金融相关准则和行业标准与加强绿色金融数字化建设：在面对数据收集标准不一时，重庆市要完善绿色金融的各类细化准则和行业标准，要重视对绿色金融的数字化建设。并且重庆要落实"绿色金融"改革创新试验区的新要求，适应金融服务于绿色低碳发展的应用场景与用户需求的变化，不断完善"长江绿融通"等数字绿色金融平台，加强跨区域数据信息协作共享和向全国范围内推广使用。同时，在面对"洗绿"等违规行为时，重庆市要建立企业绿色融资记录的征信管理系统，实时更新标记和通报相关企业借贷绿色资金的不良信誉行为，进而形成去劣存优的惩罚机制。

4.3.3 应对产品创新的风险问题

加强信息披露与风险评估：重庆市需要加强信息披露，细化市场监督制度，倒逼绿色金融产品在不违背市场规则的前提下，尽可能对市场公开披露所有应该告知公众的信息。在此基础上，以能源、交通、建筑、制造业等为例，对我国能源、交通、建筑、制造业等主要减碳行业的绿色低碳转型风险进行全面评估，并对这些行业进行财务风险压力测试。

4.3.4 应对非市场风险

建立风险管理系统：在加强风险识别工作的基础上，重庆市需要建立风险管理系统。这可从企业内部参与碳市场的交易方式，加强对风险资产的调整来加强风险管理。同时，重庆市可借助国家政策趋向的外部环境及时对相关企业进行业务转型和调整的引导和提醒，做好风险管理工作，尽量做到防患于未然，从而减缓风险冲击，减少转型过程中的经济损失。

建立行业标准和规范：为避免恶性竞争的发生，重庆市需要建立能源、交通、建筑、制造业等主要减碳行业标准和规范。这不仅有利于消费者选择更优质的产品，而且能使企业之间更加公平地竞争。同时，重庆市需要加强行业协会建设。通过行业协会促进企业间的相互信任，增进交流和合作，从而推动这些减碳行业的健康发展。

加强国际交流与合作：重庆市以《可持续金融共同分类目录》[①] 为依托，以中欧、中法、中德、中英为代表，与欧洲零碳园区开展合作，充分发挥国际合作的平台优势，大范围地引进国际资金，引进国外先进的绿色、低碳技术，大力扶持"绿色低碳基金""零碳园区"和"零碳项目"，借鉴国际经验进行本地化的绿色低碳实践。

5　案例结语

重庆绿色金融改革创新试验区的经验表明，政策以绿色低碳经济为导向，有效缓解了企业绿色转型的融资难题，推动了产业绿色转型，同时带动了工业园区向更加低碳环保乃至智能高效化的经济体转型。由此，这将会使试验区内的产品服务以及生产更加趋向于绿色环保的理念，并进一步反馈集中体现为重庆绿色金融改革区经济生活含"绿"量的提高，最终层层加码持续有效推动重庆绿色金融改革和助力绿色高质量发展。重庆绿色金融的改革与创新之处，在于把"长江上游"的水资源保护与"工业转型"有机地结合起来，特别是重庆市建设出"长江绿融通"，打造了可支持区域性乃至全国性绿色金融业务应用管理的创新引擎，进一步推动政府、银行、企业之间的对接长效机制的建立，并构建绿色发展体系，保障了绿色金融改革的持续创新。

建设和完善绿色金融系统是一项长期渐进的系统性工作。重庆市致力于推动经济增长方式的转变，促进产业升级和转型，积极推动绿色金融的发展。在"双碳"目标的政策体系不断完善的宏观背景下，重庆市将进一步推进绿色金融改革创新，更加注重协同性、层次性和科技性的发展需求。重庆绿色金融改革创新试

---

① 资料来源：中国金融学会绿色金融专业委员会官网，http://www.greenfinance.org.cn/displaynews.php?id=3733。

验区将继续发挥其在政策导向、资源优势、政企银有效对接方面的优势，积极创新产品和服务，加强风险管理和制度保障。重庆市要依托已形成的产业基础与资源禀赋优势，当好金融科技赋能绿色金融的排头兵和先行者，推动全市经济高质量发展。

案例使用说明

一、教学目的与用途

（一）适用课程

本案例主要适用于《绿色金融》《金融理论与政策》《金融案例分析》等课程，教师可结合高质量发展、绿色金融、产融结合创新发展以及绿色政策理论等相关章节内容引发学生思考。

（二）适用对象

本案例主要适用于以下对象：

1. 经济学、金融学、金融工程等相关专业的本科生和研究生。

2. 对绿色金融领域感兴趣的专业人士，包括但不限于银行工作人员等。

3. MBA、EMBA、MPACC等专业课程的学生，以及其他参与继续教育和职业发展课程的成人学习者。

（三）教学目标

本案例选取新设立的重庆绿色金融改革创新试验区作为研究对象，旨在引导学生深入理解绿色金融、绿色发展、金融风险管理等概念，并在此基础上深化对"可持续发展""高质量发展"等理论的理解。同时，本案例也期望学生学习和思考应该如何借鉴已形成的先进经验。因此，通过本案例的阅读和分析讨论，预期达到的教学目标如下：

1. 使学生了解我国绿色金融改革的发展现状，加深学生对绿色金融、绿色发展、风险管理等基本概念、内容以及运作原理的理解。

2. 加深学生对于实现碳达峰、碳中和"双碳"目标下金融改革绿色转型、金融产品服务创新理论的认识，思考发展绿色金融的必要性，思考我国绿色金融生态体系的构建方向与重点，思考重庆绿色金融改革面临的机遇与挑战。

3. 深入了解重庆试验区发展绿色金融的逻辑，熟悉绿色金融的常规实践，思考重庆绿色金融改革的发展特色与经验，探讨其未来可能的优化方向。

二、启发性思考题

1. 什么是绿色金融？为什么国家要出台政策大力发展绿色金融，促进绿色金融改革创新？

2. 联系本案例和有关知识点，思考在推进"双碳"目标背景下，重庆绿色金融改革面临着哪些机遇和挑战。

3. 结合重庆试验区绿色金融体系的构建过程，思考重庆是如何搭建适合本地特色的绿色金融体系的，对其他绿色金融改革创新试验区深化绿色金融助力绿色发展有何借鉴之处。试从政府、金融机构、企业等角度提出自己的看法。

三、分析思路

教师可根据教学目标，灵活使用本案例，案例分析思路仅供参考。当前，绿色金融作为我国金融供给侧结构性改革的重要抓手，对我国经济结构与产业体制的转型与优化升级具有重大意义。因此，我国多次出台有关绿色金融的政策文件，以期借助绿色金融推动我国经济绿色高质量发展。本案例以新设立的重庆绿色金融改革创新试验区为例，介绍重庆绿色金融改革的案例背景，并介绍重庆绿色金融改革前因篇和奔新篇的政策、实践、成效的三维度案例事件，从四大理论梳理重庆绿色金融改革的发展，进一步分析重庆绿色金融改革的建议对策，最后对重庆绿色金融改革过程进行总结和展望。图5是对本案例的一些分析思路，仅供参考。

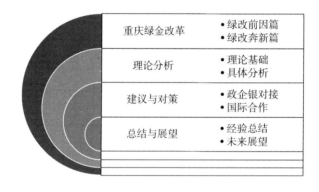

图5　案例分析

四、理论参考

（一）绿色发展

绿色发展是对生产方式、生活方式、思维方式和价值观念的全方位、革命性变革。中国把系统观念贯穿到经济社会发展和生态环境保护全过程，正确处理发展和保护、全局和局部、当前和长远等一系列关系，构建科学适度有序的国土空间布局体系、绿色低碳循环发展的经济体系、约束和激励并举的制度体系，统筹产业结构调整、污染治理、生态保护、应对气候变化，协同推进降碳、减污、扩绿、增长，推进生态优先、节约集约、绿色低碳发展，形成节约资源和保护环境的空间格局、产业结构、生产方式、生活方式，促进经济社会发展全面绿色转型①。

（二）数字化发展

数字化发展有利于赋能实体经济绿色发展，实现人与自然和谐共生的现代化。当前，发展绿色经济已经成为国际竞争制高点，以数字化推动绿色低碳发展也是大势所趋。一方面，数字化赋能工业绿色低碳发展，促进节能降耗、提质增效，从源头上缓解资源环境压力。另一方面，数字技术在生态环境保护和治理中应用不断深化，提高生态监测水平，增强环保监督能力，为自然守住安全边界和底线②。

（三）信息经济学

信息经济学研究信息在经济活动中的作用，关注信息与经济互动的路径。在市场交易中，信息传递有助于降低信息不对称带来的投资风险③。绿色金融政策就是一种信息传递机制，通过政策内容向外界传递政策走向，更有效地缓解信息不对称问题。绿色金融政策要求银行加强对企业环境信息的审核和贷后监督，鼓励企业在贷款前充分披露环境信息和在贷款后将资金投入环境友好型项目。

五、具体分析

（一）什么是绿色金融？为什么国家要出台政策大力发展绿色金融，促进绿色金融改革创新？

【理论知识】绿色金融理论、可持续发展理论、绿色发展理论

【分析思路】学生在对案例进行深入了解之前，需要先掌握案例涉及的绿色金融理论知识。该题设置的目的是让学生了解绿色金融与可持续发展的基本理念，并从绿色金融的特点出发，找出在我国发展绿色金融的必然性，从而为重庆绿色金融改革创新试验区成立提供理论参考。

授课教师在讲解本题时，可先询问学生对绿色金融、绿色发展和可持续发展概念的了解程度，之后补充我国绿色金融的发展历程；再让学生思考我国绿色金融发展的必要性；最后再询问国家为什么要出台政策大力发展绿色金融，促进绿色金融改革创新。以下提供辅助问题，仅供参考：

1. 什么是绿色金融？相比传统金融有何特色？

2. 发展绿色金融优势体现在哪？

---

① 资料来源：中华人民共和国中央人民政府网，https：//www.gov.cn/zhengce/2023-01/19/content_5737923.htm。

② 资料来源：求是网，http：//www.qstheory.cn/dukan/hqwg/2023-11/15/c_1129975823.htm。

③ 高红阳. 不对称信息经济学研究现状述评 [J]. 当代经济研究，2005（10）：25-30.

3. 重庆绿色金融改革创新试验区是如何诞生的？

【案例答案】按照《关于构建绿色金融体系的指导意见》中的规定，绿色金融是指金融业为支持环境改善、应对气候变化和资源节约所实施的高效经济活动，如对环保、节能、清洁能源、绿色交通、绿色建筑等领域的项目投融资、项目运营、风险管理等所提供的金融服务①。

随着我国逐渐认识到经济发展必须以保护人类赖以生存的自然环境为底线，绿色可持续发展理念在经济社会中日益被强调，并逐步延伸至金融领域。作为一个负责任的大国，中国持续关注并加强经济向绿色低碳发展的实践转变。2015 年 9 月，国务院印发的《生态文明体制改革总体方案》首次提出"建立绿色金融体系"，为建立具有中国特色的绿色金融体系开辟新路径。随后在 2017 年 6 月，国家再次做出决策，在浙江、广东、贵州、江西、新疆 5 省份开展"绿色金融"改革与创新试点，并以此为契机，开展一系列具有鲜明特点的绿色金融改革与创新，自此绿色金融试点改革实践在国内逐步推进和探索。2022 年 8 月，中国人民银行等六部门印发《重庆市建设绿色金融改革创新试验区总体方案》，不仅标志着重庆绿色金融改革创新试验区的正式成立，更是围绕"双碳"目标对绿色金融改革的更深层次的探索和寻求绿色金融促进绿色发展的新尝试。

（二）联系本案例和有关知识点，思考在推进"双碳"目标背景下，重庆绿色金融改革面临着哪些机遇和挑战

【理论知识】绿色金融理论、绿色金融创新理论、可持续发展理论

【分析思路】本题设置的目的在于加深学生对国家建设绿色金融改革创新试验区的认识，理解绿色金融改革创新对助力重庆绿色发展以及推动国家绿色金融发展布局的意义。

授课教师在讲解本题时，可以先让学生了解什么是碳中和目标；再引导其思考重庆进行绿色金融改革创新的意义，从而理解绿色金融改革创新对实现国家顶层绿色发展布局的重要性。以下提供辅助问题，仅供参考：

1. 什么是碳中和目标？

2. 绿色金融改革创新对于重庆有哪些意义？

3. 绿色金融改革创新对实现国家顶层绿色发展布局有什么作用？

【案例答案】重庆作为全国首个全域开展绿色金融改革试验的省级经济体，必将为全市推进西部金融中心建设，助力经济社会发展全面绿色转型，带来重大历

---

① 资料来源：中华人民共和国生态环境部官网，https：//www.mee.gov.cn/gkml/hbb/gwy/201611/t2016 1124_368163.htm。

史机遇①。同时"双碳"目标的提出，意味着中国经济做好了长期向绿色低碳转型的准备，绿色金融助力绿色发展由此有了更加重要的意义和紧迫性。而重庆又是第一个在绿色金融改革创新试验区建设总体方案中提出实现碳排放强度持续下降的省级经济体，这不仅彰显了国家对实现"碳达峰"和"碳中和"目标的高度重视，也意味着重庆绿色金融改革任重道远。

随着我国对社会绿色发展的愈加重视，重庆的绿色金融改革创新试验区在新的阶段亦有新的使命和责任，需要从已有基础和宝贵经验出发，继续深化探索绿色发展与自然环境、"双碳"目标等新的协调适应发展道路。特别是面对其他绿色金融改革创新试验区普遍存在的痛点和难点问题，重庆更加需要注意其中存在的信息不对称、面临新监管挑战、产品创新附加风险、非市场风险等问题，深化配套监管制度的广度与深度，同时需要继续发挥好已有的绿色资源优势和巩固好已探索出的优秀成果，持续推进绿色金融改革向正向优发展。

（三）结合重庆试验区绿色金融体系的构建过程，思考重庆是如何搭建适合本地特色的绿色金融体系的，对其他绿色金融改革创新试验区深化绿色金融助力绿色发展有何借鉴之处。试从政府、金融机构、企业等角度提出自己的看法

【理论知识】绿色金融创新理论、可持续发展理论、赤道原则、数字化发展、信息经济学

【分析思路】本题作为开放式题目，目的是锻炼学生在对案例进行归纳总结的基础上，能举一反三，从多个方面总结出重庆绿色金融改革创新试验区建设取得成功的原因，以及对其他绿色金融试验区可借鉴的地方进行拓展。以下提供辅助问题，仅供参考：

1. 列举重庆为绿色金融改革创新所做出的贡献和值得借鉴的地方。

2. 总结重庆绿色金融改革创新的亮点。

3. 从政府、金融机构、企业等角度思考发展绿色金融的方法。

【案例答案】从政府的角度来看，第一，重庆市积极推动了绿色金融市场体系的完善。我国绿色金融市场经过五年初步探索发展，市场体系逐步完善。所以重庆市借助了国家的激励政策，完善绿色金融市场，扩大覆盖范围，加强政策性机构对产业绿色发展的引导作用，为碳中和企业和绿色项目提供更多政策支持。第二，重庆市积极推进了长江绿融通大数据信息系统的建设和应用。重庆市利用智能化、大数据和云计算等技术，加强绿色金融信息体系的构建，探索"绿色金融+大数据"的模式，促进信息系统的系统化、信息获取的便捷化、绿色评价的智能

---

① 资料来源：重庆市渝中区人民政府网，https://www.cqyz.gov.cn/zwxx_229/yzyw/202302/t20230221_11631826.html。

化，为金融机构的相关业务提供有力支持。同时，长江绿融通有助于绿色企业信息的收集、统计、比较和预测，对构建政企银信息沟通与共享平台，减少信息不对称，规范绿色金融市场，也具有重要意义。

从金融机构的角度来看，第一，重庆市充分利用了本地的绿色资源和地理优势，推动了绿色金融产品创新。金融机构结合本地优势产业和经济发展方向，推广了绿色金融，同时开发了多元化的金融产品和工具，引导形成了多样化的绿色金融产品和服务，促进了绿色金融市场的繁荣发展。第二，重庆市在积极响应国家政策和战略的同时，创新了与之匹配的绿色金融产品。例如，金融机构根据国家政策热点，如碳金融等，有目的地创新了现有的绿色产品，以提高个人消费者对绿色金融发展的参与度。第三，重庆市建设并推广了金融业的同业自律机制。发挥金融机构自身的监督和管理作用，对政府监管形成了有效的补充。

从企业的角度出发，第一，重庆市积极预防金融风险。但当前大多数企业在环境信息披露方面存在不足，缺乏对相关信息的深入调查和研究。因此，重庆市还需要加强信息披露的规范性、及时性和有效性。在此基础上，结合环境信息披露和专项统计等政策，建立绿色金融的激励和约束机制。第二，重庆市构建了"政银企"合作的长江绿融通平台。加强了政府、银行和合作组织的协作，主动为市场主体提供了服务，共同推动了重庆全市地区绿色金融的发展，鼓励了企业积极参与绿色金融市场。

六、关键要点

（一）案例关键点

本案例以重庆绿色金融改革创新试验区为研究对象，回顾了重庆绿色金融改革的事件背景，并介绍了重庆绿色金融改革前因篇和奔新篇的政策、实践、成效的三方面脉络，并以四大理论梳理重庆绿色金融改革的发展过程中的成果和问题。故学生需要厘清重庆绿色金融改革创新发展的脉络，对重庆绿色金融改革过程及其重要战略意义有清晰的认知。同时学生需透过案例本身，对案例及相关经济原理的融合过程进行有效掌握，对绿色金融改革创新、碳中和目标形成更深层的经济见解，从而更好地理解经济知识及其运用方式。

（二）知识关键点

本案例涉及的知识点主要有：绿色金融理论、赤道原则、绿色金融创新理论、可持续发展理论、绿色发展、数字化发展、信息经济学。

（三）能力关键点

本案例涉及的能力点主要有：分析、总结、批判性思维；运用所学理论工具研究实际金融问题的能力。

七、课堂计划建议

本案例可作为一种特殊的案例讨论课进行讨论，教师可以通过对案例的介绍，按照一定的时间进度，设计出一套好的教学方案，表4仅供参考。本案例建议在《绿色金融》《金融理论与政策》及《金融案例分析》等课程中作为综合案例使用。整个案例课堂讨论控制在90分钟内。为了保证案例教学的质量，建议学生规模控制在30人以内，分为4个小组（每个启发性思考题随机抽选一个小组针对性提问）。

表4　案例教学计划安排

阶段	内容	教学活动	时间
课前准备	提前准备	1. 提前查看案例正文、启发性思考题，并请学生根据案例提前自行检索搜集绿色金融、可持续发展、绿色金融创新、碳中和等知识的相关信息； 2. 提前要求学生做好分组，建议分为4个小组，分配思考题任务	提前一周
	案例引入	授课教师说明课程内容和案例讨论主题，说明案例讨论的教学目的、要求和安排等	5分钟
	分组讨论	开始分组讨论，各学生根据课前搜集的信息，围绕启发性思考题进行深入讨论	20分钟
课堂计划	案例教学	带领学生回顾案例正文	5分钟
	提问思考题	1. 授课教师根据分析思路中给出的案例分析逻辑以及各启发性思考题对应的引导性提问，展开教学； 2. 就每个小组分配的思考题展开回答，每个问题的答案要点做好记录，每个问题时间建议控制在10分钟内； 3. 授课教师在提问过程中穿插讲解理论参考和知识点	40~50分钟
	案例总结	对案例正文的整体叙述、相关理论参考和知识点进行总结归纳，并适当延伸	10分钟
课后计划	—	要求学生采用小组报告形式对案例讨论的结论与理论基础、分析思路等进行阐述，为后续章节的学习做好铺垫	课后一周

第三篇

公司金融类案例

案例一　中国移动美股进退的案例分析

摘要：2021年5月7日晚间，中国移动、中国联通和中国电信三大运营商分别发布公告，称正式从美国退市。随后，三家运营商在A股成功会师。作为最先赴美上市的中国通信企业，中国移动是如何在香港回归和金融风暴的年代，借助境外资本打破桎梏扬起中国电信的国威？而面对美股强制退市，中国移动未来又该何去何从？本案例旨在利用中国移动美股退市事件为线索，以中国移动成立之初国内外宏观环境和通信行业的发展状况为背景，对标国内外资本市场与领先同业分析中国移动国外上市的变革与创新。从企业上市融资、机构运作和管理，以及美股退市事件结合公司金融、资本市场行为展开具体分析。以中国移动的具体情况为例，分析其在美股退市前后的机遇与挑战，包括融资渠道、国内资本市场发展和企业发展目标等，剖析资本博弈中中国移动在美股的功成身退。根据本案例对中国移动美股退市事件的深入介绍可知，回归A股有利于中国移动吸引优质战略投资者，有利于稳定我国资本市场，有利于增强我国资产吸引力。

1　案例背景与案例思政

> **思政元素**：建设网络强国的战略部署要与"两个一百年"奋斗目标同步推进，向着网络基础设施基本普及、自主创新能力显著增强、信息经济全面发展、网络安全保障有力的目标不断前进。（摘自：习近平谈加快建设网络强国①）

---

① 资料来源：中华人民共和国国家互联网信息办公室，https://www.cac.gov.cn/2019-09/11/c_1569738113999057.htm。

教学意图：了解我国通信行业的发展历程，介绍中国移动从赴美上市到退市的几个关键节点，激发学生立志科技报国的家国情怀和强国有我的使命担当。

2020年11月12日，特朗普政府突然公布一项行政命令，禁止美国投资者对中国军方拥有或控制的企业进行投资[①]，该行政命令直接影响到中国电信、中国移动、海康威视等31家中国企业。就在行政命令生效前夕，当地时间2020年12月31日，纽约证券交易所（以下简称纽交所）宣布，将在2021年1月7日至2021年1月11日期间，对中国移动有限公司（以下简称中国移动）、中国电信股份有限公司（以下简称中国电信）、中国联通（香港）有限公司（以下简称中国联通）进行退市处理。三大运营商均表示，不保证推翻纽约证券交易所决定的复议要求，自上市以来，一直严格遵守各项法律法规、市场规则及上市地的监管要求，依法合规运营，将继续密切关注相关事项的进展，并寻求专业意见和保留一切权利，以保护其合法权益。

关于纽交所对于中国移动在内的三大电信运营商强行退市的公告，2021年1月4日，外交部发言人华春莹主持例行记者会时表示：中方坚决反对美方将经贸问题政治化，滥用国家力量，泛化国家安全概念，无端打压中国的企业。美方的有关行径严重违背了美方一贯标榜的市场竞争原则和国际经贸规则[②]。1月5日，华春莹指出，近期美国一些政治势力持续无端打压赴美上市的外国公司，反映出了其规则和制度的随意性、任意性和不确定性。打压中国公司，对其他相关中国公司的直接影响是相当有限的，但这将损害美国国家利益和自身形象，也将损害美国资本市场的全球地位。希望美方尊重法治，尊重市场，多做维护全球金融市场秩序、保护投资者合法权益、有益于全球经济稳定发展的事情[③]。中国证券监督管理委员会（以下简称证监会）则回应称，三家中国公司发行美国存托凭证（American Depository Receipt，ADR）并在纽交所上市已经接近或超过二十年，一直遵守美国证券市场规则和监管要求，受到全球投资者的普遍认可。纽交所直接公告启动对三家公司的摘牌程序，完全无视相关公司实际情况和全球投资者的合法权益，严重破坏了正常的市场规则和秩序。

在特朗普行政命令公布后，三大运营商股价出现了一轮大跌。从2020年11月12日到2021年初，三家运营商的股价变化反映出市场一直在消化行政命令的

[①] 资料来源：中国青年报，https：//baijiahao.baidu.com/s？id=1683245208494556832&wfr=spider&for=pc。

[②] 资料来源：中华人民共和国外交部，https：//www.mfa.gov.cn/web/fyrbt_673021/jzhsl_673025/202101/t20210104_5419697.shtml。

[③] 资料来源：中华人民共和国外交部，https：//www.mfa.gov.cn/web/fyrbt_673021/jzhsl_673025/202101/t20210105_5419702.shtml。

影响。实际上，资本市场正逐渐加大对三大运营商的关注度，不少机构指出，三大运营商的股价与估值已经处在历史低位，并提出其是否已经迎来投资拐点的论断。中信证券在 2020 年底的报告中指出，运营商板块在基本面反转情况下存在非常明显的低估。以中国移动港股为例，股价与估值均已接近 2008 年金融危机以来的最低点，同时也较大幅度低于 2020 年公司推出第一次股权激励计划的行权价 55 港元。自 2020 年以来，中国运营商利润增速领跑全球，然而估值远低于历史中枢和全球平均水平，这是美国对中国公司的投资禁令下出现的极端情况，与基本面存在明显背离。在国内运营商价格战停止，格局优化、电信收入数据向上、每用户平均收入（Average Revenue Per User，ARPU）值反转的良好基本面数据支撑下，三大运营商价值理应得到重估。从业绩来看，三大运营商的移动业务已经进入 5G 时代，面向 C 端①客户的无序竞争已经缓解，ARPU 值企稳回升；面向 B 端②客户的行业应用也已经逐步展开，待商业模式打通后，很有可能为运营商贡献新的收入和利润增量。

作为三大运营商中的翘楚，中国移动 2021 年第一季度经营数据显示，公司营运收入达 1984 亿元，比上年同期增加 9.5%；通信业务的营收比上年同期增加 5.2%，达 1777 亿元。上述数据显示，中国移动在 2021 年开局也算是打了一场漂亮的翻身仗，一扫 2020 年的营收阴霾。2021 年 5 月 7 日晚间，中国移动、中国电信和中国联通三大运营商正式宣布退出美国市场，一时间此消息无论在国内还是在国际上都引发了激烈讨论。为何在拜登上台后还会延续特朗普禁令，推动三大运营商正式从美国退市？纽交所反复"变脸"的背后又有什么秘密？中国移动是如何在香港回归和金融风暴的年代，借助境外资本打破桎梏扬起中国电信的国威？纽交所一意孤行强行摘牌，未来中国移动又该何去何从？本案例将借助三大运营商美股退市事件，深度分析中国移动成立及远赴美国上市的原因，在美国上市后又是如何在 20 年间成为世界一流电信企业，最后分析从美国退市对中国移动公司的影响和回归 A 股后面临的机遇与挑战。

2　内外交困：中国移动赴美上市的"由来"

一直到 20 世纪 90 年代早期，中国的通信系统和邮政体系都由中华人民共和国邮电部（以下简称邮电部）负责，电通信基础设施正处于百废待兴的阶段。

---

① C 端也叫 To C（To Customer），表示面向普通大众消费者。
② B 端也叫 To B（To Business），表示面向企业或者特定用户群体。

1980 年国家实行新的改革开放政策，经历了长期的艰辛摸索，我国出台了一套鼓励通信行业发展的新举措。到了 1998 年，国内邮电通信业投资额达 1771.7 亿元，占国内邮电投资总额的 90.8%[①]。

2.1 香港电信岌岌可危：中国移动的成立

1997 年初正值香港回归前夕，为了保证交接过程平稳进行，香港一些重要领域特别是电信业必须牢牢控制。作为香港唯一的电信服务商——香港电讯有限公司（以下简称香港电讯），成为此次邮电部收购的重点目标。1996 年 3 月，英国本土最大的电信运营商英国电信（集团）提出将要收购英国大东电报局（以下简称大东），而香港电讯的控股方恰恰就是大东。一旦收购成功，香港电讯的控股权将会被英国掌握。为了实现"港人治港"的目标，在收购香港电讯的初期，港澳办联系了香港本土企业家，希望可以通过他们与大东进行谈判，折价收购香港电讯。但当时大东倾向于将香港电讯的股份国际化，再加上以新加坡电信公司为首的国际电讯公司均存在收购意向，倘若大东抛售成功，香港电讯的股份将会变得更加复杂，未来香港主权和通信市场也会更加不稳定。

为了实现成功收购，邮电部成立了中国电信（香港）有限公司（以下简称中国电信（香港）），即现在的中国移动前身，并针对此次收购事件和中国国际金融股份有限公司（以下简称中金公司）成立相应谈判小组，该小组的负责人为时任邮电部财务司司长——石萃鸣，希望能借此推进股权的收购。谈判原本顺利进行，但进行到第六轮时，大东首席执行官布朗撤销了转让 5.5% 股权份额的决定，想要将中国电信（香港）的参股总额压缩在 13% 以下，使中方无法进入董事会，同时希望通过此次股权转让获得优先进入国内电信市场的机会。香港电信涉及国家主权，容不得退让和讨价还价，时任邮电部部长吴基传下达了"谈判不成不见布朗，布朗也回不去"的死命令，最终，布朗同意转让 5.5% 的股份。为尽快落实收购事宜，1997 年 6 月，吴基传部长与布朗在北京签署协议，至此香港电讯的收购告一段落。

2.2 中国电信亟须发展：中国移动的困境

发展的背后是巨大的资金需求，20 世纪末，中国电信建设的大部分资金来源于政府投资，而国内资本市场刚刚起步，中国首家中外合资投资银行——中金公司也刚刚成立不久。国内资金对通信行业的帮助始终有限，而电信恰恰是一个典型的规模行业，资金投入的短缺会使其电信建设和通信业务发展缓慢，造成终端

---

① 资料来源：国家统计局，《系列报告之十五：邮电通信业发展突飞猛进》，https://www.stats.gov.cn/zt_18555/ztfx/qzxzgcl60zn/202303/t20230301_1920394.html。

和移动通信费用由于天价而无人使用，业务量的减少又会使企业无法自我"造血"，从而陷入恶性循环。

面对当时中国通信行业的困境，吴基传部长深入到深圳、东莞等地进行实地考察，很快发现了问题症结所在：价格门槛过高。调研结束后，吴部长在邮电部召开会议，下达了一定要快速普及移动通信的命令。如同上文提及的那样，想要普及移动通信就要形成整体通信行业的规模化，想要规模化做大做强就需要大量的资金支持，如何解决电信建设资金问题在当时是一个较大的难题。

2.3 国有企业另寻出路：中国移动的机遇

1989 年，国家外汇管理局制订了《外汇（转）贷款登记管理办法》，相关规定使得外汇资金筹措变得严格，在很大程度上限制了国有企业发展所需的外汇资金。由于企业快速发展导致的资金缺口，使一些国有企业不得不考虑新的资金筹措办法。随着中国通信行业的改革与重组，中国移动开始作为一个全面独立的经营实体思考问题，公司的融资与资金使用、经营战略等多方面要用市场化的角度调整，这需要大量的资金支持。在不接受国家财政的帮助下解决这个困难，就必须使企业实现国际化，必须募集大量的外汇，其中主要解决方法就是从境外筹集资金。

国内国有企业在积极地寻求企业改革方法，随着香港的顺利回归，在香港地区获得经营权进而上市成为可能。1994 年中国实行了新的外汇管理体制以后，国家储备的外汇几乎不存在外流的可能，特别是国内非上市企业在香港设立子公司经过正式交易以后，因国有资产的注入使外汇收入脱离了外汇集中的规制，企业自身持有外汇已经成为可能，在很大程度上解决了国有企业所面临的资金不足的困难。

2.4 国营通信迎难而上：中国移动的挑战

1950 年，随着美国、英国等国家实现通信企业民营化，发展中国家也相继实行了通信企业股份化。中国加入世界贸易组织（World Trade Organization，WTO）后也接受其基本通信协议的条件，在得到了一段时间的延缓后，开始全面导入竞争机制。国营通信企业开始转变为民营化，参与超越国境的联合运作，进而与世界各国通信公司展开激烈竞争。同时，从一代模拟式和二代数字式的经验中汲取了前车之鉴，自主研发了时分同步码分多址（Time Division-Synchronous Code Division Multiple Access，TD-SCDMA）网络，证明了其自主创新和独立发展的力量，中国第三代移动通信技术向世界发出了强有力信号。

美国管理学家首先引入了核心竞争力的概念（Prahalad 和 Hamel，1990），其主要内容是：公司资源结构的不断完善、组织结构及整合效率的提高，都会让公司的核心竞争力随之发生变化。随着时代的变迁，全球经济一体化的观念愈加强烈，公司的成败已不在于短期的新颖产品或短暂的营销战略，而在于核心竞争力的执行与表现。企业的核心竞争力能给客户创造特殊效益，在这样一个充满活力的市场环境下，企业要想在竞争中获得生存，就必须通过可持续发展。这一观点得到了学术界和商界的普遍接受，尤其是引起了企业家的高度重视。在政治、社会稳定和经济发展平衡的渐进式改革开放的基础上，具有竞争力的外资企业和民营企业迅速发展并成为经济增长的龙头。

另外，很多国企因为竞争能力不足和业绩欠佳而陷入停滞不前的状态，居民的工资差异也不断扩大。由于国企的债务问题使金融机构财务状况恶化，在财政方面很难支撑业绩不良的企业。为了解决这一问题，政府撤销或者压缩对业绩不良国有企业的保护，希望通过竞争来提高生产力，但是又会出现破产和失业的新问题。尽管如此，中央政府仍然果断推行了市场竞争机制，实行了政府和企业分离的方针，削弱了国有企业的公共性，促使了企业之间的竞争，增强了国家整体经济的竞争力。加入 WTO 以后，尽管在接受某些不利的条件下具有明显的短期阵痛，但是由于引入了市场竞争机制，每个企业都面临着生存、消亡、奋起的选择。几乎所有企业都难以置身事外，共同面临着战略的转折点，是积极提升竞争力使企业再冉上升，还是消极地向下沉沦？中国移动选择了前者。

3 改革突围：中国移动赴美上市的"借鸡"

收购香港电讯需要邮电部借贷上百亿元资金①，这使得邮电部面临巨大的压力，一方面是偿还资金贷款的压力，另一方面是国内电信业务发展需要大量的资金。在双重的资金压力下，中国电信（香港）正式成立，并以红筹股形式在境外上市。

3.1 上市计划雏形初现

尽管当时国内资金十分匮乏，但通信行业利用外资还处于空白阶段。时任中金公司副总裁方风雷在前往纽约和伦敦学习考察中，发现国际资本市场似乎对通信业颇感兴趣。仅在 1994 年和 1995 年，葡萄牙电信、西班牙电信、丹麦电信、挪威电信等 20 多家大型电信公司陆续上市，并受到国际投资者的强烈追捧。通过上市，这些电信企业不仅获得了大量资本，也找到了公司治理的改进途径。回国后，方风雷总裁就欧美资本市场的考察向时任中国建设银行行长、兼任中金公司

---

① 资料来源：《人民邮电》，https://www.sohu.com/a/278869415_354877。

董事长王岐山作了汇报。

吴基传部长在赴美国、欧洲等地考察后，结合方风雷总裁的汇报，决定推动中国通信行业重组并在境外上市筹资。境外上市这个方法，不仅可以为中国移动筹得资金用于偿还贷款和建设中国电信设施，还可以对标境外电信市场，推动中国通信行业进行市场化改革。在具有全球影响力的资本市场站稳脚跟，可以侧面反映高水平的经营管理能力，提高公众对该公司的信赖。优秀的经营管理、可靠的产品加上国际影响力，这些因素加起来使企业的品牌价值得到了进一步的提升，对企业的长远发展有很大帮助。

3.2　上市地点优中选优

大型国企决定境外上市地点的时候必须考虑市场的资金供给量，如果市场的流动资金和交易量较小，那么很难容纳大量融资需求的企业。同时也要考虑市场的全球知名度，如果国企在一个不知名的市场上市，势必影响该企业的行业地位和全球战略目标。在决定境外上市时，还需要考虑到融资是否成功以及融资成本等因素。而就满足这些条件而言，中国大型国有企业最主要的境外市场是香港和纽约。

香港作为世界金融中心之一，在全球具有重要竞争优势。长久以来，香港拥有健全的法制、简单税制和低税率、蓬勃的金融服务业、世界各地的专才以及世界级的基础设施，是中国国有企业迈向国际的平台，同时也是境外公司发展国内市场的良好选择。表1为截至2022年12月30日香港交易及结算所有限公司（以下简称港交所）、上海证券交易所（以下简称上交所）和深圳证券交易所（以下简称深交所）的市场概况。在港交所主板上市的公司总市值为356668亿港元，上市公司总数达2576家，在全国主要交易所中名列前茅。在上市成本上，港交所主板市场也比较低。同时，港交所为了鼓励国内企业，特别是国有企业在香港上市，专门修改了上市规则，放宽企业赴港上市在盈利与业绩连续计算方面的限制[①]，在一定程度上为这些国有企业赴港上市提供了更为方便的机会。

表1　港交所、上交所和深交所的市场概况

单位：家，亿港元，百万元

交易所	上市公司总数	总市值	总成交金额
港交所（30/12/2022）	2576	HKD 356668	HKD 30727191
上交所（30/12/2022）	2213	RMB 463786	RMB 96255627
深交所（18/05/2022）	2743	RMB 32421914	RMB 194035499

资料来源：港交所、上交所、深交所。

---

①　资料来源：香港证券交易所《上市规则》，https://sc.hkex.com.hk/TuniS/www.hkex.com.hk/? sc_lang=zh-HK。

相对于中国的融资成本而言，赴美上市的高门槛对于普通公司来说是难以负担的。原因主要包括：高昂的上市费用和维持费用、严格的内部控制标准以及国外资本市场对中国公司的不了解。但美国股票市场的苛刻条件，使公司在美国上市的可能性更大。如果一家公司能够在美股上市，那就说明该公司具有良好的治理结构，信用和国际化的管理体系，符合在美国上市的条件，不仅可以为公司的评估带来额外的收益，还可以推动公司的经营管理体系国际化。因此，我国一些大型国企选择在境外上市，一方面较容易实现融资目标，另一方面符合企业的战略目标。此外，对于另一些实力雄厚且有长远目标的大型国企，赴美上市，走向国际化是公司的更高目标。

3.3　上市过程一波三折

通信行业是一个非常复杂的基础行业，关系到国计民生，因此通信改革涉及多项事务。以德国邮政总局改革为例，德国邮政最早也是国有企业，前后经历了邮电分设、政企分开、股份制改造等步骤，再到修订国家法律，整个改革过程历时 8 年之久（吉乐，2013）。方风雷副总裁曾四次拜访摩根士丹利，希望他们能够加入到中国移动赴美上市这项计划中来，但那时他们对中国移动的认知只有"邮电部"，而没有上市主体，因此更倾向于把注意力集中于广东电讯发行债券的项目。

常规操作的首次公开发行（Initial Public Offering，IPO）无法解决当时邮电部资金短缺的困境，在这种情况下，正在做德国电信股份有限公司（以下简称德国电信）私有化项目的高盛集团（以下简称高盛）闻讯而来。时任高盛全球首席运营官亨利·保尔森（Henry Paulson）对此事十分重视，在高盛欧洲和亚太区联席主席约翰·桑顿（John Thornton）的积极推动下，高盛团队很快与中金公司展开合作。德国电信于 1996 年 11 月在法兰克福、纽约和东京三地上市，高盛则安排了中国邮电部的代表到法兰克福进行了全程考察，高盛全球总裁乔恩·科尔津（Jon Corzine）特地前往德国接待了中国邮电部代表团，并对德国电信的上市过程进行了详尽说明。

方风雷（2019）指出，法兰克福之行是邮电部代表们第一次与国际资本市场近距离接触，回国后不久，中金公司和高盛团队为邮电部"量身定制"了一套上市计划。邮电部在香港设立了中国电信（香港）（中国移动的前身）作为上市主体，当时它只是一个空壳，装入什么样的资产，是决定上市成功与否的关键。经过反复讨论，邮电部决定注入当时正兴起的移动通信业务，并提出"靓女先嫁"方案：将个别发达地区的移动资产率先剥离出来上市，未来可视情况再慢慢将其他省市的移动资产注入上市公司。1997 年 8 月 10 日，国务院办公厅就中国电信

（香港）境外上市问题给予批复，正式通过了上市方案，同意邮电部将广东、浙江、江苏三省的移动通信资产注入中国电信（香港），并将其25%的股份在香港和纽约两地上市。按照计划，资产将被分批注入，首先是广东和浙江的资产，上市后注入江苏资产（方风雷，2019）。

邮电部门的资产重组与剥离是一个庞大的项目，除了要剥离纠缠于固定电话的移动通信业务，使其成为产权清晰的移动通信公司，同时还要整理各种复杂的部门账本。通过紧密安排，邮电部迅速成功剥离两省的移动通信资产及相应的人、财、物，并且通过签订新的网间互联、中继线租赁等15项协议对公司与管理局、以及与地、市、县邮电局之间的关系进行了规范，使公司脱胎换骨成一个按照国际惯例运作的实体。中国电信（香港）从1997年5月21日召开上市筹备启动会议到10月23日香港挂牌上市，仅用了5个月。1997年，中金公司在中国人民银行、中国证监会、香港证券监督管理委员会的支持下，在香港成立了中国国际金融（香港）有限公司，同时获得在香港的承销资格。此后，选取李嘉诚、郑裕彤、郭鹤年、查济民、郭炳湘、李兆基、吴光正、利汉钊八大家族集团，以及中国中信集团有限公司（以下简称中信）和中国光大银行（以下简称光大）两大内地的香港分支作为中国电信（香港）上市时的基石投资者，很快，这些投资人便"消化"了10亿美元额度。

1997年7月，泰国金融危机最先爆发，随后迅速扩散。菲律宾、印度尼西亚和马来西亚等国家都出现货币危机，香港市场表现也急转直下，金融风暴使上市计划陷入混乱。中国电信（香港）在9月底提出了上市初步的报价区间：每股7.75~10.00港元，为18.0~23.3倍市盈率。同年9月29日至10月15日，中金团队和邮电部在全球20多个国家的16个城市进行了路演。10月9日，报价区间提升至每股9.50~12.60港元，涨幅超过20%，路演结束后，就要决定最终定价问题。由于恒生指数在路演期间暴跌10%，高盛建议采用更加保守的定价，以每股11.00港元为基准。而王岐山董事长和吴基传部长倾向于将股价提高到11.88港元。最终定价每股11.80港元，相当于27.44倍的市盈率，融资高达42.2亿美元，相比高盛的筹资计划增加融资近3亿美元。

1997年10月23日，香港外汇市场恒生指数从13000的高位跌到9000多点，银行隔夜拆借利息由6%飙升至300%，中国电信（香港）在纽交所和港交所逆风上市，一举筹得资金42.2亿美元，推动了后续市场上扬，稳定住了香港股市。随着香港大盘反弹，1997年10月24日，中国电信（香港）的股价回升至12.15港元。1997年底，股价比发行价上涨14%，而恒生指数在这期间仅上涨3%。中国电信（香港）一上市就跻身于香港十大上市公司，成为继汇丰、和记黄埔、香港电讯之后市值排名第四位的上市公司，并于1998年1月被纳入香港恒生指数，成为 33 只成份股之一。2000 年，中国电信（香港）的股价稳稳地站上了 50 港元，在 2007 年，股价一度冲破 150 港元，甚至在 2008 年全球金融危机后，股价也一直保持在 70 港元以上。中国电信（香港）的上市对于稳定香港市场，增强香港投资者对中国的信心起到了积极作用（方风雷，2019）。

4 迎风启航：中国移动赴美融资的"生蛋"

1997 年 10 月 22 日，中国电信（香港）在纽交所挂牌上市，美国时间 2021 年 1 月 11 日上午 4 时，中国移动的纽交所股票交易被中止。从上市到被退市，历经 24 年，在此期间，移动网络通信历经四代变化，中国移动作为中国三大移动通信商中最先赴美上市的企业，已逐渐发展为电信业的龙头企业。

4.1 翘立枝头，收入遥遥领先

国内三大电信运营商中，中国移动规模最大，营收最高。表 2 显示了三大运营商在 2021 年第三季度的移动业务统计，中国移动拥有 9.56 亿户用户，占全国总人口数的 67.72%，而中国联通和中国电信的用户数量均只有 3 亿户。在 5G 用户数量里，中国移动也是最多的，截至 2021 年 9 月 30 日，3.31 亿户选择了中国移动的 5G 套餐，中国电信和中国联通都只有 1 亿户，差距非常明显。由表 3 可知，2021 年前三季度，中国移动营业收入为 6486 亿元，较上年同期增加 12.9%，占电信业整体营业收入的 53.18%，净利润达 872 亿元，较上年同期增加 6.9%，营收和利润均在同行业遥遥领先。如图 1 所示，2021 年度，中国移动营业收入为 8482.58 亿元，相比于 2009 年度营业收入 4521.03 亿元，增长了 3961.55 亿元，增长率为 87.62%。除 2018 年营业收入较上一年有所回落外，其他年间企业的业务额均呈现增长状态。2013 年营业额涨幅最高，达 12.45%，其次是 2021 年，增速为 10.40%。

表 2　三大运营商 2021 年第三季度移动业务数据情况　　单位：亿户，元

运营商	移动客户数	5G 套餐客户	移动 ARPU
中国移动	9.56	3.31	50.1
中国电信	3.7	1.56	45.4
中国联通	3.16	1.37	44.3
合计	16.42	6.24	—

表3　三大运营商2021年前三季度财报数据一览　　单位：亿元，%

运营商	营业收入		净利润	
	绝对值	同比增长	绝对值	同比增长
中国移动	6486	12.9	872	6.9
中国电信	3265.36	12.3	233.27	24.7
中国联通	2444.89	8.5	129.23	19.4
合计	12196.5	—	1234.5	—

资料来源：中国移动、中国电信、中国联通2021年季度经营数据。

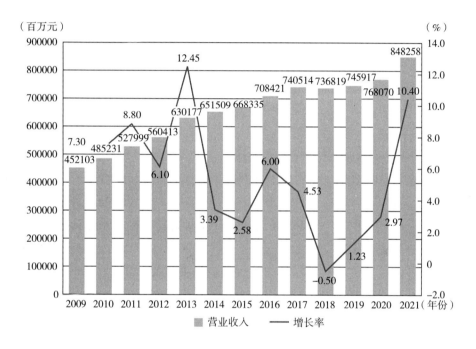

图1　2009~2021年中国移动营业收入变化表

资料来源：中国移动2009~2021年年度报告。

2022年1月25日，根据中华人民共和国工业和信息化部（以下简称工信部）公布的《2021年通信业统计公报解读》，2021年，我国通信行业实现营业收入1.47兆元，同比增幅8.0%，增速提升了4.1%。在这其中，中国移动2021年营业收入占全行业收入的57.70%，超过了中国电信和中国联通的收入总和。这一数据显示，中国移动营收在我国通信业中占据了较大的比重，为我国的通信事业发展做出了重大贡献。

4.2　定位精准，吸引优质客户

设计定制的服务产品和组合是实现细分市场的关键因素之一，不同的客户群有截然不同的消费行为和需求，为客户设置最佳的消费选择可以有效瞄准最具吸引力的客户。如图2所示，2000~2003年，中国移动推出了"全球通""神州行"和"动感地带"三大客户品牌，分别面对高端商务群体、大众市场和年轻时尚人群三种不同的客户群体。此外，又陆续推出了"G3""动力100"和"and！和"等服务品牌，联合三大客户品牌进行推广，提升服务水平。

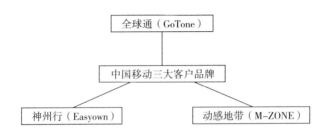

图2　中国移动客户品牌构成

此外，中国移动积极进行线下门店推广，以完成客户积累。线下营业厅的作用主要体现在运营商放号、销售终端和开展服务上，在不能用手机交话费的时候，人们对线下运营商门店的依赖性是非常强的，大街小巷随处可见中国移动的门店，甚至出现一条街道有多家中国移动门店的情况。除城镇外，中国移动也早早布局了乡镇和农村地区，虽然没有设立门店，但中国移动授权给农村的一些小卖部老板，让他们可以代理缴纳中国移动的手机费。随处可见的线下门店为客户带来了更多便利，在早期市场快速发展的时候，中国移动凭借门店数量优势获得了更多客户积累。

4.3　科技创新，从空白到领跑

移动通信商的激烈争夺点在于通信标准的竞争，图3显示了国际和中国移动通信技术发展时间对比。作为国家的战略行业，通信标准的争夺实质上是国家与联盟之间的全面力量较量，一旦丧失标准的制定权或者参与权，就要向别人持续缴纳高昂的专利费。更重要的还在于，随着移动通信成为经济、社会和文化等诸多方面的基础设施，丧失通信标准主动权的一方，在本国的产业经济发展方面也将受制于人。因此，从第二代手机通信技术（以下简称2G）开始至今，全球通信标准的争夺战愈演愈烈。

2G包括全球移动通信系统（Global System for Mobile Communication，GSM）和码分多址（Code Division Multiple Access，CDMA）。1993年9月，嘉兴GSM网络正式启用，这是中国首个数字移动通信网络，开启了数字时代的先河。中国移动于

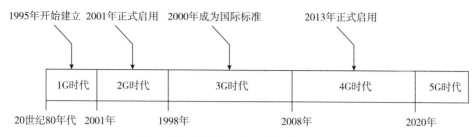

图3　国际和中国移动通信技术发展时间

2001年5月开始在全国范围内进行模拟网转换，并于2月底正式关闭了第一代手机通信技术（以下简称1G），自此，中国移动通信迎来了一个大发展的全数字时代。

TD-SCDMA是我国的自主第三代手机通信技术（以下简称3G）标准，2000年5月，国际电信联盟宣布将TD-SCDMA列入国际3G标准，与欧洲宽带码分多址、美国CDMA 2000并列。值得注意的是，TD-SCDMA的应用市场只有中国，主供货方均是国内商家，且已停止了网络的大规模建设。截至2010年，中国移动在我国的TD-SCDMA用户达500万户，已完成了TD-SCDMA网络的全部2G服务转移，业务数量超150项[1]。同时，公司还研发了多种TD-SCDMA特色服务，如可视电话、多媒体彩铃、手机视频、手机阅读器等。中国移动还率先提出了"三不三新三融合"的网络建设思路，消除对国内3G发展的疑虑，同时也向全世界展示了中国自主创新通信技术发展前景。

2013年，第四代移动通信技术（以下简称4G）牌照颁发，对于在3G时代处于劣势的中国移动来说，长期演进（Time Division Long Term Evolution，TD-LTE）、TD-SCDMA、2G、无线局域网（Wireless Local Area Network）四网协同成为中国移动当年的主要推进战略。在中国移动2014工作会上，中国移动充分阐述了此前的产业环境态势以及自身存在定位，并在网络、4G、全业务、移动互联网、企业管理以及反腐倡廉等多个方面提出了明确的发展规划和任务要求。4G一部分是新建，另一部分基于已有3G网络升级。在移动互联网的发展战略上，中国移动践行从传统通信业务向数据流量业务的发展方式的转变，并在终端、渠道、平台、应用等方面进行了深度合作。

2019年6月，中国移动发布"5G+"发展策略，并以第五代移动通信技术（以下简称5G）精品网络为基础，提出"5G NaaS网络即服务"概念，将5G与人工智能、物联网、云计算、大数据、边缘计算、安全技术等紧密融合，提供开放化、定制化的互联网服务，为各行各业数字化转型注入新的动力，真正使5G成为社会经济发展的核心驱动力量。截至2019年，中国移动已在50个重要城市建立

---

[1]　资料来源：通信新闻，http://zhuanti.cww.net.cn/news/html/2009/12/31/200912311351448956.htm。

了超过 40000 个 5G 基站，在 300 多个城市进行了 5G 网络的开发，推出了 44 种 5G 商业应用和解决方案[①]。5G 技术在国内的试点与推广与此同步进行，促进 2.6 GHz 和 3.5 GHz 产业的"后发同至"，面向 14 个主要领域，包括工业、能源、交通、医疗、教育、智慧城市等，与业界领军公司携手，为 5G 技术开发 100 项创新项目。在大力推进 5G 建设的同时，由于面临同时运营 2G、3G、4G、5G 网络的成本重压，中国移动不同于中国电信和中国联通两家企业选择放弃 2G 建设，而是选择 3G 退网，保留 2G 网络对普遍服务的实现。

党的十九大以后，国家对科技创新提出了明确的要求。中国移动在贯彻落实央企责任的同时，也在不断加大对科技创新的投入。在"自主创新"的前提下，加强与企业的创新协作，努力构建"产学研结合"的创新型社会。基于目前"一体三环"[②] 科研体系，构建了以先导性基础和先导性创新突破为中心目标的第四个对外协作——"四环"。中国移动从 1G、2G 的空白缺失，到 3G 时代我国推出自主研发标准，4G 时代成为全球两大国际标准之一，再到 5G 时代领跑全球，中国 5G 标准势力在全球占有重要地位，实力跃居世界首位。

4.4 携同合作，开发全新优势

通信市场的整合，意味着有些运营商在竞争中难以单独获胜。随着通信市场的发展，行业的业务模式要求越来越成熟，企业必须同合作伙伴建立起从销售、分销到产品包装等一系列的价值链条。图 4 为中国移动合作伙伴图鉴，中国移动合作伙伴关系的建立主要经历了以下过程。

图 4　中国移动合作伙伴图鉴

---

① 资料来源：新华网，https://baijiahao.baidu.com/s? id=1648876032177004743&wfr=spider&for=pc。
② "一体三环"是指内环的 4 家专业研发机构、中环的 10 多家专业公司以及外环的 31 家省公司。具体参见国务院国有资产监督管理委员会发布的《中国移动：从跟随到引领 践行创新发展之路》，http://www.sasac.gov.cn/n4470048/n4470081/n7361946/n7361977/n7361996/n7387304/c7393747/content.html。

2002年3月5日，中国移动与韩国移动电信公司（Korea Telecom Freetel，现已兼并为KT公司）在北京正式签订GSM-CDMA自动漫游双边协议，使GSM-CDMA间实现自动漫游。

2002年11月18日，中国移动与美国电话电报公司（AT & T Wireless）宣布正式开通两公司GPRS国际漫游业务。

2004年7月21日，中国移动正式与2008年北京奥运会建立移动通信服务合作伙伴关系。

2005年10月，中国移动收购香港移动通信商PEOPLES，现已成为其全资子机构，更名为中国移动万众电话有限公司。

2007年1月22日，中国移动宣布成功收购米雷康姆国际移动通信（Millicom International Cellular S. A.）所持有的巴科泰尔公司（Paktel Limited）88.86%的在外发行股份，此次并购对于中国电信企业"走出去"来说，是一个重要的突破。2月14日，中国移动宣布对巴科泰尔公司的收购已成功完成，标志着中国移动对巴基斯坦电信领域的正式进军，实现了跨国经营的零的突破。

2007年8月11日，中国移动正式与2007年上海夏季特殊奥林匹克运动会连通合作伙伴关系。

2007年8月底，中国移动与中国国际广播电台（以下简称CRI）在北京召开新闻发布会，宣布CRI手机电视在中国移动的流媒体平台上正式开通。

2008年3月3日，中国移动与铁道部签订战略性合作协议。

2008年5月23日，中国移动合并中国铁通集团（以下简称铁通）为全资子公司。2015年11月27日，其旗下的全资子公司中移铁通有限公司（以下简称中移铁通）和铁通签署了一项并购交易。中移铁通以318.8亿元的代价，认购了铁通相关目标资产及业务。

2018年6月20日，中国移动作为基石投资者，参与小米集团香港IPO。

2018年7月6日，中国移动于河北雄安新区成立了中移（雄安）产业研究院，同时，也与中国移动（北京）研究院展开了深度合作，为雄安新区的智慧城市建设提供了有力支撑①。

与适当的合作伙伴结盟是合作关系成功的关键所在，快速变革的技术正在创造新的市场，在新的价值链结构调整和整合的时代，企业之间的合作和新的商业探索对领先发展的运营商来说成为一种战略性武器。

4.5 组织变革，建设一流通信

中国电信（香港）是邮电体系政企合一、垄断经营中的第一个境外上市股份

---

① 资料来源：中国移动官网，https://www.10086.cn/aboutus/news/groupnews/index_detail_14185.html。

制企业。1997年10月，广东及浙江移动通信业务注入中国电信（香港），于港交所及纽交所挂牌。1998年，中国电信以29亿美元的高价买下了江苏移动。在1999年，河南、福建以及海南所有的手机通信业务都被注入到该公司。2000年7月，中国电信（香港）改名为中国移动（香港）有限公司（以下简称中国移动（香港））。北京、天津、辽宁、河北、山东、上海以及广西这7个省份的移动通信企业在2000年底完成了资产的调整，重组成为中国移动（香港）。2006年5月，更名为中国移动股份有限公司①。

中国移动在国内31个省份全资子公司内部设立地级市和县级分公司，实行总分公司制管理。在实施财务转型之前，各省公司各自为政，中国移动总部对其分公司没有有效的监管，也没有能力监管企业战略落实情况。来自内外部的各种压力迫使其进行财务转型。中国移动从战略角度出发，通过财务战略规划、财务组织变革和财务执行体系建设，构建了一套财务集中化管控模式。财务战略规划转型的思路是以核算集中为支点，推动包含预算在内的整个财务管理体制的集中改革。财务组织变革则是从财务组织角色转换和财务组织结构设计两个方面进行，在财务组织结构设计上，通过设立财务部直接管理的财务核算中心，实现集中报账、集中支付和集中核算，提高执行力度、精细化运作等则逐渐成为分公司的财务工作重心。财务执行体系构建的关键任务在于财务共享、价值管理、财务人才和财务报告规范化。

在我国经济转轨时期，在发展数字经济、创造经济、产业结构调整、降低成本、提高效率的过程中，常规的财务观念已经无法满足市场经济的要求，要做到业务与财务的完美结合，必须通过及时有效的信息沟通、知识和信息的共享。在新的信息化时代，"业财融合"的经营模式是指把企业的业务和财务数据结合起来，实现两种数据的统一，已成为现代企业发展的必然趋势。在实践中，也就是在生成业务数据的同时，生成对应的财务数据，在提高企业决策有效性的同时，也可以避免某些财务风险。中国移动通过搭建收入保障体系、营销成本管理体系、决策管理大数据分析支撑体系和团队人才培养计划实现"业财融合"，用于创新管理理念、强化企业运营效率、提高企业金融风险管控水平。企业要在提高生产效率的前提下，通过持续的创新与改善，从根本上减少企业的财务风险，使企业的发展更为健康、长远。

① 资料来源：央视网，https://www.cntv.cn/lm/55/21/37669.html。

5 功成身退：中国移动的"收割"与"回归"

5.1 取长补短：中国移动赴美上市的收获

经过充分的准备工作，中国移动美股于 1997 年 10 月 22 日在纽交所正式上市发行。赴美上市后，中国移动一举拿下四次榜首：中国公司的境外融资规模最大、亚洲资本市场（日本除外）的融资规模最大、全球手机通信行业融资规模最大、国有企业上市市盈率最高。最初赴美上市最大的目的就是全球融资，中国移动可以更好地吸收和学习世界上的先进经验，在公司管理、商业实践、技术研发等方面，取得那些未上市公司不具有的优势，为股东带来更多利益，获得更加完善和具有效率的公司管理体制。另外，赴美上市对我国通信业和经济的发展都具有很大的促进作用，公司盈利的提升助力公司改革的实现，进而促进我国通信业的改革。

中国移动赴美上市后，获得了充足资本，成功借鉴国外先进管理方式，拥有国内巨大的用户需求以及良好的发展前景，自此开始了其辉煌的发展历程。1997 年 10 月，中国移动（香港）被注入广东和浙江的移动通信资产，于香港、纽约同时挂牌，开创了"整体上市，分步实施"上市模式的先河，并于 2004 年 6 月 16 日完成了历时八年的全面上市。实现全面上市后，中国移动成为第一家在中国 31 个省份开展电信业务的境外上市公司。整个过程也被视为"整体上市，分步实施"上市模式的第一次全面落实，对于推动全行业加速资金运行具有重要作用。对中国移动来说，全面上市，意味着在经历了八年八次的资本运营之后真正完成了从融资到融通的过程，其良好的成长性使得它成为一个可持续发展的典范。

上市后，中国移动的治理结构也得到了进一步改善，特别是在国资委设立后，公司的资产所有权进一步分解为股权、资产控制权、经营管理执行权和监督权，从而形成了股东、董事会、经理班子和监事会，实现了"产权明晰"。股东对公司价值最大化的追求，必然会促使其挑选最好的管理者，以实现公司的所有权分割。另外，在人力资源雇佣体制和激励机制的不断完善下，员工对公司的责任逐渐演变为对自己的责任，个人的命运与公司的命运息息相关。此外，中国移动也开始通过上市公司规则实现自我约束，逐步实现取消关联交易、杜绝违规经营、严格财务审计、规避新技术风险、完善工作流程、提高管理者素质。同时，由于外部的经营环境，例如，会计师事务所的监管、行业的道德规范、社会舆论和投资者的需求等因素要求，中国移动正逐步走向成熟，并凭借其拥有众多国外投资人，顺利与国际接轨。

随着自身实力增强，中国移动的境外扩张陆续涉及巴基斯坦、泰国和马来西亚等地区，但并没有成功涉及美国地区。2011年，中国移动提出申请，请求提供美国和其他国家之间电话的互联服务，不涉及美国国内移动服务。一旦获得批准，中国移动将进一步进入美国的电话线路、光纤、蜂窝网络和通信卫星市场。但美国国家电信和信息管理局在2018年7月以"国家安全"为由拒绝了中国移动的申请①。

5.2 欲加之罪：中国移动美股退市的原因

历经多年，中国移动不仅完成了自身融资，也完成了融制②。在科技作为引领发展的第一动力的情况下，谁掌握了科技的主动权，谁就控制了发展的主动权，美方的打压无法阻止中国移动在5G方面的领先地位。特朗普在2020年11月发布了一份行政命令，禁止美国人在国防部的"黑名单"下投资中国公司，三大运营商被美国国防部列为了"黑名单"，并被指控为"中国军事控制的公司"③。2020年12月31日，纽交所发表声明，在2021年1月11日开始实施特朗普的行政命令，终止中国公司的挂牌交易。如图5至图7所示，2021年5月7日，中国移动、中国联通、中国电信三大运营商均发布了关于美国纽交所维持退市决定的复议决定，宣布将在美国正式退市。

CHINA MOBILE LIMITED
中國移動有限公司
（根據公司條例在香港註冊成立之有限公司）
（股份代號：941）

紐約證交所對美國存託股票之下市決定之覆議決定

本公告乃由中國移動有限公司（「**本公司**」）自願作出。

茲提述(i)本公司日期為2021年1月7日之公告，內容有關紐約證券交易所有限責任公司（「**紐約證交所**」）宣佈紐約證交所監管部門決定重新啟動本公司美國存託股票（紐約證交所股票代碼：CHL）（「**美國存託股票**」）之下市程序（「**該決定**」）；及(ii)本公司日期為2021年1月21日之公告，內容有關本公司提出書面要求，要求紐約證交所董事會的一個委員會（「**該委員會**」）覆議該決定。

為了保護本公司及股東的合法權益，於2021年1月20日（美國東部標準時間），本公司向紐約證交所提出書面要求，要求該委員會覆議該決定。於2021年5月6日（美國東部夏令時間），該委員會維持了該決定。根據紐約證交所上市公司手冊第804.00條，本公司預計紐約證交所將向美國證券交易委員會（「**美國證交會**」）提交表格25以撤銷本公司美國存託股票的上市及註冊，並將向本公司提供一份副本。在此之前，紐約證交所將通過發佈新聞稿及於其網站發佈通知的方式公告其撤銷本公司美國存託股票的上市之最終決定，直至下市生效。根據美國1934年證券交易法（經修訂）項下第12d2-2條規則，本公司美國存託股票的下市將於該表格25提交後之10日後生效。

图5　中国移动发布关于美国纽交所维持退市决定的公告

---

① 资料来源：《环球时报》，https：//m.huanqiu.com/article/9CaKrnKa4a0。
② 融制是指"规制相升"，其核心是提升企业自身的规制能力，是促使企业进步的内因。
③ 资料来源：华泰证券，https：//www.htsc.com.cn/browser/view/investorsReadingNews.jsp？nodeName = & docId = 15532854&cur = cur0。

China Telecom Corporation Limited

中国电信股份有限公司

(於中華人民共和國註冊成立之股份有限公司)

(股份編號：728)

紐約證交所對美國存託股份下市決定之覆議決定

本公告乃由中國電信股份有限公司（「本公司」）自願作出。

茲提述(i) 本公司日期為2020年11月13日及2021年1月4日之公告，內容有關行政命令（如該等公告所定義）以及紐約證券交易所有限責任公司（「紐約證交所」）決定將本公司的美國存託股份（紐約證交所股票代碼：CHA）（「美國存託股份」）下市；(ii) 本公司日期為2021年1月5日之公告，內容有關紐約證交所宣佈紐約證交所監管部門不再計劃推進對美國存託股份之下市程序；(iii) 本公司日期為2021年1月7日之公告，內容有關紐約證交所宣佈紐約證交所監管部門決定重新啟動美國存託股份下市程序（「該決定」）及 (iv) 本公司日期為2021年1月21日之公告，內容有關本公司向紐約證交所提出書面要求，要求紐約證交所董事會的一個委員會（「該委員會」）覆議該決定。

图6　中国电信发布关于美国纽交所维持退市决定的公告

资料来源：香港联合交易所有限公司。

CHINA UNICOM (HONG KONG) LIMITED

中國聯合網絡通信(香港)股份有限公司

(在香港註冊成立之有限公司)

(股份代碼：0762)

紐約證交所對美國存託證券之下市決定之覆議決定

本公告乃由中國聯合網絡通信（香港）股份有限公司（「本公司」）自願作出。

茲提述(i)本公司日期為2021年1月7日之公告，內容有關紐約證券交易所有限責任公司（「**紐約證交所**」）宣佈紐約證交所監管部門決定重新啟動本公司美國存託證券（紐約證交所股票代碼：CHU）（「**美國存託證券**」）下市程序（「**該決定**」）；及(ii)本公司日期為2021年1月21日之公告，內容有關本公司向紐約證交所提出書面要求，要求紐約證交所董事會的一個委員會（「**該委員會**」）覆議該決定。

為了保護本公司及其股東的權益，於2021年1月20日（美國東部標準時間），本公司向紐約證交所提出書面要求，要求該委員會覆議該決定。於2021年5月6日（美國東部標準時間），該委員會維持了該決定。根據紐約證交所上市公司手冊第804.00條，本公司預計紐約證交所將向美國證券交易委員會（「**美國證交會**」）提交25表格以撤銷本公司美國存託證券的上市及註冊，並將向本公司提供該表格的一份副本。根據紐約證交所上市公司手冊第804.00條，於向美國證交會提交25表格之前，紐約證交所將通過發佈新聞稿及於官方網站發佈通知的方式公告其撤銷本公司美國存託證券之上市之最終決定。紐約證交所官方網站的該通知將保留至下市生效。根據《美國1934年證券交易法》（經修正）項下第12d2-2條規則，本公司美國存託證券的下市將於向美國證交會提交25表格後之10日後生效。

图7　中国联通发布关于美国纽交所维持退市决定的公告

资料来源：香港联合交易所有限公司。

　　通常情况下，需要退市的企业都是投资者对公司丧失了信心，以及股东人数或股票交易量都出现了明显的下降，或公司的运营出现了危机，例如，财务状况和运营表现急剧下降、资产被处置、冻结或法院宣告破产等，甚至是触犯了有关的法规及上市规则。然而，特朗普政府颁布的命令与纽交所的退市规则并不相符，纽交所规定，上市公司只要符合以下条件之一就必须终止上市[①]：①股东少于600个，持有100股以上的股东少于400个。②社会公众持有股票少于20万股，或其总市值少于100万美元。③过去的5年经营亏损。④总资产少于400万美元，而且过去4年每年亏损。⑤总资产少于200万美元，并且过去2年每年亏损。⑥连续5年不分红利。

三大电信公司明显不符合上述退市条件，以中国移动为例，根据中国移动2020年年度报告，2020年实现了7459.17亿元的营收，1066.41亿元的利润，拥有9.42亿户移动用户和2.1亿个有线宽带用户，其运营收益和利润都处于行业顶尖，用户数量也相对稳定，并不符合退出规则。如果5G基站在中国大规模建成，互联网产业也会随之拥有更大的发展空间，网络技术例如人工智能（Artificial Intelligence，AI）等也将会在国际上有更强的竞争力，三大运营商继续在美股市场上市融资，可以弥补5G建设的庞大融资缺口，这直接威胁到了美国科技公司的发展。

5.3　分道扬镳：中国移动美股退市的影响

针对三大运营商美股退市，我国证监会表示，这三家中国公司发行ADR并在纽交所上市已经接近或超过20年，一直遵守美国证券市场规则和监管要求，受到全球投资者的普遍认可。纽交所直接公告启动对三家公司的摘牌程序，是由美国政府针对所谓"中共涉军企业"的行政命令引发的。美方出于政治目的实施行政命令，完全无视相关公司实际情况和全球投资者的合法权益，严重破坏了正常的市场规则和秩序。这三家企业都有着广泛的客户群和稳固的基本面，并且在世界范围内的通信服务领域有着举足轻重的地位[②]。以行政命令为手段干预资本市场，具有明显的政治意图，美方对中国企业的压制，尽管会对中国企业产生一定的直接冲击，但也会使美国资本在国际上的地位受损。

美国政府的行政法令彻底改变了中国通信业的投资环境，导致投资失败和亏损。对于那些已经在中国电信企业进行投资的投资者来说，如果中国电信企业退出美国，投资者必然会亏损，但因为美国的股票市场存在补偿制度，损失并不会太大。而中国电信企业并非因为过失导致退市，也无须对投资者的损失负责。在

---

① 资料来源：华泰证券，https：//www.htsc.com.cn/browser/view/investorsReadingNews.jsp？nodeName=&docId=15532854&cur=cur0。

② 资料来源：中国证券监督管理委员会，http：//www.csrc.gov.cn/csrc/c100028/c1444712/content.shtml。

美国证券交易委员会公布中国电信企业退市后，将按照中国电信企业的真实股价，对每个投资者的投资价值进行补偿。根据美国股市观点，按照退市方式处置中国电信企业是对美国股市整体投资者长期利益的一种保护。投资者有 6 个月的止损时间用于处理中国电信企业的股票，直至最终清盘，该措施已经将投资者的损失降到了最低。另外，也正是因为中国电信的股票"回购"，分批进行风险管理，降低了被退市造成的经济损失。

股价下跌是股市的正常现象，当发布了不利于企业的消息时，自然会导致公司股票的上下波动从而影响企业市场的价值。对于企业自身而言，美股退市最直接的影响体现在了股价上。尽管基本面稳固，但美方政策仍然影响了市场情绪，导致三大电信运营商股价下滑。2021 年 1 月 4 日，三大运营商港股股价低开低走，甚至中国电信一度下跌超过 5%[①]。特朗普政府实行这一行政命令的目的在于通过政治手段来打压中国的科技产业，一方面切断三大运营商在美的融资渠道来阻碍 5G 计划落地，另一方面切断了三大运营商在美的业务拓展，阻碍了三大运营商境外发展的脚步。短期来看，阻碍运营商的融资脚步或许会对中国 5G 建设落地带来负面影响，但也将使得美股投资者丧失参与中国高新科技投资的机会，更何况三大运营商的融资渠道和范围绝不限于美股。

三大运营商于 2000 年左右进入资本市场，除在港交所发售股票之外，也相继在美国上市，但在美国的整体 ADR 规模都不大，资产总额不足 200 亿美元，仅占三大运营商总股本的 2.2%。其中，中国电信仅为 8 亿美元，而中国联通则仅为 12 亿美元，不仅 ADR 规模较小，三大运营商在美股市场上的交易数量和流动性也较差。作为一家规模庞大的电信公司，中国移动的年利润可以达到数千亿元，美股融资金额只占了其中很小部分，纽交所向三大运营商提供的融资作用并不明显。因此，从融资的观点来看，即使是摘牌，对于中国移动发展以及市场运作的直接影响也十分有限。

随着国内通信市场饱和、人口自然增长率见顶的限制，加上各种政策红利逐渐取消、减利政策频出，"出海"成为运营商获得持续增长"收成"的唯一途径。然而，作为拥有中国国企背景的通信企业，中国移动的"出海之路"并不好走，欧美主流运营商基本上都是跨国布局的，中国移动在境外却举步维艰。一个直接的例子，中国移动曾连续十几年向美国政府申请业务运营牌照，但均被驳回。美国的无端打压将对一些西方国家起到示范作用，对中国移动的境外业务也将造成一定影响。

---

① 资料来源：中国网科技，https：//m.china.com.cn/appdoc/doc_1_51_1833539.html。

5.4　群雄逐鹿：三大运营商齐聚 A 股市场

2002 年 10 月 9 日，中国联通在 A 股上市，成为国内唯一在纽交所、港交所和上交所同时上市的电信运营企业。在美国退市后，中国电信于 2021 年 8 月 20 日在上交所上市。2022 年 1 月 5 日，位居三大运营商首位的中国移动正式以"600941"为股票代码，在上交所上市。至此，三大运营商在 A 股成功"会师"。此次中国移动 IPO 发行价格为 57.58 元/股，发行市盈率为 12.02 倍，发行股份数量为 845700000 股。上市首日开盘，中国移动股价高开 9.41% 至 63 元，不过开盘后其股价持续波动，涨幅有所收窄。截至收盘，中国移动报价 57.88 元，涨幅 0.52%[1]。中国移动 2021 年度报告（A 股）显示，本次 A 股上市公司募集资金净额近 514 亿元，是近 10 年来 A 股主板上市最大 IPO。

回归 A 股对中国移动来说，并未产生太大影响。根据中国移动《首次公开发行人民币普通股（A 股）股票招股说明书》（以下简称《招股说明书》）显示，截至 2021 年 6 月 30 日，中国移动账面货币资金达 3670 亿元，其中银行存款 3623 亿元，是募资额的 6 倍多。相反，中国移动回归 A 股，对 A 股市场的影响比较大。在一个健康、活跃的股票市场，最有活力的高科技、信息技术公司，应该位列股票市值前列。正如电信分析师付亮所言，由于股市自身不健康，难以吸引高额融资 IPO，而选择了其他股票市场，这几乎成了恶性循环。应反思的是，如何吸引更多的绩优公司 IPO 上市，或已在境外上市的公司回 A 股再上市[2]，三大运营商美股退市后齐聚我国 A 股市场，将为市场带来全新的增益，助力我国股票市场强劲发展。

（1）引入优质战略投资者。2021 年 12 月 23 日，中国移动在上交所披露了 A 股 IPO 战略配售结果，19 家战略投资者获配数量共计 4.22 亿股，约占超额配售选择权行使前公司本次发行总量的 49.90%，合计认购金额高达 243 亿元[3]，受到了国家级投资平台、大型央企、知名保险机构、互联网公司、大型跨国企业及境外主权财富基金等各类投资者的追捧。该结果体现了中国移动在数字经济领域的领军地位，有利于各行业及产业链上下游的数字化转型、打造数智化合作新生态，彰显了市场对中国移动未来发展前景的信心。在引入众多境内外优质战略投资者的同时，中国移动也得到了 A 股股民的追捧，回拨后网上申购倍数达 805.68 倍，

---

① 资料来源：《齐鲁晚报》，https：//baijiahao. baidu. com/s？ id=1721111520137516502&wfr=spider&for=pc。

② 资料来源：《经济观察报》，https：//baijiahao. baidu. com/s？ id=1721086281125609150&wfr=spider&for=pc。

③ 资料来源：中国新闻网，https：//baijiahao. baidu. com/s？ id=1719946414784182824&wfr=spider&for=pc。

是 A 股主板历史上 100 亿元以上非金融企业 IPO 项目的最高认购倍数①，这些都反映了资本市场对其投资价值的高度认可。

（2）提供全新市场"压舱石"。中国移动的加入为 A 股增加了优质蓝筹股与可投资题材。一方面引起了 A 股市场的大规模扩容，在一定程度上提高了市场流动性。另一方面改善了 A 股市场结构，促进其稳定运行。中国移动 2021 年度报告（A 股）显示，2021 年中国移动营业收入 8482.58 亿元，较上年增长 10.4%，营业利润 1520 亿元，较上年增长 6.3%，资产规模超 1.8 万亿元，基站总数超 550 万个、位居全球第一，服务 9.57 亿移动用户、超 2.18 亿家庭用户、1883 万政企用户，经营业绩全面向好。同时，中国移动助力我国信息通信业实现了 5G 领跑，已逐步成长为全球网络规模最大、服务客户最多、盈利能力领先的世界一流电信运营企业，营业收入持续增长，净利润连续多年超千亿元，净利润率、总资产报酬率位居国际主要电信运营商首位。

（3）增强中国资产吸引力。2021 年 1 月 22 日，根据工信部发布的《2020 年通信业统计公报》，2020 年我国电信业务收入累计完成 1.36 万亿元，较 2019 年增长 3.6%；全国移动基站总数达 931 万个，新建 5G 基站 60 万余个，5G 已成功覆盖全国地级以上城市及重点县市。根据国泰君安证券股份有限公司统计数据，2021 年上半年，国内三大运营商电信业务收入累计完成 7533 亿元，同比增长 8.7%，这显示了行业竞争环境趋良。更多优质企业在 A 股上市，有利于投资者发掘更多的价值投资股，避免聚焦少数热门股票现象的发生，同时还能够吸引国际资本、增加中国资产吸引力和持有人民币需求，有利于推动人民币国际化。

中国移动登陆 A 股，标志着中国移动成功搭建起境内外资本运作平台，是其发展史上的又一座里程碑。《招股说明书》显示，此次中国移动上市募集的资金将主要用于 5G 精品网络、云资源新型基础设施、千兆智家、智慧中台和新一代信息技术研发及数智生态等建设项目。中国移动 2021 年中期报告显示，截至 2021 年 6 月末，中国移动 5G 套餐客户数达 2.51 亿户，位居全球第一；建设 5G 基站 50.1 万个，规模居全球第一；5G SA（独立组网）网络已实现在全国地市以上城区、部分县城及重点区域提供服务，在 5G 建设上已取得行业领先地位。在 5G 核心技术方面，中国移动累计提申请 5G 专利 3300 件，标准专利储量位居全球运营商第一阵营。

三大电信运营商齐聚 A 股，有助于通信企业用好中国巨大的资本市场，为企业稳健长远发展奠定充足的资金基础和市场基础，从而发挥龙头作用，带动 5G 产

---

① 资料来源：《长江日报》，https：//baijiahao.baidu.com/s？id＝1721106033103768711&wfr＝spider&for＝pc。

业链上下游协同发展。同时，三大运营商锚定"世界一流信息服务科技创新公司"的新定位，全力推进新基建，融合新要素，激发新动能，做强、做优、做大数字经济，开拓创新赋能美好数智生活，以优质信息服务、卓越经营业绩回馈广大客户和投资者，着力让更多的产业和投资者共享发展红利。

6 案例结语

1997 年，为了维持香港稳定，也为了突破资金匮乏的困境，中国移动于纽交所成功上市。作为最先赴美上市的中国通信企业，中国移动借助境外资本成功打破桎梏，为中国电信市场建立起一座连接国际金融市场的"桥梁"，也为中国电信和中国联通的境外上市之路铺设了轨迹。尽管近期受美股退市事件的影响回归 A 股，但中国移动仍受到了资本市场的高度认可。本案例基于中国移动美股上市退市的事件背景，围绕其在我国通信业艰难起步阶段赴美上市遇到的难点、融资后 24 年间逐步走向成熟的发展状况以及被迫退市回归 A 股后造成的影响和面临的挑战展开讨论，结合企业上市与结构改革、战略管理的相关知识，剖析了以中国移动为代表的中国通信企业美股上市后退市的发展历程。

通信业作为基建的重要组成部分，是一个国家的战略性产业，通信标准的确立体现了国家科技和经济实力的竞争点。作为目前全球网络规模最大、客户数量最多、品牌价值和市值排名位居前列的电信运营企业，中国移动纽交所退市后回归 A 股，不仅为企业自身获得了充足的资金和完善的组织结构，也为 A 股市场带来了全新增益。除了吸引高科技企业入驻 A 股，也能帮助我国股市吸引优质战略投资者，提供全新的市场压舱石、增强中国资产吸引力，助力我国通信业的蓬勃发展。

📁 案例使用说明

一、教学目的与用途

（一）适用课程

本案例主要适用于《公司金融》《证券投资学》《国际金融》《金融市场学》《企业战略管理》中有关企业融资，企业上市，企业机构运作和管理，战略规划制定与实施，资本市场行为等相关内容的教学。

（二）适用对象

本案例主要适用于以下对象：

1. 经济学、金融学、金融工程、投资学等相关专业的本科生和研究生。

2. 对金融和投资领域感兴趣的专业人士，包括但不限于金融分析师、投资顾问、银行工作人员等。

3. MBA、EMBA、MPACC等专业课程的学生，以及其他参与继续教育和职业发展课程的成人学习者。

4. 对金融市场、金融产品等有兴趣的企业管理者和决策者。

（三）教学目标

本案例以中国移动美股退市事件为线索，以中国移动成立之初国内外宏观环境和通信行业的发展状况为背景，对标国内外资本市场与领先同业分析中国移动国外上市的变革与创新。从企业上市融资、机构运作和管理及美股退市事件结合公司金融，资本市场行为展开具体分析。以中国移动的具体情况为例，分析其在美股退市前后的机遇与挑战，包括融资渠道、国内资本市场发展和企业发展目标等，剖析在资本博弈中中国移动在美股的功成身退。

二、启发性思考题

为使学生更好掌握案例，进一步提升学生对企业上市退市事件的把握和理解，教师可在课前提出思考题，启发学生思考。本案例的启发性思考题为：

1. 中国企业境外上市的原因有哪些？结合中国移动美国上市的实际情况进行阐述。

2. 影响我国企业境外上市地点选择的因素有哪些？结合中国移动美国上市的实际情况进行阐述。

3. 三大通信运营商在A股上市将为我国股市带来怎样的影响？

三、分析思路

教师可以根据教学目标（目的）灵活使用本案例，以下分析思路仅供参考。

首先，结合企业境外上市动因的相关理论，分析中国企业境外上市的原因和条件，并结合中国移动在美国上市的实际情况进行阐述。

其次，运用企业选择上市地点的相关理论，分析影响我国企业境外上市地点选择的因素，并结合中国移动在美国上市的实际情况进行阐述。

最后，运用企业上市的相关理论，分析三大通信运营商在 A 股上市将为我国股市带来怎样的影响？

四、理论参考

（一）投资者认知假说

罗伯特·默顿（Robert Merton）对期权定价理论做出了杰出的贡献，提出并发展了"布莱克-斯科尔斯"公式。传统的资本市场定价模型中，做出所有投资者拥有相同信息的假设，不同于此，在不完全信息条件下的资本市场均衡模型中，由于市场分割导致投资者信息不对称，企业的非系统性风险无法完全化解。而根据默顿提出的投资者认知假说，他认为投资者对不同证券所拥有的信息不同，只会投资于他们了解的证券。莫顿使用投资者的数量来衡量投资者的认知程度，认为投资者的数量与公司权益资本成本呈负相关关系，即增加投资者的数量可以降低公司的权益资本成本，因此，为增加投资者对公司的了解，公司可以考虑境外上市，减少因为"不为人知"而带来的高成本。

（二）流动性假说

罗纳德·哈里·科斯（Ronald H. Coase）认为，传统的零交易成本具有一定的局限性，只包括生产和运输的成本，而忽略了其他成本，例如，谈判和签约成本。因此，科斯提出了交易成本理论，流动性假说起源于此。科斯认为，在当今的交易经济环境中，提升股票的流动性、加速执行交易指令等方式可以有效降低交易费用，而又不会对企业股价产生负面影响。对于那些希望在境外上市的企业来说，境外市场能够吸引大量投资者的关注，从而提高股票的交易频率和流动性，不仅有助于信息披露，也能在交易量上降低企业交易成本。

（三）资本结构理论

资本结构理论对企业的筹资方式、资本结构和市场价值之间的关系进行了研究，主要包括莫迪尼亚尼-米勒理论、代理成本理论、信号传递理论等多方面的内容。莫迪尼亚尼-米勒理论（Modigliani-Miller Theorem，MM）由莫迪利安尼（Modigliani）和默顿·米勒（Morton Miller）提出，他们认为，在完善和有效率的金融市场上，企业的价值与其资本结构和股利政策无关。也就是说，企业资本结构的选择并不会影响到企业的市场价值（Modigliani 和 Miller，1958）。詹森（Jensen）和梅克林（Meckling）提出了代理成本理论，该理论强调债务资本和股权资本的代理成本，他们认为债务的违约风险会导致债权人监督成本的增加，因此，适当的债务资本结构能够影响企业股东的利益。迈克尔·斯宾塞（Michael Spence）首先基于信息不对称，提出了信号理论。信号传递理论主要解释了企业可以通过资本结构或者股利政策向市场传递与企业价值有关的信息，因此，当企业管理者认为其价值被市场低估时，他可能倾向于调整企业的资本结构，增加企业的债务资本。

（四）市场分割理论

多数经济学家认为，市场是非完美的，市场上的投资者也是具有有限理性的，基于此，卡伯特森（Culbertson）提出了市场分割理论。他指出，市场并非完全整合的，而是分割的，分割的原因可能是地理位置、文化差异、法律法规和交易者偏好等不同的因素导致的。因此，市场上的交易的进行和资金的转移并不能实现无成本，信息不对称和交易成本的差异导致同一资产存在价格差异，这一价格差异能被投资者捕捉并利用其进行套利来获取超额收益。但研究也发现，随着信息技术的发展和制度的完善，市场的整合程度正在逐渐提高，市场分割程度也有可能会随着时间和环境的变化而发生变化。受到不同国家的法律、经济和政治等宏观因素的影响，投资者开始寻求在多个市场之间分散风险。当本国股权融资者认为在国内市场上面对的风险可能会威胁到他们实现预期收益时，他们就会考虑探索境外其他金融市场，不仅能够降低融资成本，还可以减少市场波动对投资者的损失风险。中国移动选择美国上市的时候，国际资本市场对电信业非常感兴趣，而中国移动也牢牢抓住了这次融资机会。

（五）有效市场假说

有效市场假说是一种研究资本市场上证券价格对信息反映程度的理论。该假说的核心前提假设是市场参与者具有足够的理性，并且能够迅速对所有市场信息做出合理反应。在一个法律健全、功能良好、透明度高、竞争充分的股票市场中，有效市场假说认为所有有价值的信息已经及时、准确、充分地反映在股价中，包括企业当前和未来的价值。除非存在市场操纵，否则投资者不可能通过分析以往价格获得高于市场平均水平的超额利润。有效市场假说的基本内容包括三种形式：第一，在弱式有效市场上，价格已经反映了所有公开信息，包括历史价格和交易量等，此时，技术分析无法获得超额收益。第二，在半强式有效市场中，市场价格反映了所有公开信息，包括基本面信息如财务报表等。因此，基本面分析也无法获得超额收益。第三，在强式有效市场上，价格已经反映了所有信息，包括公开和私人信息，即使是内幕交易者也无法获得超额收益。

五、具体分析

（一）中国企业境外上市的原因有哪些？结合中国移动美国上市的实际情况进行阐述

【理论知识】投资者认知假说、流动性假说、资本结构理论

【分析思路】本题设置的目的是加深学生对我国通信业发展初期国有企业面临的资金缺口等一系列问题的理解，并理解境外上市对企业发展的重要意义。授课教师在讲解本题时，可以先让学生了解中国移动境外上市是在何种背景下发生的，了解中国移动赴美上市的必要性，再引导学生从内外两方面总结企业境外上市的原因。

【案例答案】

1. 在国内市场的既定风险下，中国移动无法获得自己满意的收益预期，赴美上市可以弥补资金缺口。

2. 与国际市场的信息不对称可以提高公司股票的市场价值，且国际资本对于通信行业十分感兴趣。

3. 国内赴美上市的公司，美国股市的投资者能够频繁进行股票买卖，这就加快了上市公司股票流动性，对其投资者来说降低了交易上存在的风险，对企业来说分散了流动性风险并降低了融资成本。中国移动美国上市不仅能尽快筹集资金，同时降低了融资成本。

（二）影响我国企业境外上市地点选择的因素有哪些？结合中国移动美国上市的实际情况进行阐述

【理论知识】市场分割理论

【分析思路】本题设置的目的是帮助学生全面了解我国企业境外上市面临的一系列问题，帮助学生分析境外上市地点选择需要考量的综合因素，并理解地点对于境外上市的重要影响。授课教师在讲解本题时，可以先让学生了解境外上市的不同地点以及它们的优缺点，再结合中国移动的实际状况和上市需求，分析中国移动最终选择赴美上市的原因。

【案例答案】

1. 根据企业发展战略，企业上市地点的选择同企业的发展战略有一定的关系。自从加入 WTO 后，我国企业就加入了全球竞争之列。从某种意义来讲，企业的最高目标就是参与全球竞争，因此，企业上市更应该选择具有全球意义的资本市场。考虑到自身的实力以及国际市场的需求，一般在考虑上市的时候更多的是从企业发展的战略角度选择资本市场，对企业来说，上市的成功与否以及上市的成本都

不是很大的问题，长远的战略目标才是企业更加注重的。因此，该类企业在选择上市地点的时候更注重该市场的全球影响力。资本市场广泛的影响力可以帮助企业提高全球知名度，同时，在具有全球影响力的资本市场站稳脚跟，也说明该公司的经营管理达到了一流的水平，提高了公众对该公司的信赖。一流的经营管理必然有着一流的产品，从而赢得了消费者对该公司产品的信赖，这些因素加起来使得企业的品牌价值得到了进一步的提升，大大促进企业的长远发展。因此，该类企业在选择资本市场的时候更多的是从全球战略角度考虑。

2. 根据企业筹资规模，大型企业在发行的时候可能需要相当大的筹资数量。因此，对大型企业而言，需要拥有充足的资金以及活跃交易的大型资本市场，满足企业发行，增发以及配售的需要。从企业本身角度来说，如果市场勉强容下其股票，由于该股票占有的整个资本市场份额过于庞大，单个股票的异动将会影响整个市场的走势，从而不利于该资本市场的健康发展。因此，大型企业从筹资数量角度来说必须选择大型的资本市场。对于中国移动来说，香港市场和纽约市场由于都具备大型资本市场的特点，也具有公司上市的先例，因此，上述两个市场都是上市的可选地点。

3. 根据上市地点比较优势，对于中国大型国有企业而言，香港、纽约是最主要的境外市场。香港是离内地最近的真正意义上的国际金融中心，是亚洲第二大的证券交易所，资本市场成熟、法律法规健全、融资能力强，是中国国有企业境外上市的重要集聚地。据香港联交所公布的有关资料统计，截至 2022 年 5 月 18 日，在港交所主板上市的公司总市值为 365786 亿港元，上市公司总数 2221 家，在全球各主要交易所中名列前茅，很多中国大型国有企业境外上市首选香港。香港联交所为了鼓励内地大型企业，特别是国有企业赴港上市，专门修改了上市规则，放宽大型企业赴港上市在赢利与业绩连续计算方面的限制，在一定程度上为这些大型国有企业赴港上市创造了更为便利的条件。中国移动等大型国企在纽约和香港同时上市之后，在香港市场上的流动性更高，交易量占据主导性地位。纽约包括纽交所和纳斯达克两个主要市场，对中国移动来说，纽约虽然在地域及文化上相距较远，但这里拥有其他市场所不能比拟的资金容量、流通量和最强的资本运作能力，能为企业再融资提供非常好的基础。

（三）三大通信运营商在 A 股上市将为我国股市带来怎样的影响？

【理论知识】有效市场假说

【分析思路】本题设置的目的是帮助学生了解我国 A 股市场的发展状况，分析重大科技企业 A 股上市对企业自身、投资者和资本市场造成的重要影响，以及回归 A 股后面临的挑战和新的发展方向。授课教师在讲解本题时，可以先让学生了解 A 股上市的前提条件，再结合中国移动的实际状况，分析中国移动回归 A 股对企业自身、投资者以及资本市场造成的影响。

【案例答案】

1. 对企业自身的影响。作为红筹股回归 A 股，中国移动雄厚的科技实力体现了较大的市场竞争优势，具有巨大的发展潜力。A 股上市有利于其产业链上下游的数字化转型、打造数智化合作新生态，吸引优质投资者，进一步加持通信业龙头地位。

2. 对投资者的影响。作为近十年 A 股最大 IPO，中国移动的上市为 A 股增加了优质蓝筹股与可投资题材，既能为投资者带来良好回报，又能吸引境内外战略投资者踊跃参与，极大提高投资者对我国资本市场的信心。

3. 对资本市场的影响。更多优质企业在 A 股上市，有利于投资者发掘更多的价值投资股，避免聚焦少数热门股票。同时，有利于吸引国际资本、增加中国资产吸引力和持有人民币需求、稳定我国资本市场，推动人民币国际化。

六、关键要点

（一）案例关键点

本案例以中国移动美股退市事件为研究对象，回顾中国移动成立之初国内外宏观环境和通信行业的发展状况，从企业上市融资、机构运作和管理、美股退市事件结合公司金融、资本市场行为展开具体分析，并梳理其在美股退市前后的机遇与挑战。故学生应该理清中国移动赴美上市以及美股退市回归 A 股的事件脉络，对中国移动赴美上市的背景和重要战略意义有清晰认知。同时学生需透过案例本身，对案例及相关金融原理的融合过程进行有效掌握，从而能够更好地理解金融知识及其运用方式，对通信行业的发展、企业科技创新有更深层的金融见解。

（二）知识关键点

本案例涉及的知识关键点主要有：投资者认知假说、流动性假说、资本结构理论、市场分割假说、战略管理理论、有效市场假说。

（三）能力关键点

本案例涉及的能力关键点主要有：分析、总结、批判性思维，培养科技企业创新和改革意识；运用所学理论工具研究实际金融问题的能力。

七、课堂计划建议

案例可以作为专题研讨的范例，表 4 是根据时间进程所列的课程计划表，只做参照，整节个案教学的时长为 90 分钟。

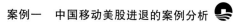

表 4　案例教学计划安排

阶段	内容	教学活动	时间
课前准备	提前准备	1. 提前查看案例正文、启发性思考题，并请学生根据案例提前自行检索有关上市、退市和中国移动等相关信息； 2. 提前要求学生做好分组，建议划分为 3 个小组，分配思考题任务及补充说明	提前一周
	案例引入	授课教师说明课程内容和案例讨论主题，说明案例讨论的教学目的、要求和安排等	5 分钟
	分组讨论	提出启发性思考题，请学生在课前自行阅读案例正文部分，并借助网络等渠道查阅案例相关资料	20 分钟
课堂计划	案例教学	带领学生回顾案例正文	5 分钟
	提问思考题	1. 授课教师根据分析思路中给出的案例分析逻辑以及各启发性思考题对应的引导性提问，展开教学； 2. 就每个小组分配的思考题展开回答，对每个问题的答案要点做好记录，每个问题时间建议控制在 10 分钟内； 3. 授课教师在提问过程中穿插讲解理论参考和知识点	40~50 分钟
	案例总结	对案例正文的整体叙述、相关理论参考和知识点进行总结归纳，并适当延伸	10 分钟
课后计划	—	要求学生采用小组报告的形式对案例讨论的结论与理论基础、分析思路等进行阐述，为后续章节的学习做好铺垫	课后一周

案例二　北京天坛生物对成都蓉生增资 25.4 亿元的关联交易案例分析

摘要： 关联交易在子母公司之间经常发生，其主要目的是双方购销存货、规避所得税、在子公司增发股票时防止股权被稀释等。本案例叙述了 2020 年中国金额较大的一笔合规关联交易——北京市天坛生物制品集团有限公司对成都蓉生增资 25.4 亿元，并通过分析此笔关联交易的目的、对子母公司的影响、估值合规性以及财务合规性，探索此笔关联交易对母公司未来现金流和未来母公司发展的影响。基于分析，本案例提出建议审查关联交易时应该注意信息披露的完整性和真实性，并注意关联方举债类型等建议。

1　案例背景与案例思政

> **思政元素：** 医药工业和医疗装备产业是卫生健康事业的重要基础，事关人民群众生命健康和高质量发展全局。要着力提高医药工业和医疗装备产业韧性和现代化水平，增强高端药品、关键技术和原辅料等供给能力，加快补齐我国高端医疗装备短板。要着眼医药研发创新难度大、周期长、投入高的特点，给予全链条支持，鼓励和引导龙头医药企业发展壮大，提高产业集中度和市场竞争力。（摘自：李强主持召开国务院常务会议 审议通过《医药工业高质量发展行动计划（2023-2025 年）》等①）

教学意图： 本案例的教学意图在于：第一，倡导培养学生具备风险管理意识，

---

① 资料来源：中华人民共和国中央人民政府网，https：//www.gov.cn/yaowen/liebiao/202308/content_6900133.htm。

注重审计透明度。第二，在学习过程中，除了注重专业知识的积累，还应当培养对国家法规的深刻理解力。

北京天坛生物制品股份有限公司（以下简称天坛生物）成立于 1998 年，是中国血液制品领域的龙头企业之一，拥有广泛的血液制品生产和采集网络，产品包括血浆制品和免疫规划疫苗等。而成都市蓉生医药有限责任公司（以下简称成都蓉生）是中国著名的生物制药公司，专注于血液制品的生产、研发和销售，具备丰富的原料血浆管理经验和技术实力。作为医药行业的领头企业，除了业务能力，业务规范性也很重要。本案例中介绍的天坛生物对成都蓉生增资是中国 2020 年交易金额前五大的关联交易。本案例旨在通过对此笔关联交易的介绍，向读者展示标准的关联交易流程和关联交易舞弊的审查关键点。

首先，本案例介绍了天坛生物的背景和主要业务板块。其中包括血液制品的开发、生产和销售，以及其在国内外市场的销售模式。本案例指出，天坛生物自 1998 年上市以来取得了显著的发展，通过降低生产成本和加强产品品质等措施，企业的营业收入不断增长，核心竞争力得到进一步强化。其次，本案例介绍了成都蓉生的基本情况和增资目的。成都蓉生拥有丰富的血液制品生产经验和技术创新成果。本案例指出，通过对成都蓉生的注资，上市公司将增加对其持股比例，进一步巩固主营业务并提升集团公司的获利能力。最后，本案例将对关联交易进行理论分析，解释了关联交易的定义和含义，并提出了关联交易对于公司治理和股东利益的重要性。通过对这两家公司的介绍和分析，本案例旨在加深对天坛生物和成都蓉生的了解，以及关联交易对企业发展的影响。

2　光阴揽诉，岁月长河的细腻叙述

2.1　北京天坛生物制品股份有限公司

2.1.1　北京天坛生物制品股份有限公司 2022 年基本情况介绍

天坛生物（股票代码：600161.SH）于 1998 年成立，设有成都蓉生、兰州血制、广州血制、湖北血制、贵州血制五个血液制品生产公司。目前，已在中国国内的 14 个省市、地区共设有 50 多个单采人血浆的工厂，血液制品生产和用健康人血浆的采集规模均居于国内主导地位。生产血液制品的总规模也居于国内主导地位，目前共有血浆白蛋白、人免疫球蛋白、人凝固因子三种重要类产品，72 个企业的生产文号。天坛生物旗下的北京血液制品公司在国内外血液制品领域中取得了多项第一，在国内外首发推出了人血白蛋白、静注人免疫球蛋白（pH4）、破伤风人免疫球蛋白等新商品，并首创导入血浆蛋白压滤分离技术，形成了对血浆蛋白生产、病毒灭活酶等技术的试验与重组生产的科研基础。目前天坛生物已具有 110 多种产品，包括乙型肝炎疫苗、脊髓灰质炎疫苗、麻腮风病毒疫苗、乙型脑炎疫苗、流感类病毒疫苗、水痘疫苗、人血白蛋白、静注人免疫球蛋白等新商品，已成为我国免疫规划疫苗的主要生产基地①。

自 1998 年上市至 2020 年，公司股票累计分红已达 4.77 亿元，显示了企业长期以来的盈利实力。企业负债净额、主营业务收入、利润总额等关键指标均取得了超过 400% 的增幅，为公司的稳健经营奠定了坚实的基础。2020 年，企业进一步发挥在市场、产品、科技工艺、品质控制、营销网络、战略目标以及经营团队等各方面的资源优势。通过持续提升产品品质、血源开发、技术创新，以及营销团队的卓越表现等重大项目，企业逐步提高了核心竞争力，进一步强化了产业竞争力。这表明企业对于可持续发展的执着追求，以及在不同方面的全面实力展现。

2.1.2 主要业务板块

天坛生物的主营业务是血液制品的研发、销售及咨询服务。

血液制品的研发。天坛生物产业布局齐全，截至 2023 年，共具备 14 个品类、72 个型号的生产文号。在血浆生产一类公司中，天坛生物产品销售线涵盖了三大类，品种比较丰富，特别是冷冻干燥人血白蛋白，截至 2023 年，为业内的稀缺商品。2020 年，天坛生物研究投资为 2.38 亿元，占公司主营业务总收入的 6.92%。截至 2020 年末，公司共有五个在研项目，主要涉及人凝血因素及其免疫蛋白类产品，但所研究品种在国内外还暂时没有企业进行过自主开发上市。其中，静注巨细胞病毒人免疫球蛋白（pH4）的研发一直居于国内外领先，截至 2023 年，在国内外唯有天坛生物和上海泰邦生物学还在研究②。

血液制品的销售及咨询服务。根据天坛生物塑料制品控股有限公司的 2020 年报，天坛生物旗下企业已有七个新增的单采人体血浆库进行使用。2020 年公司年报指出，天坛生物将血源工作和科研发展两手抓，一方面降低成本、提高生产质量；另一方面将在稀缺产品领域创新攻关，以稳固行业龙头战略地位。

2.2 成都蓉生药业有限责任公司

成都蓉生于 1997 年 3 月成立，作为天坛生物制品集团有限公司的核心子公

---

① 资料来源：天坛生物官网，https：//www.tiantanbio.com/list-2-1.html。
② 资料来源：《北京天坛生物有限公司 2020 年年度财报》。

司，归属于全球 500 强公司中华医药集团公司。成都蓉生是一家专注于血液制品生产、研发与销售的高新技术生物制药公司。

20 世纪 80 年代初，成都蓉生就在全国范围内建立了首批单采血浆站，累积了丰富的原料血浆管理经验。金堂蓉生单采血浆公司（站）更是被卫生部确定为全国单采血浆公司（站）的样板单位。自 1980 年起，成都蓉生在国内外率先进行血液制品的工业化生产，并创造了中国在该领域的多个第一。1988 年，成为首家上市的破伤风人免疫球蛋白企业；1992 年，推出中国第一个上市的静脉注射人免疫球蛋白品种；1997 年，成为首家采用压滤生产工艺的企业，引领中国国内工业的重大技术升级；1998 年，成为业内首家同时获得 GMP 认定合格证书的企业；2010 年，是中国国内工业首家同时获得国际 ISO9001 质量管理体系、ISO14001 环境管理体系和 OHSAS-18001 职业卫生健康管理系统认证的公司。2012 年 1 月，成为国内首批获得 2010 年新版 GMP 证书的制药企业。截至目前，成都蓉生已取得了 24 件发明创造专利权（含 5 项 PCT 同族专利）、3 个实用新型技术发明专利权和 1 个外形产品设计开发专利权。这一系列创新和荣誉不仅展示了成都蓉生在生物制药领域的引领地位，也凸显了其在全球 500 强企业中的卓越表现①。

3　经典翰墨，知识府中的灵感涟漪

3.1　增资目的

天坛生物在 2020 年股东大会上定下的战略规划中，对于血液工作和科研工作最为重视。而注资后，核心子公司股比将增加，利好上市集团公司业绩。而按照集团此前公告，在成都蓉生有限公司的股份及整体权益估值约为 145.6 亿元，而上市公司此次对成都蓉生的注资数额约为 25.4 亿元，而注资完成后在成都蓉生的持股比例由 69.47% 增加至 74.01%，武汉生物制品研究所有限责任公司、上海生物制品研究所有限责任公司和兰州生物制品研究所有限责任公司（以下简称武汉所、上海所和兰州所）在成都蓉生的持股比例分别为 10.76%、9.59% 和 5.64%；而成都蓉生有限公司此次将分别对广州血制、兰州兰生注资 10.9 亿元、9.6 亿元。成都蓉生本企业是集团公司中血制品生产及经营占比最大的子公司，其管理经营

---

①　资料来源：成都蓉生官网，https：//www.ronsen.com/show-40-5-1.html。

力量全国领先，上市公司通过增加对成都蓉生的持有份额，更适合集团公司主营业务扩张趋势，也有助于继续增强集团公司的获利能力①。

3.2 关联交易概述

天坛生物计划通过非公开发售 A 股股票的方式向特定对象筹集资金，并在募集资金完成后通过直接注资方式支持其控股子公司成都蓉生。此次非公开增发完成后，公司将充分利用所募集的资金进行直接注资，以支持成都蓉生的业务发展。具体而言，天坛生物以本次增发的部分资本向成都蓉生注资。为确保募投工作的有序进行，公司决定取消成都蓉生其他股东（包括武汉所、上海市所、兰州所）对于此次增资的优先认购权，并不允许其参与此次增资。

在此次增资交易中，成都蓉生的所有股权价值评定值约为 145.6 万元。经评审结论确认，每 1 元化注册资本对应 33.3536 万元，而此次增资价款不超过 250 万元，新增设的注册资本不高于 77652787 元。新增设注册资本以上的金额将全数作为资本公积，具体数额将根据最终筹集成本确认②。增资完成后，公司对成都蓉生的持股比例将不超过 74.0808%，而武汉所、上海所和兰州所的持股比例分别不低于 10.7294%、9.5646% 和 5.6251%。成都蓉生的注册资本和实收资本的持股份额将按照实际出资金额确认，出资完成后武汉所、上海所和兰州所的股份份额将相应变化③。

值得注意的是，武汉所、上海所和兰州所均为企业控股股东中国生物技术股份有限公司的全资及控股子公司，同属于同一企业实际控制人国家医药集团公司控股。由于武汉所、上海所、兰州所与公司构成关联方关系，因此此次公司对成都蓉生的增资被视为关联交易。

3.3 关联方介绍

3.3.1 湖北生物制品研究院有限公司

主营业务：海洋生物产品、血液成品研发、营销、经营与本企业的自产产品和服务有关技术、高新技术的进出口；负责本企业内部制造研发所需原辅材料、机械设备、仪器仪表等有关商品的进货交易；负责本中小企业的进料机械加工；一般商品、三类医用机械经销；生物工程技术咨询。

3.3.2 上海市生物制品研究院有限责任公司

主营业务：制造及销售血浆产品、病毒、生物工程制品、医疗用实验动物商

---

①②③ 资料来源：《北京天坛生物制品股份有限公司关于对成都蓉生增资暨关联交易以及成都蓉生对全资子公司增资的进展公告》。

品和高新技术的进出口运输经营；生物技术和生物工艺生产领域内的开发、科技转移、科技咨询服务、科技咨询服务。企业和上述关联方之间，在专利、经营、科技资产、债权欠款、信息等领域，保持独立性。

3.3.3　兰州生物商品研究所

主营业务：生物制品、血液制品、医疗仪器、诊疗器材以及从事该所研制和开发的科技产品和开发的高新技术产品出口服务；从事为该所研发产品需要的材料、原辅材料、设备、仪器设备、零备品等的引进服务；负责该所国内外合作发展、联合经营。

3.4　增资内容

在 2020 年的股东大会上，天坛生物确定了一项重要的战略规划，将血液工作和科研工作置于战略的核心地位。在这一战略规划中，对核心子公司的注资尤为突出，意在提升其股比，从而积极影响上市集团公司的业绩。根据集团此前的公告，成都蓉生有限公司的股份及整体权益估值约为 145.6 亿元，而此次注资额约为 25.4 亿元。注资完成后，上市公司在成都蓉生的持股比例将由 69.47% 增加至74.01%。此外，武汉所、上海所和兰州所在成都蓉生的持股比例分别为 10.76%、9.59% 和 5.64%。成都蓉生有限公司同时将注资 10.9 亿元和 9.6 亿元于广州血制和兰州蓉生[①]。

成都蓉生是集团公司中血制品生产及经营占比最大的子公司，其管理经营力量在全国范围内领先。上市公司通过增加对成都蓉生的持股份额，更好地契合集团公司主营业务扩张的趋势，进一步强化了集团公司的营利能力。这次注资不仅是对成都蓉生的投资，更是对整个集团业务的有力支持，为集团未来的发展奠定了更为坚实的基础。

3.5　交易后股权结构

天坛生物于 2021 年 4 月 25 日召开第八届董事会第八次会议审议通过了《关于确定募集资金向子公司增资金额的议案》，同意根据非公开发行股票募集资金情况，结合募投项目可行性研究报告及建设进度确定的后续建设资金需求情况，确定向成都蓉生增资金额为 25.4 亿元，成都蓉生向上海所、兰州所增资金额分别为10.9 亿元、9.6 亿元。根据前述确定后的增资金额，成都蓉生、上海所、兰州所增资前后股权结构如表 1 所示。

---

① 资料来源：《天坛生物 2020 年年度报告》。

表1 成都蓉生增资前后的股权结构   单位：元，%

股东名称	增资前		增资后	
	认缴出资额	持股比例	认缴出资额	持股比例
天坛生物	303261000	69.47	379414699	74.01
武汉所	55169400	12.64	55169400	10.76
上海所	49180100	11.27	49180100	9.59
兰州所	28923700	6.63	28293700	5.64
合计	436534200	100.00	512687899	100.00

资料来源：《天坛生物2020年年度报告》。

4 纷繁交集，缘起的交易历程徜佩

4.1 关联交易定义

根据2006年发布的《企业会计准则第36号——关联方披露》，关联方交易是指关联方之间转移资源、劳务或义务的行为，而不论是否收取价款。张先治（2007）将准则中关联方交易的定义进一步细化，认为关联方交易是指股份公司或其附属公司在与本公司直接或间接占有利益、存在利益关系的关联人士之间所进行的业务交易。这些关联人士包括公司董事、公司经理、主要股东等，他们与股份公司间的关联方交易，往往是指他们所代表的另外利益主体与公司间的业务往来。

4.2 关联交易的基本运作模式

4.2.1 财务部统计关联交易金额

每年12月31日前，由政府主管机关、控股子公司和在合并后财务报表范围内的经营实体，共同计算出本单位在下一年度预计所进行的相关贸易总额。实际上，由于有的企业年度日常关联交易估计事项也是和年度报告共同审议，所以计算日期也会相对推迟。根据"谁进行签约、谁填报"的原则，填报关联交易预计明细表（见表2），并上报市财政局。

表2 关联交易预计明细表（样表）   单位：万元

序号	关联方名称	关联交易类别	预计金额	是否已签合同	主要交易标的	主要定价原则	交易目的/必要性	上年预计金额注：未经审计
1	A公司	采购物资	1000	是	包装物	市场公允价格	满足生产必需	800

续表

序号	关联方名称	关联交易类别	预计金额	是否已签合同	主要交易标的	主要定价原则	交易目的/必要性	上年预计金额注：未经审计
2	B 公司	销售商品	200	是	…	市场公允价格	…	220
3	C 公司	接受劳务	…	否	…	…	…	…
4	…	…	…	…	…	…	…	…

资料来源：《特别纳税调查调整及相互协商程序管理办法》。

4.2.2　财务部汇总关联交易情况

企业财务部将依据各部门所提交的关联交易预测资料，加以收集、分类、整理，生成企业月度日常性关联交易预测统计表，一并上报给总经理秘书部门，并抄送董办。在现实中，为防止在具体实施关联交易时出现超过预期的情况，各部门总是把预计数字往上拔，这造成总的关联交易预计数额和事实发生额出现很大偏差。所以，董办在接到财务汇总的资料汇报以后，必须结合情况和财务部门交流，查看这些预计数额是不是必须做出改变。随后，如果经股东大会审议并通过，则流程准备关联交易（金辉，2022）。

4.3　关联交易的优点

4.3.1　避免信息不对称

关联方之间的互信和协作也有助于减少信息不对称。当合作双方之间存在高度的互信时，信息的共享更为顺畅，各方更愿意主动分享关键信息。这种信息流畅性有助于避免因信息不对称而产生的误解或不必要的纠纷，进一步增强了合作的可持续性和效果。综合而言，关联方之间的互相理解和信赖不仅为协调处理问题提供了坚实的基础，而且通过提高资金的周转率和减少信息不对称，有效降低了交易成本，推动了企业整体的协同发展。这种积极的协作关系有助于形成更为稳固的业务合作模式，为各方共同创造更多的价值和利益。

4.3.2　加强企业间合作

通过公司内部合理的交易设计，可以实现在一定意义上的最优配置，促使公司内各个部门协调运作，从而达到公司整体规模的最大化。一个典型的例子是在企业内部，通过组织的技能选择与劳务选择的专业化，实现产供销一体化。在这种内部交易设计中，企业内的各个部门被赋予不同的职能和专业领域，以更好地适应市场需求和公司整体战略。通过明确的技能选择，公司能够确保不同部门拥有最适应其职责的专业知识和技能。这种专业化的配置有助于提高生产效率、提升产品质量，从而增强企业的竞争力。

4.4 关联交易的弊端

4.4.1 影响上市公司独立运营能力，以及抵御外部经营风险的能力等下降

有些企业最初只是作为控股公司旗下的一个制造车间和工厂存在，而控股公司则充当了企业的原材料供应场所和产品交易市场。在这个关联关系中，企业不仅向控股公司推销商品，还提供劳动力，而上市企业则向控股公司供应原材料和劳动力。这种紧密的关联关系在一定程度上影响了公司的经营自主性，使其对关联方产生了较强的依附性，从而导致市场竞争性逐渐减弱。

在这样的情境下，企业应当审慎评估自身的经营状况，并寻求多元化发展策略，减轻对关联方的依赖程度。通过增强自身的经营独立性、提高市场竞争力，公司可以更好地适应外部环境的变化，降低面临的风险，确保企业在竞争激烈的市场中保持稳健发展。

4.4.2 关联交易可能会侵害大股东、中小股东的利益权益

控股企业通过贡献自身盈利以提高公司的收益，确保公司保持挂牌"壳"的状态，甚至为增发证券的小股东提供了参与的机会。然而，尽管这一看似积极的举措有助于公司的财务状况，最终结果却可能在损害大股东和小股东的权益上留下阴影。由于控股企业和公司股东都面临亏损的可能，如果投入的资金未以足额资本形式带来相应的经济回报，那么最终的收益可能仅仅停留在账面上。在这种情况下，即便公司最终实现了盈利或成功筹措了资本，利用转让资本和收益的方式可能会使控股企业赚取更多的资本，但却牺牲了全体中小股东和债务人的切身利益。从长远来看，这种做法可能侵害了中小股东的权益，因为他们的股份相对较小，很可能无法分享到公司盈利的实质性利润。因此，在进行相关资本注资和转让操作时，企业应当谨慎考虑，确保所有股东的权益得到公正对待，同时合规履行相关法规，以维护公司的长期健康发展。

4.5 关联交易合规性判断

4.5.1 关联交易定价应公允合理

上市公司在进行关联交易时，必须确保签订书面协议，并且明确规定关联交易的定价政策，以确保价格的确定公开、公正。除非政府已经规定了价格，否则交易应参考具有可比性的独立第三方市场价格或关联方与非关联方之间的非关联交易价格（张怀岭，2022）。如果没有市场价格可供参考，可以采用成本加成法、再销售价格法、可比非受控价格法、交易净利润法、利润分割法等合理的方法确定价格。对使用特殊定价方法的情况，必须提供公允性的说明。

4.5.2 关联交易审议程序应合规

为了规范关联交易行为，上市公司需要建立和完善内部控制制度，明确规定

关联交易的决策权限和审议程序。在审议关联交易时，必须严格执行关联董事和关联股东回避表决的制度。公司在作出关联交易决策前，应充分了解交易的背景、目的和规模，并详细评估交易相对方的信用状况和履约能力。必须审慎评估交易的必要性和合理性，充分论证定价依据和交易价格。重点关注可能存在的问题，如交易标的的所有权不清、交易对方履约能力不确定以及交易价格的公允性等。如果需要，公司应聘请中介机构对交易标的进行审计或评估（张玲，2011）。

4.5.3 关联交易信息披露应规范

上市公司需要确立和完善内部控制制度，明确规定关联交易的决策权限和审议程序。在审议关联交易时，必须严格执行关联董事和关联股东回避表决的制度。公司在作出关联交易决策之前，必须全面了解交易的背景、目的和规模，并详细评估交易相对方的信用状况和履约能力。对于交易的必要性和合理性，必须进行审慎评估，并充分论证定价依据和交易价格。特别关注可能存在的问题，如交易标的的所有权不明确、交易对方的履约能力存在疑虑以及交易价格的公允性等。如果必要，公司应聘请中介机构对交易标的进行审计或评估（王阳，2023）。

5 风云飘摇，过程中的波澜壮阔分析

5.1 信用风险敞口

5.1.1 应收款项风险分析

应收账款经营风险是指因为银行应付账款而导致的坏账损失、资金成本和经营成本的上升。应收账款的经营风险随着数量的增加而呈同比上升趋势，公司通过商业信贷所完成的商品销量越大，承担的经营风险也越高。由于生物制品行业的购销流量大，大部分企业都实行赊销策略。天坛生物 2020 年末的应收账款有9800 万元，坏账准备金有 2000 万元。所以，对应收账款实施有效风险管理，强化企业风险意识，并提出防范和处置的对策，是天坛生物经营战略与财务管理中的一个主要内容。公司应收账款余额的不断上升，一方面使公司资金发生了紧张，另一方面也促使公司不得不举债经营。为保证正常经营，公司必须在超高资产比例经营的状况下举债运营。这样不但提高了公司的经营费用，造成效益低下，同时也使公司走向了资不抵债的边缘。所以，在管理应收账款方面，公司必须保证直接与相关负责人的经济收益相关，必须保证规定简明、赏罚有据。这就必须分析企业对应收账款的处理周期，以及利用期限的长短所产生的机会成本、管理成

本，以便制定出贴近现实的奖励办法。

5.1.2 流动性风险分析

流动性风险是指本企业在完成以支付现款或其他财务负债的方法结算的义务时出现经费缺口的风险。而流动性风险则可能源于企业无法及时地以公允性价格出售金融资产，或者来源于对方无法支付其合同欠款，又或者来源于已提前到期的欠款，又或者来源于无法产生预计的现金流量（朱焱和张孟昌，2013）。2020年天坛生物因经营活动所形成的现金流量总额为70210.96万元，较上年同期增长9.28%，主要因素是企业本期的商品销售回款上升。投入活动形成的现金流量净额为-62046.79万元，比上年同期下降了5465.09万元，原因主要为本次研发费用同比增长以及上年同期的购买武穴、西吉浆站费用。融资活动形成的现金流量净额为25416.56万元，比上年同期增长了192.57%（见表3），原因主要为2020年度取得的贷款比上年增加。

表3　天坛生物2019年和2020年的现金流量情况　　　　单位：元，%

科目	2019年	2020年	变动比例
营业收入	3281859560.77	3445594865.12	4.99
营业成本	1645729752.51	1734063887.83	5.37
销售费用	231278046.04	249169742.15	7.74
管理费用	229352948.75	256548791.24	11.86
研发费用	118676554.16	119874891.16	1.01
财务费用	-22364826.32	-30304376.40	不适用
经营活动产生的现金流量净额	642468858.66	702109603.84	9.28
投资活动产生的现金流量净额	-565817017.72	-620467912.04	不适用
筹资活动产生的现金流量净额	86874682.40	254165648.55	192.57

资料来源：《天坛生物2020年年度报告》。

5.1.3 偿债风险分析

关联交易过程中，天坛生物用25.4亿元对成都蓉生进行增资，在这25.4亿元中，除了少部分是天坛生物自有外，其余大部分都是通过非公开发行A股股票募集资金获得的。私募资金增加了天坛生物公司的负债比，因此在之后的经营过程中需要对未来的现金流和库存现金做出精确的计算。2020年天坛生物公司财报显示，在未来一年内需要偿还的流动负债有4493.6万元，在未来1~3年内需要偿还的流动负债有265.04万元，三年后需要偿还的流动负债有46.18万元。高利息导致高额的利息费用，给企业后续的经营带来了巨大的现金流风险。如果在增资后天坛生物的预计收益减少，则将会使其由于债务较为繁重而造成企业利润水平的降低和每股利润减少，进而降低公司的偿债能力，使公司的市场价格降低，甚至可能惨遭清算。因此，公司必须要事先做好适当的准备，按照资金的多寡、债务的时间长度、紧迫性、机构性质、可承受利息的多少等，把各种举债手段的利弊和公司自己的现实需求、能力、对未来可能出现的巨大收益，以及其对自己资产构成的风险控制等因素相结合，从而谨慎地选用最有利于自身、损失最小化的筹资手段（彭麟，2023）。

5.2 对天坛生物关联交易模式评价

5.2.1 业绩承诺完成情况

2018 年，天坛生物与中国生物签订了《利润预期补充合同》，同时成都蓉生与中国生物、上海所、武汉所及兰州所签订了《利润预期补充合同》，规定了 2018~2020 年有关贸易标的利润承担及补充条件。成都蓉生（不含武汉血制、兰州血制和上海血制）在 2018~2020 年累计扣除非经常性损失后归属于母企业股东的总资产为 178 万元，10% 股本的对应部分为 17895.32 万股，超出了预定数 3544.73 万股，完成了累计预期收益的 124.70%①。企业旗下子公司成都蓉生及其上海血制、武汉血制、兰州血制在 2018~2020 年累计扣除非经常性损失后，归属于母公司股东的净收入均超过保证数，超过了原营业收入预期。

5.2.2 主要财务指标分析

2019 年和 2020 年，天坛生物公司的稀释每股收益分别为 0.49 元/股和 0.51 元/股，增长了 4.08%；2021 年年度报表显示其稀释每股收益 0.57 元/股，本期比上年同期增长了 11.76%。稀释性股票价值采用基本每股收益为基准，通过假设企业内全部发售在外的稀释性潜在普通股都已转化为一般股，并通过依次下调原归属于一般股企业的本期利润标准及其增发在外一般股的加权平均数计算结果而得到的股票价值，是根据新准则所引进的一种新定义，通过评估"潜在普通股"对基本每股收益的影响，将有助于减少因该指数虚增而可能产生的信息误导②。

5.2.3 加权平均净资产收益率

加权平均净资产收益率是企业净利润与平等所有者利益之间的比率，是指企业税后盈利减去净资产所获得的百分比，这个指数能够反映一般持有者股权的实际利润状况，能够用来反映公司使用自营资本的情况效益。目标值越高，意味着投入得到的收益就越大。该指数主要反映了企业以自有资金所获取净收入的平均水平。其统计方法为：当期净收入÷[（期初净资产+期末净资产）÷2+当期发售新股

---

① 资料来源：《北京天坛生物制品股份有限公司关于对成都蓉生增资暨关联交易以及成都蓉生对全资子公司增资的进展公告》。
② 资料来源：《天坛生物 2021 年年度报告》。

或配股增加净资产×(自缴款截止日下一年度至报表期末的一个月数-6)÷12]。

根据表4的数据进行计算,天坛生物公司2020年加权平均净资产收益率为15.10%,比上年同期减少了1.62个百分点。本案例认为加权平均净资产收益率的下降主要受公共卫生事件制约,导致生产成本和销售成本增长。

表4　2020年天坛生物公司主要会计数据 单位：元

主要会计指标	2019 年	2020 年
营业收入	3281859560.77	3445594865.12
归属于上市公司股东的净利润	611093849.29	639006857.10
归属于上市公司股东的扣除非经常性损益的净利润	609875883.94	624258053.79
归属于上市公司股东的净资产	3938897465.00	4517946100.39
总资产	6314412345.97	7541051691.07

资料来源：《天坛生物2020年年度报告》。

5.3　问题与建议

第一,天坛生物2020年毛利率和净资产收益率较上年下降,此时选择大额的注资可能会对未来的现金流和净利润产生影响。因此,天坛生物在考虑进行大额注资时需要谨慎权衡各种因素。

首先,公司应对自身的财务状况进行深入分析,评估目前的流动性和偿债能力。考虑到毛利率和净资产收益率的下降,公司需要审慎评估注资对未来现金流和净利润的潜在影响。其次,天坛生物应当充分考虑突发事件对行业和市场的持续影响。在不确定性较大的情况下,公司需要谨慎制订未来业务计划和投资战略,以确保资金的有效利用和业务的可持续发展。此外,天坛生物还需关注市场竞争环境和行业政策变化。在新的经济形势下,产业链可能发生变革,公司需要及时调整战略以适应市场的变化,并确保资金的灵活运用。最后,公司还应充分考虑股东的期望和市场的反应。大额注资可能影响公司的股价和市值,因此,公司需要有效沟通并获得股东的支持。透明度和良好的沟通将有助于维护投资者信心,减轻市场对注资决策的担忧。

第二,由于中国还没有对母公司与二级子公司的关联交易有详细的法律规定,所以在关联交易的程序审批和交易过程中经常出现关联交易舞弊和非法避税等行为,作为关联交易方,应该注意以下问题：要遵循财务报告信息公开的重要性原则,即需要对上市公司所提供的有关资料无须事无巨细,面面俱到。要针对关联方交易过程中的重要情况予以重点揭示,主要体现在如下两个层面：首先,对具有实际控制关系的关联方,因为它们都对上市公司具有重要作用,所以不管有没有与关联方进行交易，均要在报表附注中揭示其主要情况（陈明军，2010）。其次，针对性质一致的其他重要交易过程也可一并揭示，但以不妨碍财务报告审阅者准确了解公司会计报表内容为基础。最后，对企业财务情况和营业结果产生影响的关联方交易，如构成重要贸易，就必须按照各自关联方的交易类型公布（赵魁媛，2005）。

6　案 例 结 语

在对天坛生物公司的关联交易进行深入分析后，深刻认识到合规经营不仅是企业责任的体现，更是对国家和社会的一种积极贡献。天坛生物公司通过其合规的商业实践，展现了对祖国经济繁荣和法治建设的坚定支持。在全球商业竞争激烈的背景下，天坛生物公司以其严谨的内部控制和关联交易监管，确保了公司运营的透明度和可持续性。这不仅有助于提升公司的整体形象，更彰显了企业对于爱国主义价值观的深刻理解与践行。

案例使用说明

一、教学目的与用途

（一）适用课程

本案例主要适用于《公司金融》《管理经济学》《金融风险管理》《财务报表分析》《金融市场学》《金融学理论与实务》等课程。

（二）适用对象

本案例主要适用于以下对象：

1. 经济学、金融学等相关专业的本科生和研究生。

2. 对金融和投资领域感兴趣的专业人士，包括但不限于金融分析师、投资顾问、银行工作人员等。

3. MBA、EMBA、MPACC等专业课程的学生，以及其他参与继续教育和职业发展课程的成人学习者。

（三）教学目标

本案例旨在通过案例教学，引导学生关注金融市场动态，掌握做关联交易的相关知识点，加深学生对关联交易机制重要性的认识以及财务报表的分析能力，并结合现实案例去剖析国内企业中对子公司增资的现象。同时，也期望通过本案例的阅读和分析，能引发学生的深入思考。

二、启发性思考题

1. 什么是关联交易？关联交易对公司的优劣势是什么？

2. 结合本案例，企业应该如何识别和披露关联交易？透明度和披露的重要性是什么？

3. 你认为未来关联交易的监管和管理趋势会朝着哪方面发展？你认为企业应该如何调整以适应这种趋势？

三、分析思路

教师可根据教学目标，灵活使用该案例，案例分析思路仅供参考。当前，我国经济正面临重要的经济转型时期，而关联交易作为我国企业必不可少的经济活动，对我国经济、法制结构具有重大意义。因此，我国多次出台相关政策文件，以期推动关联交易的发展。以天坛生物的大额关联交易为例，介绍关联交易的案例背景，并介绍了关联交易的规范性和本案例的关联交易合规性分析。最后提出了相应的问题与建议。

四、理论参考

(一) 关联交易

关联交易是指因已有业务关系或共同利益而加入两方之间进行的交易或安排公司经常寻求与他们熟悉或有共同利益的各方进行业务交易。虽然关联交易本身合法，但可能会产生利益冲突或导致其他违法情况。上市公司必须披露这些交易。要点如下：

1. 关联交易是指已有业务关系的两方之间的一项安排。

2. 一些（但不是全部）关联方交易具有潜在的利益冲突，因此监管机构会仔细审查它们。

3. 如果不加以控制，滥用关联方交易可能会导致所有相关方遭受欺诈和财务损失。

(二) 企业增资

增资（Capital Increase）是指企业增加公司资金或是增加资本。当企业在经营发展上有新的需求，例如，扩大经营规模、业务拓展、改善财务状况或是发展新事业，此时企业的资本会随着营运方向的变化而产生调整，因此当企业需要取得新的资金时，就会进行增资。

增资方式主要分为以下 4 种方式：

1. 盈余增资：企业将年度盈余的资金，以发放股票股利的方式转为资本，原本的股东无须出资认股，就能配发新的股票。这种增资方式将资金保留在公司作为未来的发展支出，也代表企业看好未来的发展性才会以此方式增资。

2. 现金增资：发行新股，向投资人募集更多资金，但因为在外流通股数增加，将导致每股盈余（EPS）下降，原股东的股东权益也会被影响。

3. 资本公积转增资：这是一种较为少见与非公开的增资方式。会发放资本公积的原因可能是企业获利衰退，或是营运发展上放缓，因此拿资本公积当作股利发放，就像是企业拿老本发放给股东，长期来看对企业与股东较为不利。

4. 私募增资：企业寻找特定人认购公司股票，私募增资通常会引进策略投资人认购，认购价格是采取议定的方式，因此也会有所谓的"闭锁期"，以避免特定人士在认购之后随之在投资市场上抛售赚取价差。

五、具体分析

进行案例教学是引导学生通过案例事件追溯现象中暗含的知识点。各启发性思考题对应的知识点和引导性提问如下：

（一）什么是关联交易？关联交易对公司的优劣势是什么？

【理论知识】关联交易、公司治理

【分析思路】学生在对案例进行深入了解之前，需要先掌握案例涉及的关联交易理论知识。本题设置的目的是让学生了解关联交易的基本理念，并从关联交易的特点出发，找出在公司进行关联交易的优劣势。

以下提供辅助问题，仅供参考：

1. 什么是关联交易？

2. 关联交易的优势是什么？

3. 关联交易的劣势是什么？

【案例答案】

1. 关联交易是指在两个或多个实体之间发生的交易，这些实体之间存在着某种形式的关联关系，比如公司之间、个人和公司之间或者公司和其子公司之间的交易。

2. 进行关联交易的优势主要体现在以下几个方面：

第一，可以提高资源的有效利用：通过内部交易，实体可以更灵活地调配资源，满足各自的需求，提高整体效率。

第二，促进业务发展：关联交易有助于拓展业务范围，增加市场份额，提高竞争力。

第三，税收优惠：某些关联交易可能享受税收优惠政策，从而降低成本。

第四，简化流程：在关联方之间进行交易可能更加简化，省去了与外部合作伙伴沟通的繁琐程序。

3. 关联交易的劣势包括：

第一，利益冲突：关联交易可能存在利益冲突，特别是当一方对另一方施加影响力时，可能导致不公平的交易条件。

第二，缺乏市场竞争：由于关联交易的内部性质，可能缺乏市场竞争，导致定价不公正或资源配置不当。

第三，法律法规风险：一些司法管辖区对关联交易有严格的监管规定，如果违反了相关法律法规，可能会面临法律风险和处罚。

第四，信息不对称：在关联交易中，一方可能拥有更多的信息，导致信息不对称，从而损害其他相关方的利益。

（二）结合本案例，企业应该如何识别和披露关联交易？透明度和披露的重要性是什么？

【理论知识】会计信息披露

【分析思路】授课教师在讲解本题时，可以先让学生了解什么是会计信息披露；再引导其思考披露相关信息的重要性。以下提供辅助问题，仅供参考：

1. 如何识别关联交易？

2. 关联交易信息披露的重点是什么？

3. 透明度和披露的重要性是什么？

【案例答案】

1. 建立清晰的关联交易定义。公司应该明确定义何为关联交易，包括哪些类型的交易会被纳入其中。制定明确的关联交易政策：公司应该制定详细的关联交易政策，规定了关联交易的种类、额度限制、审批程序等，以便员工清楚了解哪些交易需要进行披露和审批。建立关联方识别机制：公司应该建立有效的机制来识别与公司存在关联关系的实体，包括关联方的股权结构、管理层成员等信息。

2. 披露关联交易。定期披露：公司应该在定期财务报告中披露与关联方的交易，包括交易的性质、金额、条件等详细信息，以便股东和监管机构了解公司与关联方的关系。及时披露：公司应该在关联交易发生后尽快进行披露，确保信息的及时性和透明度，以避免信息不对称和误解。披露的详尽性：公司应该确保披露的内容详尽完整，包括关联方的身份、交易内容、交易价格、交易条件等，以提高披露的可信度和有效性。

3. 透明度和披露的重要性。增强投资者信任：透明度和披露可以增强投资者对公司的信任，减少信息不对称，提高投资者对公司业务的了解和认可。降低法律风险：透明度和披露可以降低公司面临的法律风险，避免因隐瞒关联交易信息而引发的诉讼和法律纠纷。加强公司治理：透明度和披露是公司治理的重要组成部分，可以帮助公司建立健全的内部控制机制，防范利益冲突和不当行为。

通过识别和披露关联交易，并重视透明度和披露的重要性，公司可以增强投资者信任，降低法律风险，提升公司形象，加强公司治理，从而实现可持续发展。

（三）你认为未来关联交易的监管和管理趋势会朝着哪方面发展？你认为企业应该如何调整以适应这种趋势？

【理论知识】公司治理、可持续发展

【分析思路】本题作为开放式题目，目的是锻炼学生在对案例进行归纳总结的基础上，能举一反三，从多个方面总结出关联交易监管的发展趋势，以及企业应该如何适应发展。以下提供辅助问题，仅供参考：

1. 从披露透明度的角度出发分析。

2. 从监督机制的角度进行分析。

【案例答案】未来关联交易的监管和管理趋势可能朝着更加严格和透明的方向发展。随着对公司治理和透明度要求的提高，监管机构和投资者对关联交易的关注度将进一步增加。以下是未来关联交易监管和管理趋势可能发展的方面：

1. 更严格的法规和监管要求：预计监管机构将进一步加强对关联交易的监管，

制定更严格的法规和规定，要求公司更加透明地披露关联交易信息，严格控制关联交易的条件和审批程序。

2. 加强内部控制和审计：未来公司可能需要加强内部控制机制，建立更加严格的审批程序和内部审计制度，确保关联交易的合法性和合理性，并及时发现和纠正任何违规行为。

3. 加强独立审查和监督机制：公司可能需要建立更加独立的审计委员会或专门委员会，负责审查和监督关联交易，减少利益冲突和不当行为的可能性。

4. 提高信息披露的质量和透明度：企业需要提高关联交易信息披露的质量和透明度，包括更加详细和全面的披露内容，以及及时、准确地披露关联交易信息，确保投资者和监管机构能够全面了解公司与关联方之间的交易关系。

5. 加强企业文化建设：公司可能需要加强企业文化建设，强调诚信和透明度的重要性，提高员工的合规意识和责任感，避免滥用关联交易和利益冲突的发生。

为了适应未来关联交易监管和管理的趋势，企业可以采取以下调整措施：

1. 建立健全的内部控制机制：公司需要建立健全的内部控制机制，包括明确的审批程序、有效的审计制度和风险管理机制，以确保关联交易的合法性和合理性。

2. 加强员工培训和教育：公司可以加强员工的合规培训和教育，提高员工对关联交易法规和公司政策的理解和遵守意识，减少违规行为的发生。

3. 建立独立的审计委员会或专门委员会：公司可以建立独立的审计委员会或专门委员会，负责审查和监督关联交易，确保关联交易的合规性和公正性。

4. 加强与监管机构的沟通和合作：公司可以加强与监管机构的沟通和合作，及时了解最新的法规和监管要求，确保公司的经营活动符合法律法规。

六、关键要点

（一）案例关键点

天坛生物增资的过程以及增资后盈利能力、偿债能力发生了什么变化，并了解关联交易的规范性。在关联交易方面，天坛生物在进行增资时应当遵循相关法规和规定，确保增资过程的透明度和公正性。公司在与关联方进行交易时，必须符合法规规定的定价原则，避免不当的利益输送。此外，公司应当加强内部控制，确保关联交易的程序合法规范，防范关联交易的滥用和舞弊行为。

（二）知识关键点

关联交易的目的、如何避免关联交易舞弊、合并与收购、关联方利益、关联性经济活动、内部合同。

（三）能力关键点

本案例主要考察分析、综合和批判性思维能力。通过审查关联交易，培养审查技能和创新意识。同时，要求应用学习的理论工具解决实际金融问题。强调要全面分析信息、独立思考，并能在复杂环境中灵活运用理论知识。

七、课堂计划建议

本案例可以作为专门的案例讨论课来进行，整个案例课的课堂时间控制在 80~90 分钟。计划如表 5 所示。

表 5　课堂计划时间进度表

阶段	内容	教学活动	时间
课前准备	课前准备	1. 提前查看案例正文、启发性思考题，并请学生根据案例提前自行检索搜集关联交易以及天坛生物财务数据等相关信息； 2. 提前要求学生做好分组，建议划分为 4 个小组，分配思考题任务	课前一周
	案例引入	授课教师说明课程内容和案例讨论主题，说明案例讨论的教学目的、要求和安排等	5 分钟
	分组讨论	开始分组讨论，各学生根据课前搜集的信息，围绕启发性思考题进行深入讨论	20 分钟
课堂计划	小组汇报	1. 授课教师根据分析思路中给出的案例分析逻辑以及各启发性思考题对应的引导性提问，展开教学； 2. 小组根据所分配任务，理清天坛生物关联交易的始末并尝试回答其中的启发性思考题； 3. 授课教师在提问过程中穿插讲解理论参考和知识点	40~50 分钟
	案例总结	对案例正文的整体叙述、相关理论参考和知识点进行总结归纳，并适当延伸	15 分钟
课后计划	小组报告	要求学生采用小组报告形式对案例讨论的结论与理论基础、分析思路等进行阐述，为后续章节的学习做好铺垫	课后一周

案例三　好利能否再来——好利来品牌经营的案例分析

摘要："新消费"概念兴起，烘焙、潮玩、奶茶等新消费代表市场日渐成为炙手可热的投资新领域。只有穿透令人眼花缭乱的新消费概念，了解食品饮料品牌真实的商业模式、经营特点，才能真正理解此类企业的特点和发展方向。好利来为何做出"品牌分割"的战略决定？高频"IP联名"的利与弊又如何？两大标签背后，好利来品牌的商业模式和经济护城河，是否能帮助品牌在已逐渐步入红海市场①的烘焙行业继续前进？本案例以好利来品牌为对象，围绕其发展历程、商业模式、品牌经济护城河及市场生命周期等方面展开讨论，旨在多角度、多方式地思考烘焙品牌经营方式。高频次进行的"IP联名"为品牌引得了流量和热度，但同时也将品牌与网红经济深度绑定。建议品牌的经营最终还是要回归到产品的实际质量和口碑，以食品安全和质量硬实力得到消费者的认可，发挥品牌带头作用，共同构建安全高质的中国烘焙市场，利于中国食品工业始终走好高质量发展之路。

1　案例背景与案例思政

> **思政元素：**要保护和传承食品行业老字号，使优秀品牌不断发扬光大，发挥其质量管理的示范带动作用。要加强品牌建设，积极争创名牌，用品牌保证人们对产品质量的信心。（摘自：2013年12月23日习近平总书记在中央农村工作会议上的讲话②）

---

① 红海市场是指现有竞争白热化的残酷市场，是跟所谓蓝海市场相对应的概念。普遍认为红海市场界限明确，利润增长的空间相对难以拓展。而蓝海代表亟待开发的市场空间，代表创造新需求和高利润增长的机会。

② 习近平. 论"三农"工作［M］. 北京：中央文献出版社，2022.

教学意图：引发思考，如何培养食品品牌，打造安全高质的中国烘焙市场，切实提升人民生活质量、满足人民群众日益增长的美好生活需要？

在《中华人民共和国国民经济和社会发展第十二个五年规划纲要》（以下简称"十二五"规划）和《中华人民共和国国民经济和社会发展第十三个五年规划纲要》（以下简称"十三五"规划）中，我国高度重视食品行业规范化发展，将推动食品安全法律法规完善作为工作重点。而在《中华人民共和国国民经济和社会发展第十四个五年规划和2035年远景目标纲要》（以下简称"十四五"规划）中，国家进一步提出制止餐饮浪费行为，推动居民养成良好的饮食习惯（见图1）。同时，大力提倡推动商业创新，推动企业提供优质消费品，满足消费者个性化、差异化需求，这也将助力烘焙行业，迎来产品和模式的创新发展。

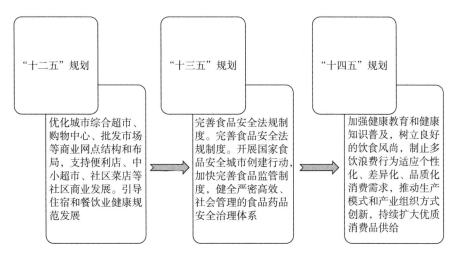

图1　"十二五"规划至"十四五"规划中烘焙食品行业相关政策的演变

资料来源：根据中华人民共和国中央人民政府网公开披露资料整理所得。

在国家层面上，我国对于烘焙行业相关的政策呈现数量较多、涉及面较广的特征，相关政策大部分为规范性文件，重点规范行业生产经营，保障居民食品安全，同时也不乏支持性政策，为我国烘焙行业快速发展起到了助推作用。2021年7月，商务部办公厅等多部门联合发布的《城市一刻钟便民生活圈建设指南》（以下简称《指南》）。《指南》提出，城市一刻钟便民生活圈是伴随社区商业发展而产生的，以社区居民为服务对象，服务半径为步行15分钟左右的范围内，以满足居民日常生活基本消费和品质消费为目标，以多业态集聚形成的社区商圈①。同时，《指南》将蛋糕烘焙店划归品质提升类业态中②，作为便民生活圈的一部分，被纳入战略统筹布局之中。相关部门将通过鼓励发展蛋糕烘焙店等方式，提升居民生活品质，满足居民休闲娱乐需求。这无疑是为我国烘焙行业未来发展指明了方向，同时也为相关行业从业人员和创业者注入了一针强心剂。

在"十四五"规划期间，我国多个省市均有颁布过相关政策，旨在推动烘焙食品相关行业发展，重点包括发展烘焙食品上游钨丝、金刚石行业，推动中游烘焙食品相关超硬材料基地和下游光伏产业建设，以及对烘焙行业本身的助推性政策及规范化要求。例如，2020 年 12 月，山东出台了《山东省人民政府办公厅关于加快食品产业高质量发展若干措施的通知》③（以下简称《通知》），《通知》提出，要围绕海洋食品、畜禽肉制品、食用植物油、淀粉功能糖、果蔬加工、加工行业，打造优势产业聚集区。酒类、淀粉加工休闲食品、保健功能食品等食品加强发展研究和政策扶持，倾力打造高质量特色。2022 年 1 月，《河北省制造业高质量发展"十四五"规划》④中明确指出，要重点发展食品专用粉，研发预混粉，开发小麦胚芽、小麦麸皮制品。发展挂面、方便面、营养特色方便主食、烘焙食品等面粉深加工产品。适度发展玉米淀粉及有机酸、功能性淀粉糖等淀粉衍生物。2022 年 2 月，广西发布了《广西食品工业高质量发展"十四五"规划》⑤，其中旗帜鲜明地指出，广西在未来发展过程中，要坚持发展植物蛋白饮品、坚果饮料、坚果代餐（如粉、脆片、饼干、巧克力等）、休闲烘焙等深加工产品。同时加快引进和发展烘焙、糖果、糕饼、调味品等休闲食品产业，形成高品质、多样化、健康化的休闲食品产业链供应链。2022 年 9 月，上海在《上海市人民政府印发关于〈关于在全市范围推广实施"一业一证"改革的指导意见〉的通知》⑥中强调，以"一业一证"行业综合许可准入为基础，对便利店、超市、饭店、小餐饮、现制现售食品、烘焙坊/面包房、咖啡店/茶馆、酒吧 8 个由市场监管部门牵头的行业，在浦东新区率先试点，拓展"市场主体身份码"的多场景应用。

---

① 资料来源：中华人民共和国商务部官网，http://ltfzs.mofcom.gov.cn/article/diaocb/lszc/202107/20210703179512.shtml。

② 品质提升类业态是指满足社区居民休闲、健康、社交、娱乐、购物等个性化、多样化、特色化的更高层次消费需求的业态。

③ 资料来源：中华人民共和国工业和信息化部官网，https://wap.miit.gov.cn/jgsj/xfpgys/sp/art/2021/art_fd7b71b467fa411a9e0326eae8040673.html。

④ 资料来源：河北省工业和信息化厅，http://gxt.hebei.gov.cn/hbgyhxxht/zcfg30/snzc/897446/index.html。

⑤ 资料来源：广西壮族自治区工业和信息化厅，http：//gxt.gxzf.gov.cn/xxgk/xggh/gxgh_82327/t17269031.shtml。

⑥ 资料来源：上海市嘉定区人民政府官网，http://www.jiading.gov.cn/publicity/zfxxgk/fdzdgknr/bmcx/scjg/158284。

为积极响应商务部号召，北京市有关部门对《指南》开展了进一步推动落实，于 2022 年 7 月，发布了《加快建设一刻钟便民生活圈 促进生活服务业转型升级的若干措施》①（以下简称《措施》）。在《措施》中明确提到，要丰富发展品质提升类业态。发挥财政资金引导作用，发展特色餐饮、蛋糕烘焙、茶饮咖啡、新式书店、休闲娱乐等品质提升类业态。从上述政策来看，我国将持续不断加快烘焙食品制造工业化道路，加速规模化、智能化、集约化生产。此外，随着经济蓬勃发展，我国消费者对烘焙食品的方便性、营养化、高品质的要求，也将促使烘焙行业发展模式转型。在这样的大背景下，本案例将从好利来品牌的历史出发，以品牌发展历程为线索，剖析好利来品牌特点、商业模式、经济护城河及市场生命周期，对好利来品牌的竞争优劣势进行分析探讨。通过知名国产烘焙品牌好利来这一切入点，以点带面，以期对国内烘焙行业业态进行更深入的认识与发掘，引导学生思考在新的大背景下，烘焙品牌应当如何发挥自身优势应对新的竞争格局，切实满足人民群众日益增长的美好生活需要。

2　初见好利来：品牌的前世与今生

2.1　第一阶段（1992~1999 年）：品牌初创，拓展奋进

1991 年，好利来品牌的创始人罗红在母亲生日时，没能买到符合自己心意的漂亮生日蛋糕，于是罗红萌生出了自己开一家蛋糕店的想法并付诸实践。他为这个蛋糕品牌取名"喜利来"，后又将其更名为"好利来"，这一品牌名与 Logo 也沿用至今。

凭借精美的外形和出众的口味，以及漂亮的宣传照片，好利来迅速打开市场局面，逐渐步入快速增长阶段。到 1999 年，全国范围内，已有十几个城市陆陆续续开设了好利来品牌连锁店。按照罗红的商业构想，好利来品牌开始着手逐渐"北上"，意图向国内烘焙行业的头把交椅发起冲击。然而，在 1999 年，一个意外事件打断了好利来快速发展的进程。作为好利来品牌主要的营收区域之一，东北地区一直是好利来品牌经营战略中的重点地区。但在当时的东北地区出现了一种传言，导致单品价格相对较高、利润空间更大的生日蛋糕业务一度无人问津，致使好利来品牌在东北地区的营收惨淡，甚至导致品牌彻底陷入危机。

---

① 资料来源：北京市人民政府官网，https：//www. beijing. gov. cn/zhengce/zcjd/202207/t20220712_ 2770001. html。

这件事对好利来品牌造成了沉重的打击,罗红采取了大规模裁员、降低成本等多种方式,最终顺利度过危机。这次危机提高了罗红的风险意识,为了应对未来的潜在风险,罗红引入内部联合创始人制度。即好利来品牌本身仍然归最初的创始人罗红所有,同时,其他数位受邀的亲属与好友,分别以联合创始人的身份加入好利来品牌。联合创始人享有一定区域内的好利来品牌使用权,允许在全国范围内各个地区进行自主经营。但好利来品牌总部将会对各区域内的店铺进行产品品质和服务标准的统一性规范,各个区域每年也需要提交一部分利润,作为好利来品牌总部的运营管理费用。值得注意的是,这种内部联合创始人制度不对外公开招商。因此,好利来本质上是非加盟类的直营烘焙品牌[①]。

2.2 第二阶段（2000~2017年）：快速扩张，新品不断

"内部联合创始人制度"的推出,激发了各个地区联合创始人们的经营热情和积极性。得益于此,好利来平稳渡过危机,开始进入快速发展、高速扩店的增长快车道,将产品线由原先的现烤类面包、糕点,逐渐拓展至月饼、粽子等传统中式点心。

自2002年起,作为老牌烘焙企业,好利来开始不断谋求转型,寻找契机开拓新市场。依托快速崛起的网红经济,好利来借助互联网平台,大力推广其改良版的日式甜品"半熟芝士"。外观清新考究、口感清爽细腻的半熟芝士系列,并取得了成功。仅在好利来天猫官方旗舰店,近40元的半熟芝士蛋糕,月销量达到了淡季4万盒,旺季10万盒。借由"半熟芝士"系列引发的讨论热潮,好利来陆续推出"蒲公英空气巧克力"等一系列新产品,并将其打造为热销的经典产品。此后,凭借"半熟芝士""蒲公英空气巧克力"等一系列新产品的成功,在全国范围内,好利来门店数量快速扩张至上千家,年销售量更是达到20亿[②]。

这也奠定了好利来2015年以来的品牌发展战略,即积极寻求品牌年轻化转型,迎合"Z世代"青年消费群体,致力于将好利来品牌打造成青年人群心目中的"国产蛋糕网红第一品牌"。为实现发展战略,好利来品牌积极提升运营能力,并持续不断扩大自身运营能力优势,逐渐将之发展为品牌的经济护城河。

2.3 第三阶段（2018年至今）：品牌"分家"，内忧外患

伴随一系列新品的成功,好利来品牌开始逐步向着罗红曾定下的"烘焙业第一品牌"的头把交椅目标前进。但曾经帮助好利来品牌平稳渡过危机的"内部联合创始人制度"开始成为这个蛋糕王国分崩离析的重要导火索。

2017年底,考虑到后续的发展需要,罗红为好利来品牌设定了全新的经营标

---

① 资料来源：根据中国日报网人物专访、界面网人物专访等公开披露资料整理所得。
② 资料来源：根据好利来品牌官方微博、微信公众号发布的数据整理所得。

准，其中涉及了店面装潢翻新、店员服务培训以及产品品类调整等将产生较大支出的措施。这项新标准致力于进行全面的品牌升级，并要求全国范围内所有好利来品牌店铺都要严格执行。新建立的标准体系带来了新的问题：执行全新的标准体系，各个好利来店铺的综合成本提高，产品的单品价格也随之水涨船高。由于各个地区的经济发展水平不同，好利来品牌在各个地区的经营状况也存在差异，部分地区因为新标准体系的执行，反而造成了一定的亏损，这也使数位联合创始人产生了不满的情绪。

或许是"基于针对特定消费者群体，打造专属细分品牌的考量"[①]，又或许是"经过内部一系列权力博弈的妥协与无奈之举"[②]，最终，好利来品牌创始人罗红宣布，允许联合创始人自主创建并独立运作自己的新品牌。经过一系列"更名风波"后，好利来品牌最终在一二线城市保持了原本的"好利来"，以及高端品牌线"黑天鹅"两个品牌。而在全国范围内，其他各个地区的好利来品牌店铺纷纷改名换姓，由不同联合创始人经营管理的地区，也各自换上了不同的品牌名：江西地区的好利来更名为"蒲公英"，华南区域、西北区域以及其他三四线城市的好利来分别更名为"甜星""麦兹方""心岸"等，中原地区的联合创始人发布公告，将旗下60多家原好利来店铺统一改名为"好芙利"[③]。

据相关统计和公布的数据，在更名风潮过后，原好利来品牌更名的实体店铺数量多达340家[④]。此次改名风潮引发了外界的质疑和部分消费者对品牌信赖度的降低。如何消解实体店铺大规模改名带来的负面影响，重新树立品牌形象，逐步恢复和提升公众的信任度与品牌声誉，是好利来品牌正在面临的一次严峻的品牌运营管理能力的考验。而品牌团队是否具备高超的危机应对技巧和强有力的品牌重塑策略，成为问题能否得到妥善解决的关键。

3　深度解读：走进好利来的蛋糕王国

3.1　好利来的"×魔法"

自2018年以来，在好利来的营销活动中出现次数最为频繁且引起最大话题度

---

① 资料来源：根据好利来品牌官方微博、微信公众号发布的数据整理所得。
② 资料来源：根据数英Digitaling人物专栏文章整理所得，https://www.digitaling.com/articles/888145.html。
③ 资料来源：好利来官方微信公众号发布的更名公告。
④ 资料来源：界面新闻，《好利来创始人罗红：我不在意外界是否觉得我勤奋》。

的，是好利来的一系列跨界联名活动。"IP×好利来"不断制造出一系列的网络爆款新品，奥特曼、神奇宝贝、三丽鸥等系列，都曾引发互联网的热烈讨论和销售热潮。

根据好利来品牌官方微博发布的宣传信息进行统计，在2021年，好利来品牌共计发布了40余款新品，其中，与各IP合作打造的联名产品，达到了数额惊人的22款[①]，占比超过50%。这也意味着，与IP联名合作的"×魔法"，成为好利来经营战略中最为重要的环节之一。通过不断与IP联名，好利来顺利打造出一系列新的爆款产品，在互联网引起广泛讨论度的同时，也借助合作IP的知名度和认可度，不断向"Z世代"目标消费者群体深度渗透，力图将自身打造成集潮流性、趣味性和话题度于一体的"烘焙产业明星"。

3.2 过硬的网络营销能力，乘网红经济东风

好利来搭上了移动互联网时代的"顺风车"，深刻地洞察年青一代互联网原住民的媒介使用需求，在社交媒体的选择上，其紧贴各大社交媒体平台属性，将品牌及产品信息因地制宜地投放到各大平台，以便利消费者搜索（杨健和洪青祥，2023）。

深入分析好利来品牌的发展之路，不难发现，以"半熟芝士"系列产品的推出为标志，好利来的品牌发展，由以传统的线下宣传为主，通过实体店铺广告推介新产品的"传统烘焙品牌"阶段，迅速过渡到着重互联网平台宣传，借助网红效应东风，快速转型迎合"Z世代"目标消费群体需求的"新消费烘焙品牌"阶段。"Z世代"的消费理念更加注重精神需求，愿意为多元兴趣埋单，同时喜欢追逐潮流，以此展现自身的潮流态度。好利来品牌积极迎合"Z世代"群体，利用互联网营销以及"其他IP×好利来"的联名合作方式，不断挖掘自身的运营能力优势，同时注重产品及包装的外形美观、新颖性，配合多渠道同步宣传，不断打造出一系列爆款新产品。而爆款新品带来的流量和热度，又反向在消费者心目中加深了对好利来品牌的认知和印象，增加了好利来品牌的认可度，提升了好利来品牌质量和形象，形成良好的正向循环。"半熟芝士"系列的成功，无疑让好利来品牌尝到了网红效应的甜头，在"半熟芝士"系列之后，好利来品牌推出的新产品，大多是非现烤类的精致预包装糕点，外形精美，包装鲜亮好看，辅以社交媒体平台的大面积宣传铺设，吸引青年消费者。

品牌咨询评估机构Interband曾提出：联名合作一般为中长期，并且考虑到创造共同价值的潜力是未知数，因此，不需要注册一个新品牌。好利来品牌深谙这

---

① 资料来源：根据好利来品牌官方微博新品发布情况统计。

一道理，通过联名营销的方式降低成本损耗，实现经济效益最大化。联名营销的效果差异体现在联名款是否能够做到吸引消费者、引起话题，在保持品牌原有理念的基础上呈现出新意，改变消费者对原有品牌的固有认知，真正实现"1+1>2"的效果。由此可以看出，联名对象的选择、最终创意的呈现方式都会影响受众对产品的接受度与喜好度（蔡馨和李心悦，2022）。在众多"新茶饮"品牌纷纷与IP联名合作的潮流下，好利来品牌也积极寻求与IP的联名合作，先后与"哈利波特""巴斯光年"等知名创意IP，"草莓熊""三丽鸥"等相对小众的卡通形象IP，乃至顾客画像同样集中在"Z世代"群体、被称为"潮玩第一股"的潮玩品牌"泡泡玛特"进行跨界合作。

在这样的品牌战略下，2022年全年，好利来品牌几乎每个月都有新品推出，带来一系列的流量和新发布节奏，使好利来品牌新产品在社交平台、流媒体平台的讨论热度始终维持在一个较高的水平。这一周期也恰好覆盖了好利来品牌的新品发布周期。持续的新IP联名，帮助好利来品牌始终在目标消费者心目中享有一定的印象和新鲜感，也帮助好利来品牌形成品牌经济护城河的良好循环。

3.3　多管齐下，积极开拓一切新渠道

好利来品牌的经济护城河不仅局限于高频次地推出新的IP联名和网红拳头产品，积极开拓多种宣传平台和渠道，同样是好利来品牌的"制胜法宝"。

消费者的商品购买意愿主要源于对商品的使用需求，但商品销售者的个人魅力、商品销售模式的差异等因素，也会对商品的销售过程和结果产生重要影响。消费者从自身的角度会对商品销售过程做出主观评估，网红品牌IP营销的过程，主要是博主与粉丝的互动过程，这会给消费者内心带来极大的满足感、信任感，从而增强消费者对于某种商品的购买意愿（张明明，2021）。

2021年7月26日，在好利来品牌跻身时代潮流网红蛋糕队列的同时，罗红的次子罗成化名"老板柳成"，在抖音上发布了第一条视频，自此开启他个人的网红之路。团队为他塑造的人设是刚接手爸爸送的公司、极社恐的富二代。他清秀高瘦，演技却很尴尬，在以办公室为主的场景里，不断创造着老板视角的"社死名场面"，赢得大波流量。金钱、帅哥，都让人产生窥探欲，更何况罗成的定位一直是"又怂又帅又有钱"、想和员工搞好关系的社恐老板，因此，他的账号流量一直很好[①]。但真正的高潮在2021年11月来临。罗成"意外"被扒出本人就是好利来"二公子"，在引发热议的同时，也为好利来品牌及罗成个人账户带来了流量狂潮。2022年5月11日，罗成发布一个主题为"亲手制作鱼子酱蛋糕"的视频，通过

---

① 资料来源：《羊城晚报》2022年8月19日A14版，《创二代来啦!》栏目。

蛋糕高昂的造价与罗成个人头衔两大要素的共同作用，视频获得过百万点赞，罗成个人账号粉丝数增长 15 万。2023 年 2 月 27 日，罗成团队又策划了主题为"驾驶豪车在街头摆摊售卖单价 6.6 元蛋糕"的营销活动，同样在多个互联网平台引发热议。罗成的相关动态有效从公域流量中获客、裂变、增长，加速了消费者对好利来品牌年轻化的认知。罗成粉丝的私域流量能够有效转化为好利来品牌的忠诚消费者，其主动推广新品更易取得品牌经济效益。好利来目前还在抖音、小红书、B 站选择用户群为 18～25 岁的博主进行投放，通过丰富的腰部达人粉丝社群进行口碑发酵，精准触达用户群体（杨健和洪青祥，2023）。

通过将自身 IP 与好利来品牌形象的深度绑定，罗成与好利来品牌实现了"相互借势"。罗成利用"好利来二公子"身份吸引互联网流量和关注，而后不断将好利来品牌旗下产品融入自己账号的内容创作之中，利用自身流量反哺品牌。这种营销不仅让好利来品牌和罗成在各大互联网平台的热度与流量持续保持高位，同时也借助罗成自身"年轻、潮流"的形象，进一步加深消费者对于好利来品牌与"网红潮流"标签深度绑定的印象。不可忽视的是，这种良性互动模式的打造，同样依托于好利来品牌强大的网络营销实力。

除了持续拓展宣传渠道，在销售端，好利来品牌也在不断积极尝试，致力于发展更多零售渠道。自我国零售业发展以来，总共经历了三个阶段的发展。在第一阶段的实体零售与第二阶段的虚拟零售均已呈现成熟的发展态势后，零售业的第三个阶段开始逐步被发掘和开发。以智慧零售为代表的第三阶段，其最大的特征是通过云计算、大数据等技术精准识别消费者喜好、行为特征等，将线上线下相融合，为消费者提供更人性化、多样化的消费选择，实现新技术与实体产业的有效融合（丁梓航等，2022）。好利来积极拥抱智慧零售，在江苏省无锡市梁溪区南长街，地处无锡古运河历史文化保护区的繁华中心地段开设无人餐厅。无人智慧餐厅以好利来品牌为载体，将原本的甜品销售门店升级为甜品餐厅模式，并拓展至回转甜品、无人零售、茶饮等多个销售类型，为用户提供多样化选择。同时，打破传统餐饮品牌经营模式，寻找新的商业增长点。结合年轻消费客群需求，在餐饮空间中进驻网红买手店，实现业态创新与跨界融合，为用户呈现复合型商业体验（许梦和巩森森，2022）。集甜品店、买手店、无人零售多业态于一体，形成多元化智慧型产业链条。实现传统餐饮向智慧零售运营模式的数字化转型（高薛雯和曹莹，2023）。多平台、广渠道的深耕，使得好利来品牌距离自身极力打造和维持的"烘焙产业明星品牌"形象更进一步。

4 发展困境：好利来的问题与挑战

4.1 下沉受阻，高端失利？战略调整迫在眉睫

内部联合创始人制度引发的品牌拆分，使好利来品牌在下沉市场的发展受到极大的阻力。品牌拆分后，好利来品牌仅仅在一线城市和部分二线城市保有实体门店，而大部分二线城市及以下的市场，由联合创始人掌握的门店，纷纷选择更名独立经营。好利来品牌失去了很大部分多来年在下沉市场深耕的发展成果，而联合创始人持有的独立品牌虽然短期内受到更名风波的冲击，但是长期对本地市场的深耕，让他们在区域内市场仍然具有竞争力。想要重新进驻下沉市场，好利来品牌不仅要与已经占得先机的其他传统烘焙品牌、私房烘焙工坊、本地小规模烘焙品牌竞争，还势必将面临与昔日的合作伙伴站在同一赛道上的局面。

与此同时，好利来品牌在高端市场上的发展也并未实现预期目标。2010年，好利来品牌推出了品牌超高端线"黑天鹅"。黑天鹅是由品牌创始人罗红一手打造，品牌的整体塑造主要来源于罗红个人的审美和意趣，即将"蛋糕"与"艺术品"进行概念融合，从而进行产品打造和概念表达。单只售价在398~2998元不等的黑天鹅蛋糕，每一款都由好利来品牌邀请艺术家进行共同设计和打造。门店正式开始运营后，黑天鹅品牌就凭借其产品如"冰上之舞"系列等的高昂价格和优美外形迅速"破圈"，在互联网平台掀起讨论热潮。

然而致力于打造蛋糕中的"爱马仕"的黑天鹅，并没能创造如同爱马仕一般的奢侈品奇迹。相关信息显示，8家分布在北京、天津等城市的黑天鹅蛋糕门店纷纷或闭店或注销[①]。而在全国范围内，黑天鹅品牌也仅剩6家门店，分布在北京、成都等4个城市。这只精美昂贵的"黑天鹅"，似乎并没能如预想般被高端市场和所谓的"TOP 5%"消费者群体所接受。

此外，好利来品牌本身的甜品定位偏向高端市场，其价格以传统市场高价位策略为主。虽然该定价策略能为公司贡献较高的利润，但会导致公司丧失一部分潜在目标顾客。如果无法及时调整战略，根据产品的精准定位以及营销方式的不同实施相对应的定价策略，好利来品牌的前路恐怕并不顺畅（黄珍等，2022）。

---

① 资料来源：企查查 App 企业相关信息查询。

4.2　新鲜褪去，流量反噬？让营销回归锦上添花

与此同时，好利来品牌的 IP 联名"×魔法"，逐渐开始失去了最初的魔力。Innova 在 2023 年全球食品饮料十大趋势第八条的补偿式消费（Revenge Spending）中提到，品牌可以通过推出限量版或有趣的联名来提升消费者的情绪、刺激其感官，使旧产品获得新生。但在眼花缭乱的 IP 联名带来的流量热度潮水褪去之后，消费者的负面评价也初现端倪。借助网红效应东风的好利来品牌，不可避免地被与"网红"二字绑定，"华而不实""价格偏贵""分量太少""赚快钱"等负面评价和争议甚嚣尘上。联名产品对消费者具有更高的引导性。因此，虽然品牌热衷于与高品牌价值的奢侈品牌联名，但需要认识到，这种方式并非提高产品价值的有效途径。与依托副品牌的行为相比，更核心的手段是专注自身品牌建设，不断提升自身品牌价值，方能有效提高产品价值（鲁成等，2024）。

以"哈利·波特×好利来"系列推出的"海格蛋糕"为例，消费者品尝过新品后一句简单的"不好吃"，点明了好利来"×魔法"成效不再显著的关键：烘焙行业的本质，是提供让消费者群体满意的烘焙食品。频繁地推出新品，势必没有足够的时间和机会，对产品本身质量进行多轮次的测评与反馈；过于注重和追求外观的新奇好看，也需要在口感上做出牺牲。

以联名知名 IP 进行线上营销、以网红热款带动"基础款"烘焙产品销售的方式，会让消费者在对产品感兴趣、愿意尝试的同时，其实也在事实上对消费者群体进行了筛选。越早愿意专程到店购买和品尝 IP 联名产品的消费者，事实上也正是对该 IP 富有较高热情，对该款产品保有较高期待的顾客群体。这种"联名 IP""每月上新"的经营战略虽然能快速"破圈"，打造出爆款产品，创造短时间内令人咋舌的高额销量，但同时也对好利来品牌的新品开发能力、产品质量控制能力，乃至线下店铺的服务水平，都提出了极高难度系数的挑战。

将高密度的网络营销当作品牌支柱，无疑是选择一把"双刃剑"。如果没有过硬的产品质量和品控能力，第一批被网络潮流和 IP 联名新鲜感吸引而来的消费者，同样会通过流媒体平台反馈和小圈子内传播的方式，将对产品的不满之处快速而精准地传播开来，造成新品口碑的崩盘。而一旦这样的失败产品出现多次，就会对消费者心中好利来的品牌形象产生难以逆转的破坏，不仅影响后续其他联名产品和新产品的推广销售，还会对"基础款"糕点的日常销售产生负面影响。因此，着力加强产品本身的品质，让营销回归原本的"锦上添花"定位，更有利于好利来品牌未来发展。

4.3　红海厮杀，前路何方？盲目内卷不如立足品质

根据中商产业研究院发布的数据，烘焙食品领域在我国休闲食品行业中占比

最大，其中烘焙糕点的零售规模达到了惊人的千亿级，糖果巧克力等休闲食品的零售规模也超过 800 亿元，市场前景可观。另外，我国烘焙产业在 2017～2021 年来一直保持了稳步增长的上扬趋势（见图 2），烘焙市场规模从 1877 亿元稳定增长至 2657 亿元。我国烘焙行业的市场规模继续保持稳定增长态势①。另外，我国居民人均烘焙产品消费量仍远远低于英国、美国等西方发达国家，与同为亚洲国家、不完全以烘焙产品作为日常主食的日本、新加坡相比，也仍有较大的行业发展空间②（见图 3）。

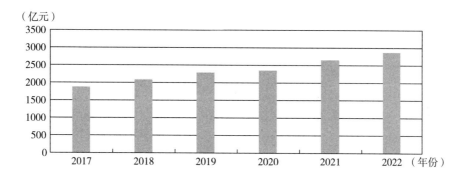

图 2　近五年中国烘焙食品行业市场规模趋势

资料来源：《2021 年中国连锁餐饮行业报告》。

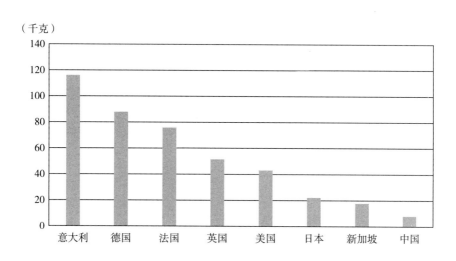

图 3　全球部分国家和地区人均烘焙食品消费量统计

资料来源：《2021 年中国连锁餐饮行业报告》。

过去，烘焙产品主要由食品工厂以流水线的方式进行标准化生产，并采取预

---

①② 资料来源：根据中商产业研究院《2021 年中国连锁餐饮行业报告》整理所得。

包装的形式，通过商城、便利店、超市等零售终端进行销售。只有蛋糕一类的高单价烘焙产品会采用现烤产品的方式，在烘焙品牌的直属门店进行销售。然而随着宏观经济的不断发展，消费端逐渐不再满足于这种简单形式，开始向烘焙产业市场提出更高的要求。随着我国经济由高速发展状态稳步迈进高质量发展阶段，我国城乡居民总体上都表现为从传统消费转向新兴消费、由商品消费转向服务类消费，消费需求向差异化、个性化、多元化升级。不同群体的消费升级实现路径处在不同的阶段，产生消费分层现象（孙兴杰等，2019）。外表精致的蛋糕类产品，也满足了年轻一代对于生日、节日以及纪念日仪式感的追求，这也使蛋糕这一类单品价格相对较高的烘焙产品销售额得以大幅增长。另外，消费多元化升级的整体趋势，使现在的烘焙产品消费者，特别是年轻一代消费者，不仅对消费单价较高的烘焙产品保有现烤这一要求，在其他烘焙产品的选购中也逐渐表现出对现烤产品的青睐。这也使得好利来品牌等强调产品现烤属性的烘焙品牌得到了宽广的发展空间。烘焙食品具有便于保存、方便携带、口感丰富多样以及具有较高油分和甜度的特点，恰恰契合了年轻一代对于便捷、高效生活方式的追求，也符合脑力劳动者的能量需求特征。因此，烘焙食品在年轻一代的主食构成中更为频繁地被选择。

随着众多烘焙品牌对市场的开发，烘焙市场的覆盖率日益提高，当前的烘焙市场开始步入成熟阶段。除众多老牌烘焙品牌这一类传统竞争对手外，随着茶饮品牌的迅速发展崛起，"饮品+烘焙"的形式逐渐成为青年人的下午茶、简餐和加餐首选，成为我国居民的重要食品消费方式。应消费者需求，新茶饮品牌如LELE茶、喜茶等，也开始跨界成为烘焙食品的重要销售渠道，新茶饮品牌门店逐渐安放起烘焙食品自选柜台，并开始推出"茶饮+面包"等"一站式"早点、下午茶套餐。现烤类烘焙食品的销售渠道由过去主要依托烘焙品牌实体店面，逐渐发展成烘焙品牌店铺、商超、饮品店等并驾齐驱的销售新格局。茶饮品牌等的跨界经营同样分流了青年消费者群体，对好利来品牌等传统烘焙品牌产生了冲击。

同时，好利来品牌对下沉市场的开发也开始逐渐触及壁垒。由于内部联合创始人制度引发的品牌拆分，好利来品牌失去了很大部分多来年在下沉市场深耕的发展成果。在下沉市场中，除了需要与昔日的合作伙伴竞争外，还需要与私房烘焙及小型精品烘焙坊争夺市场份额。私房烘焙及小型精品烘焙坊不追求规模化生产，经营方式更加灵活，往往以个性化定制、手工制作以及高品质烘焙原料为主要特色，强调产品的精致细腻与口味的独特性。在下沉市场中，私房烘焙和小型精品烘焙坊凭借其亲民的价格定位，以及与顾客直接、高效的"一对一"沟通服务，精准满足消费者对于健康、美味、个性化烘焙食品的需求。这类烘焙坊主要借助于微信朋友圈、微信群等社交媒体平台，深度挖掘并充分利用熟人社交网络的优势，通过口口相传的方式，将自家烘焙的美食图片、制作过程、新品推介等内容直接分享给潜在消费者，形成了一种基于信任关系的小范围口碑传播。与好利来品牌这类连锁品牌通过较大资金投入，广撒网式地进行产品推介不同，这种方式不仅节省了高昂的广告推广费用，更能在短时间内快速积累忠实客户，建立起稳定的消费群体。较之这种推介方式，业内领先的运营能力优势无法完全发挥。要在下沉市场进行品牌持续推广，与这类烘焙坊竞争市场份额，对于好利来品牌是不小的挑战。

此外，烘焙行业还存在着明显的同质化现象，特别是产品形式上的同质化严重。当一款表面覆盖巧克力粉，内部填充巧克力流心的"脏脏包"走红网络后，再走进路边的面包店，几乎每一家都能看见这款"脏脏包"的身影。当口感柔软、内部填充丰富馅料的"欧包"成为新潮流后，新茶饮品牌的烘焙中岛也开始放满了不同口味的欧包。随着烘焙行业内不断加剧的同质化倾向，以及烘焙产品本身较低的模仿复刻门槛。一款新品在推出后如果成为爆款，很快就需要面对来自其他烘焙品牌推出的卖点和外形相似的竞品的冲击。因此，热门新品难以与特定品牌挂钩。同时，"半熟芝士""蒲公英空气巧克力"等与品牌深度绑定且经久不衰的爆款产品也越来越难以复刻。

面对竞争趋于白热化的红海市场，好利来品牌想要继续占领行业领先地位，并为自身争取下一个30年，就需要切实解决以下问题，即如何在日趋饱和的市场中继续拓展，以及如何在同质化现象严重的烘焙市场中，打造具有自身鲜明品牌印记的明星产品。而好利来品牌选择依赖不断推出新品的新鲜感和潮流效应的方式进行销售。虽然能增加产品的独特性与标识性，满足消费者短期内的"尝新"意愿，但也不可避免地会使消费者为好利来品牌打上"网红烘焙"的标签。想要长期维持这种"新鲜感经营"，必然会给品牌造成额外的巨大成本，放眼全局，并不利于品牌健康长久发展，也并没有解决好利来品牌所面临的问题。

面对如今烘焙市场高饱和的竞争环境，好利来品牌在寻求进一步的市场拓展与业务增长方面，需要展现出更为敏锐的洞察力与务实的战略执行力。在品牌战略层面，好利来品牌应当审慎思索，谋求有效的市场破局之道。通过持续创新商业模式，寻求在现有市场格局中开辟新的细分领域和空白地带，以多元化的产品线和新颖的服务模式吸引并留住消费者。同时，好利来品牌可以通过深入挖掘消费者对于烘焙产品的更多潜在需求，以及提升服务质量和客户黏性的方式，积极寻求新的增长点，实现产业链布局的拓展。这就要求好利来品牌必须加大在前期市场调研上的投入，采用科学严谨的方法收集和分析相关市场数据，细致研究消费者行为习惯、偏好变化、购买动机等深层次信息。对海量数据的有效整合和深度解读，可以帮助好利来品牌精确把握目标消费者的心理诉求和实际需求，从而有的放矢地进行产品研发和升级，进而前瞻性地预判市场趋势，提前布局烘焙市场未来可能的消费热点。

而针对烘焙市场同质化严重的问题，好利来品牌不仅要继续保有独特的品牌形象，更要致力于打造拥有自身鲜明品牌烙印的产品系列，坚持不断推出能够有力承载品牌价值的烘焙产品。这就意味着品牌在烘焙产品研发的初期阶段，要倾注更多精力去打磨产品的口感和品质，更要高度重视产品的差异化设计，力求在众多同类竞品中脱颖而出，形成独特的竞争优势。品牌需要通过不断的技术研发和工艺改良，力求在原料选取、配方调试、形态创意等方面寻求突破。同时，为了确保每款新品都能够精准击中市场需求，品牌要在产品上市前，进行多轮次严格的"产品测试—用户反馈—问题修正"的闭环流程，通过倾听消费者的实际需求和意见，及时调整和完善产品细节，力求使每款产品在推向市场之际就具备超越同类产品的竞争力，从而确保产品推出后在市场中的领先地位，形成难以复制的竞争壁垒。就如同好利来品牌的经典之作"半熟芝士"系列，以其独特的口感和卓越的品质在市场上获得了长期且广泛的赞誉，从而实现口碑与销量的双重丰收。这样一来，好利来品牌就能够成功构建起一道坚固的竞争壁垒，使其他品牌难以轻易复制其产品特色与优势。

事实上，无论"新消费"概念如何包装，烘焙类品牌本质上仍属于食品工业的一部分。食品类的经营在不同时期虽有不同的侧重点，但行业经营的本真是：好的产品会自己说话，即任何时代都不能脱离质量与口味的基石。层出不穷、眼花缭乱的营销策略固然能一时吸引消费者买单，但若盲目追求推新的速度，忽视了产品本身的质量，必然导致品牌信誉的透支，从品牌的长久经营来看，无异于饮鸩止渴。综上所述，好利来品牌要在未来的市场角逐中稳坐"钓鱼台"，就必须双管齐下，既要积极突破市场拓展的瓶颈，又要坚持以创新驱动，打造具有持久生命力和品牌辨识度的明星产品，以此构筑起坚固的竞争优势。

5 案例结语

作为最受中国年轻人欢迎的大型烘培品牌之一，好利来品牌实现了对全品类烘焙产品的覆盖生产经营，极大程度满足了顾客对烘焙产品的广泛选择性。加之好利来品牌一直积极推动品牌"年轻化"，致力于将品牌打造为"Z世代"心目中的"国产烘焙第一品牌"①。总体来看，作为一家创立 30 年的老牌烘焙企业，好利来品牌在年轻化转型上是较为成功的。

　　然而早年选择的"内部联合创始人制度"为品牌发展埋下了隐患，迫使好利来品牌不得不走上重新开拓市场、树立品牌形象的艰苦奋战。同时，在烘焙行业日趋成熟，竞争越来越激烈，且产品同质化日益严重的当下，各个烘焙企业都在积极寻求自身发展机会。大品牌烘焙企业采取特许经营与加盟等方式扩大市场经营范围、发挥企业规模效应、吸引大量潜在消费者。小作坊烘焙精品店大多立足本土文化，在熟人社交圈的基础上，充分利用口碑营销、网络营销、体验式营销来迎合消费者多种需求，谋求自身发展。激烈的同业竞争也对好利来的品牌经营能力和战略提出了更高的要求。

　　好利来品牌要想在一片充满竞争的红海市场中屹立不倒，并赢得未来的 30 年乃至更长的时间，就必须与时俱进，适时调整经营战略。"新鲜感经营"要求品牌不断创新，推出符合时代审美和消费者口味的新产品，以保持品牌活跃度和市场吸引力。"高品质经营"则强调始终坚持对产品质量的严格把控，从源头开始把关食材的选择，到生产过程的标准化管理，再到终端服务的提升，每个环节都致力于提供安全可靠、品质优良的烘焙食品。好利来品牌需要巧妙地平衡"新鲜感经营"与"高品质经营"之间的关系，实现双管齐下、齐头并进，从而赢得消费者的信赖与口碑。在这个越发重视食品安全与健康的消费时代，广大人民群众对于烘焙食品的需求已从简单的口感满足上升到了对其原材料的安全性、生产过程的卫生条件、营养价值乃至品牌信誉的高度关注。好利来应秉持初心，以实实在在的产品和服务，以及满足人民群众对食品"安全健康""品质优良"的基本诉求为核心，构筑坚实的品牌护城河。

---

　　① 资料来源：根据梅花数据 homodata《2022 好利来品牌营销洞察报告》整理所得。

案例使用说明

一、教学目的与用途

（一）适用课程

本案例主要适用于《公司金融》《投资学》《管理经济学》《金融学理论与实务》等课程，教师可结合食品行业规范化发展、商业模式理论、经济护城河理论以及市场生命周期理论等相关内容引发学生思考。

（二）适用对象

本案例主要适用于以下对象：

1. 经济学、金融学、投资学等相关专业的本科生和研究生。

2. 对金融和投资领域感兴趣的专业人士，包括但不限于金融分析师、投资顾问等。

3. MBA、EMBA、MPACC 等专业课程的学生，以及其他参与继续教育和职业发展课程的成人学习者。

（三）教学目标

本案例选取了知名烘焙品牌好利来，分析了宏观经济情况、其所在行业现状及发展前景，以及微观的企业业务、经营成果，引导学生深入分析，旨在帮助学生：

1. 掌握以好利来为代表的烘焙企业的商业模式。

2. 掌握以好利来为代表的烘焙企业的经营特点。

3. 结合好利来的品牌战略，分析新时代烘焙品牌应当如何提升竞争优势，满足人民群众的切实需求。

二、启发性思考题

1. 以好利来为代表的直营模式与以幸福西饼为代表的加盟模式，区别是什么？各自有哪些优势与劣势？

2. 烘焙行业的未来发展前景如何？好利来应当如何发挥自身优势，应对烘焙行业的竞争态势？

三、分析思路

本案例时间跨度较大，需从多角度展开分析，需要教师引导学生透过现象抓本质。因此可以先安排学生预先搜集关于好利来品牌的发展历程和烘焙行业的相关信息，本案例的教师可以根据自己的教学目标来灵活使用本案例，并根据课程的具体方向和授课对象对案例分析的侧重点进行调整。以下案例分析思路仅供参考。具体分析思路如下：

首先，好利来的发展历程。旨在帮助学生了解好利来品牌的发展历程以及好利来品牌的商业模式，对好利来品牌建立初步认识，为后续的学习奠定基础。

其次，好利来的品牌战略。通过对好利来品牌战略进行分析，借助经济护城河等相关理论，理清好利来品牌经营策略及经营特点，发现品牌核心竞争力及潜藏的风险。

再次，烘焙行业发展状况。此步骤引导学生了解烘焙行业整体竞争格局和未来发展态势，将好利来品牌置于现实竞争环境中进行优势劣势分析，旨在帮助学生建立行业研究思维。

最后，结论和建议。通过系统地梳理得出结论和提出建议，有助于学生从案例中得到启发。

四、理论参考

（一）商业模式理论

商业模式被普遍认可为一种概念性工具，它包含了一系列企业经营中面临的要素及其复杂的关系。人们通常使用商业模式这一工具来描述某个特定的企业或实体的商业逻辑与行为。使用这一工具，可以对目标企业或实体所能为其目标客户提供的价值、该企业或实体的内部架构，以及能够产生可持续性盈利收入的要素进行分析和研究。

常见的商业模式包含的要素：

价值主张（Value Proposition），即特定的企业或实体，能够通过其生产的产品或提供的服务（如产品包销、法律咨询等），能向其消费者提供的价值。特定企业或实体对于消费者的实用意义，通过价值主张这一要素得到体现。

消费者目标群体（Target Customer Segments），即特定企业或实体，其所瞄定的特定消费者群体。这一目标群体具有一定的共性，使特定企业或实体，能够基于这种群体共性，为消费者群体创造价值。对消费者群体进行确定和划分的过程，也被称为市场划分（Market Segmentation）。

销售渠道（Distribution Channels），即特定企业或实体，接触终端消费者的不同方式和途径。它是企业或实体不断开拓市场的重要因素，涉及企业或实体的销售策略和市场经营战略，是经营中极为重要的环节。

客户关系（Customer Relationships），即特定企业或实体，与其同主要消费者群体之间构建的联系。客户关系管理（Customer Relationship Management）这一重要概念也包含其中。对于企业或实体来说，客户关系是保持可持续性盈利收入稳定的重要因素。

合作伙伴网络（Partner Network），即特定企业或实体，同其他企业和实体之间，能够达成合作，能够有效地为彼此提供价值，并真正做到将其商业化，进而形成一种合作关系的联结，常见的合作伙伴网络包含了特定企业或实体的上下游企业等。在部分理论中，这也对企业或实体的商业联盟（Business Alliances）概念和范畴进行了描述。

成本结构（Cost Structure），即特定企业或实体，为实现可持续性盈利的稳定和增长，会采用不同的工具和方法。成本结构正是对它们的货币描述。

收入模型（Revenue Model），即对特定企业或实体，出于盈利和创造财富这一目标，采用不同的收入流（Revenue Flow）的归纳和分析。

（二）经济护城河理论

最早由全球著名投资家——沃伦·巴菲特所提出的经济护城河理论，在经过彼得·蒂尔、帕特·多尔西等的研究，以及众多国内外企业实践运用后，得到了进一步发展。归纳来看，公司的经济护城河大致包括了无形资产、低成本优势、网络效应、运营优势等。无形资产具体包括公司的品牌、专利、商标、特许权等。一家在业内具有较高影响力和认可度的公司，往往能打造一个或多个品牌。它们保有数量稳定、众多，且具有一定品牌黏性的消费者群体。这也使得品牌在产业链中得以占据主导、强势的地位，品牌对上下游企业往往享有较大的话语权和主动性，这使企业得以拥有稳定的发展空间。对于低成本优势，从会计视角来看，所谓的"低成本"可以具体地归纳为相对较低的营业成本以及期间费用（如运管费用、销售费用等）。从生产经营的视角来看，企业具有的高生产效率、稳定且具有品牌黏性的消费者群体以及品牌效应等多种原因带来的销售渠道建设成本降低等，都是低成本优势的重要来源。根据 *The Little Book That Build Wealth*（帕特·多尔西，2008），网络效应是指随着产品使用人数的快速增加，企业所生产的产品或提供的服务也会随之迅速增长。互联网类企业，如微博、小红书等社交平台，或者 B 站、爱奇艺等主流媒体公司，往往都会因为网络效应，拥有自己的经济护城河。

（三）市场生命周期理论

市场生命周期理论是指市场（Market）从出现、兴盛至消失所经历的各个阶段。该理论认为，市场生命周期由四个不同的阶段所组成：兴起（Emerge）、成长（Growth）、成熟（Maturity）及衰退（Decline）。

1. 兴起（Emerge）：当消费者需求一开始被实现且满足时，即为市场的兴起，一个新市场从此便诞生了。

2. 成长（Growth）：市场的成长阶段可从销售和竞争的增加得到明证。所有竞争者都试图发现并满足市场的各个细节和部门。在产品的成长阶段，竞争者开始提供不同产品，以吸引不同市场区隔的人士。

3. 成熟（Maturity）：当每个区隔的需求都已被满足，而竞争者开始竞食彼此的销售额时，市场就迈入了成熟阶段。

4. 衰退（Decline）：当对目前产品的需求渐减或是新科技开始侵蚀旧产品市场时，则表示市场已衰退。最后旧科技必须要让路，而新市场继之而起。

不同市场生命周期阶段有各自适用的行销（Marketing）策略。在竞争几乎不存在的兴起阶段，公司可以有多种选择，首先，可以设计出能够吸引市场中小部分族群消费者的产品，这样可以让小公司避免与大型竞争者发生抵触。其次，可以推出两种或多种产品以抓住市场中的多个消费族群，当消费者偏好存在着相当差异性时，这会是一种适当的做法。另外，可以利用设计一个具有最大可能吸引力的产品来打入市场，对于拥有实质资源和配销能力的大型公司来说，这样的做法效率会更好。想要进入一个位于成长阶段的市场，公司同样存在多种可能的策略：首先利用利基营销策略专门经营一个小的消费者族群。其次，可以和市场的先驱者直接竞争。最后，可以尝试同时经营市场中的多个小型消费者族群。当市场进入成熟阶段，竞争性策略的焦点应该放在寻找创意新产品，或降低价格以争取市场占有率。在衰退阶段，竞争者必须决定是否要进入另外一个市场，或是趁其他公司另辟战场时大举扩张市场占有率。

五、具体分析

（一）以好利来为代表的直营模式与以幸福西饼为代表的加盟模式，区别是什么？各自有哪些优势与劣势？

【理论知识】商业模式理论

【分析思路】授课教师在讲解本题时，可以先让学生了解商业模式理论，再引导学生分析好利来品牌的商业模式，最后与幸福西饼进行对比。以下提供辅助问题，仅供参考：

1. 好利来的商业模式是什么？

2. 你对商业模式理论有什么样的了解和思考？

【案例答案】以好利来为代表的直营模式和以幸福西饼为代表的加盟模式，存在以下三点不同：

首先，存在产权关系上的不同。在直营模式与加盟模式上存在最本质的区别，直营店隶属于品牌总部，以好利来为例，它的每一间实体店面都为同一资本所拥有，由好利来品牌总部直接运营管理，实行集中统一的运管模式。而加盟店与品牌总部是相互独立的主体，以幸福西饼为例，每一间幸福西饼店铺与品牌总部之间，都是一种基于加盟合同的合约关系，不同店铺之间的资本关系也是相互独立的。而各店铺除了要按照合同规定的相关条例、规则与幸福西饼总部进行一定的合作外，并没有直接的资产纽带存在。

其次，存在法律关系上的不同。在直营模式下，以好利来为例，其各个店铺均作为品牌总部旗下的成员，接受品牌总部的统一调度规划，服从于品牌总部的经营方针和内部管理制度，每个店铺都要按照总部的经营方略行事。而加盟模式，以幸福西饼为例，它是一种基于特许经营权转让的连锁经营方式。品牌总部作为特许人，通过订立加盟合同的方式，与作为被特许人的品牌加盟商构建合同关系。双方通过签署加盟合同，确立各自所有的权利和义务。相较直营模式而言，加盟模式下的各个店铺具有更大的灵活自主经营权利。出于自身利益，加盟商也会更具有积极自主性。

最后，存在管理模式上的不同。在直营模式下，以好利来为例，在巅峰时期保有的1300多家店铺，其所有权和决定权均由品牌总部持有。好利来品牌总部需要统筹管理上千家门店的经营和决策，这其中的庞大构架以及极大数量的门店人员，对好利来品牌总部的管理能力提出了较高的挑战，其所面临的管理成本，相对以幸福西饼为代表的加盟模式也要高出许多。同时由于各个门店均受到品牌总部的统一管理和指导，门店自主经营的灵活性、创造力明显受限，即使采用底薪提成制度，门店的负责店长，其经营的积极主动性也很难与利益深度绑定的加盟商相提并论。而加盟模式下，以幸福西饼为例，品牌总部是将品牌的特许经营权以加盟的形式转让给了各个加盟商，这也是加盟模式最主要的核心。加盟商在对品牌进行考察后，自主决策，以初期缴纳加盟费用、提交保证金，后期承诺一定比例分红等形式，从品牌总部处获取特许经营权。在这一过程中，加盟商是特许经营权的接受者，而品牌总部则是作为特许经营权的出让者，加盟商只需满足加盟合同中约定的条例，双方各自保有相互独立的人事权和资本。加盟商对于店铺自负盈亏，品牌总部因此降低了一定的管理决策成本。

在各自的优势与劣势方面，两相比较而言，以好利来为代表的直营模式，各个店铺的经营在资金和人员方面存在相对更多的限制。品牌需要统筹考量企业整体运营状况，进行大范围甚至全局性的战略规划，对比以幸福西饼为代表的加盟模式，各个店铺发展的自主性和灵活性相对低了很多，负责店长和店员的积极主动性也有限。但集中统一运营管理的模式也有助于品牌集中资金和技术优势，实施品牌战略，进行新产品的研发和推广。品牌统一进行的店铺位置选定，门店装潢，原材料供应以及人员培训，也能保证终端消费者享受到各个店铺稳定的产品品控和人员服务质量。

而以幸福西饼为代表的加盟模式，其优势在于加盟商分担了品牌的扩店成本，在一定程度上为品牌消除了资金和人员方面存在的限制。独立的加盟商出于自己的利益，会比直营模式下的店长具有更高的积极性。但同时，保有一定自主决策权的加盟商需要品牌付出更多的监督和沟通成本，加盟店铺的品控和服务质量相对直营店铺，也存在更多的不稳定因素，在新品营销推广上需要付出的沟通、指导成本也远远高于直营店铺。如何在吸纳新的、更多的加盟商的同时，保证加盟商的经营素质和能力，避免吸纳资金和人员后因加盟商经营素质低下影响品牌质量的"饮鸩止渴"，是所有加盟模式企业需要注重的平衡。

（二）烘焙行业的未来发展前景如何？好利来应当如何发挥自身优势，应对烘焙行业的竞争态势？

【理论知识】经济护城河理论、市场生命周期理论

【分析思路】在此部分中，教师可以向学生展示好利来"半熟芝士""蒲公英空气巧克力"等系列产品，以趣味问答的方式，引导学生思考好利来品牌具有哪些独特优势。同时，可向学生分享经济护城河理论、市场生命周期理论，及烘焙行业相关资料，引导学生进行分析。以下提供辅助问题，仅供参考：

1. 烘焙行业市场已发展到了什么阶段？

2. 好利来品牌的经济护城河是什么？

【案例答案】烘焙行业普遍被归类于休闲食品行业。随着我国经济水平的不断发展，我国居民的消费水平不断得到与之对应的提升，因此，居民的饮食结构也发生了一定的变化。以往主要被西方国家居民消费的烘焙食品也逐渐在我国居民的日常消费中占据更多的分量，成为我国居民日常饮食的重要组成部分。烘焙食品领域在我国休闲食品行业中占比最大，其中烘焙糕点的零售规模达到了惊人的千亿元级，糖果巧克力等休闲食品的零售规模也超过800亿元。

然而需要注意的是，随着宏观经济的不断发展，烘焙产业市场目前已逐渐转变为厮杀激烈的红海市场。随着众多烘焙品牌对市场的开发，烘焙市场的覆盖率日益提高。高端市场已然趋于饱和，下沉市场开发也开始逐渐触及壁垒，除众多老牌烘焙品牌这一类传统竞争对手外，私房烘焙、小规模精品烘焙坊，乃至茶饮品牌等的跨界经营，也对好利来品牌甚至所有其他传统烘焙品牌产生冲击。结合市场生命周期理论，当前的烘焙市场开始步入成熟（Maturity）阶段：当每个区隔的需求都已被满足，而竞争者开始竞食彼此的销售额时，市场就迈入了成熟阶段。

结合经济护城河理论，回顾好利来品牌的发展史，可以从中明显看出，好利来品牌的无形资产相对其他烘焙品牌高出许多。作为老牌烘焙品牌，好利来品牌得以借助网红经济效应东风，在全国范围内打响品牌的转机，正是其推出的超级爆款产品"半熟芝士"和"蒲公英空气巧克力"系列。这奠定了好利来新阶段的

品牌发展战略，塑造了好利来的护城河：运营能力优势。通过网络营销打造爆款产品，同时不断与其他 IP 联名，好利来一直积极推动品牌"年轻化"，致力于将品牌打造为"Z 世代"（即出生于 1995～2010 年，成长期普遍处于社会长期稳定发展阶段，见证经济快速发展，物质生活相对更加丰足，具有更多精神需求的时代代际人群）心目中"国产烘焙第一品牌"。

因此，好利来品牌在当前的市场环境下，亟须专注于如何在维持并发扬其现有的运营优势基础之上，进一步对产品质量进行深度挖掘和显著提升。这意味着品牌不仅要在营销推广、联名合作、IP 打造、新品研发及爆款产品制造等方面继续保持优势，更要关注产品实质，将消费者的期待值与实际体验紧密相连，确保消费者因品牌宣传而产生的高期待能得到真实、满意的回应。在这样的战略考量之下，好利来面临的重大任务就是在强化市场营销手段和产品创新能力的同时，全面提升产品质量控制的标准与能力。

这要求品牌能够在"联名 IP、推出新品、制造爆款"这些已有的运营亮点，与"严格把控产品原料来源、精进生产工艺、提升产品品质、加强全程质量监控"等新需求之间，精准地找到一个既能维系原有市场热度，又能适应当前市场实际情况的平衡支点。平衡支点的确立，将成为好利来有效应对烘焙行业竞争加剧、消费需求日新月异的关键所在，也是品牌能否在激烈角逐中持续占据有利地位、赢得消费者持久信赖与支持的核心要素。唯有如此，好利来才能在瞬息万变的市场环境中稳扎稳打，实现可持续的长远发展。

六、关键要点

（一）案例关键点

本案例正文部分选取了好利来品牌这一具有代表性的烘焙品牌，通过对好利来所处的行业环境，以及企业基本面情况进行详细的介绍和梳理，引导了解商业模式理论、经济护城河理论、市场生命周期理论，并对好利来品牌和烘焙行业整体的未来长期发展趋势进行分析归纳。通过系统的学习，从宏观、微观两个层面对案例及相关经济原理的融合过程进行有效掌握，从而提升学生对品牌运营及行业态势的分析能力，帮助学生形成完整的知识和理论体系并进行运用。

（二）知识关键点

本案例涉及的知识点主要有：商业模式理论、经济护城河理论、市场生命周期理论等。

（三）能力关键点

本案例涉及的能力点主要有：分析、综合、批判性思维；进行多角度、多方式的思辨，并运用所学理论工具研究实际金融问题的能力。

七、课堂计划建议

本案例适用于金融专业硕士课程中，专门的相关案例讨论课。授课教师可以根据教学安排以及学生状况，灵活安排本案例的使用。以下课堂计划建议仅供授课教师参考。

建议授课教师将案例课堂教学时间控制在90分钟以内，共计2课时。为了保证课堂教学的质量和效率，请提前安排学生进行课前准备。包括但不限于查阅好利来品牌相关资料和数据，预习相关理论知识，并将学生提前分为多个小组，每组为5~8人，进行交流讨论，节约案例课堂时间（见表1）。

表1　课堂计划时间进度表

阶段	内容	教学活动	时间
课前准备	课前准备	1. 提前查看案例正文、启发性思考题，并请学生根据案例提前自行检索好利来公司状况、烘焙行业发展状况等相关信息； 2. 提前要求学生做好分组，建议划分为4个小组，分配思考题任务	课前一周
	案例引入	授课教师说明课程内容和案例讨论主题，说明案例讨论的教学目的、要求和安排等	5分钟
	分组讨论	开始分组讨论，各学生根据课前搜集的信息，围绕启发性思考题进行深入讨论	20分钟
课堂计划	小组汇报	1. 授课教师根据分析思路中给出的案例分析逻辑以及各启发性思考题对应的引导性提问，展开教学； 2. 小组根据所分配的思考题展开思考，并尝试回答，每个问题的答案要点需做好记录； 3. 授课教师在提问过程中穿插讲解理论参考和知识点	40~50分钟
	案例总结	对案例正文的整体叙述、相关理论参考和知识点进行总结归纳，并适当延伸	15分钟
课后计划	小组报告	要求学生采用小组报告形式对案例讨论的结论与理论基础、分析思路等进行阐述，为后续章节的学习做好铺垫	课后一周

第四篇

金融市场类案例

案例一　海南航空持续性债券违约案例分析

摘要： 1989 年，海南航空以 1000 万元的启动资金设立，经过十多年的发展，成为中国四大航空公司之一。自 2017 年开始，一切就开始发生变化，海南航空最终走上了破产重组的道路，曾坐拥 1.2 万亿元资产的世界级超级买家，已经资不抵债，从甲方翻作乙方，寻他人接盘。海南航空债券违约事件爆发后，主体 AAA 信用评级被下调至 C，对市场产生了巨大影响，引起了市场参与者的关注。这个曾经的世界级航空品牌，有过艰难的进入市场的探索时期，也有过深刻影响全球市场的辉煌历史，但最终还是走向了荒芜，究竟是什么原因导致了如今的结局？通过研究发现，海南航空一方面由于债务业务模式和债务结构不合理，存在财务杠杆率上升的风险，关联公司拖累严重；另一方面由于航油价格的波动和强大的行业替代竞争，没有足够的现金流来支付集中到期债务，最终导致海南航空发生债券违约，进行破产重整。本案例通过考察海南航空的发展历程以及债券违约事件的发生过程，探究海南航空债务危机爆发背后的深层原因，进而对债券违约的原因进行分析提炼，为海南航空乃至整个航空业如何避免债券违约提出如下建议：增强企业的"造血"能力；进行多元化融资，优化债务结构；完善内部控制，科学制定投资策略；增强行业竞争力。通过上述建议以期为航空企业防范债务风险提供思路。

1　案例背景与案例思政

思政元素： 债券违约处置应同时坚持底线思维以及市场化、法治化原则，各方尽职原则和平等自愿原则，要充分发挥受托管理人及债券持有人在债券违约处置中的核心作用，强化发行人契约精神，加大投资者保护力度，丰富多元化的债券违约处置机制，严格中介机构履职，加大债券市场统一执法力度。（摘自：三部门联合发文 加快完善债券违约处置机制①）

教学意图：第一，关注关联企业众多、股权交织复杂所带来的后续问题。第二，关注企业受到外部环境影响自身营利能力恢复较慢的情况。

为了完善债券市场法制，建立完善制度健全、竞争有序和透明开放的多层次债券市场体系，进一步推动公司信用类债券市场改革开放和高质量发展，2021年8月，中国人民银行、发展改革委、财政部、银保监会、证监会和外汇局联合发布《关于推动公司信用类债券市场改革开放高质量发展的指导意见》②，对高杠杆企业过度发债，债券募集资金的管理和结构化发债行为做出了规范性要求。债券市场一直以来都是我国金融市场的重要组成部分，从1984年以来，我国债券市场成交额增长迅速，截至2020年末，我国债券市场的总托管量已经达到104.32万亿元③。然而，在债券的快速发展中也暴露出了越来越多的问题，2014年3月，我国发生了"11超日债"违约事件，债券必须兑付的硬性规定被打破，债券违约事件出现频率愈加频繁，债券违约数量也在不断增多。

海南航空控股股份有限公司（以下简称海南航空）发展迅速，成为国际航空界的传奇，也是全球商界的神话。曾经的海航集团（以下简称海航）在"走出去的中国企业"中最为激进，大手笔"买买买"，不断用资本杠杆撬动境外并购，总资产一度飙升至12319亿元④。2017年6月，银监会排查授信风险，要求部分银行提供本行对海航的境内外融资支持情况及风险分析⑤，从2017年下半年开始，依靠杠杆融资并购、总资产规模超过万亿元的海航突遇流动性危机，债务压力陡增，现金流捉襟见肘，甚至影响了旗下航空公司正常支付燃油费用的能力。为了回笼资金，海航开始大范围处置资产，2018年海航处置了3000亿元资产，主要聚焦在金融、地产等非航空资产和业务⑥。然而甩卖资产等方式开展"自救"也没有明显改善海航的盈利能力，而2020年公共卫生事件的爆发，又让海航的流动性

① 资料来源：中华人民共和国中央人民政府网，https://www.gov.cn/xinwen/2020-07-01/content_5523319.htm。

② 资料来源：中华人民共和国中央人民政府网，https://www.gov.cn/xinwen/2021-08-18/content_5631977.htm。

③ 资料来源：2020年债券市场统计分析报告，https://www.chinabond.com.cn/yjfx/yjfx_zzfx/zzfx_nb/202307/P020230716218245981382.pdf。

④ 资料来源：《中国经济周刊》，https://mp.weixin.qq.com/s/BpuUBEBTwvYu8BCbg_sV4A。

⑤ 资料来源：人民网，http://money.people.com.cn/n1/2017/0623/c42877-29358318.html。

⑥ 资料来源：《中国经济周刊》，https://mp.weixin.qq.com/s/NSBvTaMomBi2sfiH7XAcoA。

风险进一步加剧，在海航债务危机和公共卫生事件的双重冲击下，海南航空财务状况恶化、资金链断裂、债务大面积逾期、关联资产严重减值，出现巨额亏损，最终在 2021 年 2 月 10 日海南航空进入破产重整。海南航空发生持续性的债券违约最终进行破产重整，引起市场参与者的广泛关注，本案例对海南航空债券违约的成因及其后续带来的影响展开分析。

2　前世今生：海南航空公司概况

2.1　发展历程

海南航空成立于 1993 年 1 月，是继中国南方航空公司（以下简称南方航空）、中国国际航空公司（以下简称国际航空）及中国东方航空公司（以下简称东方航空）后中国第四大的航空公司，也是中国首家被 Skytrax[①] 评为五星级的航空公司，同时也是中国民航第一家 A 股和 B 股上市的航空公司[②]。2018 年 1 月，宣布正式在航班上开放便携式电子设备的使用，乘坐该趟航班的旅客成为国内第一批在飞机上使用开放便捷式电子设备的人[③]。2022 年，海南航空及旗下控股子公司共运营国内外航线 1900 余条，其中国内航线 1700 余条，覆盖国内所有省份；国际航线 200 条，航线覆盖亚洲、欧洲、非洲、北美洲和大洋洲，通航境外 44 个城市[④]。海南航空的发展历程主要包括起步、扩张和转型三个阶段。

起步阶段（1989~1997 年）：1988 年 4 月，海南经济特区诞生。为了促进海南旅游、贸易发展，亟须成立一家海南省自己的航空公司。1989 年，海南省省长刘剑锋找到了海航的主要创始人陈峰，海南省政府提供了 1000 万元启动资金，海南航空应运而生。在海南省经济特区宽松的融资环境下，海南航空就以"内联股份制"的融资模式成功将注册资本扩充至 2.5 亿元，成为全国第一家股份制航空企业。1993 年公司正式开始运营，海南航空成立之初就采取了高杠杆的融资方式，并积极引入外资扩大企业规模[⑤]。在依靠杠杆扩充注册资本后，海南航空又向金融机构贷款 6 亿元，顺利引入了首批飞机——两架波音 737，并于 1993 年 5 月，完成了海口到北京的首航任务。1995 年，海南航空引入了索罗斯旗下基金，募集外

---

① Skytrax 是一家以英国为基地的顾问公司，其主要业务是为航空公司的服务进行意见调查。
② 资料来源：民航资源网，https：//news. carnoc. com/list/7/7759. html。
③ 资料来源：央视新闻，https：//mp. weixin. qq. com/s/_ eSzJ2JViIkfyObspllpSQ。
④ 资料来源：海南航空官网，https：//www. hnair. com/guanyuhaihang/hhgs/gsjj/。
⑤ 资料来源：金融监管研究院，https：//mp. weixin. qq. com/s/8fTrafX1x00VMmZW90h8JA。

资股 2500 万美元，成为中国境内第一家实现中外合资的航空公司①。1997 年发行了 B 股，成为国内首家 B 股上市的航空运输企业。

扩张阶段（1998~2007 年）：1998 年，海南航空收购了海口美兰国际机场 25% 的股权，成为首家拥有中国机场股权的航空公司②。2000 年，在中国国家民航总局对航空运输企业的政策整合带动下，国际航空、南方航空和东方航空三大航空公司开始大举兼并地方航空公司。而海南航空为了获取市场中心地位，也开启了高杠杆模式下的并购之路，2000~2001 年，海南航空合计出资 20 亿元先后收购重组了长安航空、新华航空和山西航空③。2003 年，海南航空成立了扬子江快运，开展了货运业务。2004 年，海南航空发起了重新组建旗下的航空企业，成立了中国新华航空集团。2005 年，海南航空订购了 60 架波音 787 客机，并首次执行了两岸春节包机任务。2006 年，海南航空收购了港联航空和中富航空 45% 的股权，并与美国金门银行合作推出了金鹏信用卡④。2007 年，海南航空旗下的天津航空和中国西部航空正式成立，并订购了 113 架巴西 ERJ145 喷气系列和 E 系列客机⑤。

转型阶段（2008~2023 年）：海南航空在这一阶段面临着全球金融危机、油价波动和市场竞争等多重挑战，开始了从传统的运输型企业向综合型服务企业的转型。2008 年，海南航空引入了三架 A340-600 客机，并开通了北京—西雅图等国际长途航线。2010 年，海南航空通过其香港子公司收购了澳大利亚 Allco 公司的飞机租赁业务，并与法国凯旋门酒店集团合作推出了机加酒产品⑥。2011 年，海南航空获得了 Skytrax 五星级航空公司的评级，并与美国环球旅行者杂志合作推出了环球飞行计划。2012 年，海南航空收到了首架波音 787 客机，并开通了北京到芝加哥等新的国际长途航线。2013 年，海南航空与美国喜达屋酒店集团合作推出了"金鹏会员优惠计划"，并与美国联合技术公司签署了战略合作协议。2014 年，海南航空与法国达索系统签署了战略合作协议，并与美国波音公司签署了飞机维修合作协议。2015 年，海南航空与美国航空公司签署了代码共享协议，并与美国通用电气公司签署了发动机采购协议。2016 年，海南航空与美国阿拉斯加航空公司签署了代码共享协议，并与美国西雅图—塔科马国际机场签署了战略合作协

---

① 资料来源：新华网，https：//news. carnoc. com/list/58/58583. html。
② 资料来源：海南国资，shtmlhttps：//mp. weixin. qq. com/s/OGQ_N17DCP-56P3hZCSlcg。
③ 资料来源：《北京青年报》，https：//news. carnoc. com/list/0/187. html。
④ 资料来源：《中国经营报》，https：//news. carnoc. com/list/60/60596. html。
⑤ 资料来源：通用运费网，https：//www. ufsoo. com/airline/hu/。
⑥ 资料来源：中华人民共和国驻悉尼总领事馆，http：//sydney. chinaconsulate. gov. cn/chn/tpxw/201001/t20100120_228189. htm。

议①。2017年，海南航空以56.46亿元收购了新华航空、山西航空和长安航空三家控股子公司的少数股东权益，并与美国洲际酒店集团签署了战略合作协议②。2018年，海南航空成为中国首个在飞行中开放移动电话飞行模式的航空公司，并推出了客舱运输宠物服务③。2019年4月，海南航空以6.96亿元的价格收购海南天羽飞行训练有限公司100%股权④。

2.2 经营概况

海南航空主要从事国际、国内（含港澳）航空客货邮运输业务，与航空运输相关的服务业务，航空旅游、机上供应品、航空器材、航空地面设备及零配件的生产，候机楼服务和经营，保险兼业代理服务（限人身意外险）。其中，定期、不定期航空客、货运输是其主营业务。表1显示了海南航空的主营业务收入结构，主要由客运收入、货运及逾重行李收入、退票手续费收入和其他收入构成。自2016年以来，海南航空的货运收入不断增加，丰富了业务链。其中客运收入是海南航空的第一收入来源，2020年，客运收入为228.11亿元，同比下降59.38%。运输收入264.89亿元，同比下降61.62%，主要是2020年受公共卫生事件影响，公司运力投放及旅客运输量大幅下降，相较于国际航空亏损144.09亿元、东方航空亏损118.35亿元和南方航空亏损108.42亿元，同样作为中国四大航空之一的海航控股亏损幅度过大，为640.03亿元（数据截至2021年4月）⑤。

表1 海南航空主营业务收入结构 单位：亿元

年份 财务指标	2016	2017	2018	2019	2020
客运收入	370.33	552.07	623.75	643.36	228.11
货运及逾期重行李收入	9.51	14.04	19.48	24.75	24.75
退票手续费收入	9.54	14.88	17.18	19.60	12.03
其他	17.40	18.05	17.23	36.18	29.12
合计	406.78	599.04	677.64	723.89	294.01

资料来源：海南航空控股股份有限公司2016~2020年年度报告。

---

① 资料来源：央视网，http://jingji.cntv.cn/20111208/119350.shtml。
② 资料来源：《海南日报》，https://mp.weixin.qq.com/s/9pw4q-SyuGqHS_Sco_n_Rw。
③ 资料来源：《海南日报》，https://mp.weixin.qq.com/s/MjUZT621mm_B5CZN5Kgi4w。
④ 资料来源：上海证券交易所，https://www.hnair.com/guanyuhaihang/tzzgx/cwbg/201910/P020191031369818912883.pdf。
⑤ 资料来源：中国证券网，https://mp.weixin.qq.com/s/8Upt25RFpP5uO0QbPcSs1Q。

3 全面复盘：海南航空债券违约

3.1 债券发行情况

2017~2019 年，市场资金面较为宽松，整个航空运输企业债券发行的数量和规模都持续增加，发债数量从 41 期增长到 129 期，而发行规模由 2017 年的 505.30 亿元增长到 2019 年的 1490.49 亿元，且主要发行的是短期债券。2020 年，为了补充营运资金，航空运输企业的债务融资规模也逐渐增加，截至 2020 年 10 月，发行数量为 150 期，发行规模为 2156.50 亿元[①]。根据《海南航空股份有限公司 2016 年年度报告》可知，海南航空于 2006 年首次发行"06 海航 CP01"债券进行融资[②]。如表 2 所示，自 2006 年以来，累计发行债券 32 只各类债券，累计发债融资规模为 318.5 亿元。根据海南航空发行的债券类型来看，大致可分为公司债券、中期票据、超短期融资券、优先级资产支持证券和非公开定向债务融资工具五类。

表 2 海南航空主要债券发行情况 单位：只，亿元

债券种类	发行数量	发行金额
公司债券	7	100
中期票据	3	54
超短期融资券	9	72.5
优先级资产支持证券	10	60
非公开定向债务融资工具	3	32
总计	32	318.5

资料来源：《海南航空控股股份有限公司 2018 年年度报告》。

3.1.1 公司债具体发行情况

公司债券是公司依照法定程序发行的，约定在一定期限内还本付息的有价证券，有固定利率，且收益一般不变。债券持有人只是公司债权人，不能参与共同经营决策，债券到期应偿还。在公司解散时，债券所有人就公司财产可比股东得

---

① 资料来源：联合资信评估股份有限公司，https：//m.21jingji.com/article/20201225/herald/79930fb53 f0fca3390832244b7c67c07.html。

② 资料来源：海南航空官网，https：//www.hnair.com/guanyuhaihang/hhgs/gsjj/。

到优先清偿。如表3所示，海南航空2011年发行了2只公司债券，2018年连续发行5只可持续公司债券。可以看出，2018年公司融资频率较高，为了缓解流动性危机，公司选择通过大量举债的方式筹集资金，筹集的资金全部用于偿还公司的有息债务和补充营运资金。此外，2018年发行的5只债券利率均高于7%，说明海南航空的债券发行成本较高。

表3　海南航空公司债券发行情况　　　　　单位：亿元，%

债券名称	发行总额	发行日期	票面利率
18 海航 Y5	14	2018 年 11 月 27 日	7.30
18 海航 Y4	8	2018 年 11 月 2 日	7.35
18 海航 Y3	15	2018 年 10 月 18 日	7.45
18 海航 Y2	8	2018 年 9 月 26 日	7.45
18 海航 Y1	5	2018 年 9 月 13 日	7.60
11 海航 01	35.6	2011 年 5 月 24 日	5.60
11 海航 02	14.4	2011 年 5 月 24 日	6.20

资料来源：《海南航空控股股份有限公司2018年年度报告》。

3.1.2　中期票据具体发行情况

中期票据是一种由银行间市场交易协会统一管理的债务融资工具，可以用于补充流动资金、偿还借款和项目建设。如表4所示，2014~2016年，海南航空每年发行一张中期票据，其中2014年发行的"14海南航空MTN001"融资金额为4亿元，2015年和2016年发行的"15海南航空MTN001"和"16海南航空MTN001"融资金额各25亿元，主要用于偿还银行贷款和解决部分采购成本。此外，"14海南航空MTN001""15海南航空MTN001"和"16海南航空MTN001"三种中期债券的融资期限分别为5年、6年和6年，发行的票面利率均高于8%[①]。由此可见，中期票据的发行成本高于公司债券的发行成本。

表4　海南航空公司债券发行情况　　　　　单位：亿元，%

债券名称	发行总额	发行日期	票面利率
16 海南航空 MTN001	25	2016 年 3 月 7 日	8.46
15 海南航空 MTN001	25	2015 年 10 月 19 日	8.78
14 海南航空 MTN001	4	2014 年 5 月 9 日	8.00

资料来源：《海南航空控股股份有限公司2017年年度报告》。

---

① 资料来源：海南航空官网，https：//www.hnair.com/guanyuhaihang/hhgs/gsjj/。

3.1.3 超短期融资券具体发行情况

超短期融资券是信用评级较高的非金融企业在银行间债券市场发行的短期融资券。如表5所示，2006~2019年，海南航空发行了9只超短期融资券，共融资72.5亿元。"18海南航空SCP001"由国家开发银行、中国进出口银行、中国工商银行、中国建设银行、中国银行、中国农业银行、中国邮政储蓄银行及上海浦东发展银行八大国有和商业银行牵头认购，此期超短期债券的发行是海南航空提升其融资能力的有力举措，对公司债务结构的优化起到了积极作用[①]。发行"19海南航空SCP001"的目的是用于偿还公司存量债务，以提高直接融资比例，降低融资成本并优化负债结构，增加公司现金管理的灵活性。海南航空由于主体长期信用等级、债券信用等级均为AAA，其稳健的经营状况、良好的信用评级受到投资者的青睐，因此超短期融资券是海航债务融资的主要融资类型。根据2020年12月联合资信评估股份有限公司（以下简称联合资信）发布的《2020年航空运输行业分析报告》，2017~2019年，航空运输企业短期债券平均发行利率逐年下降，分别为4.46%、3.44%和2.55%[②]，而海南航空的发行利率高于行业利率水平，这在一定程度上增加了海南航空的财务负担，也能反映出海南航空的资金需求。

表5 海南航空（超）短期融资债券发行情况　　　　　单位：亿元，%

债券名称	发行总额	发行日期	票面利率
17海南航空SCP001	10.00	2017年4月10日	4.74
17海南航空SCP002	5.00	2017年5月2日	5.00
17海南航空SCP003	5.00	2017年5月16日	5.50
17海南航空SCP004	5.00	2017年11月1日	5.80
17海南航空SCP005	10.00	2017年11月9日	5.94
18海南航空SCP001	10.00	2018年10月25日	6.50
19海南航空SCP001	10.00	2018年3月4日	5.70
19海南航空SCP002	7.50	2019年7月19日	4.35
19海南航空SCP003	10.00	2019年11月29日	4.00

资料来源：《海南航空控股股份有限公司2021年年度报告》。

3.1.4 优先级资产支持证券具体发行情况

资产支持证券是由受托机构发行的、代表特定目的信托的信托受益权份额，是一种债券性质的融资工具，向投资者支付的本金和利息来自支持证券的资产池产生的现金流或剩余权益。通常将资产支持证券分为优先级资产支持证券、次级

---

① 资料来源：中国民航网，http：//www.caacnews.com.cn/1/6/201810/t20181026_1258809.html。
② 资料来源：联合资信评估股份有限公司官网，https：//www.lhratings.com/research/index.html。

资产支持证券。其中优先级资产支持证券在实现预期收益和本金的兑付时相较中间级和次级具有优先顺位。如表6所示，海南航空在2015~2016年共发行10只优先级资产支持证券来进行融资，融资总金额为60亿元，发行时间主要集中在2015年和2016年，发行利率低于其他四种类型的债券，融资成本相对较低。

表6 海南航空优先级资产支持证券发行情况 单位：亿元，%

债券名称	发行总额	发行日期	票面利率
海航101	5.00	2015年4月10日	7.20
海航102	5.00	2015年4月10日	7.55
海航103	5.00	2015年4月10日	5.80
海航104	5.00	2015年4月10日	4.30
海航201	7.00	2015年9月17日	5.80
海航202	8.00	2015年9月17日	6.10
海航203	5.00	2015年9月17日	6.40
海航301	7.00	2016年7月1日	5.15
海航302	8.00	2016年7月1日	5.55
海航303	5.00	2016年7月1日	5.80

资料来源：《海南航空控股股份有限公司2019年年度报告》。

3.1.5 非公开定向债务融资工具

非公开定向债务融资工具（Private Placement Note，PPN）是指具有法人资格的非金融企业向银行间市场特定机构投资人发行，并在特定机构投资人范围内流通转让的债务融资工具。其规模、期限等主要要素可由发行人根据融资需求、资金使用安排等情况与定向投资人协商。如表7所示，海南航空在2014年发行了3只非公开定向债务融资工具，主要用于补充营运资金和偿还借款，融资期限均为3年，发行总额为32亿元。发行利率为7.2%~7.4%。

表7 海南航空非公开定向融资工具发行情况 单位：亿元，%

债券名称	发行总额	发行日期	票面利率
14海南航空PPN001	11.70	2014年8月1日	7.20
14海南航空PPN002	12.00	2014年9月17日	7.40
14海南航空PPN003	8.30	2014年10月14日	7.20

资料来源：《海南航空控股股份有限公司2017年年度报告》。

3.2 债券违约情况

2017年，海航的总负债规模为7365.02亿元，同比增长22.04%。有息负债高达 5701.06 亿元，同比增长 21.82%，偿债压力增大。此外，公司的财务费用也不断增加，其中利息支出高达 314.47 亿元，同比增长 61.46%。应付利息 37.61 亿元，同比增长 31.32%①。2017 年下半年开始，海航每个月几乎都有资产出售，卖股权、卖酒店、卖地产，甚至连飞机都卖。由于出售部分子公司及业务，导致海航旗下几乎所有业务板块的收入和成本都出现了大幅下降。与此同时，试图在高速扩张的快车道上转向的海航又遇上了一个"多事之秋"，2017 年 6 月，银监会要求各大银行排查涉境外并购大型民企的授信及风险，海航位列名单之中，在国内"去杠杆、防风险"政策下，海航另类债务难以扩张和延续，资金链断裂，同时面临着越来越多即将到期的债务②。2017 年末，因经营失当、管理不当和投资失序等原因，海航流动性危机爆发，后转为严重的债务危机。

2019 年，市场流动性的进一步收紧，海南航空的处境更为艰难，2019 年 11 月，大新华航空有限公司 2016 年第二期非公开定向发行的债务融资工具（"16 新华航空 PPN002"）发生违约。海南航空于 2016 年 8 月发行的海南航空 3 期优先级资产支持证券，以航空票款为收益保证，合计 20.5 亿元的本金，原计划将于 2018 年 11 月至 2020 年 11 月陆续到期，但部分投资人在 2019 年 11 月 25 日要求行使回售权后，海南航空未能如期兑付，即海南航空 3 期优先级资产支持证券（"海航 302"）构成违约③。

2020 年，整体航空业损失惨重，海南航空面临着资金流动性不足的情况，其中海南航空发行的"19 海南航空 SCP002"和"19 海南航空 SCP003"债券本息到期偿还压力较大，存在不确定性。随后，海南航空在其官网上宣布，已与投资者达成协议④，对这两笔债券的本息进行展期⑤。由《海南航空控股股份有限公司 2020 年年度报告》可知，截至 2020 年 12 月 31 日，海南航空总资产为 1645.77 亿元，总负债为 1868.31 亿元，净资产为 -222.54 亿元。净资产由正转负，戴上了"ST"的帽子，经营活动产生的现金流量净额为 -5.06 亿元⑥。海南航空整体已严重资不抵债，债务全面逾期，生产经营难以为继，面临破产清算风险。

2021 年 1 月 29 日，因海航无力偿还相关债权人到期债务，相关债权人向法院申请海航破产重整⑦。根据《中华人民共和国企业破产法》第四十六条规定，未到期的债券在破产申请被受理时将被视为到期，有息债券将立即停止计息⑧。至

---

① ⑥　资料来源：海南航空官网，https：//www.hnair.com/guanyuhaihang/hhgs/gsjj/。
② 　资料来源：人民网，http：//money.people.com.cn/n1/2017/0623/c42877-29358318.html。
③ 　资料来源：VABS 国际金融论坛，https：//mp.weixin.qq.com/s/1WapnXO94YIgv0QzHKgXXQ。
④ 　资料来源：《中国基金报》，https：//mp.weixin.qq.com/s/_k6tcH8_6Zgy4SN7Sqr2xQ。
⑤ 　"展期"是指到期后借款人不能及时归还本息，通过续借来延期归还本息。
⑦ 　资料来源：《天津日报》，https：//mp.weixin.qq.com/s/SA2dHlTHlbpfoTKLp_N76A。
⑧ 　资料来源：中国审判流程信息网，https：//splcgk.court.gov.cn/gzfwww/sfjs/details?id=ff8080816c2 2fc85016cd0c6673c0d9f。

此，"15 海南航空 MTN001""16 海南航空 MTN001""19 海南航空 SCP002""19 海南航空 SCP003"以及"11 海航 02"等 10 只债券在 2 月 10 日提前到期未兑付，构成实质性违约①。表 8 是海南航空公司债券违约的具体信息，海南航空公司存续债券全部发生实质性违约，受此影响，多家评级机构将海南航空的信用等级调整为 C，致使海南航空在 2020 年和 2021 的债券增量为零，筹资现金流入大幅下降，融资能力受到重创。

表 8　海南航空债务违约情况

单位：亿元

债券名称	发行日期	违约日期	违约本金	违约利息
19 海南航空 SCP002	2019 年 7 月 23 日	2020 年 4 月 17 日	7.50	0.00
19 海南航空 SCP003	2019 年 12 月 2 日	2020 年 8 月 25 日	10.00	0.00
15 海南航空 MTN001	2015 年 10 月 22 日	2021 年 2 月 10 日	25.00	2.93
16 海南航空 MTN001	2016 年 3 月 10 日	2021 年 2 月 10 日	25.00	4.24
19 海南航空 SCP002	2019 年 7 月 23 日	2021 年 2 月 10 日	7.50	0.03
19 海南航空 SCP003	2019 年 12 月 2 日	2021 年 2 月 10 日	10.00	0.19
11 海航 02	2011 年 5 月 24 日	2021 年 2 月 10 日	14.40	0.64
18 海航 Y5	2018 年 11 月 27 日	2021 年 2 月 10 日	14.00	0.21
18 海航 Y4	2018 年 11 月 2 日	2021 年 2 月 10 日	8.00	0.16
18 海航 Y3	2018 年 10 月 18 日	2021 年 2 月 10 日	15.00	0.35
18 海航 Y2	2018 年 9 月 26 日	2021 年 2 月 10 日	8.00	0.22
18 海航 Y1	2018 年 9 月 13 日	2021 年 2 月 10 日	5.00	0.16

资料来源：同花顺数据库。

　　根据 2021 年 9 月海南航空发布的《海南航空控股股份有限公司及其十家子公司重整计划（草案）》（以下简称《重整计划草案》）的内容可知，受海航债务危机影响，海南航空财务状况恶化、资金链断裂、债务大面积逾期、关联资产严重减值，出现巨额亏损②。

3.3　违约后续影响

3.3.1　股价下跌，面临退市风险

2020 年，海南航空股票代码中已经带上了"*ST"。图 1 为海南航空的 K 线图，可以看出，海南航空的股价一直呈下降趋势。截至 2020 年 10 月，已降至

---

①　资料来源：《中国基金报》，https：//mp.weixin.qq.com/s/_k6tcH8_6Zgy4SN7Sqr2xQ。

②　资料来源：海南航空官网，https：//www.hnair.com/guanyuhaihang/hhgs/gsjj/。

1.20 元/股[①]。由《海南航空控股股份有限公司 2020 年年度报告》可知，公司
2020 年实现营业收入 294.01 亿元，经营性利润亏损约为 165 亿元，归属于股东的
净资产已转为负，数额为 -640.03 亿元[②]。这样的亏损幅度也是近年来 A 股市场罕
见的现象，公司运力投放及旅客运输量大幅下降，对公司的生产经营产生了巨大
的负面影响。因海航等公司重要关联方被债权人申请重整，公司计提对关联方担
保合同损失并对所持关联方的股权投资、应收关联方款项、金融资产及飞机资产
等计提减值损失合计约 460 亿元[③]。根据《重整计划草案》披露的内容所示，在债
务方面，海南航空的流动比率和速动比率都较低，资产负债率已经高达 100% 以上
了，出现资不抵债的情形，海南航空面临内忧外患、关联交易无序，同时也背负
着巨额债务，面临着破产重整[④]。

图 1　海航的 K 线图

资料来源：东方财富网。

3.3.2　信用等级下调

由《海南航空控股股份有限公司 2020 年年度报告》可知，2021 年 1 月 28 日，
上海新世纪资信评估投资服务有限公司（以下简称上海新世纪）将海南航空的主
体信用及相关债项等级由 AAA 下调为 AA，原因是 2020 年核心航空主业业绩大幅
下滑，出现重大亏损，并面临较大的流动性压力。2021 年 2 月 1 日，上海新世纪
将海南航空评级下调为 BB，评级展望为负面，原因为公司申请重整，巨额亏损
且可能净资产为负值，出现信息披露问题，有退市风险。2021 年 2 月 23 日，上
海新世纪将海南航空评级下调为 C，原因为海航控股发布了重整公告，开展重整
工作。

---

① 资料来源：雪球，https://xueqiu.com/S/SH6002215。
②③ 资料来源：上海证券交易所，http://www.sse.com.cn/disclosure/listedinfo/announcement/c/new/
2021-04-30/600221_20210430_17.pdf。
④ 资料来源：海南航空官网，https://www.hnair.com/guanyuhaihang/hhgs/gsjj/。

2021 年 1 月，中诚信国际信用评级有限责任公司（以下简称中诚信）将海南航空主体及相关债项的信用等级均降至 AA，并列入信用评级观察名单。2021 年 2 月 2 日，因该公司及控股股东、重要股东和下属控股子公司被债权人申请重整，中诚信决定将海南航空公司主体、相关债项信用等级调降至 BB，评级展望调整为负面。2021 年 2 月 24 日，中诚信再次将海南航空相关债项信用等级由 BB 调整为 C[①]（见表 9）。

表 9　海南航空主体评级变动情况

发布日期	评级标准	信用评级	评级展望	变动方向
2011 年 3 月 28 日	主体评级	AA+	稳定	首次
2015 年 3 月 28 日	主体评级	AAA	稳定	调高
2021 年 1 月 8 日	主体评级	AA	—	调低
2021 年 2 月 1 日	主体评级	BB	负面	调低
2021 年 2 月 23 日	主体评级	C	—	调低

资料来源：Wind、华创证券。

4　剖析缘由：海南航空违约成因

4.1　财务状况恶化

4.1.1　盈利能力下降

如表 10 所示，海南航空销售净利率从 2016 年的 8.38% 降至 2017 年的 6.48%，2018 年降至 -5.38%，主要是因为债务危机影响显现后盈利能力大减，投资收益未能明显提升其盈利能力。2016 年毛利率为 22.91%，到了 2020 年毛利率为 -41.13%，营业成本增速明显快于营业收入，2017~2019 年，海南航空营业成本逼近营收线，极高的营业成本严重压缩了毛利空间，净利润受到拖累[②]。毛利率受营业收入和营业成本两方面的影响逐年下降，主要是因为营业成本居高不下。当企业主营业务收入减少，企业的现金流入速度将变缓，企业的盈利能力与质量将下降，导致公司的偿债能力减弱。此外，在盈利能力下降的情况下，企业如果

---

① 资料来源：海南航空官网，https://www.hnair.com/guanyuhaihang/hhgs/gsjj/。
② 资料来源：雪球，https://xueqiu.com/9871547849/198350342。

仍继续激进扩张，其占用的资金会给企业带来更大的现金流压力。

表 10　海南航空盈利能力指标　　　　　　　单位：亿元，%

财务指标＼年份	2016	2017	2018	2019	2020
营业收入	406.78	599.04	677.64	723.89	294.01
营业成本	313.61	517.93	628.16	670.17	414.94
毛利率	22.91	13.54	7.30	7.42	-41.13
净利润	34.10	38.82	-36.48	98.70	549.76
销售净利率	8.38	6.48	-5.38	1.04	-233.81

资料来源：海南航空控股股份有限公司 2016～2020 年年度报告。

4.1.2　现金流量情况恶化

如表 11 所示，2016～2019 年，海南航空经营活动产生的现金流并不稳定，而投资活动产生的现金流始终为净流出，表明海南航空的投资活动并未给企业带来现金净流入。根据海南航空控股股份有限公司 2019～2020 年年度报告可知，2019 年公司经营活动产生的现金流量净额为 137.33 亿元，主要是海南航空经营性款项结算周期延长①。2020 年，公司经营活动、投资活动和融资活动产生的现金流量均为净流出，其中公司经营活动产生的现金流量净额为 -5.06 亿元，同比下降103.69%；公司投资活动产生的现金流量净额为 -32.25 亿元，主要是因为海南航空对外投资减少；公司本年度筹资活动的现金流量净额为 -43.36 亿元，主要是因为海南航空偿还到期债务及利息减少②。由于经营能力较差，海南航空难以获得大量现金流入增长，并且过度依赖中短期负债进行投资过度，导致海南航空的现金流状况不断恶化。海南航空经营性现金流净额无法长期、持续地覆盖短期债务已经反映出企业债务方面的风险，再加上债务兑付期短期集中，导致海南航空更容易发生违约事件。

表 11　海南航空现金流情况　　　　　　　　　单位：亿元

年份	2016	2017	2018	2019	2020
经营活动产生的现金流量净额	122.87	129.60	92.25	137.33	-5.06
投资活动产生的现金流量净额	-183.44	-94.27	-113.86	-301.73	-32.25
筹资活动产生的现金流量净额	107.88	81.64	-12.76	-60.86	-43.36

资料来源：海南航空控股股份有限公司 2016～2020 年年度报告。

---

①② 资料来源：海南航空官网，https：//www.hnair.com/guanyuhaihang/hhgs/gsjj/。

4.2　经营规划不当

海南航空是"海航系"①的核心子公司，航空运输业是发展的核心业务，因此，海航的收购也围绕着它展开。在海航的高杠杆扩张模式下，海南航空也积极参与并购，以增加其在航空运输业的市场份额。2000～2001年，海南航空合计出资20亿元先后收购重组了长安航空、新华航空和山西航空；2017年，海南航空收购了山西航空有限责任公司、云南祥鹏航空有限责任公司等；2019年4月，海南航空以6.96亿元的价格收购了天羽飞100%股权②。但是，并购的航空公司并没有给海南航空带来有效的利润。由《海南航空控股股份有限公司2019年年度报告》可知，海南航空并购的子公司，例如，长安航空、祥鹏航空、新华航空、山西航空和乌鲁木齐航空有限责任公司的净利润分别为-0.67亿元、-1.27亿元、0.81亿元、-0.15亿元和-0.15亿元，无法为海南航空提供高质量的利润贡献③。除积极拓展主营业务外，海南航空还涉足金融保险业，如入股华安财险，即使在2019～2020年资金匮乏的情况下，仍在实施扩张战略。海南航空前期并购了大量企业，但是这些企业的净利润长期为负值，并没有给海南航空带来有效的利润贡献。由于并购企业占用了海南航空大量资金，再加上盈利能力尚未恢复，因此给海南航空带来较大的偿债压力。海南航空在自1998年开始的快速扩张过程中忽视了风险和隐患，不重视整个行业与子公司的协调发展，导致公司资金出现流动性危机，加剧了企业"输血"与"造血"的矛盾，这是债券违约的重要原因之一。

4.3　内部控制缺陷

4.3.1　披露机制不健全

海南航空作为上市公司，应当履行信息公开披露义务。但自2018年以来，海南航空多次出现披露不全、披露不及时、披露不规范等行为。如表12所示，2018年6月，因未披露公司重大资产重组计划而受到处罚；2019年7月27日，海南航空因海航实业集团和海南合信贸易有限公司占用资金未及时履行信息泄露义务，被中国证监会海南监管局下发警示函；2019年12月11日，由于海南航空2018年的实际业绩与预测业绩相去甚远，对投资者的投资决策产生了巨大影响，预测业绩没有充分表明风险，更正不及时受到上交所的批评，责任人被列入上市公

---

① 海航系是持股金融机构数量仅次于明天系的民营资本集团，这个庞大的资本集团的顶层持股者早前是海航工会委员会，如今已变更为海南省慈航公益基金会。

② 资料来源：上海证券交易，https：//www.hnair.com/guanyuhaihang/tzzgx/cwbg/201910/P020191031369818912883.pdf。

③ 资料来源：远东资信研究部，https：//m.hibor.com.cn/wap_detail.aspx？id=3191713。

司诚信档案；2021 年 12 月 18 日，海南航空因某些重大事项的遗漏和违规，被中国证监会立案调查；2022 年 8 月 11 日，海南航空因未按规定披露非经营性关联交易、未按规定披露关联担保，证监会拟对海南航空及相关责任人作出行政处罚①。一方面，从海南航空内部控制问题的角度来看，公司内部控制问题得不到及时解决，特别是在风险评估方面，很可能导致公司经营战略出现问题，忽视风险，盲目扩大投资。另一方面，它将向市场传递公司的道德风险信号，这将恶化公司形象，导致股价暴跌，增加公司融资成本和债务负担，增加潜在的债券违约风险。

表 12　海南航空主要违规事件

时间	违规事件
2018 年 6 月	重大资产重组预案信息披露不足
2019 年 7 月	未及时披露相关关联公司占用资金信息
2019 年 12 月	业绩预告与实际差异巨大、业绩预告风险提示不充分并更改滞后
2021 年 12 月	特大事项纰漏违规
2022 年 8 月	未按规定披露非经营性关联交易、披露关联担保

资料来源：海南航空控股股份有限公司 2018~2022 年年度报告。

4.3.2　对关联方的过度担保

海南航空作为海航的核心子公司，为海航的关联公司提供担保。"海航系"企业之间股权交织复杂，关联企业众多，关联企业之间相互担保金额大。当被担保企业难以偿还债务或进入重整程序时，由于担保企业对其债务承担连带责任，会给担保企业带来现金流压力。此外，股东和关联方的大量非经营性资金占用也会使企业资金流动性紧张。2021 年 1 月海南航空发布的《海南航空控股股份有限公司关于上市公司治理专项自查报告的公告》披露的内容显示，一是公司及其控股子公司存在非经营性资金占用情形，包括资金拆借给关联方 90.04 亿元，海南航空贷款资金下款后被关联方实际使用，为关联方提供担保形成的资金划扣的有 30 笔，关联方代收款项 13 笔和以支付现金、机票兑换等方式代为兑付员工理财约 8.20 亿元②。截至 2021 年 1 月，海航控股对外担保金额共 356.23 亿元，占公司净资产的 57.36%；其中对子公司担保总额为 116.57 亿元，对关联方担保总额 239.66 亿元和逾期担保 121.93 亿元。二是公司存在超过 80 笔担保款项为股东及关联方擅自以公司的名义提供的担保，导致公司未能及时披露信息。三是部分资

---

① 资料来源：雪球，https://xueqiu.com/5010145968/249939381。
② 资料来源：海南航空官网，https://www.hnair.com/guanyuhaihang/hhgs/gsjj/。

产尚未办理过户手续，投资损失较大，需进行减值测试①。在2020年高达640亿元的亏损中，计提的减值损失占了半数，其中计提的减值损失主要来自股东及关联方的违规关联交易，包括资金拆借、借款被关联方实际使用、为关联方提供担保形成的资金划扣、关联方代收款项和兑付员工理财等在内的非经营性资金占用②。

4.4　融资结构失衡

4.4.1　投融资期限错配

航空运输业集中度较高，且呈现集团化组团式发展，头部航空运输业企业规模大、实力强，发债主体较为集中。为了应对日常资金的需要，整个航空运输企业的债务融资规模都较大，截至2020年10月，融资规模已经达到2156.50亿元③。如表13所示，海南航空债务规模不断增加，从2016年的802.68亿元增至2020年的1868.31亿元，增幅达67.5%。海南航空的负债权益比也从2016年的118.26下降到2020年的-839.54④。2018~2020年流动负债占债务总额的比例分别为92%、89%和96%，负债比例不合理，短期负债过高，而企业短期债务占比过高会增加企业的短期偿债压力，而且总债务的大幅增加会加大企业的债务负担。

表13　海南航空相关债务指标　　　　　　　　单位：亿元，%

财务指标＼年份	2016	2017	2018	2019	2020
流动债务	328.75	681.78	1265.23	1202.46	1788.68
债务总计	802.68	1233.91	1359.85	1344.28	1868.31
货币资金	215.91	363.91	379.26	201.44	82.36
流动债务/债务总计	0.41	0.55	0.92	0.89	0.96

资料来源：海南航空控股股份有限公司2016~2020年年度报告。

4.4.2　偿债能力下降

表14展示了海南航空的偿债能力。在短期偿债能力方面，2019年12月联合资信发布的《航空运输业报告》显示，自2016年以来我国航空运输业速动比率整

---

① 资料来源：澎湃新闻，https：//m. thepaper. cn/baijiahao_15168747。

② 资料来源：上海证券交易所，http：//www. sse. com. cn/disclosure/listedinfo/announcement/c/new/2021-04-30/600221_20210430_17. pdf。

③ 资料来源：联合资信评估股份有限公司官网，https：//www. lhratings. com/research/index. html。

④ 资料来源：海南航空官网，https：//www. hnair. com/guanyuhaihang/hhgs/gsjj/。

体处于较低水平，2019 年底为 0.37，较上年底上升 0.30 个百分点①。而海南航空的速动比率为 0.41，2020 年降到 0.36。自 2016 年以来，海南航空的现金比例持续下降，由 2016 年的 65.68% 下降到 2020 年的 4.60%，这反映出海南航空的短期偿付能力明显减弱，财务困境风险相对较大。在长期偿债能力方面，2016 年海南航空的股东权益比为 30.76%，从 2017 年开始股东权益比一直下降，2020 年甚至降为负值，近几年的股东权益比都维持在一个相对较低的水平，说明海南航空的长期偿债能力较弱。

表 14　海南航空的偿债能力指标　　　　　　　　　　　　单位：%

财务指标 ＼ 年份	2016	2017	2018	2019	2020
流动比率	0.90	0.63	0.44	0.42	0.37
速动比率	0.90	0.63	0.44	0.41	0.36
现金比率	65.68	53.40	30.18	16.75	4.60
股东权益比	30.76	45.82	37.48	29.23	−13.51

资料来源：海南航空控股股份有限公司 2016~2020 年年度报告。

综上所述，海南航空多采用债务融资，尤其是 2016 年以来，债务融资规模节节攀升，其中流动负债越来越高。虽然公司融资成本有所降低，但出现了不合理的债务结构，通过短期负债支持长期投资，流动性风险高。此外，海南航空的债务结构也导致其偿债能力减弱，出现借新债还旧债的情况，容易发生债务违约。

4.5　环境不确定性

4.5.1　突发公共卫生事件

2020 年初突发公共卫生事件打破了我国航空运输业保持持续增长的态势，各国政府陆续出台了一系列交通限制及隔离措施，旅客出行需求和意愿大幅下降，对航空运输业产生了较大冲击，海南航空的主营业务收入主要来自于客运收入、货运及逾重行李收入和退票手续费收入。如表 15 所示，2016~2019 年，海南航空客运收入占主营业务收入的比重始终在 93% 以上，且客运收入始终保持正增长。然而，2020 年的客运收入仅为 228.11 亿元，同比下降 64.68%，可以看出，受突发事件影响，海南航空客运收入下降明显。在此之前，海南航空的主营业务收入和主营业务成本都是逐年上升，然而受突发公共卫生事件影响，主营业务收入从 2019 年的 690.10 亿元下降到 2020 年的 264.89 亿元，由于 2020 年海南航空主营

---

①　资料来源：联合资信评估股份有限公司官网，https://www.lhratings.com/research/index.html。

业务收入的大幅下降，直接导致公司的经营性现金流不足。

表 15　海南航空主营业务收入相关数据　　　单位：亿元，%

财务指标　　　年份	2016	2017	2018	2019	2020
客运收入	370.33	552.07	623.75	645.75	228.11
客运收入/主营业务收入	97.36	97.32	96.73	93.57	86.12
主营业务收入同比增加	14.99	49.13	13.67	3.98	-61.62
主营业务收入	380.37	567.26	644.82	690.10	264.89
主营业务成本	304.96	509.77	621.20	645.98	395.20

资料来源：海南航空控股股份有限公司 2016~2020 年年度报告。

4.5.2　行业竞争态势严峻

从行业竞争格局方面来看，2020 年，航空公司大幅削减运力，乃至停飞，航空业面临"全球规模的大危机"。全年旅客运输量为 4.2 亿人次，同比 2019 年减少约 1/3，运输总周转量为 798.5 亿吨千米①。截至 2022 年末，我国航空业整体形成了以国际航空、南方航空、东方航空和海南航空四大航空为主，其他低成本航空公司及地方、区域航空公司参与的垄断竞争格局。其中国际航空、南方航空、东方航空和海南航空处于第一梯队，随着低成本航空公司的快速发展、航空运输业运力的快速增长，行业竞争持续加剧，四大航空公司的市场集中度有所下降。2020 年，其中国际航空运输旅客为 6869.15 万人次，客座率为 70.4%；南方航空运输旅客为 9685.53 万人次，客座率为 72.76%；东方航空运输旅客为 7748.78 万人次，客座率为 70.56%；海南航空运输旅客为 3703.2 万人次，客座率为 74.28%，旅客运输量同比减少为 40.3%、36.12%、42.83% 和 54.67%，海南航空全年旅客运输量和国内旅客运输量下降最多，分别下降 54.67% 和 51.91%，此外春秋航空全年旅客运输量下滑最小，同比减少 16.97%，其中国内旅客为 1773.64 万人次，同比增长 9.55%②。这也在一定程度上印证了国内航空运输业市场竞争激烈，海南航空在竞争中并没有占据主动，随着航空投资体制改革的推进和市场准入制度的放开，春秋航空、吉祥航空等民营企业逐步进入航空运输领域，加大了对中国国内航空运输市场的渗透，行业竞争压力加大。

从行业替代分析方面来看，我国高铁凭借其准点率及频率高、客公里票价相对较低等特点，对 800 千米以内的短途市场对航空运输替代效应明显，航空公司

---

① 资料来源：中国民航网，http：//www.caacnews.com.cn/1/6/202006/t20200622_1304721.html。
② 资料来源：民航资源网，http：//news.carnoc.com/list/553/553881.html。

部分短途航线面临较大的分流压力①，相对于中小低成本航空运输企业，头部航空运输企业航线航班资源更丰富，相对集中于 800 千米以上，高铁分流的替代作用对中小低成本航空企业影响更明显。2014~2019 年，高铁运营里程、客运量及旅客周转量均保持高速增长，显著高于航空运输增速②。未来，随着中国基础设施建设的推进和高铁技术的更新，我国民航业将面临高铁强大的竞争，虽然我国居民出行需求不断提升，但高铁凭借其优势获得更多的增量，压制了民航的发展空间，且其低廉的单座成本使得民航难以用价格竞争的手段实施市场隔离。

4.5.3 民航业面临的高成本

航空运输业属于重资产行业，在发展过程中面临着较高的成本，其中航空公司最主要的资本支出是飞机以及发动机采购，飞机单价较高、从预订到交付周期较长，对资金占用较大。除了购买飞机所需的大量费用外，航空公司成本主要是航油成本、起降服务费、飞机大修和保险成本等，这些都反映在资产负债表上的固定成本中。航油价格的高低，直接影响航空公司的生产成本，进而影响航空公司的经营业绩。公司的盈利能力会受到国际原油价格波动以及国内航油价格调整的影响。因此，若未来国际油价大幅波动或国内航油价格大幅调整，可能会对航空公司的经营业绩造成较大的影响。此外，由于行业技术及安全要求高，设备操作复杂，行业集中度高，其运营过程中风险性大。如表 16 所示，自 2016 年以来，中国四大航空公司的固定资产费用成本较高，需要大量的资金投入，影响了公司的资金流动。

表 16 四大航空公司固定资产费用　　　　　　　　　单位：亿元

航空公司 \ 年份	2016	2017	2018	2019	2020
南方航空	1463.88	1582.55	1700.39	843.74	857.54
国际航空	1489.10	1582.74	1604.03	888.90	877.18
东方航空	1507.51	1631.30	1756.75	955.73	976.81
海南航空	580.91	739.08	708.86	584.63	511.91

资料来源：海南航空控股股份有限公司 2016~2020 年年度报告。

---

① 资料来源：民航资源网，http://news.carnoc.com/list/297/297068.html。
② 资料来源：中华人民共和国中央人民政府网，https://www.gov.cn/xinwen/202004/30/5507767/files/597830fc52204efeb5a316f738abb4a0.pdf。

5　以史为鉴：海南航空案例启示

海南航空出现的连续性债券违约主要受到多个因素的共同影响，一方面，由于债务业务模式和债务结构不合理，存在财务杠杆率上升的风险，内部控制存在问题，关联公司拖累严重，多元化板块的扩张没有产生协同效应等问题，使海南航空的盈利能力和经营效率不升反降；另一方面，由于航油价格的波动和强大的行业替代竞争，没有足够的现金流来应对集中到期的债务，加上公共卫生事件的影响，最终导致海南航空债券违约。基于上述分析，航空运输企业应对以下四个方面予以关注，减少企业债券违约。

5.1　增强企业造血能力

海南航空"造血"能力不强是造成其债券违约的主要原因，表现为盈利能力降低和营运能力减弱，使其业务收入减少和现金流缩水。因此，化解债务问题的重要措施是增强经营能力。首先是盈利能力，航空运输业企业应继续引进新机型和淘汰旧机型，不断改进机型和路线从而实现容量和市场的匹配。同时，进一步优化机队结构和提高运营效率，从而减少维护成本。此外，需要完善营销管理体系，不断优化产品结构，善于发现旅客中的高净值人群，充分运用大数据系统实现精准营销，在提供相对差异化服务的基础上提升高端产品的毛利率。其次是营运能力，搭建科学合理的固定资产投资管理及评价机制，提升投资可行性的研究水平，进一步提升营运能力，从而夯实可持续发展的基石。最后是在现金流管理上，要保持现金流的稳健性，保证资金流动性的充裕，对投资支出的现金要做好投资规划和计算好回收期，对偿还债券需要支出的利息及相关费用提前规划还款计划，同时设置流动性风险预警指标，避免因为临时的流动性不足而陷入资金困境。

5.2　优化债务融资结构

对上市公司来说，合理运用财务杠杆可以增加企业的盈利能力和投资回报率，进而提高企业价值。尤其是高负债经营的航空运输公司，合理的负债结构一方面可以减少负债融资费用，另一方面可以维持公司稳定的运营。海南航空一直倾向于发行超短期融资证券进行投资，这种通过发行短期债券进行长期投资方式，会使短期债务比重过高，到期债务带来巨大的偿还压力，一旦短期盈利下降，就很容易陷入财务困境。因此，企业应该适当降低通过债务渠道的融资比重，可以通过出售股权，如增发、配股等权益类融资渠道增加融资额度，进而降低资产负债率，优化财务杠杆结构。也可以通过引入担保（包括第三方担保或关联企业担保）降低举债成本。

5.3 完善内部控制策略

航空运输业是负债高的行业，需要建立债务风险检测预警机制，通过进行精准识别、提前预警、主动防范，从而实现闭环管理。充分利用当前数据正确评估风险，慎重预测当前信用等级的未来数据，提高风险预测能力。此外，要规范集团内部关联方之间的交易事项，特别是对关联方进行担保和资金占用等事项，最大限度地避免子公司之间的过度利益往来。通常航空运输业投资项目的建设周期一般较长、投资规模相对较大，前期资金占用也较多，一旦投资失利，初始投资额会对公司现金流造成拖累。因此，制定科学的投资策略是必不可少的。一方面，根据经济形势、未来发展预期和国家发展规划等确定投资方向，准确评估公司风险和公司实力；另一方面，管理层应强化风险意识，明确投资目的并非单纯追求大规模、综合性的并购重组，而是将投资项目真正消化吸收使之转化为盈利能力，以产生规模经济或协同效应，稳步提高企业盈利水平。另外，对于管理层忽视投资风险、一味追求业绩的行为，建议引入第三方监管发挥外部董事的治理作用。

5.4 增强行业竞争能力

受群众需求、行业替代竞争、航油成本和汇率变化等不可控因素的影响，航空运输业受到了较大的影响，以商务、公务需求为主的国内航线旅游需求也日益增加，所以有必要引导企业加强品牌建设、提升服务软实力和优化公司管理。国内中短途航线受高铁影响较大，高铁对民航的替代效应不可避免，因此，可考虑以较低的成本及时调整航线网络结构、运力和市场份额，从而增加客源和效益。此外，需要与上游公司紧密合作，通过转移燃油附加费、开展航油套期保值等措施控制航油成本。同时，作为高负债经营的航空运输业也要保证部分现金流以应对突发事件，为帮助暂时流动资金不足的公司和促进航空运输业的健康发展，政府可牵头联合航空公司共同成立国内航空业救助基金。

6 案例结语

海航过于激进的多元化战略，特别是前期盲目的"买买买"，虽然实现了投资多元化，却未注重经营多元化，不能完全吸收和整合投资标的内部资源，导致公司体量巨大，协同效应却难以实现，最终爆发流动性危机，后转为严重的债务危机。而海南航空受到海航债务危机的影响和2020年公共卫生事件的双重冲击，导致财务状况恶化，出现流动性危机。面对集中到期的债务无法偿还，出现严重的债务危机，最终破产重整。2021年10月31日通过《海南航空控股股份有限公司及其十家子公司重整计划》，统一引入战略投资者，以现金出资购得海南航空股票并获得其控制权，以战略投资者投入的资金、未来持续经营的经营收入、海南航空资本公积转增股票及关联方代为清偿的债务额度作为统一偿债的资源，就欠付的约112683.70万元共益债与债权人达成清偿方案。重整完成后，清偿债务后的海南航空总资产为1700亿元，总负债为1380亿元，负债率为81%，流动性危机得以解决。重整后的海南航空继续集中精力全力发扬、继承和夯实国内第四大航空公司地位，继续发挥民营机制的活力，在市场竞争中更具优势。

案例使用说明

一、教学目的与用途

（一）适用课程

本案例主要适用于《国际金融学》《公司金融》《金融工程》《管理经济学》《国际投资》《金融风险管理》《证券投资学》《财务报表分析》《金融市场学》《行为金融学》等课程。

（二）适用对象

本案例主要适用于以下对象：

1. 经济学、金融学、金融工程、投资学等相关专业的本科生和研究生。

2. 对金融和投资领域感兴趣的专业人士，包括但不限于金融分析师、投资顾问、银行工作人员等。

3. 对金融市场、产品和金融技术等有兴趣的企业管理者和决策者。

（三）教学目标

自 2018 年以来，中国债券市场违约现象恶化，违约主体多样化，从单一的民营企业到巨无霸集团企业，巨无霸企业债务存量大，内部关联交易频繁，发生债务违约更容易产生连锁效应，促使企业破产重整。海南航空作为债券违约规模超大的违约主体，对市场产生了巨大冲击，引起市场参与各方重视。因此本案例以海南航空为例，简要介绍了海南航空 20 多年的发展历程和债券发行情况，探究海南航空债务危机爆发背后的深层原因：由于债务业务模式和债务结构不合理，现金流短缺和公共卫生事件的冲击等因素，最终导致海南航空发生债券违约，其违约债券涵盖了短期融资券、中期票据与公司债务，牵扯到的债权人包括承销银行、金融机构和债权人。这种大规模的债券违约给海南航空甚至是整个债券市场都带来了很大的影响。因此本案例通过学习、思考和小组讨论，应该达到以下两个目的：

1. 通过梳理海南航空的发展历程，探究如何识别违约风险，进而分析企业发生债券违约后如何处置和评估企业债券的价值。

2. 通过探究海南航空债务危机爆发的深层原因，思考如何防范和预警债券违约？

二、启发性思考题

教师可以在课前布置思考题，让学生带着问题去研究案例，之后再在课堂上进行讨论和讲解，使学生更好地掌握案例，进一步提升学生对企业债务违约典型事件的把握和理解。

1. 作为并购浪潮中一个极具代表性的企业，海航在过去的大规模连续并购中曾创造过辉煌的成就，但如今已被拆分成四个板块进行破产重组，分析海航在进行并购过程中存在哪些问题。

2. 海南航空作为航空业企业债券违约的典型代表，如何针对此类企业的风险进行防范？

三、分析思路

本案例内容紧跟时事，涉及主体多，需要教师引导学生透过现象抓本质。因此可以先安排学生预先搜集关于海南航空的发展历程和债券违约的相关信息，教师可以根据自己的教学目标来灵活使用本案例，并根据课程的具体方向和授课对象对案例分析的侧重点进行调整。以下案例分析思路仅供参考。具体分析思路如下：

首先，此问题旨在让学生了解海南航空的发展历程以及海南航空发展战略，有助于帮助学生注意到海南航空潜在的风险，帮助学生更好地理解海南航空债务违约的成因。

其次，通过对海南航空债务状况进行分析，梳理海南航空债务违约发生的过程以及对事件发生的后续影响的研究，此问题旨在帮助学生理解案例的始末与时间演变情况，了解海南航空的债务组成，以及进一步意识到不合适的资产负债结构的风险。

再次，此步骤通过分析海南航空债务危机产生的原因，有助于帮助学生理解企业债务违约的成因。

最后，通过对整个案件的梳理得出结论和提出建议，有助于学生从案例中得到启发。

四、理论参考

（一）财务困境理论

财务困境通常指企业的经营性现金流不足以偿还其现有债务，从而使企业陷入流动性危机，并有可能最终导致企业破产清算或重组。解决财务困境的方式主要包括破产清算或破产重组，在财务危机之前出现，随着危机加深，可能导致企业债务违约，实际造成企业资产损失的是财务困境的成本，如资产重组和债务重组的成本。针对不同企业的情况，我国通常采取资产重组、债务重组和破产清算等方式来处理财务困境。

（二）信息不对称理论

信息不对称是指在市场经济条件下，由于不同的社会群体在获取信息时存在差异，导致信息资源相对匮乏的人群在市场中处于不利地位，而拥有信息充足的一方在市场中处于主导地位，能够做出有利于己方的决策。信息不对称主要分为事前信息不对称和事后信息不对称。事前信息不对称会造成逆向选择，使投资者选择被高估的金融产品而拒绝被低估的产品，使市场资源配置效率低下；事后信息不对称会由于代理人过度追求自身利益，而故意隐瞒不利于投资者的相关信息，从而引发道德风险。

在我国债券市场中，事前信息不对称表现为发债主体为了减少负面影响，对外隐瞒真实信息或披露信息不足，使投资者无法准确了解发行债券的安全性、收益性和风险性等问题，只能依靠信用评级机构的评定结果做出决策。事后信息不对称表现为企业发行债券之后违反相关规定，不按照债券募集说明书的用途使用，而是用于违规担保、被关联方占用资金等，投资者缺乏对发债企业的约束机制，难以对发债企业的经营和资金使用情况进行监督。因此，不管是事前信息不对称还是事后信息不对称，都存在信息障碍，不利于企业在资本市场中进行相关活动。

（三）协同效应理论

协同效应是指通过战略引导，使并购后集团的整体经营表现优于原先各个企业独立经营表现之和，主要包括管理、经营和财务三个方面的协同效应。其中，管理协同效应是通过引入现代化管理模式提高管理水平，降低管理费用等支出，有助于实现对多个业务板块的管理和控制，从而创造更高的经济效益；财务协同效应是指并购后公司高效经营，创造更大的现金流。经营协同效应则体现在并购带来的生产经营活动效率变化和效率提高所产生的效益上。因此，企业通过多元化并购和进入不同行业，能够扩大规模、实现均衡发展，并分散风险。然而，如果企业在并购后内部治理水平低下、收益创造能力不足，协同效应可能失效，导致企业亏损甚至面临流动性危机。在我国债券市场中，大量公司通过发行债券等方式筹集资金用于扩张性的投资战略，但是企业采取扩张战略方式过于激进，各公司及公司业务之间协同效应失效，不能带来正向的回报，反而因为公司存在较高的成本使得公司财务状况恶化，增加债券违约风险。

五、具体分析

下面通过回答提出的启发性思考题，详细分析本案例所涉及的知识点，进而达到更全面掌握本案例关键点的目的。

（一）作为并购浪潮中一个极具代表性的企业，海航在过去的大规模连续并购中曾创造过辉煌的成就，但如今已被拆分成四个板块进行破产重整，分析海航在连续境外并购过程中存在哪些问题

【理论知识】协同效应理论、财务困境理论

【分析思路】本题设置的目的是研究海航进行并购最终导致价值创造失败进行破产重整的原因，能够为其他企业在并购时提供有参考性的经验教训。

授课教师在讲解本题时，可以先让学生了解企业进行并购时存在什么风险，并就如何避免这些风险进行探讨。以下提供辅助问题，仅供参考：

1. 海航并购前、并购实施过程中以及并购后存在哪些风险？

【案例答案】

第一，并购标的选择不佳导致运营质量降低。航空运输业是高负债经营、重资产运作的行业，海航进行大规模的非相关多元化，表现出了很强的分散风险的动机。海航并购的金融服务、物流、酒店、电子产品分销等行业都属于现金流量比较充沛的企业，但由于经营不善，没有明显地带来利润改善，这也压低了海航整体的盈利能力。但海航为了收购这些企业付出了高额的资金成本，两者共同作用使得海航的运营质量出现了问题，表现为利润额度增幅表现较好，但利润率却没能够同步上涨。

第二，并购规模过大引发债务危机。海航在创立之初就获得了资本杠杆运作的助推，自此开始走上了高杠杆、高速扩张的道路，通过"融资—并购—再质押—再举债"的过程来抬高杠杆，从单一的地方航空运输企业成长为了集航空、酒店、旅游、金融、科技等多业态的世界 500 强企业。巅峰时期，成为总资产高达 1.6 亿元的跨国集团。但也是往日的成功给企业带来了对自身能力的错误认知，以为这样的循环能够持续不断，殊不知这种循环是建立在能够持续获得融资的前提下的。一旦融资受阻，之前积累的债务带来的风险也会在杠杆的作用下成倍放大。

第三，并购后缺乏整合。并购虽然能够为企业快速地获得有价值、稀缺的资源，然而企业需要拥有足够的资源整合能力才能够将蕴含在资源中的竞争优势潜力释放出来，实现价值的创造。由于并购频繁且速度较快，海航收购后既无精力也无时间对所并购的资产进行消化整合，除了追求并购以外，并没有看到海航为整合付出的努力，其发布的并购公告中也经常见到只求控制权放弃经营权的相关条款。这种方式虽然有利于子公司保持独立性，但股权结构过于分散则使得并购后的协同也无从谈起。

（二）海南航空作为航空业企业债券违约的典型代表，如何针对此类企业的风险进行防范？

【理论知识】协同效应理论、信息不对称理论

【分析思路】本题设置的目的是加深学生对于企业发生债券违约的原因的认

识，并就其防范债券违约风险的要点进行总结。

授课教师在讲解本题时，可以先让学生了解债券违约的原因有哪些，从哪几个方面去概括；此外，监管机构对于公司债券违约后续如何进行处置，出台了哪些政策，再引导学生思考监管机构如何加强关于企业债券违约方面的监管。以下提供辅助问题，仅供参考：

1. 监管机构如何完善债券违约处置机制？

2. 企业发生债券违约的原因有哪些？有何经济后果？

【案例答案】

第一，关注企业偿债是否存在偿债压力的情况。在面临不确定的外部环境和行业景气度下降时，需要对外部环境做出适当预期并对企业经营进行适度调整。当企业主营业务收入减少时，企业的现金流入速度将变缓，企业的盈利能力与质量将下降，导致公司的偿债能力减弱。此外，在盈利能力下降的情况下，企业如果仍继续采用激进扩张的战略，其占用的资金会给企业带来更大的现金流压力。

第二，关注企业对子公司担保的情况。海南航空及其子公司之间业务高度协同、关联往来复杂，关联企业之间相互担保金额大。当被担保企业到期难以偿还债务或进入重整程序时，由于担保企业对其债务承担不可撤销的连带偿还责任，会给担保企业带来现金流压力。因此，投资者需要关注企业的担保余额等指标。

第三，关注激进并购能否带来企业价值的提升情况。海南航空前期并购了大量企业，但是这些企业的净利润长期为负值，不能给企业带来有效的利润贡献。由于并购占用了企业大量的流动性资源，而同时企业盈利能力下降，给企业带来较大的偿债压力。因此，对于进行激进并购的企业，我们需要考虑经营性现金流净额与投资性现金流净额之和是否为正以及企业是否过度依赖外部融资。

六、关键要点

（一）案例关键点

本案例结合理论知识，通过对海南航空案例的梳理，深度分析海南航空债券违约的背后缘由，为企业规避债券违约风险提供了很好的解决思路。

（二）知识关键点

本案例涉及的知识点主要有：债务违约风险、财务风险、资本结构、多元化经营、企业财务分析方法等。

（三）能力关键点

本案例涉及的能力点主要有：独立思考能力、逻辑分析能力、资料收集及总结能力、提出问题及解决问题的能力。

七、课堂计划建议

本案例课程安排可以按照表 17 的时间顺序进行课堂案例探讨和分析总结，仅供参考，具体课程计划可根据需要进行调整。

整个案例课的课堂时间控制在 90 分钟左右。

表 17　案例教学计划安排

阶段	内容	教学活动	时间
课前准备	提前准备	提前给学生发放案例资料，并提出启发性思考题，让同学们根据案例对问题进行初步思考	提前一周
	案例引入	介绍案例的主要发展状况，明确案例教学目的	5 分钟
	分组讨论	每组学生 5~7 人，分组进行讨论，选择一个切入点深入进行探讨分析，记录讨论重点，准备发言大纲	20~30 分钟
课堂计划	案例教学	带领学生回顾案例正文	5 分钟
	提出思考题	1. 授课教师根据分析思路中给出的案例分析逻辑以及各启发性思考题对应的引导性提问，展开教学； 2. 就每个小组分配的思考题展开回答，每个问题的答案要点做好记录，每个问题时间建议控制在 10 分钟内	40~50 分钟
	案例总结	教师就小组发言情况和课堂讨论情况进行点评和相应补充，对案例知识点进行梳理总结，完成教学目的	10 分钟
课后计划	—	请学生在课程结束后，针对自己的思考和感兴趣的一个或两个问题收集资料，有针对性地对海南航空债务违约事件进行评价，突出自己的观点和想法，完成案例分析报告（1000~1500 字）	课后一周

案例二　华夏幸福连续性债务违约案例分析

摘要： 2021 年 2 月 2 日，中国领先的产业新城运营商——华夏幸福基业股份有限公司（以下简称华夏幸福）首次发布债务未能如期偿还的公告，流动性出现阶段性紧张，债务危机爆发，此后持续爆雷，近千亿债务难以偿还，股价不断下降，引发公众重点关注。华夏幸福的债务违约不仅加剧了业主的担忧情绪、导致投资者的信心缺失，也对我国房地产行业造成了巨大的冲击和影响，进一步加深房地产企业对自身定位的思考。作为曾经在我国房产企业排名前十的领头企业，"千亿房企"华夏幸福是如何一步一步跌落神坛的？债务危机发生的背后原因究竟是什么？本案例从房地产行业背景出发，简要介绍了华夏幸福 20 多年的发展历程和业务模式，进而剖析了华夏幸福的债务状况、债务违约过程以及后续影响。同时探究了华夏幸福发生债务违约的背后的主要原因：华夏幸福产业地产模式存在潜在风险、误判形势并投资过于集中、高杠杆扩张模式以及外部影响因素，最终得出了此类房地产企业应尽量避免资金的期限错配、要实现行业企业优化转型及调整扩张速度的启示。通过本案例的分析，将为房地产企业防范债务违约风险提供新的思路和启示。

1　案例背景与案例思政

思政元素： 规范住房租赁市场和抑制房地产泡沫，是实现住有所居的重大民生工程。要准确把握住房的居住属性，以满足新市民住房需求为主要出发点，以建立购租并举的住房制度为主要方向，以市场为主满足多层次需求，以政府为主提供基本保障，分类调控，地方为主，金融、财税、土地、

市场监管等多策并举，形成长远的制度安排，让全体人民住有所居。（摘自：中央财经领导小组第十四次会议召开①）

教学意图：第一，使学生学习并思考房地产企业债务危机产生的原因。第二，借助华夏幸福债务危机案例讲解国家关于住房方面的政策，使学生了解并思考金融在住房问题上发挥的作用。

2016 年 12 月，中央经济工作会议明确楼市发展方向，提出"房子是用来住的，不是用来炒的"②，这意味着我国对于房地产业的定位改变了。此后，"房住不炒"一直是楼市调控政策的方向，以促进房地产市场平稳健康发展，不再将房地产作为短期刺激经济的手段。有关部门相继推出相应政策，涉及房地产企业融资、购房消费者信贷等方面。2020 年 8 月 20 日，住房和城乡建设部、中国人民银行在北京召开重点房地产企业座谈会③，会议形成了重点房地产企业资金监测和融资管理规则——"三线四档"。用剔除预收款的资产负债率、净负债率、现金短债比三项核心指标作为"三条红线"，将房企划分为四个挡位，在首次明确房企举债标准的同时，也彻底打破了以往房企高杠杆、高负债、高周转的发展模式④。"三条红线"的推出旨在控制房地产企业杠杆率，是房企层面建立长效机制的重要举措，也深刻影响着后续房地产行业的竞争格局。与以往行业层面的融资收紧不同，"三条红线"约束至每个企业，进一步促使"高负债圈地"模式的退出，并催生"快周转"的商业模式。房企难以再通过加杠杆实现弯道超车，在新的规则下更加考验房企的现金创造能力，房企的开发投资将更加理性和稳健。

2020 年末，中国人民银行、中国银行保险监督管理委员会（以下简称银保监会）⑤ 发布《关于建立银行业金融机构房地产贷款集中度管理制度的通知》⑥，综合考虑银行业金融机构的资产规模、机构类型等因素，建立了银行业金融机构房地产贷款集中度管理制度。房地产贷款集中度管理制度是指在中国境内设立的中

---

①　资料来源：中华人民共和国中央人民政府网，https：//www.gov.cn/guowuyuan/2016-12/21/content_5151201.htm。

②　资料来源：中华人民共和国中央人民政府网，https：//www.gov.cn/xinwen/2016-12/16/content_5149099.htm。

③　资料来源：中国人民银行官网，http：//www.pbc.gov.cn/goutongjiaoliu/113456/113469/4075935/index.html。

④　资料来源：中华人民共和国住房和城乡建设部，https：//www.mohurd.gov.cn/xinwen/gzdt/202208/20220823_767674.html。

⑤　2023 年 3 月，国家金融监督管理总局在中国银行保险监督管理委员会基础上组建，不再保留中国银行保险监督管理委员会。

⑥　资料来源：中国人民银行官网，http：//www.pbc.gov.cn/goutongjiaoliu/113456/113469/4156114/index.html。

资法人银行业金融机构房地产贷款余额占该机构人民币各项贷款余额的比例（以下简称房地产贷款占比）和个人住房贷款余额占该机构人民币各项贷款余额的比例（以下简称个人住房贷款占比）应满足中国人民银行、银保监会确定的管理要求，即不得高于中国人民银行、银保监会确定的房地产贷款占比上限和个人住房贷款占比上限，开发性银行和政策性银行参照执行①。房企"三条红线"是在资金需求端的管理，此次"涉房贷"集中管理制度则是在资金供给端的收紧。从资金端对房地产信贷进行额度限制，主要目的是降低和防范房地产金融风险，推动房地产和金融与实体经济平衡发展。

债券融资是房地产企业的主要融资方式之一，我国经济发展态势向好，资本市场规模不断扩大，债券市场发行规模显著增大。企业通过债务融资获取资金的方式并不能够根本性地解决问题，倘若企业负债过多，杠杆率较高，自身产生的现金流无法足额偿还已到期的债务，就会造成债务违约的事件发生，制约企业的长远发展。企业债务违约事件频发引起了投资者以及社会各界的高度关注，频繁发生的债务违约事件可以看出我国大多企业债务快速扩张，企业规模扩大的同时暗藏着极大的财务风险。2014年3月我国出现首只违约债券，2018年债券市场进入违约常态化②。但是违约前期的主体主要是民企，地方国企依赖于较高的政府信用，债券质量较高。而2020年末，高信用等级的地方国企也出现了超预期的违约事件，影响到一级市场发行，给整个债市的信用带来了严重影响。同时，由于债券市场违约情况频发，金融稳定发展委员会也要求严厉处罚"逃废债"行为③。

2020年7月以后，我国地产债市场多个重要主体发生违约，先是泰禾集团、三盛宏业，后有新华联、蓝光发展。债券违约问题暴露了中国债市高速发展下制度不到位等问题，需要重视相关政策的建立健全，以有效管控和降低债务违约风险，保证我国资本市场的信用质量。实际上，自2010年起，宏观经济下行和房企相关投融资政策的收紧，使房地产企业的信用风险不断升高，直到最终发生了房企的信用债违约恶果，房企的信用风险防范亟待重视。此外，企业整体负债率上升且经营绩效下降，国内经济增速边际放缓，部分行业在高压监管下融资困难，企业的违约风险不容小觑。

---

① 资料来源：中国人民银行官网，http：//www.pbc.gov.cn/goutongjiaoliu/113456/113469/4156106/index.html。
② 资料来源：中国债券信息网，https：//www.chinabond.com.cn/yjfx/yjfx_zzyb/zzyb_yjbg/202307/P020230716236541992070.pdf。
③ 资料来源：中华人民共和国中央人民政府网，https：//www.gov.cn/guowuyuan/2020-11/22/content_5563309.htm。

2 华夏幸福公司概况

2.1 华夏幸福发展历程

房地产行业对我国国民经济的发展至关重要，一直以来都是国民经济的支柱行业。根据国家统计局发布的数据①，从 2011 年开始，房地产业增加值逐年增加，对我国国民经济贡献率逐年上升。房地产业为国民经济做出巨大贡献，由图 1 可知，2020 年房地产业增加值为 7.34 万亿元，对国民经济的贡献率为 7.24%，较 2011 年增加了 1.48 个百分点。由此可以看出，我国房地产业的健康持续发展对我国国民经济十分重要。房地产市场的热度不断升温，房价也随之上涨，人们的住房负担增加不少。在这种情况下催生了相关国家政策的出台，旨在通过国家严格的监管来为过热的房地产市场降温，促进房地产市场平稳健康发展。坚持"住房不炒"意味着我国对于房地产业的定位改变了，监管部门出台的针对房地产企业的"三条红线"政策，旨在限制房企的融资规模，自"涉房贷"集中管理制度出台以来，严防违规的资金进入房地产市场。"三条红线"和"涉房贷"集中管理制度的相继出台，房地产行业依赖"高周转、高杠杆、高负债"的经营模式已经难以适应形势。此外，加上各种不稳定因素的影响，地产企业的股价低迷，不少房企面临融资困难，流动性差，高杠杆模式难以继续等问题。另外，房地产企

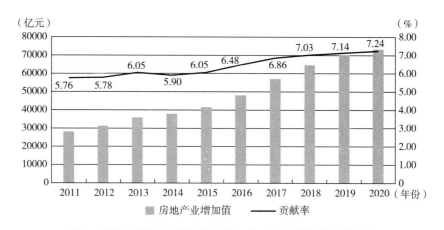

图 1 2011~2020 年房地产业增加值对国民经济贡献率变化

资料来源：根据国家统计局发布的《中国统计年鉴》（2016~2022 年）数据整理所得。

---

① 资料来源：《中国统计年鉴》（2016~2022 年）。

业与金融市场密不可分，属于资本密集型产业，投资建设需要大量的资金，融资规模大，与其他行业相比，资产负债率更高。政策和经济环境的改变导致融资困难，进而可能引发流动性危机，即使某些看着"大而不倒"的企业都可能受到影响，难以按时偿还负债。

华夏幸福是一家大型民营房地产企业，创立于 1998 年，于 2011 年借壳"ST 国祥"成功在 A 股上市，股票代码 600340，总部设在河北廊坊，实际控制人为王文学。2002 年，固安工业园区的建立开启了华夏幸福"产业新城"的新篇章，固安工业园区的成功也给了华夏幸福较大的信心，令其在华北地区复制固安工业园区的成功经验不断地快速发展。目前华夏幸福的核心业务是产业新城，与政府合作，通过"政府主导、企业运作、合作共赢"的 PPP 模式①积极建设国家战略重点区域，发展所在区域的经济。随着国内城市化进程的不断推进，华夏幸福也登上了千亿的新台阶，成功布局京津冀、长三角、粤港澳、郑州、武汉等核心都市圈，并把战略目标转向武汉、北京、南京、哈尔滨、广州等地。其发展过程主要经历了以下四个阶段②：

第一阶段：初创期（1998~2001 年）。1998 年 7 月，创始人王文学于廊坊创办了华夏房地产开发有限公司。同年 10 月，"华夏花园"项目的开盘销售标志着华夏幸福房地产事业的起步。后来，王文学听取了地产独立策划人王志刚的建议，找到了企业发展方向，往园区开发运营的方向发展，帮政府招商，做园区开发和招商。同时，通过政府提供相应的指标做房地产配套开发，把地产和产业整合起来，做产业新城，华夏幸福开始涉足园区开发新领域，2000 年开发了"第五大街"商业步行街项目。

第二阶段：探索期（2002~2006 年）。2001 年北京申奥成功，政府决定把北京四环以内的一些工业企业向外搬迁，这对环京地区来说是一个借机发展经济的好时机，华夏幸福也抓住了这次时机。2002 年，公司不断探索新业务，与河北固安县政府达成协议，成立了三浦威特，开发建设了固安工业园区，这成为华夏幸福发展产业新城事业的起点。2005 年，华夏幸福与政府签订 PPP 协议，开创政企合作新局面。2006 年，河北省政府批准固安园区为省级开发区。在此过程中，华夏幸福不断摸索出将园区开发与地产开发相结合的新业务模式。此后，公司大力发展业务，布局环京地区，在廊坊、香河等地开发产业新城和住宅项目，销售业绩非常可观。

第三阶段：高速发展阶段（2007~2016 年）。对于重资产运营的房企，融资规模是限制企业扩张的重要因素。为了缓解融资规模的限制，2007 年 12 月，成立了华夏幸福基业股份有限公司，完成了股份制转型。自 2007 年以来，在河北大厂等

---

① PPP 模式（Public-Private-Partnership，公共私营合作制）是指政府与私人组织之间合作建设城市基础设施项目。

② 资料来源：华夏幸福官网，https：//www.cfldcn.com/About.aspx？type=10。

地成功开发运营了产业新城项目,不断扩大业务。2009年华夏幸福筹备上市,整合优质资产,实现规模发展,于2011年在A股成功上市。2014年3月,华夏幸福在美国硅谷设立了高科技孵化器,开启了全球化的第一步,同年5月,与北京市房山区人民政府签订协议①,"产业新城"模式进军北京。华夏幸福通过布局京津冀、长三角、粤港澳、郑州、武汉等核心都市圈,2016年销售额首次突破千亿元。

第四阶段:调控转型阶段(2017~2023年)。2017年,河北省3年社保限购住房的政策实施②对环京房地产市场有一定的冲击,房价有所下降。华夏幸福也同样受到了影响,开始准备调控转型,重新寻找机会。中国平安旗下平安人寿及其一致行动人于2018年和2019年分两次获得华夏幸福25.25%的股权,成为华夏幸福第二大股东③,华夏幸福与中国平安达成战略合作协议。2019年,公司在武汉、北京、南京、广州等地开发新项目。

2.2 华夏幸福业务介绍

2.2.1 产业新城及相关业务

华夏幸福是中国领先的产业新城运营商,秉持"以产兴城、以城带产、产城融合、城乡一体"的系统化发展理念,通过创新升级"政府主导、企业运作、合作共赢"的开发性PPP模式,探索并实现所在区域的经济发展、城市发展和民生保障,有效提升区域发展的综合价值。产业新城开发性PPP模式旨在通过政府和社会资本建立长期合作关系,实现区域内高质量可持续发展。这个模式的特点主要有四个:第一,是以高质量发展为目标的综合性开发模式,打造完整的城市发展服务体系,引进高新技术、高端产业和高端人才,配套高端城市基础设施,满足人才的生产生活和发展需要。第二,不让政府投资、担保和兜底,企业自行承担风险。不像传统PPP项目需要政府的部分财政收入来支付服务费用,开发性PPP模式以与政府的合作区域内未来产生的财政收入作为回报来源,只有财政收入有新增,才会有回报。第三,政府制定绩效激励目标,政府和社会资本相互激励。第四,持续时间非常长,从投入到协议终止,整个过程长达十几年甚至几十年,且城市的运营和打造都由华夏幸福自行进行。

在PPP模式的实行下,政府与华夏幸福各司其职,政府是园区开发建设的决策者,实施监督的作用;华夏幸福负责投资开发,为合作区域创造了价值,促进了区域内经济的发展,同时促进了华夏幸福的业绩增长,创造出"1+1>2"的效

---

① 资料来源:北京经济信息网,http://www.beinet.net.cn/gnqy/stfzq/201405/t7767791.htm。
② 资料来源:保定市住房公积金管理中心官网,https://bdgjj.baoding.gov.cn/gjbwsjwj/13683030.jhtml。
③ 资料来源:上海证券交易所,http://www.sse.com.cn/disclosure/listedinfo/announcement/c/2019-02-12/600340_20190212_4.pdf。

果。此外，华夏幸福以产业新城为基础，围绕都市商业圈发展园区配套住宅业务，打造了"孔雀城"住宅品牌。"孔雀城"拥有了产业新城的先天优势，旨在为客户打造"交通便利、环境优美、配套完善、风情宜人、品质优良、超值服务"的宜居住宅区，截至 2020 年，累计建设了超过 50 座的优质住宅区[①]。

2.2.2 商业地产及相关业务

在"新模式、新领域、新地域"的战略引领下，华夏幸福大力打造以商办综合体为主的商业地产领域，积极探索新型不动产领域，不断运用多种创新模式，获取优质项目资源，加速开拓轻资产运营模式。自 2018 年华夏幸福与平安集团达成战略合作后，2019 年华夏幸福首次进军商业地产拓展业务，实行战略升级，由原来的中国领先的产业新城运营商转型为领先的核心都市圈不动产投资开发及运营管理平台。涉及的商业地产有康养事业、科学社区等区域，同时利用产业导入、TOD[②] 等模式重点布局"五大核心都市圈、八大重点城市"。同年，华夏幸福开始在商业地产上取得突破，商业地产及相关业务从无到有，覆盖北京、深圳等地，北京"轻资产"业务模式项目和武汉长江中心项目是典型的商业地产业务项目。其中武汉长江中心项目是华夏幸福发展商业地产及相关业务的重要节点，这是华夏幸福首个从拿地开始涵盖开发建设、运营管理全周期的商业综合体项目。此后，华夏幸福不断更新城市，增加土地储备，实现业务结构多元化，不断探寻新的业务发展机遇，实现更高的发展。正如华夏幸福董秘林成红所说，华夏幸福坚持核心都市圈绝不动摇，坚持持续做大做强产业新城，开拓新模式、新领域、新地域[③]。

3 华夏幸福违约过程

3.1 华夏幸福债务状况

3.1.1 整体负债情况

华夏幸福的融资方式主要包括金融机构借款、发行债券融资、票据融资等，华夏幸福自 2016 年以来融资规模扩大，负债的金额也在逐年上升。表 1 为华夏幸福 2016~2021 年资产负债情况，自 2016 年以来，华夏幸福总资产和总负债呈现上

---

① 资料来源：《华夏幸福基业股份有限公司 2021 年年度报告》。
② TOD（Transit-Oriented Development）是一个城市规划和设计的概念，它强调以公共交通为中心，将公共交通站点与周边土地利用、产业布局结合起来进行规划。
③ 资料来源：《新京报》，https://baijiahao.baidu.com/s? id=1631662594504361345&wfr=spider&for=pc。

升趋势，其中 2017 年总资产大幅上升了 1259.62 多亿元，资产上升了接近 50%，而负债金额也增加了 900 多亿元。2017 年末华夏幸福融资总金额为 1105.43 亿元，其中银行贷款余额为 412.48 亿元，债券期末余额为 489.55 亿元，信托、资管等其他融资余额为 203.40 亿元[①]。图 2 为华夏幸福 2016~2021 年部分负债分布情况，应付债券和长期借款占比很大，表明长期还款能力压力大。此外，短期借款和一年内到期非流动性负债逐年上升，特别是 2020 年和 2021 年一年内到期非流动性负债上升速度很快，表明短期偿债能力压力大，流动性出现很大问题，出现实质性违约。

表 1　2016~2021 年华夏幸福资产负债情况　　　　　　　单位：亿元

年份 项目	2016	2017	2018	2019	2020	2021
资产总额	2499.03	3758.65	4097.12	4578.12	4887.62	4409.64
负债总额	2118.72	3048.32	3549.96	3841.26	3973.32	4171.38
短期借款	3.00	68.46	41.82	265.75	276.43	267.49
长期借款	202.91	370.74	530.33	487.90	644.03	311.47
一年内到期非流动负债	172.21	194.25	201.19	338.18	540.45	1243.30
应付债券	313.42	389.67	580.76	684.65	464.75	212.46
应付票据	12.96	84.67	91.29	76.51	144.56	44.08
应付账款	204.25	254.22	329.38	379.43	430.85	532.99

资料来源：华夏幸福基业股份有限公司 2016~2021 年年度报告。

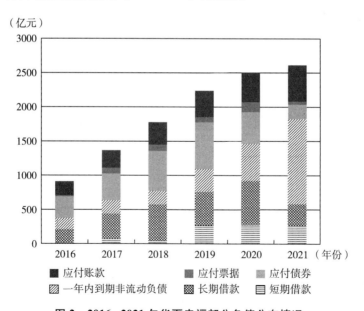

图 2　2016~2021 年华夏幸福部分负债分布情况

资料来源：华夏幸福基业股份有限公司 2016~2021 年年度报告。

---

① 资料来源：《华夏幸福基业股份有限公司 2017 年年度报告》。

3.1.2　金融机构借款

华夏幸福 2016~2021 年借款情况如表 2 所示。2016 年，华夏幸福短期借款仅有 3 亿元，2017 年急剧上升至 68.46 亿元，2019 年又有一次前所未有的上涨，短期借款达到了 265.75 亿元，此后居高不下。同时，一年内到期长期借款呈现上涨趋势，2021 年达 444.73 亿元，较上年增加 97.96%，主要是大量长期借款即将到期，长期借款重分类到 1 年内到期所致，公司即将面临还款压力，违约风险上升。此外，由图 3 可知，2016~2020 年华夏幸福长期借款持续上升，长期借款占比居高不下，未来的偿还压力较大。

表 2　2016~2021 年华夏幸福借款情况　　　　　　　　　　单位：亿元

项目 年份	2016	2017	2018	2019	2020	2021
短期借款	3.00	68.46	41.83	265.75	276.42	267.49
一年内到期的长期借款	166.83	163.46	174.37	227.19	224.65	444.73
长期借款	202.91	370.74	530.33	487.90	644.03	311.47
合计	372.74	602.66	746.52	980.84	1145.11	1023.69

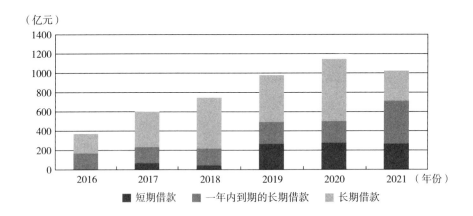

图 3　2016~2021 年华夏幸福借款分布情况

资料来源：华夏幸福基业股份有限公司 2016~2021 年年度报告。

表 3 列示了 2016~2021 年华夏幸福短期借款担保情况。自 2018 年以来，华夏幸福向金融机构的短期借款 90% 以上来自质押、抵押和保证借款。此外，只有 2017 年和 2018 年华夏幸福通过信用借款向金融机构取得借款，金融机构在对华夏幸福进行贷款时采取低风险的模式。同时，华夏幸福大部分保证借款由母公司作为对子公司的担保而获得，一旦子公司未能在规定的期限内偿还贷款，母公司将承担连带责任。现金流断裂使华夏幸福没有办法维持正常的经营活动，债务偿还

压力增大，这增加了违约的风险。

表3 2016~2021年华夏幸福短期借款担保情况 单位：亿元

项目＼年份	2016	2017	2018	2019	2020	2021
质押借款	0.00	8.66	2.50	169.73	162.79	157.34
抵押借款	0.00	4.20	21.95	32.19	6.51	6.51
保证借款	3.00	25.60	15.73	63.83	107.12	103.64
信用借款	0.00	30.00	1.65	0.00	0.00	0.00
合计	3.00	68.46	41.83	265.75	276.42	267.49

资料来源：华夏幸福基业股份有限公司2016~2021年年度报告。

3.1.3 发行债券情况

自2015年开始，华夏幸福开始发行债券募集资金，债券融资成为其主要融资方式之一。2017年以后，华夏幸福扩大产业规模，保持产业新城的发展。华夏幸福发行的债券类型主要有中期票据、公司债和短期债券，债券发行的基本情况如表4所示。大多数公司债集中在2021年和2022年到期，公司现金流不足，难以支持债券到期本期的偿还。此外，一般中期票据（17幸福基业MTN001、20华夏幸福MTN001、20华夏幸福MTN002）也发生了实质性违约，华夏幸福面临极高的财务风险。

表4 华夏幸福发行债券情况 单位：亿元，%

债券名称	发行日期	到期日期	利率	余额
15华夏05	2015年10月22日	2022年10月22日	5.10	40.00
16华夏债	2016年1月20日	2023年1月20日	4.88	15.00
16华夏01	2016年3月4日	2021年3月9日	7.40	28.00
16华夏02	2016年3月3日	2021年3月3日	7.00	20.00
16华夏04	2016年3月24日	2021年3月24日	7.40	30.00
16华夏05	2016年4月12日	2021年4月18日	7.20	20.00
16华夏06	2016年5月10日	2021年5月12日	7.20	40.00
18华夏01	2018年5月30日	2022年5月30日	5.00	24.75
18华夏02	2018年5月30日	2023年5月30日	6.80	5.25
18华夏03	2018年6月20日	2022年6月20日	4.40	20.00
18华夏04	2018年9月10日	2021年9月10日	6.60	13.00
18华夏06	2018年12月20日	2023年12月20日	7.00	30.00
18华夏07	2018年12月20日	2025年12月20日	8.30	40.00
19华夏01	2019年3月25日	2024年3月25日	5.50	10.00

债券名称	发行日期	到期日期	利率	余额
17 幸福基业 MTN001	2017 年 5 月 19 日	2022 年 5 月 23 日	5.80	18.00
20 华夏幸福 MTN001	2020 年 3 月 19 日	2025 年 3 月 23 日	5.50	10.00
20 华夏幸福 MTN002	2020 年 4 月 16 日	2025 年 4 月 20 日	5.17	5.00

资料来源：华夏幸福 2021 年半年报。

3.1.4 名股实债

华夏幸福采取多元化的融资方式得到资金，其中"名股实债"的融资工具是其获得资金的方式之一。"名股实债"的融资方式可以较快获得资金，在短期内缓解资金压力，再加上其计入所有者权益，不计入负债科目，这可以美化财报，因此具有一定的优势。但是其成本和杠杆率较高，每年支付利息费用、约定条款分红以及赎回股权等资金就高达几十亿元，一旦流动性出现问题，这些成本将难以覆盖，会进一步加剧流动性危机。本案例主要对华夏幸福采取的永续债、对赌协议和信托、资管计划这几种"名股实债"的融资工具进行分析。

3.1.4.1 永续债

永续债通常审批较快、发行较广，绝大多数发行永续债券的公司会将永续债计入权益，对整体资产负债率高的房企来说，具有降低杠杆又不会稀释股权的作用，因此永续债是房地产获取资金来源的主要方式之一。华夏幸福通过永续债募集资金用于产业新城 PPP 项目，由表 5 可知，华夏幸福从 2016 年开始陆续发行永续债，2017 年加大发行永续债的力度，期末永续债金额达到了 90 亿元，2020 年末更是超过了 160 亿元。2016~2021 年华夏幸福的资产负债率都在 80% 以上，远高于房企资产负债率的平均值，2021 年甚至超过了 90%。2017 年、2018 华夏幸福发行的永续债占总资产的比例超过 2%，2020 年超过 3%，若将永续债计入负债，无疑是让原本就处于高水平的资产负债率雪上加霜。因此，华夏幸福将永续债计入所有者权益科目，不计入负债，美化了资产负债表。华夏幸福通过发行永续债筹集到了资金，但同时其还债压力也是非常大的，如果永续债不能按期赎回，按照约定利率将有所跳升，会进一步加大华夏幸福还款压力。

表 5　2016~2021 年华夏幸福永续债情况　　　　单位：亿元，%

项目 ＼ 年份	2016	2017	2018	2019	2020	2021
永续债	10.00	90.00	90.00	58.00	164.32	——
资产负债率	84.78	81.10	86.65	83.90	81.29	94.60
永续债/资产	0.40	2.39	2.20	1.27	3.36	——

资料来源：华夏幸福基业股份有限公司 2016~2021 年年度报告。

3.1.4.2　对赌协议

2014 年，平安信托与华夏幸福孙公司——廊坊幸福基业签订信托计划，购买了廊坊幸福基业超过 40% 的股权①。2018 年 7 月和 2019 年 2 月，平安集团分别对华夏幸福增资 137.7 亿元和 42 亿元，成为华夏幸福第二大股东②。但是，2018 年引入平安集团之时，华夏幸福与平安资管曾达成净利对赌协议，以 2017 年度归属于上市公司股东的净利润为基数，要求华夏幸福 2018 年、2019 年和 2020 年净利润增长率分别至少达到 30%、65% 和 105%，也就是说净利润额要达到 114.15 亿元、144.88 亿元和 180.00 亿元。如果华夏幸福无法满足协议约定的要求，则需要向平安资管支付现金作为补偿③。平安集团对华夏幸福增资后暂时解决了华夏幸福的短期现金流问题，但是也增加了其未来的流动性压力。如图 4 所示，华夏幸福 2018 年的净利润为 117.46 亿元，2019 年的净利润 146.12 亿元，擦线完成对赌目标。2020 年，销售受阻，整体业绩下滑，净利润大幅下降，无法满足对赌协议中关于 2020 年净利润的要求，要向平安资管支付现金补偿。这无疑是给处于经营低谷的华夏幸福雪上加霜，加剧其现金流的压力，也使其偿债能力受到质疑。与平安资管对赌协议的失败成为华夏幸福 2021 年初接连爆发债务违约事件的导火索之一。

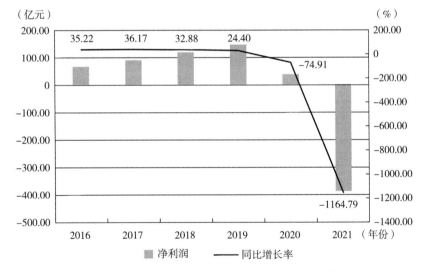

图 4　2016~2021 年华夏幸福净利润分布及增长情况

资料来源：华夏幸福基业股份有限公司 2016~2021 年年度报告。

---

①　资料来源：上海证券交易所，http://www.sse.com.cn/disclosure/listedinfo/announcement/c/2014-05-28/600340_20140529_3.pdf。

②　资料来源：上海证券交易所，http://www.sse.com.cn/disclosure/listedinfo/announcement/c/2019-02-12/600340_20190212_4.pdf。

③　资料来源：上海证券交易所，http://www.sse.com.cn/disclosure/listedinfo/announcement/c/2018-07-10/600340_20180710_4.pdf。

3.1.4.3 信托、资管计划

由图 5 可知，2016～2021 年华夏幸福通过信托、资管计划融资方式获得资金，累计金额达 2776.62 亿元。从 2016 年开始，信托、资管计划融资金额逐年上涨，占公司融资总额比重仅在 2017 年有些许下降，但往后年份占比越来越高。结合表 6 的数据可知，一方面，2018 年以后，华夏幸福现金及现金等价物净增加额持续为负，流动资金少，资金链紧张，加大融资是必然选择。另一方面，国家加强金融监管，信贷门槛提高，华夏幸福更倾向于信托、资管这类低门槛的融资方式，但是这类融资方式成本较高。图 6 数据显示，2016～2021 年华夏幸福信托、资管

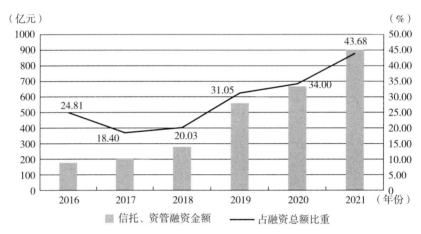

图 5　2016～2021 年华夏幸福信托、资管计划融资金额及占比

表 6　2016～2021 年华夏幸福现金净增加额　　　　　单位：亿元

项目 \ 年份	2016	2017	2018	2019	2020	2021
现金及现金等价物净增加额	81.29	208.80	-186.00	-44.61	-156.82	-126.75

图 6　2016～2021 年华夏幸福信托、资管融资利息成本

资料来源：华夏幸福基业股份有限公司 2016～2021 年年度报告。

计划的利息平均成本均高于公司融资平均成本，平均高出 1.86%，成本较高。高成本的融资方式虽然能暂时缓解华夏幸福的资金压力，但同时为 2021 年债务危机埋下一颗炸弹。

3.2　华夏幸福债务违约过程

3.2.1　初露端倪

2020 年末，华夏幸福债务危机初显。2020 年 12 月 22 日，华夏幸福发布了《华夏幸福基业股份有限公司关于"16 华夏债"公司债券票面利率调整的公告》，将债券票面利率从 4.88% 调整至 6.60%①。2021 年 1 月 5 日，华夏幸福的债券价格开始下降。1 月 8 日，中金公司预计华夏幸福难以完成业绩对赌要求，同时考虑到"三条红线"新规定试行后，华夏幸福未来拿地规模降低，土地储备难以提升，预收房款同比持续下降，将华夏幸福投资评级下调至中级。此后，华夏幸福商票停止兑付，信托永续债也未按期兑付，发布公告将 15 亿元"16 华夏债"全部回售②。2021 年 1 月 11 日和 12 日，华夏幸福旗下的债券价格大幅下跌，多只境内债收盘连创新低。1 月 18 日，大公国际和中诚信将华夏幸福评级展望调整为负面③。

3.2.2　债务危机爆发

2021 年 1 月 22 日，招商银行声明，从公开舆情及部分媒体报道获悉，华夏幸福下属子公司可能出现两笔信托融资未按期偿付，涉及"中融-骥达 11 号"和"中融-融昱 100 号"信托计划④。招商银行作为华夏幸福 2020 年度第二期中期票据的主承销商，要求华夏幸福进行书面反馈是否存在相关融资违约、违约具体情况以及是否触发"20 华夏幸福 MTN002"交叉保护条款。华夏幸福 2020 年报披露，受到宏观经济环境、行业环境、信用环境叠加影响，融资回款受到影响，经营业绩指标出现下降，出现流动性阶段性紧张的问题。2021 年 2 月 2 日，华夏幸福首次发布债务违约公告，称华夏幸福及下属子公司债务逾期涉及的金额达 52.55 亿元，涉及银行贷款、信托贷款等债务形式，可动用货币资金余额为 8 亿元，因此无法偿还到期债务。2021 年公司共发布 16 次债务逾期未能按时偿还的公告，截至 2021 年末，累计债务违约金额达 1078.05 亿元，16 次债务违约公告具体内容如表 7 所示。

---

① 资料来源：上海证券交易所，http：//www.sse.com.cn/disclosure/bond/announcement/company/c/2020-12-22/4060508573940658620786890.pdf。

② 资料来源：上海证券交易所，http：//www.sse.com.cn/disclosure/bond/announcement/company/c/2021-01-20/4084896179098657701004145.pdf。

③ 资料来源：华夏幸福 2021 年半年度报告。

④ 资料来源：上海清算网，《招商银行股份有限公司关于"20 华夏幸福 MTN002"交叉保护条款相关事项的公告》，https：//www.shclearing.com.cn/xxpl/zdsxjqt/202101/t20210122_805306.html。

新时代背景下特色金融案例分析

表7　华夏幸福债务违约金额　　　　　　单位：亿元

时间	债务形式	金额	累计金额
2021年2月2日	银行贷款、信托贷款	52.55	52.55
2021年2月26日	银行贷款、信托贷款、境外债券	58.17	110.54
2021年3月10日	银行贷款、信托贷款，其中债券、债务融资工具70.28亿元	83.82	194.24
2021年3月24日	银行贷款、信托贷款	129.83	323.84
2021年3月31日	银行贷款、信托贷款	55.95	372.10
2021年4月17日	银行贷款、信托贷款	51.01	420.63
2021年4月22日	银行贷款、信托贷款	70.32	478.36
2021年5月13日	银行贷款、信托贷款	101.41	572.20
2021年6月12日	银行贷款、信托贷款	67.87	635.72
2021年6月23日	银行贷款、信托贷款	64.49	669.90
2021年7月20日	银行贷款、信托贷款	63.81	732.20
2021年7月31日	银行贷款、信托贷款	85.18	815.66
2021年9月4日	银行贷款、信托贷款	64.12	878.99
2021年11月2日	银行贷款、信托贷款	79.16	939.79
2021年11月30日	银行贷款、信托贷款	73.25	1013.04
2021年12月22日	银行贷款、信托贷款	67.87	1078.05

资料来源：根据华夏幸福公布的公告整理所得。

3.3　华夏幸福债务违约后续影响

3.3.1　股票价格下跌

华夏幸福自2020年以来股价变化如图7所示，自2018年以来，华夏幸福股价持续下跌。2021年债务违约事件发生后，华夏幸福经营状况持续下滑，股价异常波动，持续下跌，其间股票停牌，复牌后股价仍往下跌。华夏幸福股票价格2020年7月最高时为20.93元每股，截至2021年10月，其股价已经跌至3.86元，跌幅达81.56%。

3.3.2　公司评级下降

2021年之前，华夏幸福的财务情况在一定程度上暴露了其潜在的流动性风险和财务风险。截至2020年末，公司货币资金余额为269.93亿元，其中可动用资金仅为20.29亿元，各类受限或限定用途的资金为249.64亿元。上述249.64亿元受限或限定用途资金均无法用于偿付金融机构负债，大量长期借款和长期债券到期，不能按时得到偿还，华夏幸福陷入暂时性流动性危机①。2021年1月以后，华夏幸福陆续发布债务违约的公告。外界对此十分关注，多家评级机构也基于此

———————
①　资料来源：华夏幸福2020年年度报告。

下调华夏幸福的信用评级，由表 8 可知，大公国际资信评估有限公司、东方金诚国际信用评级有限责任公司、中诚信国际信用评级有限责任公司等评级机构将华夏幸福信用评级由 AAA 一路下调至 C。

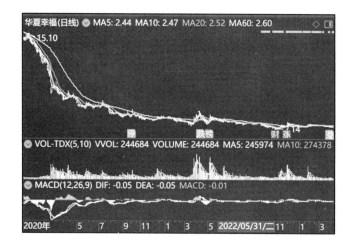

图 7　华夏幸福股价变化

资料来源：中信证券。

表 8　华夏幸福信用评级调整

评级机构	调整时间	主体评级
大公国际资信评估有限公司	2021 年 1 月 18 日	AAA 下调至 AA+，评级展望调整为负面
	2021 年 2 月 3 日	AA+ 下调至 BB，评级展望维持为负面
	2021 年 3 月 1 日	BB 下调至 CCC，评级展望维持为负面
	2021 年 3 月 4 日	CCC 下调至 C
	2021 年 3 月 10 日	C
	2021 年 3 月 25 日	C
	2021 年 4 月 19 日	C
	2021 年 5 月 13 日	C
东方金诚国际信用评级有限责任公司	2021 年 1 月 29 日	维持 AAA，评级展望为负面
	2021 年 2 月 3 日	AAA 下调至 A，评级展望为负面
	2021 年 2 月 23 日	A 下调至 B，评级展望为负面
	2021 年 3 月 3 日	B 下调至 C
中诚信国际信用评级有限责任公司	2021 年 1 月 18 日	维持公司主体评级 AAA，评级展望调整为负面
	2021 年 1 月 29 日	AAA 调至 AA+，列入可能降级的观察名单
	2021 年 2 月 3 日	AA+ 调至 A，列入可能降级的观察名单
	2021 年 2 月 20 日	A 调至 B，列入可能降级的观察名单
	2021 年 3 月 1 日	B 调至 C，移出可能降级的观察名单
	2021 年 3 月 29 日	C

资料来源：华夏幸福 2021 年半年度报告。

3.3.3 营业收入大幅下滑

华夏幸福主营业务收入如表9所示，2021年华夏幸福主营业务收入只有424亿元，相比2020年的1005亿元，跌幅将近58%。华夏幸福的主要业务为产业新城业务，其中的产业发展服务将近下跌了100%，出现暂时性流动性风险，债务危机还没有得到解决，产业新城相关项目的结算暂停，产业发展服务收入不能得到确认，营业收入下降，可见此次债务危机导致其营业收入出现大幅下跌。此外，公司现金流不足，没有足够的资金支持产业新城业务的大规模扩张，进而缩小了对产业新城的投资力度，也影响了后续资金的回流。

表9 华夏幸福主营业务收入对比情况　　　单位：亿元，%

分行业	2020年	2021年	同比变动
产业发展服务	243.29	1.22	-99.50
基础设施建设	61.38	43.72	-28.77
土地整理	59.09	32.47	-45.05
综合服务	13.19	9.05	-31.38
物业管理服务	12.28	12.74	3.74
房地产开发	593.13	301.28	-49.20
其他	23.01	23.60	2.58
合计	1005.38	424.09	-57.82

资料来源：华夏幸福2020~2021年年度报告。

4 债务危机原因分析

4.1 产业地产模式潜在风险

4.1.1 短期资金养长期产业园区建设

随着土地的价值不断上涨，房地产企业看准时机抢占先机，发展自己的业务，通过销售获得收入来保证产业园区的长期建设需要的资金来源，同时偿还债务，这是典型的"以短养长"的模式，为华夏幸福后续的债务危机埋下了一颗坏种子。此外，作为产业配套服务，华夏幸福还要建设园区内的学校等生态产业。华夏幸福通过销售配套地产获得短期资金，来解决产业新城长期所需投入，存在着极高的经营风险和财务风险。配套地产的建设周期相对较短，资金回笼速度较快，但是其非常依赖周围人口数量，产业新城及其配套地产如果不能相互良性促进，就会带来负面影响。配套地产卖不出去，园区开发建设缺少资金的支持而难以进行，愿意投资的人就会减少，进一步又会抑制配套房地产的销售，这是一个负面循环。

华夏幸福自身业务模式的主要特点就是需要投入大量资金来维系园区的建设，然后通过销售住宅来回笼现金，流动性压力大。2017年针对房地产业的政策发生了变化，出现了很多放缓房企发展的新政策，如限购政策使得华夏幸福的住宅销售速度放缓，导致公司2017年以后经营性现金流持续出现负值。如表10所示，2019年，华夏幸福经营活动现金流负值达到最高。债务危机的爆发主要原因是华夏幸福配套住宅销售下降，资金回笼速度下降，难以满足整个产业新城的建设需要，"以短养长"难以为继。

表10 2016~2021年华夏幸福经营活动现金流量净额 单位：亿元

项目＼年份	2016	2017	2018	2019	2020	2021
经营活动现金流量净额	77.63	−162.28	−74.28	−318.19	−231.60	−26.46

资料来源：华夏幸福2016~2021年年度报告。

4.1.2 面临政策不确定性和区域差异

华夏幸福的业务面临着政策的不确定性和区域的差异。一方面，华夏幸福的产城模式是一个长期建设的过程，需要大量的资金，房地产行业政策的变化具有不确定性，且对整个行业都有影响。另一方面，不同地区政府的要求不同，华夏幸福与河北省政府合作顺利，但业务扩张到武汉后，政府要求不一样，企业的优势也会减弱。华夏幸福与政府合作的PPP模式也风靡一时，其优点在于让双方各司其事，发挥双方的优势，政府监督，企业承建，实现"1+1>2"的效果。但是，PPP模式也有其不利之处，其开发的园区地产通常建设期很长，要求园区的运营能周转起来，企业的融资成本较高，长期的合同使双方的合作缺乏灵活性。此外，PPP项目政府要承担部分责任，这也增加了政府的风险。

4.2 误判形势，投资过于集中

4.2.1 扩张激进，误判形势

2017年，华夏幸福逐渐调整战略，业务扩张到其他地区。在不断夯实巩固京津冀布局优势的同时，还围绕国家战略积极布局国家级城市群及优势区域，包括长三角、珠三角、中原城市群、成渝城市群及长江中游城市群等区域[①]。但是，扩张太过激进而使新拓展的区域销售情况不佳，环北京地区的营业收入相比于其他

---

① 资料来源：华夏幸福2017年年度报告。

地区来说是最高的①。但由于政策等因素的影响，北京周边地区房价下跌，销售数量也下降不少，对华夏幸福的资金回流造成很大影响。董事长王文学第一次正式承认债务逾期，将债务逾期总结为"错误研判环京形势"②。

华夏幸福的产业新城模式，就是开发核心城市的周边地区，推动地方产业转型升级，提升区域的价值。虽然开发的地区相对来说较为落后，土地价格比较低，但可以通过产城模式带动当地经济使得区域价值翻倍，房价较之前上涨很多，房企通过发掘这种具有潜力的土地，获得巨大盈利。按照预想，这种模式潜力十分大，能带来巨大的利润。但是，现实中这种模式依赖政策等方面的变化，风险很大，而华夏幸福将资金大量投入这种模式，其实相当于在"投机"。

4.2.2　企业转型调整受到制约

华夏幸福将业务大量集中在环京地区，错误地判断了未来的形势，发展业务的城市深受当地政策调控的影响，房价持续下跌。后来调整自身战略，将业务转移到其他城市，希望其他地区实现销售正收入，抵消错判形势带来的销售收入下降。由图8可知，华夏幸福环北京地区营业收入虽有下降，但还是占全部销售收入的一半以上，可见此方法难以解决经营困境。进一步而言，华夏幸福的负债率极高，2020年和2021年，大量长期债务即将到期，经营现金流无法满足公司偿债的需要，还需通过进一步融资来偿还旧债以及维持正常的经营建设。同时，公司还面临大量短期债务，现金流不足，面临流动性危机，促使大量债务逾期。2021年，华夏幸福先后发布十多次债务逾期公告，同年9月，公司陆续公布债务重组计划，将清偿计划公布给公众③。但是，华夏幸福债务违约使得公众对其信心下降，股价持续下跌，现金流的状况令人担忧，企业转型受到制约。

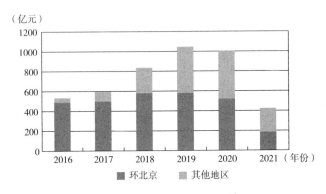

图8　华夏幸福营业收入分布情况

资料来源：华夏幸福2016～2021年年度报告。

---

① 资料来源：华夏幸福2018～2021年年度报告。
② 资料来源：财经网，https://m.caijing.com.cn/article/201505。
③ 资料来源：根据华夏幸福2021年公告整理所得。

4.3　高杠杆扩张模式

华夏幸福的产业新城模式快速扩张，使其非常依赖高杠杆模式，资产负债率高于行业平均水平。如表11所示，2016年后，华夏幸福资产负债率未低于80%，甚至在2021年超过了90%。2020年之前，华夏幸福剔除预收款项的资产负债率低于国家"三条红线"的70%，但是2020年激增到了80%，严重违背了国家的标准。此外，华夏幸福流动比率虽然大于1，但是其有大量的存货资产和预付费用，速动比率远小于1，虽然2020年以来速动比率有所上升，但还是小于1。应收款项中，应收地方政府的园区结算款迅速累积且平均账期长，在短期内难以回款，而且拿回来的款项又重新投入到园区建设中，留存的现金及等价物较少。照此方式，华夏幸福的经营流动性压力越来越大，不断融资，杠杆居高不下，按照高杠杆的模式激进扩张，一旦环境变化，例如房地产行业调控政策发生变化，华夏幸福将面临巨大的财务风险。

表11　华夏幸福偿债指标　　　　　　　　　　　　　　单位：%

项目＼年份	2016	2017	2018	2019	2020	2021
资产负债率	84.78	81.10	86.65	83.90	81.29	94.60
剔除预收款项后的资产负债率	43.75	45.86	53.08	56.54	81.25	94.55
流动比率	1.40	1.53	1.52	1.58	1.54	1.08
速动比率	0.39	0.43	0.39	0.40	0.85	0.63

资料来源：华夏幸福2016~2021年年度报告。

4.4　外部影响因素

2020年，华夏幸福利润大幅下降，现金流常年为负，面临暂时性流动性风险，大量长期债券即将到期，引发债务危机。华夏幸福"3+3+N"核心都市圈布局基本实现，在稳坐北京周边的京津冀都市圈的基础上，加快布局上海、南京、杭州、合肥的长三角都市圈，以广州、深圳为代表的粤港澳都市圈也在重点布局，积极推进郑州、武汉、成都这类高潜都市圈。华夏幸福重仓三四线城市，而三四线城市房价受政策影响更大，加上地理位置偏僻，华夏幸福靠产业发展带动当地经济发展以此提高房价是一个十分漫长的过程，一旦资金周转不过来，风险是极大的。自2017年以来，环京地区陆续出台房地产调控政策，限制购买住宅数量，环京地区的房价下降，华夏幸福也遭受重创，销量急速下降。

5 华夏幸福案例启示

5.1 尽量避免资金期限错配

华夏幸福的业务模式主要是产业地产和商业地产两种,两种模式相互配合,销售配套地产产生现金流,回笼的资金用于产业新城的长期建设中,"以短养长"的资金期限错配模式风险极高,一旦配套地产销售遇到障碍或其他原因需要大量资金就会发生流动性危机。华夏幸福业务模式中产业园区配套房地产开发的周期较短,如果销售通畅,资金回流速度快。但其销售非常依赖周边人口的聚集,这就得发挥产业新城的效果。配套房地产销售受到障碍,现金流回收少,资金不足难以支持产业园区的开发建设。产业园区不按时建成会影响招商,招商不成功经济带动不起来,人口聚集困难,进一步又会影响房地产的销售。华夏幸福此次债务危机的直接原因是用短期的房地产销售资金回流来支持长期的园区建成失败,加上大量长期债务即将到期,导致流动性问题产生,缓解流动性危机、解决现金流问题是重中之重。

5.2 实现行业企业优化转型

房地产行业的杠杆率普遍偏高,而华夏幸福的杠杆率更是高于行业平均水平,2016~2021年,资产负债率从未低于80%,与国家颁布的房地产行业调控政策背离,严重不符合"三条红线"的规定。此外,华夏幸福重资产占比高,难以及时变现;应收账款逐年快速增加,产业园区新产生的收入缴纳地方财政后,剩余部分按照预算支出支付华夏幸福的服务费用作为产业新城项目应收金额,收款期限长。而且,即使款项拿回来,大量款项也会用来储备土地、完成产业园区的建设,形成大量重资产,变现能力差,流动性不强。华夏幸福依赖借旧债还新债,杠杆率极高,通过各种方式进行大量融资,存在大量短期借款、即将到期的长期借款和长期债券,还有不少"名债实股"的融资工具。例如有利率跳涨机制的永续债、对赌协议、信托资金计划,杠杆极高、成本高,且集中到期。种种因素使华夏幸福流动性压力堆积,爆发债务危机。在此高杠杆模式下,要想顺利运营,华夏幸福有两条路可走。一是顺应国家"去杠杆"的道路,实行战略转型,由原来的产业新城运营商转型为产业新城服务商,将大量重资产逐渐转为轻资产,可及时补充现金流缓解流动性压力。二是保持高杠杆,但是要加强提高资产质量和周转效率，布局安排好项目，提高项目周转速度，负债结构合理，资产要与负债相匹配，拓宽融资渠道，控制成本。

5.3　调整扩张速度

华夏幸福第一个产业新城 PPP 项目——固安产业新城项目成功后，加速推进对产业新城的异地复制，从区域性逐渐扩张至全国核心城市群。产业新城的建设运营需要前期垫付大量资金，而且土地储备多在三四线城市，财力较弱，经济发展不发达，一旦产业新城建设失败或有其他有变原因导致风险加大，资金难以按时收回。此外，华夏幸福项目建设布局欠佳，布局虽在城市群，但是项目地点离核心城市距离较远，位置偏僻，各个项目质量良莠不齐，管理不够精细，前期没有做好规划，再加上不同地区项目开发难度不同，产业新城模式的复制效果大打折扣。华夏幸福的盲目扩张占用了大量资金，超过了其自身能力。因此，适度扩张是保持企业良好健康发展的关键。一方面，扩张之前要对企业自身的财务、经营状况和当前市场行情进行各方面的评估，衡量企业在当下市场行情是否可以进行扩张，谨慎决策，不能盲目自信。另一方面，扩张规模要与自身资源相匹配，合理确定扩张区域和规模，注重分析区域的发展潜力、开发成本以及可能遇到的问题，选择合适的扩张项目，有计划地进行扩张，提高项目的可行性和质量，规范管理项目。

6　案例结语

伴随人口结构变化与城镇化趋缓，房地产行业进入供需结构性调整阶段。同时，房地产企业面临分化淘汰，过去形成的"高负债、高杠杆、高周转"的房地产开发经营模式不可持续，高周转模式已经走到了尽头，粗放式的"规模导向"已经显著转化为精细化的"质量导向"。在此背景下，很多大型企业可能暴雷，对金融市场产生冲击，引发投资者与社会各界的担忧。风险已经暴露或风险较高的房企仍面临较高的资金压力，只有认清形势、加速转变，才有机会熬过冬天。2022 年 12 月 15 日，中央经济工作会议提出"推动房地产业向新发展模式平稳过渡"[①]。新发展模式成为房地产行业长期发展的重要方向之一，房企应探索出健康高效的融资运营模式，持续优化自身资本结构，降低对举债发展模式的依赖

---

① 资料来源：中华人民共和国中央人民政府网，https：//www.gov.cn/xinwen/2022－12－16/content_5732408.htm。

度，提升抗风险能力，增强财务安全度。此外，为防范风险从问题房企向优质房企扩散，有关部门起草了《改善优质房企资产负债表计划行动方案》①，改善优质房企现金流，引导优质房企资产负债表回归安全区间，优质房企的融资环境明显改善。

① 资料来源：中华人民共和国中央人民政府网，https：//www.gov.cn/xinwen/2023-01/14/content_5736856.htm。

案例使用说明

一、教学目的与用途

（一）适用课程

本案例主要适用于《公司金融》《金融风险管理》《证券投资学》《财务报表分析》《金融市场学》等课程。

（二）适用对象

本案例主要适用于以下对象：

1. 经济学、金融学、投资学等相关专业的本科生和研究生。

2. MBA、EMBA、MPACC 等专业课程的学生，以及其他参与继续教育和职业发展课程的成人学习者。

（三）教学目标

自 2014 年 3 月我国出现首单违约债券以来，我国债券市场违约事件不断出现，频繁发生的债务违约事件可以看出我国大多企业债务快速扩张，企业规模扩大的同时也暗藏着极大的财务风险。房地产行业的资产负债率较高，在现实情况下，一系列房企债务违约事件逐渐暴露了出来，华夏幸福债务违约事件频发对资本市场影响较大且股东的关注度较高。本案例从房地产行业背景出发，简要介绍了华夏幸福二十多年的发展历程和业务模式。进而剖析了华夏幸福的债务状况、债务违约过程以及后续影响，探究了其发生债务违约背后的主要原因：华夏幸福产业地产模式存在潜在风险、误判形势、高杠杆扩张模式以及外部影响因素。最终得出了此类房地产企业应尽量避免资金的期限错配、要实现行业企业优化转型及调整扩张速度的启示。

因此，本案例通过学习、思考和小组讨论，应该达到以下两个目的：

1. 梳理华夏幸福债务危机事件的过程以及后续影响，学会分析华夏幸福的债务结构、组成以及了解其债务结构、组成带来的风险。

2. 理解华夏幸福债务危机事件产生背后的主要原因，思考从此债务危机事件中给房地产企业带来的启示。

二、启发性思考题

教师可以在课前布置思考题，让学生带着问题去研究案例，之后再在课堂上进行讨论和讲解，使学生更好地掌握案例，进一步提升学生对企业债务违约典型事件的把握和理解。本案例的思考题为：

1. 如何解读华夏幸福产业新城业务的 PPP 模式会给华夏幸福带来哪些潜在风险？

2. 华夏幸福的债务状况如何，为何华夏幸福还要不断扩大融资规模？

3. 企业特别是行业负债整体偏高的房企如何保持合理现金流，防范违约风险？

三、分析思路

本案例的分析思路和逻辑线路如图 9 所示。教师可以根据自己的教学目标来灵活使用本案例，并根据课程的具体方向和授课对象对案例分析的侧重点进行调整。以下案例分析思路仅供参考。

图 9　案例分析思路和逻辑路线

具体分析思路如下：

首先，本题旨在引导学生了解华夏幸福所在行业（房地产业）的背景和特点，了解案例发生的背景原因，为案例后续分析提供铺垫。

其次，本题旨在使学生了解华夏幸福的发展历程以及其开展的业务模式，有助于帮助学生注意到华夏幸福业务模式潜在的风险，帮助学生更好地理解华夏幸福债务违约的成因。

再次，通过对债务状况进行分析，然后梳理华夏幸福债务违约发生的过程，以及对事件发生的后续影响的研究，本题旨在有助于帮助学生理解案例的始末与时间演变情况，了解华夏幸福的债务组成，以及进一步体会不合适的资产负债结构的风险。

又次，此步骤通过分析华夏幸福 2021 年债务危机产生的原因，有助于帮助学生理解企业债务违约的成因。

最后，对整个案件的梳理得出结论和启示，此步骤有助于学生从案例中得到启发。

四、理论参考

（一）权衡理论

权衡理论认为，债权融资与股本融资均有其优缺点。华夏幸福使用财务杠杆举债，通过债权融资满足自身流动性需求，利用负债的好处可以最大限度地实现税收盾构的效果，减少资本成本。但是债权融资会让企业面临偿债风险，特别是借短债还长债的财务风险很高。因此，企业在选择资本结构时，应对债权融资的利弊进行权衡，从而使企业的价值最大化。

（二）财务困境理论

财务困境通常是指当期现金和资产变现产生的现金流量，不足以完全对当期债务和优先股股利进行清偿等，或者当期债务价值不低于资产价值，也就是其净资产期末账面余额为负数，公司极有可能进入破产清偿程序。如果企业处于财务困境状态时，通常有资产重组和破产清偿两种选择。

企业财务困境一般被分为亏损和盈利两种类型。亏损导向的财务困境是由于经营成本高或经营收入低，或是两种原因都存在最终导致企业盈利能力下降而发生亏损。盈利型财务困境一般是指企业经营战略过于激进，大规模扩张业务超出企业本身承受的范围以求获取较高的市场份额，最终导致原材料和库存商品等不断积压，导致存货周转困难。

五、具体分析

下面通过回答提出的启发性思考题，详细分析本案例所涉及的知识点，进而达到更全面掌握本案例关键点的目的。

（一）如何解读华夏幸福产业新城业务的 PPP 模式会给华夏幸福带来哪些潜在风险？

【理论知识】权衡理论、财务困境理论

【分析思路】本题设置的目的是让学生了解 PPP 模式的含义及特点，我国 PPP 模式的发展现状及开展 PPP 模式的意义。以下提供辅助问题，仅供参考：

1. 什么是 PPP 模式，其特点主要有哪些？

2. 我国 PPP 模式目前的发展状况如何？开展 PPP 模式对政府和社会资本方有何意义和影响？

【案例答案】PPP 即 Public-Private-Partnership，公共私营合作制，是指政府与私人组织之间合作建设城市基础设施项目。华夏幸福"产业新城"相较于传统房地产开发，具有前期投资量更大、回收周期更长、抵御行业政策变动风险的能力较差的特点。在产业新城开发性 PPP 模式中，政府是园区开发建设的审批者、决策者、监督者，对基础设施及公共服务价格、质量实施监管，并专门设立园区管委会负责对接相关事务。华夏幸福作为投资开发主体，负责产业新城的设计、投入、开发和后续运营，销售收入多为应收账款，使得投资回收期进一步拉长，资金占用量进一步增加。华夏幸福虽然在销售收入上表现为持续增加，但是一旦项目回款不及时，现金流出现问题，流动性出现阶段性紧张，陷入债务危机的可能性会持续性升高。

（二）华夏幸福的债务状况如何，为何华夏幸福还要不断扩大融资规模？

【理论知识】权衡理论、财务困境理论

【分析思路】本题设置的目的是让学生学会分析上市公司财务状况，对公司财务数据运用财务指标进行分析。

授课教师在讲解本题时，可以先让学生提前阅览华夏幸福 2021 年年度报告，再引导学生思考哪些数据与财务指标反映出华夏幸福的债务状况。以下提供辅助问题，仅供参考：

1. 华夏幸福的资本负债率如何，能反映出哪些问题？

2. 借新债还旧债、以短养长的资金模式有何潜在风险？

【案例答案】华夏幸福资金投入回报周期长，单从债务结构来看，2019 年短期借款增长超过 500 个百分点，此后短期借款维持较高水平，一年内到期的长期借款自 2019 年以来迅猛增长，华夏幸福面临巨大偿债压力。但是，产业新城的商业模式决定了开发前期需要垫付大量的资金，华夏幸福主要依靠销售配套住宅回收现金，现金流压力一直很大，2017 年以来经营活动现金流量净额持续为负，2019 年突破-300 亿元。华夏幸福通过融资来偿还往期债务，保持现金流正常，实际上形成了"借新债补旧债"的恶性循环。

（三）企业特别是行业负债整体偏高的房企如何保持合理现金流，防范违约风险？

【理论知识】财务困境理论

【分析思路】本题设置的目的是加深学生对国家房地产企业资金监测和融资管理规则、银行业金融机构房地产贷款集中度管理制度等相关房企融资监管政策的理解，了解企业如何保持合理现金流，防范财务风险。

授课教师在讲解本题时，可以先让学生了解国家关于房地产企业融资监管政策的主要内容及其必要性，再引导学生思考企业如何防范财务风险。以下提供辅助问题，仅供参考：

1. 为什么要完善房地产企业的融资监管政策？

2. 控制企业财务风险的意义是什么？控制财务风险的措施主要有哪些？

【案例答案】

第一，拓宽融资渠道。房地产行业大多资产负债率高，资金需求量大但是融资方式相对单一，资金来源大多依靠银行贷款以及发行公司债，华夏幸福也不例外，这就造成了较高的融资风险。为此，房企应该积极探索新的融资方式，加大直接融资，特别是提高股权融资的比例。这不仅可以降低债务融资的比重，从而降低企业的财务杠杆，缓解企业的财务压力。

第二，对标政策标准。由于房地产企业自身的融资需求特点，这类企业主要依靠银行贷款来为开发项目提供资金支持。当银行贷款政策发生变化时，房地产企业的融资渠道和融资成本可能会受到影响。房地产行业应该积极主动地响应国家政策，对标政策标准，优化资产结构，加快与地方政府的结算和回款。同时优化企业的存货结构。

第三，保持适度扩张。华夏幸福在前期扩张激进，管理不够精细，在扩张中过分强调规模指标，忽视效益指标盲目扩张，不仅消耗和占用了大量资金，还使得众多项目停滞，造成严重浪费。因此，类似企业应保持适度扩张。企业应评估企业的财务状况及经营成果，评价当前状态是否适合扩张，在自身能力范围内合理扩张，同时要加强管控，实现精细管理。

六、关键要点

（一）案例关键点

本案例结合理论知识，通过对华夏幸福连续性债务危机案例的梳理，分析融资构成和债务状况来探究其债务违约的背后原因，为企业规避债务违约风险提供了很好的解决思路，也对同样面临债务违约风险的房产企业具有借鉴意义。

（二）知识关键点

本案例涉及的知识点主要有：债务违约、财务风险、资本结构、对赌协议、永续债、信托计划、企业财务分析方法等。

（三）能力关键点

本案例涉及的能力点主要有：独立思考能力、逻辑分析能力、资料收集及总结能力、提出问题及解决问题的能力。

七、课堂计划建议

本案例课程安排可以按照表 12 的时间顺序进行课堂案例探讨和分析，整个案例课的课堂时间控制在 90 分钟左右。

表 12　案例教学计划安排

阶段	内容	教学活动	时间
课前准备	提前准备	1. 提前查看案例正文、启发性思考题，并请学生根据案例提前自行检索搜集债务违约和 PPP 模式等相关信息； 2. 提前要求学生做好分组，建议划分为 6 个小组，分配思考题	提前一周
	案例引入	授课教师说明课程内容和案例讨论主题，说明案例讨论的教学目的、要求和安排等	5 分钟
	分组讨论	开始分组讨论，各学生根据课前搜集的信息，围绕启发性思考题进行深入讨论	20 分钟

续表

阶段	内容	教学活动	时间
课堂计划	案例教学	带领学生回顾案例正文	5分钟
	提出思考题	1. 授课教师根据分析思路中给出的案例分析逻辑以及各启发思考题对应的引导性提问，展开教学； 2. 就每个小组分配的思考题展开回答，每个问题的答案要点做好记录，每个问题时间建议控制在8分钟内； 3. 授课教师在提问过程中穿插讲解理论参考和知识点	45~50分钟
	案例总结	教师就小组发言情况和课堂讨论情况进行点评和相应补充，对案例知识点进行梳理总结，完成教学目的。鼓励学生对华夏幸福债务危机案例发表个人想法，引导学生对案例展开更深入的思考，提高其运用理论知识分析、解决实际问题的能力	10分钟
课后计划	—	请学生在课程结束后，针对自己的思考和感兴趣的一个或两个问题收集资料，有针对性地对华夏幸福债务危机进行评价，突出自己的观点和想法，完成案例分析报告（800字以上）	课后一周

案例三　远洋资本债务危机的案例分析

　　摘要：远洋资本有限公司（以下简称远洋资本）自成立以来，接连在各领域加码投资，其最高光时刻管理近千亿元，在另类投资行业享有中国"小黑石"的美誉。然而2022年澳门国际银行发函称，由远洋资本担保、远洋资本控股有限公司为借款人的贷款出现逾期，已构成违约事件。该信函引起了强烈的连锁反应，业主的维权行动和投资者的资金撤回，这使得远洋资本雪上加霜。远洋如何化解这次危机？债务危机的来源又是什么？本案例首先从远洋资本的业务布局、投资行为、外部环境入手，深度剖析远洋资本债务危机的起因：①外部投资环境急剧变化，关于房地产的宏观政策持续收紧。②远洋资本逆市收并购，业务过度扩张，超出自己所能承受的范围。结合系列债务违约事件理清违约过程的来龙去脉。其次对远洋资本的年报进行剖析以挖掘远洋资本危机内部因素：①盈利能力持续下降。②偿债能力每况愈下。③营运能力不容乐观。④成长能力中气不足。再次总结了远洋资本危机的核心问题：①资产负债期限结构错配。②无以为继的现金流短缺。最后对这次危机表达了针对性的建议：①科学研判行业发展趋势，有效规避行业系统性风险。②做事不要急于求成，大而多不如小而精。③注重资产负债合理结构，保证现金流安全。

1　案例背景与案例思政

　　思政元素：防范化解重大风险。继续按照稳定大局、统筹协调、分类施策、精准拆弹的基本方针，做好经济金融领域风险防范和处置工作。压实地方属地责任、部门监管责任和企业主体责任，加强风险预警、防控机制和能力建设，设立金融稳定保障基金，发挥存款保险制度和行业保障基金的作

教学意图： 如何防止大型民营企业"暴雷"，正确认识和把握民营经济领域防范化解重大风险，确保经济金融大局稳定？

2020年10月29日，中国共产党第十九届中央委员会第五次全体会议通过了《中共中央关于制定国民经济和社会发展第十四个五年规划和二〇三五年远景目标的建议》②，清晰透露出未来五年乃至更长时间对房地产行业发展的定调。回顾2020年，中央坚持"房住不炒、因城施策，落实稳地价、稳房价、稳预期"的目标，促进房地产市场平稳健康发展。2020年4月17日，中央政治局会议指出③：提高赤字率，运用降准、降息、再贷款等手段，保持流动性合理充裕，引导贷款市场利率下行，坚持"房子是用来住的，不是用来炒的"定位，促进房地产市场平稳健康发展。2020年5月22日，两会政府工作报告定调④：弱化经济增速目标，并未提出全年经济增速具体目标，而要稳住经济基本盘，集中精力抓好"六稳""六保"，尤其要守住"六保"底线。为防范和化解潜在的重大金融风险，2020年6月17日，国务院常务会议部署⑤：抓住合理让利这个关键，保市场主体，稳住经济基本盘，金融系统全年向各类企业合理让利1.5万亿元，综合运用降准、再贷款等工具，保持市场流动性合理充裕，全年人民币贷款新增和社会融资新增规模均超过上年，并按照有保有控要求，防止资金跑偏和"空转"。2020年7月24日住房和城乡建设部召开房地产工作座谈会⑥（以下简称座谈会），北京、上海、广州、深圳、南京、杭州、宁波、成都、长沙和沈阳10个城市参会，直指市场过热问题。座谈会提出，继续牢牢坚持"房子是用来住的，不是用来炒的"定位，坚持不将房地产作为短期刺激经济的手段，坚持稳地价、稳房价、稳预期，因城施策、一城一策，从各地实际出发，采取差异化调控措施，及时科学

---

① 资料来源：中华人民共和国中央人民政府网，https：//www.gov.cn/gongbao/content/2022/content_5679681.htm。

② 资料来源：中华人民共和国中央人民政府网，https：//www.gov.cn/zhengce/2020-11/03/content_5556991.htm1。

③ 资料来源：人民网，http：//politics.people.com.cn/n1/2020/0417/c1024-31678417.html。

④ 资料来源：中华人民共和国中央人民政府网，https：//www.gov.cn/zhuanti/2020qglh/index.html。

⑤ 资料来源：中华人民共和国中央人民政府网，https：//www.gov.cn/guowuyuan/cwhy/20200617c21/index.htm。

⑥ 资料来源：中华人民共和国中央人民政府网，https：//www.gov.cn/guowuyuan/2020-07/24/content_5529814.html。

精准调控，确保房地产市场平稳健康发展，并要实施好房地产金融审慎管理制度，稳住存量、严控增量，防止资金违规流入房地产市场。

2020 年下半年，中国人民银行设置"三道红线"，分档设定房企有息负债的增速阈值，并压降融资类信托规模，倒逼房企去杠杆、降负债。具体来说，2020 年 8 月 20 日，住房和城乡建设部、中国人民银行召开重点房企座谈会①，对房企有息负债规模设置了"三道红线"：第一，剔除预收款后的资产负债率大于 70%；第二，净负债率大于 100%；第三，现金短债比小于 1。2020 年 11 月 25 日，多家信托公司收到来自监管部门的窗口指导，要求严格压降融资类信托业务规模②。按照规划，2020 年全行业压降 1 万亿元具有影子银行特征的融资类信托业务，这意味着房企融资将进一步收紧。2020 年 12 月 16 日，中央经济工作会议召开，总结 2020 年、部署 2021 年经济工作③时指出，2021 年宏观政策要保持连续性、稳定性和可持续性，要继续实施积极的财政政策和稳健的货币政策，保持对经济恢复的必要支持力度，政策操作上要更加精准有效，不急转弯，把握好政策时效度。解决好大城市住房突出问题，要坚持"房子是用来住的，不是用来炒的"定位，因地制宜、多策并举，促进房地产市场平稳健康发展。

回顾 2020 年以来颁布的房地产行业相关政策，积极的财政政策以及出台的预防重大金融风险规章，上半年三度降准、两度下调贷款市场报价利率，下半年"三道红线"倒逼降负债，内外经济环境下行之下，不少公司对于自身未来的发展纷纷持悲观态度。远洋资本作为一家资产投资管理公司，从远洋房地产金融事业部发展起家，另类资产投资管理是其核心业务，依托远洋集团控股有限公司（以下简称远洋集团）强大的实力背景以及革故鼎新的魄力，成为行业内不可或缺的重要"玩家"。在经历房地产行业政策持续收紧之后，本应一切向好的远洋资本在 2022 年突然发生了严重的债务危机，导致债券无力付息被迫申请展期④，2000 万美元的贷款逾期，美元债展期等。远洋资本债务危机在短期内难以化解，将可能引发各类风险，因此，远洋资本债务违约发生后引发了各界广泛讨论。观察远洋资本历史发现，因为其特殊的平台背景，每当发生资金链紧张的情况，要么通过一般的融资渠道，要么通过背靠远洋集团来化解危机。然而这一次，在远洋集团"自顾不暇"的情况下，远洋资本出现贷款违约以及债券展期的局面，又该如何

---

① 资料来源：中华人民共和国中央人民政府网，https://www.gov.cn/xinwen/2020-08/23/content_5536753.htm。

② 资料来源：人民网，http://money.people.com.cn/n1/2020/1126/c42877-31945544.html。

③ 资料来源：中华人民共和国中央人民政府网，https://www.gov.cn/xinwen/2020-12/18/content_5571002.htm。

④ 展期是指到期后借款人不能及时归还本息，通过续借来延期归还本息。能给借款人缓冲时间，在平台标的真实的情况下，可以改善平台恶化的经营情况。

破局？

远洋资本如何解决这场危机成为关注的焦点，为了深入了解危机的根源，本案例首先从远洋资本的业务布局、投资行为和外部环境入手，对远洋资本债务危机的起因进行深度分析。其次详细审视一系列债务违约事件，梳理违约过程的来龙去脉。再次对远洋资本的年报进行剖析，以揭示远洋资本危机背后的原因。最后总结了远洋资本危机的核心问题和关键启示。

2 远洋资本公司概况

远洋集团是一家以房地产为中心，集设计、开发、建设等一整套业务于一体的大型企业，2007 年在香港联合交易所上市。远洋资本正式成立于 2013 年，是专注于另类资产投资管理的专业机构，作为远洋集团的投融资平台，是远洋集团 2015 年实施的第四步发展战略转型的主角。2019 年 2 月，远洋集团发布通告①，将原本由杰宁有限公司全资持有的瑞喜创投有限公司的 51% 股权进行出售。此次变动后的结构如图 1 所示，远洋集团仅持有远洋资本 49% 的股权，而其余的 51% 则被转让给两家外资公司。其中，领昱（Leading Bright）持有 25.5%，另外的 25.5% 由 Delight Finance 和 Charm Reliance 各自持有一半，而它们的股权归属于同一控制人——华贸控股（Huamao Focus Limited）。股权结构的变更使得远洋资本突破束缚，在投资行业大展拳脚。

尽管远洋集团出售了远洋资本间接拥有的 51% 股权，但在董事会席位上，最初的远洋集团、华贸控股、领昱三方股权比例为 5∶1∶1，后来调整为 4∶2∶1。这一董事会构成的调整并未改变远洋集团对公司的持续控制。从图 2 远洋集团股权结构来看，远洋集团的第一大股东为中国人寿，持股比例为 29.59%，但这不符合《上市公司收购管理办法》②中第八十四条认定的拥有上市公司控制权的情形，从而导致远洋集团无实际控制人。从远洋资本股权结构来看，远洋资本控股有限公司为远洋资本间接控股股东，两者均是远洋集团旗下平台。而远洋集团是中国人寿旗下不动产投资平台，公司无实际控制人，这就导致远洋资本的实际控制人由远洋集团变更为无实际控制人，这一实质性的变动为随后的资本操作提供了更

---

① 资料来源：远洋集团官网，https://www.sinooceangroup.com/zh-cn/investor/companynotice.html-有关附属公司增资的须予披露交易-20190203.pdf。

② 资料来源：中国证券监督管理委员会官网，http://www.csrc.gov.cn/csrc/c106256/c1653983/content.shtml。

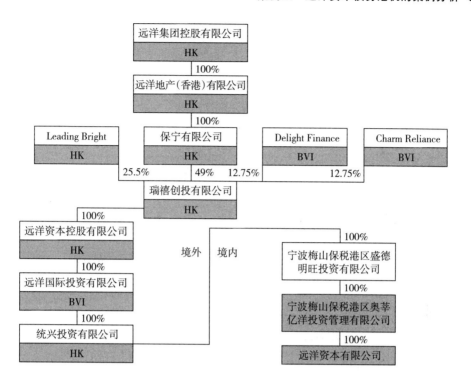

图1　远洋资本股权分布情况

资料来源：远洋资本官网。

为广泛的操作空间，为公司未来的发展带来了更多策略性选择。在一切顺利的情况下，远洋集团是远洋资本坚实的后盾和支持者，确保其顺利运营，若经营出现问题，远洋集团也会助力远洋资本，使其能够相对独立地应对各种挑战。尽管股权仅有49%归远洋集团所有，但从公司治理、增信和扶持措施等多个层面来看，远洋资本更像是远洋集团的"亲儿子"，在整个运营体系中两者扮演着紧密关联的关键角色。

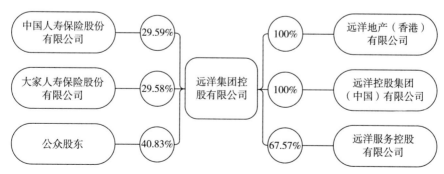

图2　远洋集团股权分布情况

注：数据日期为2021年12月。

资料来源：远洋资本官网。

　　根据远洋集团董事长李明对远洋集团的规划，远洋集团的四元业务占比要达到"四三二一"，即住宅业务占40%，不动产投资业务占30%，地产金融业务占20%，客户服务类（养老、物业）占10%。考察远洋资本成立初期的定位，其业务涵盖了不动产投资、结构化投资、股权投资等多个领域。从李明的整体战略来看，不动产投资业务和地产金融业务实际上都属于远洋资本，占据了远洋集团业务的较大比重。截至2021年初，公司在管余额约为1063亿元，同比增长35.02%。其中，不动产投资、结构化投资和投资顾问的现存规模分别占比27.21%、35.32%和18.93%[①]。这表明远洋资本在不动产和结构化投资领域的投资规模较大，同时通过投资顾问业务进一步拓展了其业务多样性。这种战略布局使远洋资本在远洋集团的整体业务结构中发挥了重要作用，为公司业务的全面发展提供了坚实基础。结构化投资通过依托主体增信，为开发商提供夹层资金，而主体从中赚取息差。结构化夹层业务是远洋资本发展的根基，不过其投资价值和技术含量有限，随着不动产投资占比日渐上升，形成与结构化夹层业务占比不相上下的格局，这为远洋资本的长期发展提供了坚实的基础。

　　远洋资本的成长史是一部摸爬滚打的探索史，成立之初没有找到自己合适的定位，只能是围绕远洋集团的需求，做债赚取差价。2016年前后，远洋资本逐渐明确了"另类投资平台"的定位，在2014~2017年布局股权投资，收购中银资产包，战略并购云泰数据。从2017年下半年开始，远洋资本着力股权投资方向（地产、私募股权投资），有了成功的投资案例支撑，募资也更容易形成正向循环。从2018年开始，远洋资本转型另类投资管理业务，设立多只人民币私募股权基金，发行首个不动产投资信托基金（Real Estate Investment Trust，REIT）产品，发行首单互联网数据中心（Internet Data Center，IDC），新型基础设施资产支持证券（Asset-Backed Security，ABS）[②]，成为盛洋投资有限公司的主要股东。2021~2022年，远洋资本深化战略转型，收购红星美凯龙物流资产[③]，收购红星地产70%股权[④]。

---

　　① 资料来源：远洋资本官网，http：//www.sinooceancapital.com-远洋资本有限公司2020年度财务报表及审计报告-20210429.pdf。

　　② 资料来源：远洋资本官网，http：//www.sinooceancapital.com。

　　③ 资料来源：红星美凯龙家居集团官网，https：//www.chinaredstar.com/announcement-美凯龙：关于出售控股子公司股权及债权暨签订合作框架协议的公告。

　　④ 资料来源：远洋集团官网，https：//www.sinooceangroup.com/zh-cn/investor/companynotice.html-须予披露交易-有关投资物业发展公司之合作-20210718.pdf。

3　远洋危机缘何如此

3.1　宏观政策持续收紧

自 2014 年成立以来，经过多年的摸索，远洋资本已成功跻身另类投资管理行业的头部企业，现存基金在管规模已破千亿元。从远洋资本的业务结构来看，其主要业务是结构化夹层投资于不动产，主要涉及领域是房地产行业。然而天有不测风云，长期利好的房地产行业自 2021 年就开始出现了不少的问题，完全超出了行业与投资者的预期，原本一切向好的远洋资本也陷入重重围困之中，接下来就梳理一下房地产政策在 2021 年以来的变动情况：

2021 年 1 月起"三条红线"政策正式实施①。政策规定房企负债率必须低于 70%，净负债率不能高于 100%，现金短债比率须大于 1。

2 月上旬，深圳推出二手房指导价机制多城效仿②。

2 月下旬，推出新供地模式，全国 20 多个试点城市，将率先实施住宅用地"两集中"政策③。

3 月 5 日，第十三届全国人民代表大会第四次会议④闭幕，再次重申"房住不炒"。

4 月 30 日，中央政治局会议⑤提到防止学区房炒作。

7 月 26 日，"三道红线"再加码，重点房企购置土地金额不得超过其年销售额的 40%⑥。

2021 年上半年出台的一系列持续收紧的土地政策，使得房地产行业处于重压之下，之前的繁华已然不在。2021 年下半年，房企销售、融资、土地拍卖的热度大幅降低，同时也引发了一些房企债务暴雷。到 2022 年上半年，受公共卫生事件

---

① 资料来源：中华人民共和国中央人民政府网，https：//www.gov.cn/zhengce/zhengceku/2021-01/01/content_5576085.htm。

② 资料来源：深圳市住房和建设局官网，http：//zjj.sz.gov.cn/xxgk/tzgg/index.html。

③ 资料来源：中华人民共和国自然资源部，http：//gk.mnr.gov.cn/zc/zxgfxwj/201702/t20170206_1436378.html。

④ 资料来源：中华人民共和国中央人民政府网，https：//www.gov.cn/zhuanti/2021lhzfgzbg/index.htm。

⑤ 资料来源：中华人民共和国中央人民政府网，https：//www.gov.cn/xinwen/2021-04/30/content_5604218.htm。

⑥ 资料来源：中国房地产业协会官网，http：//m.fangchan.com/data/133/2021-07-29/6826409852731199645.html。

和政策影响，房地产行业销售额大幅受挫，下降约 40%，这使远洋资本的投资收入受到强烈的冲击。远洋资本 2022 年上半年披露的财务报告显示①，投资收到的现金收入同比下降了 20.94%，而投资收益现金收入同比大幅下跌 81.43%，经营性现金流入相较于上年几乎减少一半。

3.2　逆市收并过度扩张

2021 年房地产调控政策全面收紧之后，地产行业经历了寒冬时刻，房企融资相比以往阻力重重，收益也大幅下降，陆续有大量企业暴雷。然而，在房企举步维艰之际，远洋资本却开展较多的投资业务。2021 年 3 月 28 日，远洋资本入股红星地产，持有 18% 的股权占比，成为红星地产股东。2021 年 7 月 18 日，远洋集团携手远洋资本与红星控股三方签署协议，协议约定远洋系②持有 70% 的股份，其中远洋资本和远洋集团各自持一半股权，剩下的 30% 股权由红星控股持有，股权结构变更后由远洋系牵头推进红星地产的后续经营开发③。2021 年 10 月，远洋资本持有红星的股权翻了 4 倍左右，从原来的 18% 增加至 70%，收购资金也翻了近 4 倍，从原来的 10.3 亿元翻至 40 亿元。2021 年 10 月初，远洋资本为了布局境外市场，收购大信商用信托管理有限公司 70% 的股权，成为其实际控股股东。2021 年 10 月 18 日，远洋资本又设立了物流地产的私募基金，主要服务对象是一二线城市的物流地产项目④。2022 年 2 月 15 日，远洋资本与国际知名投资机构合作，发起 6 亿美元的地产特殊机会基金，主要服务于包括上海、广州等所在区域内的一二线城市的地产开发项目⑤。

此外，2021 年，远洋资本不动产投资管理业务新增 13 个项目，结构化投资业务项目新增 12 个，投资金额累计新增 32.72 亿元，新增管理金额 227.07 亿元，这其中包括了在管的基金以及远洋资本表内大量的自有资金⑥。关于 2021 年的远洋资本投资情况，从表 1 中可以看出，其现金支付相较 2020 年同期增长了 95.54%，投资规模为 124.58 亿元。远洋资本取得子公司及其他营业单位的现金流出净额同比增长了 45.52%，总计达 39.29 亿元，整体而言，所有投资活动的现金流出总额为 184.7 亿元，同比增长了 71.08%。这一数据表明，远洋资本在其所

---

① 资料来源：远洋资本官网，http：//www.sinooceancapital.com-2022 年远洋资本有限公司审计报告-20230531.pdf。

② 远洋系是指远洋集团控股有限公司及其下属子公司。

③ 资料来源：远洋集团官网，https：//www.sinooceangroup.com/zh-cn/investor/companynotice.html-须予披露交易-有关投资物业发展公司之合作。

④ 资料来源：远洋资本官微，https：//mp.weixin.qq.com/s/QRSP8qOskOPv2d4j87a68w。

⑤ 资料来源：远洋资本官微，https：//mp.weixin.qq.com/s/HZP4tYT_gzQFX3YPdyIV9Q。

⑥ 资料来源：远洋资本官网，http：//www.sinooceancapital.com-远洋资本有限公司 2021 年度审计报告（合并）-20220428.pdf。

投资的业务中使用了较多的自有资金，随着投资规模的增大和债务的积累，公司面临的资金压力和财务风险也随之增加。

表1　2020~2021年远洋资本现金流基本情况　　　　单位：亿元，%

	2020 年	2021 年	同比增速
构建固定资产、无形资产和其他长期资产支付的现金	3.85	7.83	103.38
投资支付的现金	63.71	124.58	95.54
取得子公司及其他营业单位支付的现金净额	27.00	39.29	45.52
投资获得现金流出小计	107.96	184.7	71.08
	2021 年上半年	2022 年上半年	同比增速
收回投资收到的现金	24.17	19.11	−20.94
取得投资收益收到的现金	3.77	0.70	−81.43
收到其他与投资活动相关的现金	19.29	52.60	172.68
投资活动现金流入小计	47.94	72.41	51.04
经营活动现金流入小计	6.85	3.39	−50.51
流入合计	54.79	75.80	38.35
资金回收率	50.75	41.04	−19.13

资料来源：远洋资本 2020~2022 年财务报告。

4　债务危机来龙去脉

4.1　业绩下滑变卖资产

自 2021 年以来，远洋资本面临着不小的压力，不仅业绩下滑、偿债能力堪忧，还面临着投资类资产退出的风险。而对于远洋集团来说，在房地产行业大环境不佳的情况下，其毛利率连续走低、既定销售目标未实现、销售额下滑、短期偿债压力压顶，难免自顾不暇[①]。

作为远洋集团的投融资平台，远洋资本从 2021 年开始就不断进行着大手笔操作，入股红星地产、接管红星美凯龙、收购大信商用信托（Dasin Retail Trust, DRT）、设立写字楼基金。但在房地产持续下行、行业风险更深的背景下，远洋资

---

① 资料来源：远洋集团官网，https://www.sinooceangroup.com/zh-cn/investor/companynotice.html-截至二零二二年六月三十日止六个月的未经审核财务资料-20220822.pdf。

本的形势也不算明朗，其总负债不断增长，以流动负债为主。尽管背靠险资，远洋集团也未能逃脱"由盈转亏"的悲惨局面。2022 年 8 月 19 日，远洋集团发布业绩公告，公告声明预计 2022 年上半年归母净利亏损约有 11 亿元[①]。远洋集团 2022 年度中期财报显示，中期内的全面亏损总额为 8.8 亿元[②]，面对融资压力，远洋集团不得不出售旗下资产进行资金周转。2022 年 4 月，远洋集团投资的北京朝阳区的颐堤港一期项目股权发生变更，新股东是中国人寿下属的两家公司，入驻规模达 30 亿元[③]；2022 年 10 月，远洋集团将旗下一只全资附属子公司股权全部出售，计划成交总额为 2.3 亿元[④]；2022 年 12 月，远洋集团计划将成都太古里项目抵押出去，拟出售成都远洋太古里项目的 50% 权益，交易总金额为 55.5 亿元[⑤]。在远洋集团现存的投资项目中，成都太古里项目事实上是发展前景较好的商业资产之一，为我国目前著名的商业地产项目，甚至有"金字招牌"的美誉。从成都太古里项目的抵押来看，远洋集团的资金压力不可谓不小，在大环境趋紧的情况下，远洋集团和远洋资本的一系列投资操作为其债务违约埋下了伏笔。

4.2　远资系列债券停牌

自 2022 年 6 月开始，远洋资本的各个债券频繁异动。2022 年 8 月 1 日，远洋资本发出公告称不行使"20 远资 01"赎回选择权，理由是"根据公司实际情况及当前市场环境"[⑥]。"20 远资 01"是远洋资本在 2020 年 9 月发行的总额为 10 亿元、票面利率为 4.70%、期限 3 年的公司债[⑦]，债券附第二年末发行人具有赎回选择权、发行人调整票面利率选择权和投资者回售选择权。远洋资本发布这则公告本来是常规操作，但是由于处于敏感时期，诱发了新一波的股价下跌。同日，远洋集团的信用评级被国际评级机构下调到负面评级。2022 年 8 月中下旬，远洋资本与投资人沟通，希望对方可以放弃债券的回售，谈判要点主要包括三个：计划展期一年；将"20 远资 01"债券后一年的票面利率提高 6%；以项目公司股权质押

---

① 资料来源：远洋集团官网，https：//www. sinooceangroup. com/zh-cn/investor/companynotice. html-内幕消息-盈利警告-20220819. pdf。

② 资料来源：远洋集团官网，https：//www. sinooceangroup. com/zh-cn/investor/companynotice. html-截至二零二二年六月三十日止六个月的中期业绩公告-20220831. pdf。

③ 资料来源：天眼查官网，https：//www. tianyancha. com/company/5460210217。

④ 资料来源：远洋集团官网，https：//www. sinooceangroup. com/zh-cn/investor/companynotice. html-有关出售一间全资附属公司全部股权之关连交易-20221017. pdf。

⑤ 资料来源：远洋集团官网，https：//www. sinooceangroup. com/zh-cn/investor/companynotice. html-联合公告-有关出售物业控股公司及物业管理公司权益之主要交易-20221215. pdf。

⑥ 资料来源：远洋资本官网，http：//www. sinooceancapital. com-175670；中国国际金融股份有限公司关于远洋资本有限公司主体及相关债项被列入信用评级观察名单的临时受托管理事务报告-20220908. pdf。

⑦ 资料来源：远洋资本官网，http：//www. sinooceancapital. com-远洋资本有限公司 2020 年公开发行创新创业公司债券（第一期）发行公告-20200904. pdf。

增信。如果确实有回售，则远洋资本考虑计划出售部分其持有的美中宜和的股权，以应对资金需求①。然而8月29日上午，远洋资本"21远资01"下跌超过35%，盘中二次临时停牌②。8月30日，远洋资本布告称因公司有重大事项未确定，经上交所同意申请后，将公司发行的"20远资01"和"21远资01"进行停牌处理③。9月5日召开的债券持有人相关会议，审议《关于调整"20远资01"兑付方案及提供增信措施的议案》，最终债券展期以51%赞成、36.93%反对、12.07%中立的结果通过。从结果来看，虽然债券发行人和持有人之间分歧明显，但是最终债券展期议案还是以微弱优势通过。与此同时，为了提升债券持有人的信心，远洋资本计划以南通星龙房地产开发有限公司50%股权作为质押品④。至此，"20远资01"债券停牌、延期兑付事件告一段落，然而祸不单行，在债券事件之后，远洋资本又迎来了新的债务问题。

4.3　2000万美元债逾期

前文提到，2022年8月29日，远洋债券的展期尚未敲定的情况下，"21远资01"债券突然经历了35%的急剧下跌，并被迫停牌。关于这一惊人的暴跌，原因可追溯至澳门国际银行发布的通知⑤，具体内容如图3所示。依据澳门国际银行函件的内容，澳门国际银行和远洋资本控股⑥在2021年10月28日签署了一份2000万美元的贷款合约，合同到期日为2022年8月24日。与此同时，远洋资本作为贷款的提供方还为该笔借贷提供了担保，即在借款人无法按时履行义务的情况下，远洋资本将负有附带的担保责任。然而，在贷款到期日，远洋资本控股不仅未能按时还款，作为担保方的远洋资本也未能履行相应的责任。因此，这笔贷款已经逾期，远洋资本已构成违约。与此同时，澳门国际银行还指出，上述贷款的违约可能导致远洋资本控股5亿美元债项的违约。

这一系列事件的发展使远洋资本陷入了严峻的财务困境，引起了业界广泛关注。资料显示⑦，澳门国际银行提到的5亿美元债是巨智环球有限公司于2021年6月

---

① 资料来源：远洋资本官网，http：//www. sinooceancapital. com-175093；5-3 远洋资本有限公司 2020 年公开发行创新创业公司债券（第一期）2022 年债券回售实施的第三次提示性公告-20220816. pdf。

② 资料来源：远洋资本官网，http：//www. sinooceancapital. com-关于 21 远资 01（175670）盘中临时停牌的公告（1）-20220829. html。

③ 资料来源：远洋资本官网，http：//www. sinooceancapital. com-20 远资 01、21 远资 01 债券的临时停牌公告-20220830. pdf。

④ 资料来源：远洋资本官网，http：//www. sinooceancapital. com-远洋资本有限公司 2020 年公开发行创新创业公司债券（第一期）2022 年第一次债券持有人会议结果的公告-20220906. pdf。

⑤ 资料来源：澳门国际银行官网，https：//www. lusobank. com. mo/。

⑥ 远洋资本控股为远洋资本间接控股股东，两者均是远洋集团旗下平台。

⑦ 资料来源：远洋资本官网，http：//www. sinooceancapital. com-远洋资本有限公司 2021 年公开发行创新创业公司债券（面向专业投资者）（第一期）发行公告-20210607. pdf。

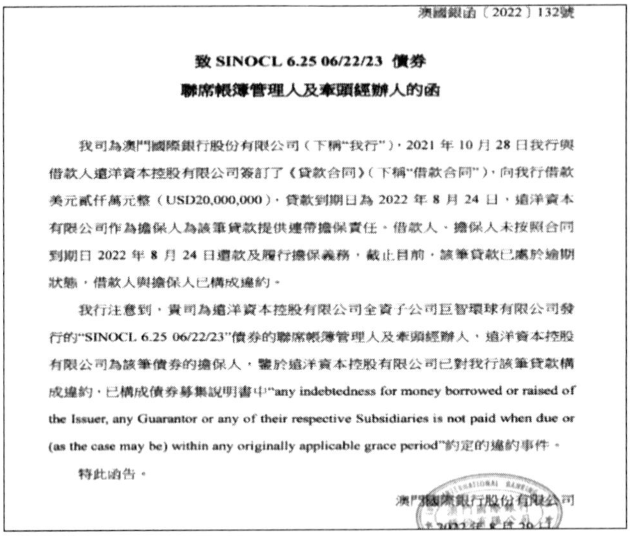

澳國銀函〔2022〕132號

致 SINOCL 6.25 06/22/23 債券

聯席帳簿管理人及牽頭經辦人的函

我司為澳門國際銀行股份有限公司（下稱"我行"），2021 年 10 月 28 日我行與借款人遠洋資本控股有限公司簽訂了《貸款合同》（下稱"借款合同"），向我行借款美元貳仟萬元整（USD20,000,000），貸款到期日為 2022 年 8 月 24 日，遠洋資本有限公司作為擔保人為該筆貸款提供連帶擔保責任。借款人、擔保人未按照合同到期日 2022 年 8 月 24 日還款及履行擔保義務，截止目前，該筆貸款已處於逾期狀態，借款人與擔保人已構成違約。

我行注意到，貴司為遠洋資本控股有限公司全資子公司巨智環球有限公司發行的"SINOCL 6.25 06/22/23"債券的聯席帳簿管理人及牽頭經辦人，遠洋資本控股有限公司為該筆債券的擔保人，鑒於遠洋資本控股有限公司已對我行該筆貸款構成違約，已構成債券募集說明書中"any indebtedness for money borrowed or raised of the Issuer, any Guarantor or any of their respective Subsidiaries is not paid when due or (as the case may be) within any originally applicable grace period"約定的違約事件。

特此函告。

澳門國際銀行股份有限公司

图 3　澳门国际银行函件

资料来源：澳门国际银行官网。

发行，债券期限为 2 年，票息率为 6.25%，正常情况下于 2023 年 6 月 22 日到期。此前 2022 年 8 月 29 日，这只美元债交易出现异动，报价 48.949，下跌 15.549%，收益率 121.26%。如表 2 所示，目前远洋资本控股存续美元债两只，存续规模 7.83 亿美元，另一只 6%票息美元债将于 2022 年 10 月 25 日到期。先是远洋资本 10 亿元债券回售拟展期，再有远洋资本控股再爆贷款逾期，并触发美元债违约。

表 2　2021 年远洋资本控股存续美元　　单位：天，%

债券简称/债券代码	剩余期限	票面利率	债项评级
远洋资本 6/XS2385820597	54	6	—
远洋资本 6.25/2342977324	294	6.25	—

资料来源：远洋资本公司官网。

4.4　大信商托无力付息

2021 年 10 月 12 日，远洋资本成功收购新加坡大信商用信托管理有限公司（以下简称公司）70%股份[①]，成为公司实际控股股东。公司为 DRT 的管理人，DRT 是首个正式在新加坡证券交易所上市的 REITs。DRT 的成功收购彰显了远洋资本的雄心，利用此次并购作为跳板，远洋资本试图实现境外市场的融资通道畅

① 资料来源：远洋资本官微，https：//mp.weixin.qq.com/s/xeVt3fJDW6_N29c8DiFd7A。

通，引入稳定的永续资本，从而构建一个多元化的融资格局。这有助于远洋资本重新构思不动产投资战略理念，充分提升资产规模，加速业务规模扩张，有效减少重资产投资风险，提高不动产资产流动性。然而，这家 DRT 却未能按时支付其1310 万美元贷款的利息，成为首家 REIT 出现违约的案例①。公司经理于 2023 年 1月 19 日收到澳门国际银行发出的律师函②，宣布发生了融资协议下的违约事件，并要求支付所欠的全部本金和利息。作为 DRT 的控股股东，远洋资本再次陷入舆论的旋涡。表面上看，导火索是 DRT 在岸人民币资金无法正常汇出，深层次的原因是财务结构风险较高，体现在债务集中到期以及现金偿付能力不足上。DRT 采取相对激进的收购策略，导致其负债率持续攀升，并且由于资产主要分布在特定区域，难以有效分散地域经营风险。因此，在面对公共卫生事件时，业绩下滑使再融资的难度加大。作为 DRT 的控股股东，远洋资本通过提供 "信用溢价" 促成了多起债务展期谈判，但由于自身风险敞口的存在，也被迫进行债务展期，难以为 DRT 提供实质性的支持。因此，远洋资本强调③，对于 DRT 仅属财务投资，DRT 的任何银行贷款违约都不会对远洋资本的偿债能力、债券产品、经营管理等方面产生负面影响，远洋资本对 DRT 的银行贷款未提供任何形式的担保。

5　财务信息未卜先知

前文详细阐述了远洋资本陷入债务违约的情境及其背后的多重因素，其中，宏观政策的收紧与投资业务的过度扩张成为导致此次债务危机的主要诱因。随着危机的爆发，远洋资本遭遇了诸多困境，如经营业绩的显著下滑，不得不通过变卖资产来应对资金压力。此外，债券的停牌使得融资渠道受限，美元债的逾期进一步加剧了资金链的紧张，而 DRT 无法按时付息，则使得公司的偿债能力备受质疑。后续的分析将聚焦于远洋资本债务危机的财务层面，深入剖析其内部原因，以期揭示此次危机发生的根本原因。

5.1　盈利能力不升反降

在衡量盈利水平方面，毛利率、净利率、净资产收益率和总资产净利率四个

---

①　资料来源：大信商用信托官网，General Announcement：Receipt of Letter of Demand（sgx. com）。

②　资料来源：澳门国际银行官网，https：//www. lusobank. com. mo/。

③　资料来源：新浪网，https：//finance. sina. com. cn/stock/estate/integration/2023 - 02 - 01 - doc-imyecazf0
179323. shtml。

财务比率最具代表性，因此，本案例选取以上比率分析远洋资本的盈利水平。图4展示了远洋资本2017~2022年的毛利率、净利率、净资产收益率和总资产净利率。对比各年的指标，远洋资本的销售毛利率和销售净利率犹如过山车一样，涨跌起伏，整体经历一次大跌之后整体保持平稳趋势。销售毛利率和销售净利率分别从2017年的70.42%和94.86%达到2022年的73.80%和83.27%，除了2018年两个指标变化幅度较大之外，后续其他年份基本保持平稳趋势。此外净资产收益率和总资产净利率更是遭遇断崖式下跌，从最初的119.31%和16.45%下滑到5.15%和0.85%。结合远洋资本的业务类型来看，主要原因是远洋资本通过融资投资新的项目，导致总资产和净资产的增加，一方面，新项目量产实现效益需要时间，导致了总资产净利率和净资产收益率降低；另一方面，原有的项目市场发展较好，导致销售净利率提高。从盈利能力来看，如果市场环境向好则公司发展一切正常，反之则容易由盈转亏，2021年下半年房地产政策的变化，直接导致市场投资环境收紧。原本远洋资本投资项目回收时期长，现金流回收较慢，公司没有足够的现金流去弥补后续的流动负债等现金支出。再加上远洋资本缺乏对市场的整体预期，没有谨慎投资，导致资产结构期限错配等问题的积累，这为之后远洋资本债务违约埋下了伏笔。

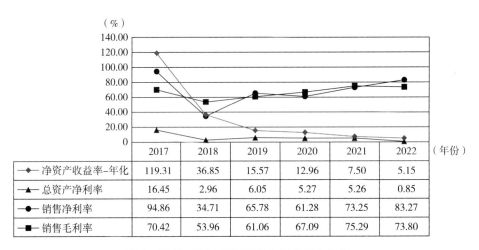

（%）	2017	2018	2019	2020	2021	2022 （年份）
◆ 净资产收益率-年化	119.31	36.85	15.57	12.96	7.50	5.15
▲ 总资产净利率	16.45	2.96	6.05	5.27	5.26	0.85
● 销售净利率	94.86	34.71	65.78	61.28	73.25	83.27
■ 销售毛利率	70.42	53.96	61.06	67.09	75.29	73.80

图4　2017~2022年远洋资本盈利能力指标

资料来源：远洋资本2017~2022年财务报告。

5.2　偿债能力每况愈下

以往的案例中，大多数选择资产负债率、流动比率和速动比率三个财务比率来衡量公司偿还长期债务和短期债务的能力，所以本案例采用这三个指标来对远洋资本的债务偿债能力进行分析。由表3可知，自2017年后，远洋资本的资产负债率先是保持较高的 93.01%，2018 年之后呈现断崖式下跌，近乎下降一半，2019 年之后基本保持平稳，2021 年有小幅度上升，这也与远洋资本 2021 年的投资活动相对应。资产负债率保持较为平稳，可能与远洋资本使用手中大量的自有资金进行投资有关。从 2017 年之后的财报数据来看，流动比率一直保持很低的水平，最高时仅为 1.14%，表明远洋资本短期偿债能力低。此外，流动负债在总负债中占比除 2018 年较低之外，表中其他年份一直保持较高水平，这在一定程度上反映出远洋资本贷款期限较短，较少通过长期借款募集资金，对短期资金的依赖程度也凸显了它的偿债风险较大。

表 3　2017~2022 年远洋资本偿债能力分析　　　　　　单位：%

财务指标 ＼ 年份	2017	2018	2019	2020	2021	2022
流动比率	0.26	0.28	0.82	1.14	0.70	0.79
资产负债率	93.01	91.78	45.05	47.20	52.18	49.54
流动负债占比总负债	88.53	46.88	93.15	68.98	78.91	81.32

资料来源：远洋资本 2017~2022 年财务报告。

5.3　营运能力不容乐观

以往的案例中，较多学者选取存货周转率、应收账款周转率以及总资产周转率等指标来衡量公司营运能力强弱，即公司运用各种现有资产获取现金流的能力。但是由于远洋资本近两年的财报中没有存货周转率的数据，所以本案例将存货周转率换成了流动资产周转率来分析远洋资本的运营水平。如表 4 所示，远洋资本各年度的总资产周转率均在 0.1 以下，2022 年更是达到最低，仅为 0.01，说明企业的销售能力下降，以及销售收入减少。对比各年度的应收账款周转率，2017 年为 18257.18，这是因为当时远洋资本刚刚转型，投资的业务期限较短，加之其投资业务所涉及的行业行情较好，导致公司收账速度快，平均收账期短，资产流动快，存货周转率高，2018~2021 年随着不动产投资业务的增加应收账款周转率维持在 12 左右，到 2022 年上半年直接下跌到 1.2，自 2021 年开始，下降幅度明显扩大。这一现象表明远洋资本库存增加，回款期限变长，资金回笼速度在变慢，长此以往，将加剧远洋资本存货堆积以及坏账增加的风险。

表 4　2017~2022 年远洋资本营运能力分析　　　　　　单位：次

财务指标 ＼ 年份	2017	2018	2019	2020	2021	2022
应收账款周转率	18257.18	15.22	10.20	14.35	11.13	1.20

财务指标 \ 年份	2017	2018	2019	2020	2021	2022
流动资产周转率	0.41	0.55	0.40	0.24	0.22	0.03
总资产周转率	0.09	0.09	0.09	0.09	0.07	0.01

资料来源：远洋资本 2017~2022 年财务报告。

5.4 成长能力中气不足

成长能力是公司未来发展前途的一种测度，为更好地了解远洋资本的未来发展状况，本案例选取营业收入同比增长率和归属母公司股东的净利润这两个财务比率来度量其成长能力。由表 5 可知，2019 年远洋资本的营业收入同比增长率达到 54.82%，2021 年，营收同比增长率呈快速下降趋势，2022 年营收增长率跌到 -69.7%。归属母公司股东的净利润呈现与营业收入同比增长率同样的轨迹，且归属母公司股东的净利润从 2020 年的 59.02% 直接跌到 2021 年的 -34.84%，之后在 2022 年继续跌到 -60.06%。在宏观经济政策与自身业务的扩张下，远洋资本营业收入快速萎缩。在 2021 年和 2022 年，归属母公司股东的净利润同比增长率年均小于 0，说明远洋资本净利润逐年下跌。通过以上两个指标的分析可以看出，远洋资本的成长能力不足。

表 5　2018~2022 年远洋资本成长能力分析　　　　　　单位：%

财务指标 \ 年份	2018	2019	2020	2021	2022
营业收入同比增长率	33.02	54.82	24.91	6.25	-69.70
归属母公司股东的净利润	-61.18	98.08	59.02	-34.84	-60.06

资料来源：远洋资本 2018~2022 年财务报告。

2017 年到 2022 年上半年，远洋资本的盈利能力、偿债能力、运营能力以及成长能力均有不同程度的下降。盈利能力逐步减弱、偿债风险开始显现、长期依赖于短期借款、资金回流速度减缓等问题导致远洋资本的运营风险加剧以及资金回笼较为困难。2021 年，远洋资本激进的投资战略和大量投资支出，降低了企业的盈利能力。另外，经营现金流量无法为企业提供充足的现金流，投资的项目回收期较长，企业抵御风险的能力较低，一旦市场陷入下行趋势，资金周转就会出现困难，影响企业的正常运营。

综上所述，本案例阐述了远洋资本所面临的外部环境和内部因素，面对错综复杂的现实情况，远洋资本会如何处理摆在眼前的问题从而摆脱不利局面？接下来针对现实情况，从远洋资本自身角度出发，围绕远洋资本所存在的问题，深入剖析，找到问题根源，对症下药。

6　远洋境地何以破局

6.1　身处困境迎难而上

远洋资本作为远洋集团多元业务并重发展中的一环，在资金及业务层面可获得远洋集团的支持。但在地产行业遇冷之后，远洋集团也出现销售疲软、利润严重下滑情况，且存在规模破千亿元的债务，远洋集团偿债压力可见一斑。2022 年上半年，远洋集团亏损总额为 10.87 亿元，同比下降了 207.68%[①]。对此远洋集团解释称：亏损主要由于汇率变动、分占合营企业溢利下跌、加之突发公共卫生事件影响和地产市场行情低迷导致。2022 年 8 月，远洋集团的信用评级由原来的 Baa3 降至 Ba1，同时穆迪公司给出了负面展望[②]。随着信用资质的不断恶化，远洋集团的再融资环境趋紧，面对巨大的偿债压力，自 2022 年以来公司已多次变卖资产，套现超 120 亿元。虽然有险资加持，但在行业下行的大环境下，远洋集团亟须解决销售下滑、盈利能力下降的问题。2022 年前 5 个月，远洋集团的业绩出现了明显下滑。2022 年上半年财报披露显示[③]，远洋集团实现合约销售额 74.1 亿元，同比下滑 28%，销售均价为 17800 元/平方米，同比下降 100 元/平方米；2022 年前 5 个月累计合同销售额为 293.1 亿元，同比下滑 28.2%。此番主动"减负"，通过出售项目回笼大笔资金，证明远洋集团一直在积极寻找破局的新方式，包括出售资产、引入险资合作等。当然，要破局不能只有减法，更要做加法。2021 年 7 月，远洋集团、远洋资本与红星美凯龙控股签署协议，以 40 亿元收购红星地产 70%股权。此外，远洋资本从"轻"出发，通过出售资产包，缓解了资金压力，针对自身资本结构，也进行了适当调整，解决内部所存在的问题。

6.2　期限错配洞见症结

远洋资本面临的一系列债务问题的本质在于资产负债期限结构不匹配，导致

---

① 资料来源：远洋集团官网，https：//www. sinooceangroup. com/zh－cn/investor/companynotice. html－截至二零二二年六月三十日止六个月的中期业绩公告－20220831. pdf。

② 资料来源：穆迪公司官网，China｜Report｜Moody's（moodys. com）。

③ 资料来源：远洋集团官网，https：//www. sinooceangroup. com/zh－cn/investor/companynotice. html－2022 年中期报告－20220922. pdf。

其在短时间内难以提供足够的现金用于回购债券。如表 6 所示，根据远洋资本发布的财报，其资产主要是非流动性的，而流动性资产仅占总资产的 37%，这种结构表明远洋资本的大部分资产在短期内难以变现，存在流动性不足的情况。在非流动资产方面，长期股权投资占比较大，表明远洋资本将大量自有资金投入到这些项目中。实际上远洋资本频繁使用自有资金进行各类投资活动，包括股权投资、结构化投资。远洋资本的负债主要集中在期限较短的流动负债，占负债总额的 81.32%，金额高达 95.58 亿元。流动负债主要由关联方借款组成，其借款总额约为 76.67 亿元，而剩余的非关联方融资仅占 14.72%，约为 14.82 亿元。在非流动负债中，应付债券价值为 7.98 亿元，长期借款为 12.31 亿元，这表明银行贷款的占比相对较低。远洋资本资产负债结构存在不合理配置，在大环境不利条件的加持下，风险更加凸显。表 6 数据显示，2022 年上半年，其流动比率降至 0.79，表明流动资产在同期内可能无法完全弥补流动负债，存在潜在的风险缺口。从债券的资金用途来看，这些投资项目的退出期并不确定，因此增加了资产负债错配的风险。

表 6 　 2020~2022 年远洋资本资产负债结构　　　　单位：亿元，%

	2020 年	2021 年	2022 年上半年
货币资金	25.65	4.43	1.31
交易性金融资产	—	13.02	13.93
其他应收款	26.61	43.14	54.15
流动资产	78.39	71.87	75.86
长期股权投资	63.62	114.65	106.58
债权投资	—	11.59	6.62
非流动资产	132.06	177.37	161.39
短期借款	0.78	0.20	0.41
交易性金融负债	—	3.95	3.71
一年内到期的非流动负债	0.025	10.67	10.60
非关联方短期负债	0.805	14.82	14.72
流动负债	68.52	102.62	95.58
长期借款	18.73	17.65	12.31
应付债券	9.95	7.98	7.98
非流动负债	30.81	27.42	21.95
总负债	99.33	130.04	117.53
流动负债占总负债比例	68.98	78.91	81.32
流动比率	1.14	0.70	0.79
非关联方短期负债货币资金覆盖率	31.86	0.30	0.09

资料来源：远洋资本 2020~2022 年财务报告。

为了优化资产负债结构，远洋资本调整投资组合，增加了一些流动性资产的比重，以应对短期资金需求。同时，评估和优化长期股权投资项目，如收购红星美凯龙项目，确保其与公司整体战略相一致。另外，在公司的流动资产中，交易性金融资产和其他应收账款存在流动性较差的情况，占比接近90%。远洋资本为此优化应收账款管理，加强对账款的催收工作，提高流动性以及调整交易性金融资产的投资策略，考虑更为流动性较好的资产。但频繁使用的自有资金，进行各类投资活动，这在一定程度上增加了远洋资本的财务风险。风险暴露后，远洋资本管理层制定了更加谨慎的投资策略，确保投资与公司整体战略一致，并考虑多元化投资风险，调整资金运作策略，合理运用外部融资工具，减轻对自有资金的依赖。一方面，远洋资本积极与银行沟通，保持较为密切的关系，增加了成本更低的银行贷款比重，改善负债结构。另一方面，积极与各债券持有者协商，通过延期兑付获得操作空间，调整资产负债的期限结构。

综上所述，本案例从远洋资本此次危机的发生背景、影响、内部财务分析以及远洋资本的自身危机处理几个方面阐述了危机发生的来龙去脉，可以看出，远洋资本对外适当改变投资策略迎合环境变化，对内积极调整财务结构，努力扭转当前公司所处的不利境地，使公司摆脱财务风险，回归到正常运作轨道上。通过上述分析，接下来总结远洋资本危机的经验教训。

7　案例结语

远洋资本是专注于从事另类资产管理的专业机构，其危机的出现，不仅影响客户及员工的利益，还会影响资本市场上其他公司的平稳运行。房地产行业的寒冬，加剧了此次危机的演化进程，甚至会影响国家经济和金融的平稳运行，为了避免类似的事件再次发生，本案例总结出以下几点启示：

7.1　科学研判行业发展趋势，有效规避行业系统性风险

不能以惯性的方式去预测将来，产业政策对企业发展具有重要的指导作用。中国的宏观经济形势不断发生变化，政府有关部门针对不同时期的房地产公司采取了不同的调控措施。所以，面对日益严峻的楼市，企业必须时时留意产业政策的变动，对产业演化的方向进行科学的预测，把握产业发展的大方向，注意到国内的动向，以免出现系统性风险。

7.2　不要盲目扩张业务，"大而多"不如"小而精"

2021 年，远洋资本加大投资力度，进行"买买买"操作，但经历了 2021 年下半年房地产行业寒冬，进入 2022 年后，形势巨变，公司走上"卖卖卖"道路。业务太多带来的直接效果就是资金链的紧张，资金循环过程中任意一处脱节都会带来巨大的风险，如果存在期限错配，没有足够的现金流弥补现金流出，当市场融资因行情变化受到限制时，会将公司带入危险的境地。因此，如果一个企业不懂得聚焦核心业务，根基还未稳固就盲目地扩张，不仅无法顾及核心业务的发展，甚至会影响公司的正常运转。

7.3　注重资产负债合理结构，保证现金流安全

作为一个另类投资管理公司，从远洋资本业务来看，多表现于不动产投资，所以资金流动对远洋资本的经营起着至关重要的作用，没有稳定的现金流量，公司将面临资金链的危险。远洋资本当前的危机，最主要的原因是企业债务太多，无力再融资。因此，在运营过程中，除了注重账面收益外，还应注重自身的现金流，建立一套行之有效的内部控制机制，依据投资建设的需求，科学、合理地进行预算管理，并对个人的资金进出实行严格的审批、监督和控制，强化流动性的管理，防止出现流动性危机，导致信用危机和倒闭。

案例使用说明

一、教学目的与用途

（一）适用课程

本案例主要适用于《国际金融学》《货币银行学》《公司金融》《投资学》《管理经济学》《金融科技》《国际投资》《投资银行学》《金融风险管理》《证券投资学》《财务报表分析》《金融市场学》等课程。

（二）适用对象

本案例主要适用于以下对象：

1. 经济学、金融学、金融工程、投资学等相关专业的本科生和研究生。

2. 对金融和投资领域感兴趣的专业人士，包括但不限于金融分析师、投资顾问、银行工作人员等。

3. MBA、EMBA、MPACC 等专业课程的学生，以及其他参与继续教育和职业发展课程的成人学习者。

4. 对金融市场、金融产品、金融技术等有兴趣的企业管理者和决策者。

（三）教学目标

近年来，企业债务违约事件时常发生，引起了企业投资者以及社会各界的高度关注，频繁发生的债务违约事件可以看出我国大多企业债务快速扩张，企业规模扩大的同时也暗藏着一定的财务风险。目前，涉及房地产等相关不动产投资的投资公司，随着行业集中度的不断提升，表现出越发激烈的内部竞争。在此阶段，在现实情况下一系列债务违约事件逐渐暴露了出来，远洋资本违约事件对资本市场影响较大且大小股东对其关注度较高。本案例旨在通过对远洋资本违约事件的梳理，探究其债务违约的原因，总结经验教训。

二、启发性思考题

教师可以在课前布置思考题，让学生带着问题去研究案例，之后再在课堂上进行讨论和讲解，使学生更好地掌握案例，进一步提升学生对企业债务违约典型事件的把握和理解。

1. 如何解读远洋资本逆市收并购的行为，这些行为会给远洋资本带来哪些潜在风险？

2. 远洋资本的资产负债结构如何，带来什么问题？

3. 远洋资本面临哪些难题？尝试列举一些进行分析。

三、分析思路

本案例的分析思路如下：

第一，该问题旨在引导学生了解远洋资本公司的成立背景、业务模式、成长经历，了解本案例的研究对象，为案例后续分析提供前提基础。

第二，该问题旨在使学生了解远洋资本债务违约的原因，包括外部原因和内部原因，帮助学生更好地理解远洋资本违约的成因。

第三，通过对远洋资本危机发生前的各种行为的分析，梳理远洋资本债务违约发生的过程，该问题旨在帮助学生理解案例的始末与时间演变情况，更好地了解整个事件的全过程。

第四，此步骤通过分析远洋资本债务违约前的财务报表，更好地帮助我们分析远洋资本违约的内在因素，以及通过财务分析预测企业未来走势，协助学生从财务角度理解企业债务违约的成因。

第五，通过了解债务违约的原因、过程等分析，本案例介绍远洋资本在危机发生后如何调整公司业务，改善资产负债结构，化解自身存在的不利因素，通过本案例介绍可以让学生更好地了解远洋资本对危机的处理。

第六，通过对整个案件的梳理得出结论和启示，该步骤有助于学生从案例中得到启发。

四、理论参考

（一）MM 理论

1985 年美国的两位经济学家莫迪格利安尼和米勒提出 MM 理论，即资本结构无关理论。该理论主要是与企业如何确定最优负债率相关，其认为如果在没有企业所得税存在的理想交易市场中，企业的整体价值与其是否具有负债没有关联。随着经济体制的发展，资本结构无关的理论缺陷越来越明显，学者在原有的 MM 理论中考虑了企业所得税的影响，在考虑企业所得税影响的条件下发现杠杆企业的价值等于相同情况下非杠杆企业的价值加上债务的税收抵免利益，税收抵免利益等于债务金额乘以所得税税率。债务规模越大，其税收抵免收益也就越大，企业市值更大，当企业负债率为 100% 时其整体价值将实现最大化。

（二）权衡理论

权衡理论认为，债权融资与股本融资均有其优缺点。债权融资可以最大限度地利用税收盾牌的效果，减少资本成本，但同时也会对公司的偿债能力产生一定的影响。而股权融资则可以有效缓解公司的资金紧张，因此企业在选择资本结构时，应对债权融资的利弊进行权衡，从而使企业的价值最大化。

（三）财务困境理论

财务困境通常是指当期现金和资产变现产生的现金流量，不足以完全对当期债务和优先股股利进行清偿等，或者当期债务价值不低于资产价值，也就是其净资产期末账面余额为负数，那么公司极有可能进入破产清偿程序，如果企业处于财务困境时，通常有资产重组和破产清偿两种选择。企业财务困境一般被分为亏损和盈利两种类型，亏损导向的财务困境是由于经营成本高或经营收入低，或是两种原因都存在最终导致企业盈利能力下降而发生亏损。盈利型财务困境一般是指企业经营战略过于激进，大规模扩张业务超出企业本身承受的范围以求获取较高的市场份额，最终导致原材料和库存商品等不断积压，导致存货周转困难。

五、具体分析

（一）如何解读远洋资本逆市收并购的行为，会给远洋资本带来哪些潜在风险？

【理论知识】财务困境理论

【分析思路】本题设置的目的是加深学生对公司投资过程中面临的各种风险的理解，并理解财务报表在公司财务风险分析中的重要意义。

【案例答案】针对远洋资本逆市收并购的行为，通过本案例的叙述，总结出以下几点原因：首先，远洋资本管理层并没有及时关注地产行业政策变化或者说存在对政策反应的滞后性，导致地产行业政策变化后与远洋资本并没有采取相应的战略收缩措施。其次，远洋资本在地产行业环境变化后并没有及时收手，可能想凭借手中大量的自有资金作为抵御风险的保障。最后，远洋资本也并没有理性分析其资本结构，高估了其偿债能力。

2021年上半年，房地产政策收紧和行业问题导致地产销售急剧下滑，影响了远洋资本的收入，引发了债券展期、贷款违约等一系列问题。这可能给远洋资本带来以下几个问题：

第一，流动性风险问题。2022年上半年的财报显示，远洋资本的资金回收率同比下滑19.13%，现金流急剧减少，其抵御风险的能力明显减弱。在市场环境持续变化的情况下，远洋资本可能面临资金链断裂的风险，难以偿还短期债务和维持正常经营等问题。

第二，资产负债期限结构问题。在流动资产方面，流动资产占比较低，远洋资本存在占比较大的非流动负债，这导致短期内远洋资本的变现能力较差，2022年上半年的财报披露显示，其投资收到的现金同比下降20.94%，投资收益收到的现金下滑81.43%。在流动负债方面，远洋资本取得借款收到的现金只有0.76亿元，同比下滑了95.17%，同时短期融资能力的下滑导致短期负债占总负债的比重进一步降低。综合来看，远洋资本存在着严重的期限错配问题。

（二）远洋资本的资产负债结构如何，存在什么问题？

【理论知识】MM理论、财务管理理论

【分析思路】本题设置的目的是加深学生对公司投资过程中面临的各种风险的理解，并理解公司资本结构在公司运作过程中的重要性。

【案例答案】从本案例的叙述中可以看出，远洋资本所面临的风险有流动性风险和期限错配风险，究其本质是公司自身存在的财务问题，即其存在的资本结构问题。

第一，公司面对的流动性压力。由于远洋资本投资活动大多属于周期长的业务，行业环境变化之后，存在流动性压力，如从截至2022年6月30日远洋资本披露的财务数据来看，虽然资产负债率为49.54%，但大多是非流动资产，流动资产占资产的37%，这意味着公司一旦突发意外，则面临短期内难以变现的压力，存在较强的流动性风险。

第二，在负债方面，远洋资本并没有融入较多的长期负债，相反短期内需要偿还的流动负债却占总负债的81.32%，从流动资产和流动负债的占比情况来看，流动比率仅为0.79%，流动资产无法完全覆盖流动负债。

远洋资本资产负债表中存在的期限错配问题严重影响公司的正常运作，降低其抵御风险的能力，这种负债结构带来高风险，尤其是在流动性方面，公司的短期财务风险将保持较高水平，远洋资本应当迅速提高货币资金水平，保持合理的资本结构。

（三）远洋资本面临哪些难题？尝试列举一些并进行分析

【理论知识】财务管理理论

【分析思路】本题设置的目的是加深学生对公司投资过程中面临的各种风险的理解，并理解通过财务分析去发现公司所存在的各种问题。

【案例答案】通过分析可以发现，远洋资本主要面临以下难题：

第一，现金流面临枯竭。远洋资本面临现金流压力，其异常现金流表现直接影响风险。2021年，地产融资遭受政策调控，而远洋资本却大举投资，新增不动产投资项目和结构化投资项目。然而，2021年至2022年上半年，地产行业销售额大幅下降，商业和物流地产也受到影响，导致远洋资本的收入受到冲击。2022年上半年的财报披露显示，其投资收到的现金同比下降20.94%，投资收益收到的现金下滑81.43%。经营性现金流流入拦腰斩断，阻碍了资金回收，使得2022年上半年资金回收率同比下滑19.13%。这一情况表明了远洋资本在受到行业冲击时，暴露出其激进的投资策略所面临的流动性风险。

第二，外部融资能力下滑。2022年上半年披露的数据显示，远洋资本取得借款收到的现金只有 0.76 亿元，同比下滑了 95.17%。在债券方面，2022 年上半年没有再发行。这直接导致远洋资本的筹资活动产生的现金流量净额由 2021 年的 45.35 亿元变为 2022 年的 −3.98 亿元，融资下跌意味着外部融资已不能为远洋资本带来净现金流入。从以往的数据来看，远洋资本每年产生大量的投资性现金流净流出，基本靠筹资性现金流来支撑平衡。所以，一旦外部融资力度下滑，叠加大量投资性支出，远洋资本的外部融资能力出现问题的时候，就会导致资产负债的期限结构不匹配，融资能力与投资收益的失衡会导致公司无法正常经营运转，引发一系列的经营问题。

六、关键要点

（一）案例关键点

本案例结合理论知识，通过对远洋资本案例的梳理，分析远洋资本资产负债结构和债务状况来探究其债务违约的背后原因，为企业规避债务违约风险提供了很好的解决思路和借鉴意义。

（二）知识关键点

本案例涉及的知识点主要有：债务违约、财务风险、资本结构、债券展期、企业财务分析方法等。

（三）能力关键点

本案例涉及的能力点主要有：独立思考能力、逻辑分析能力、资料收集及总结能力、提出问题及解决问题的能力。

七、课堂计划建议

本案例课程安排可以按照如下的时间顺序进行课堂案例探讨和分析总结，仅供参考，具体课程计划可根据需要进行调整。可提前发放资料，引导学生在课前完成阅读并结合思考题对案例进行初步思考，整个案例课的课堂时间控制在 90 分钟左右。具体课程步骤如表 7 所示。

表 7　案例教学计划安排

阶段	内容	教学活动	时间
课前准备	提前准备	提前给学生发放案例资料，并提出启发性思考题，让学生根据案例对问题进行初步思考	提前一周
	案例引入	简要介绍案例背景以及基本情况，明确案例教学目的	5 分钟
	分组讨论	每组成员 5~7 人，每组小组进行讨论选择一个切入点深入进行探讨分析，记录讨论重点，准备发言大纲	20 分钟

续表

阶段	内容	教学活动	时间
课堂计划	案例教学	带领学生回顾案例正文	5 分钟
	提问思考题	针对通过汇报和讨论产生的新问题和思考进行自由提问和发言，学生畅所欲言，引导学生对于案例引发的问题提出自己的看法；学生也可以根据教师课前提出的问题提出自己的看法	40~50 分钟
	案例总结	教师就小组发言情况和课堂讨论情况进行点评和相应补充，对案例知识点进行梳理总结，完成教学目的	10 分钟
课后计划	—	要求学生在课程结束后，针对自己的思考和感兴趣的一个或两个问题收集资料，有针对性地对远洋资本危机进行评价，突出自己的观点和想法	最后一周

案例四　瑞士信贷银行破产危机的案例分析

摘要： 瑞士信贷银行所属瑞士信贷集团，是全球顶级的金融服务类机构之一。2023年3月14日，瑞士信贷银行称"就本集团对截至2022年12月31日财务报告程序的内部控制的有效性，普华永道发表了否定意见"。在继硅谷银行与签名银行后，又一家大型金融机构面临破产危机，这一消息在欧洲引起了轩然大波，进一步加剧了全球对金融体系的担忧与质疑。作为老牌金融机构，瑞士信贷银行为何会面临破产危机？破产的原因又是什么？它的破产是否会引发系统性金融风险？基于此，本案例从瑞士信贷银行的战略部署、风控机制以及经营模式出发，全面剖析瑞士信贷银行破产危机的历程。通过分析，首先，本案例得出了以下结论：瑞士信贷银行破产危机主要归因于沉重的诉讼成本、风控机制的缺乏以及投行业务战略的失利。其次，本案例还对危机后瑞士信贷银行所面临的困境以及影响做了详细的说明。最后，通过对瑞士信贷银行破产危机的分析和研究，得出了对同业银行的启示与预警的结论，主要包括以下三个方面：①投行业务要坚持轻资产、风险可控的原则。②建立与投行业务发展相匹配的风险管理机制。③注重法律，合规管理。

1　案例背景与案例思政

> **思政元素：** 金融事关发展全局。要统筹好防范重大金融风险和道德风险，压实各方责任，及时加以处置，防止形成区域性、系统性金融风险。要

> 加强党中央对金融工作集中统一领导，深化金融体制改革。（摘自：习近平：
> 当前经济工作的几个重大问题①）

教学意图： 引发思考，像瑞士信贷集团这样的行业巨头都难以避免面临破产危机，那么其他银行何以独善其身或者如何去防范此类情况的发生。

在一国的金融系统中，银行部门对经济的正常运行起着至关重要的作用，积极发挥着为国家的经济建设筹集和再分配资金的作用，是社会再生产顺利进行的纽带。银行部门不仅能够掌握绝大部分的社会经济活动相关信息，这些信息为市场主体做出正确的经济活动决策提供了重要的依据。而且，银行部门又会对社会各经济部门的生产经营活动进行监管，从而优化其资源配置，对经济增长产生重大影响。并且，金融周期波动通过银行信贷渠道会将小波动成倍放大，对一国的经济增长产生重大影响，那么，对它的监管也成了重中之重。在 2022 年，我国相关部门出台了一系列金融监管政策，1 月 4 日，国务院国有资产监督管理委员会印发《关于加强中央企业融资担保管理工作的通知》②，明确对企业新开展违规融资担保行为进行严肃追责，要求企业对存量违规融资担保业务限期整改，力争两年内整改 50%，原则上三年内全部完成整改；中国人民银行发布《金融科技发展规划（2022-2025 年）》③，指出要强化金融科技治理，全面塑造数字化能力，健全多方参与、协同共治的金融科技伦理规范体系。随后，1 月 26 日，中国人民银行、公安部、国家监察委员会等 11 部门联合印发了《打击治理洗钱违法犯罪三年行动计划（2022-2024 年）》④，指出从 2022 年 1 月至 2024 年 12 月在全国范围内开展打击治理洗钱违法犯罪三年行动。

保障金融安全，防范金融风险是各国经济发展中的重要任务。自金融危机以来，金融稳定委员会、巴塞尔银行监管委员会、世界银行、国际货币基金组织等国际机构围绕银行监管制定诸多新的银行监管框架，欧美银行监管部门加强银行系统监管，重构银行系统监管职能，加快推动实施《巴塞尔协议Ⅲ》⑤、全球系统

---

① 资料来源：中华人民共和国中央人民政府网，https：//www.gov.cn/xinwen/2023-02/15/content_5741611.htm。

② 资料来源：国务院国有资产监督管理委员会网，http：//www.sasac.gov.cn/n2588035/c22582980/content.html。

③ 资料来源：中国人民银行官网，http：//camlmac.pbc.gov.cn/zhengwugongkai/4081330/4406346/4693549/4470403/index.html。

④ 资料来源：中国人民银行官网，http：//www.pbc.gov.cn/goutongjiaoliu/113456/113469/4458995/index.html。

⑤ 《巴塞尔协议Ⅲ》：巴塞尔委员会通过《更具稳健性的银行和银行体系的全球监管框架》和《流动性风险计量、标准与监测的国际框架》两个文件，合称为《巴塞尔协议Ⅲ》。

性重要银行以及总损失吸收能力等新的监管举措，致力于加强银行监管，增强银行系统稳健性。金融监管部门继续加大对金融市场的监管力度，对银行、信托、基金、保险等金融机构进行了严格的规范和约束。一方面，监管部门加大了对违规行为的处罚力度，以维护金融市场的秩序；另一方面，也积极推动金融创新，支持金融机构更好地服务实体经济。在规范金融机构行为方面，监管部门出台了一系列政策，包括完善银行理财业务监管制度、规范金融机构理财产品投资运作以及规范金融创新等。这些政策旨在提高金融市场的透明度，保护投资者利益，促进金融市场的健康发展。

继硅谷银行宣布出售其持有所有可销售证券后，市场陷入恐慌，整个美股银行板块受其拖累。签名银行（Signature Bank）被纽约金融监管机构关闭，与此同时，美国第一共和银行也处于风暴中心，股价近乎腰斩。随后风险逐步蔓延至欧洲，2023 年 3 月 16 日，瑞士信贷银行股份有限公司（以下简称瑞信）因为审计机构对其财务报告出具否定意见，外加瑞信中东大股东与沙特国家银行董事长表示，拒绝对其提供更多的援助，瑞信股价应声下跌 60%，并且它的信用违约掉期价格（Credit Default Swap，CDS）回升至 2008 年金融危机期间的水平，5 年期 CDS 于 2023 年 3 月 15 日上涨 102%[①]，这预示着市场对瑞信的前景持有悲观态度。那么瑞信作为世界最大金融机构之一，有着雄厚的资金链，为何会步入破产的行列？背后的原因令人深思，同时也为所有的金融机构敲响了一记警钟。自 2011 年以来，瑞信丑闻不断，一系列事件带来了沉重的诉讼与罚没成本，其诉讼费用一度占其营业收入的 15%[②]，对公司业绩造成严重的负担，而投资失利的事件频频发生，同样也反映出其经营不善以及风控机制的缺乏。从 2018~2022 年公布的财务报表可以看出，自 2018 年开始，瑞信利润持续性下降，特别是 2021 年、2022 年蒙受大幅度的亏损，达到资不抵债的地步。瑞信作为百年老行，经营规模宏大，为何会发生这样的事件，让同业机构不得不进行深思。有鉴于此，本案例也将从以上角度对瑞信的破产历程进行剖析，同时也为同业金融机构提供些许建议。

2　刨根问底：瑞信公司概况

瑞士信贷集团（以下简称瑞信集团），自 1856 年在苏黎世创立以来，已经走

---

① 资料来源：新京报官网，https://www.bjnews.com.cn/detail/1679313747168790.html。
② 资料来源：瑞士信贷银行 2022 年第一季度季报，https://www.credit-suisse.com/about-us/en/investor-relations/financial-regulatory-disclosures/quarterly-earnings-material.html。

过了 167 年的历程。瑞信作为该集团旗下的一家全球顶级金融服务机构，在金融市场上享有盛誉。在其最辉煌的时刻，曾一度站上了市值千亿的巅峰，展现出了强大的实力和市场地位。值得一提的是，在 2008 年的金融危机中，瑞信是少数几家损失较少的金融机构之一，这充分展示了瑞信在风险管理和业务运营方面的卓越能力，以及对市场的敏锐洞察力。作为全球领先的金融服务公司之一，瑞信致力于向全球企业客户、机构客户、政府客户以及私人客户提供综合性金融服务。作为领先的综合性全球银行，瑞信创造了辉煌的业绩，其综合银行业务模式，把投资银行、私人银行和资产管理等业务专长集合起来，本着以客为本的精神，为客户提供全面的金融方案以及量身定制的顾问服务。

瑞信的投资银行和财富管理业务主要包括私人银行、投资银行和资产管理等，在整个行业中具有重要的地位。如表 1 所示，在 2022 年发布的"十大投行排名"中，瑞信位列第 25[①]。瑞信的私人银行业务在行业中也属于翘楚，根据研究机构 Scorpio Partnership 发布的《全球私人银行基准报告》的数据，截至 2021 年，瑞信在私人银行领域的财富管理规模已经超过了瑞银集团，达到了 1.6 万亿美元，在全球位列第四[②]，这充分展现了瑞信在投资银行和财富管理业务上的强大实力和卓越地位。

表 1   Vault 发布的全球投行榜单

名称	2022 年排名	2022 年分数	2021 年排名	2021 年分数
Centerview	1	8739	1	8701
Evercore	2	8572	2	8513
Moelis	3	8419	3	8208
摩根士丹利	4	8091	4	8205
Lazard	5	7952	9	7524
PJT	6	7951	5	7999
古根海姆证券	7	7945	7	7846
Perella Weinberg	8	7877	8	7788
美国银行	9	7722	6	7988
格林希尔	10	7686	11	7132
瑞信	25	2434	21	2558

资料来源：根据 Vault 官网公开披露资料整理所得。

---

① 资料来源：Vault 官网，https：//vault.com/best-companies-to-work-for/banking/best-banks-to-work-for-top-25。

② 资料来源：Global Finance 官网，https：//gfmag.com/award/2021-worlds-best-private-banks-global-country/。

本案例对瑞信 2019～2022 年的主营业务构成及其占比情况进行介绍，如表 2 所示，表中无值表明在该年度瑞信并未开展此业务，或对该业务进行了调整。在 2019 年，瑞信的主营业务由战略解决单位、国际财富管理、全球市场、亚太地区、投资银行及资本市场所构成，占比分别为 26.77%、26.18%、25.58%、15.97%、7.41%。2020 年，瑞信对主营业务做出了战略性调整，将全球市场板块业务进行了调整，并于 2021 年增添资产管理业务的板块，占主营业务的 6.42%。在 2022 年进行了大整改，取消了之前的国际财富管理、亚太地区、战略解决单位业务板块。最终，经过多次调整后，瑞信的主营业务构成包括国际财富管理、瑞士银行、投资银行及资本市场以及企业中心，其中，财富管理与投资银行及资本市场在整个主营业务中占比高达 65%①，由此可见，瑞信在战略上采取了多变的风格，并进行了多次业务结构调整，呈现出模糊不定的特征。

表 2　主营业务构成　　　　　　　　　　单位：亿瑞士法郎，%

金额（CHF）/占比	2019 年	2020 年	2021 年	2022 年
战略解决单位	60.20/26.77	56.15/25.08	58.01/25.56	—
财富管理	—	—	—	49.52/33.19
瑞士银行	—	—	—	40.93/27.43
国际财富管理	58.87/26.18	48.37/21.60	34.62/15.25	—
全球市场	57.52/25.58			
亚太地区	35.90/15.97	31.55/14.09	32.42/14.28	—
投资银行及资本市场	16.66/7.41	90.98/40.64	88.88/39.16	46.07/30.88
资产管理业务占比	—	—	14.56/6.42	12.94/8.67
企业中心	-4.31/-1.92	-3.16/-1.41	-1.530/-0.67	-0.25/-0.17
总计	224.80/100	223.90/100.00	227.00/100.00	149.20/100.00

资料来源：瑞士信贷集团 2019～2022 年年度报告。

如图 1 所示，本案例列出了瑞信 2011～2022 年的总资产、交易资产证券投资以及贷款与租赁的总体趋势，可以清晰地看到，瑞信的资产规模一直呈阶梯式下滑，即使在欧洲债务危机以及 2020 年后，都没有明显的复苏迹象，并且在 2022 年资产规模出现"断崖式"的收缩，仅有 5314 亿瑞士法郎。从资产结构来看，贷款与租赁规模大体在 2600 亿瑞士法郎上下浮动，在这 11 年间基本不存在什么变化，主要是交易性资产的收缩导致资产规模的下降，2011～2022 年，交易资产大约收缩到原来的 1/4。证券投资规模总体来说却呈现上升趋势，2011～2019 年，它

———————————

① 资料来源：瑞士信贷银行官网，https：//www.credit-suisse.com/about-us/en/investor-relations/financial-regulatory-disclosures/annual-interim-reports.html。

基本上维持在 400 亿瑞士法郎左右，2019～2021 年，其规模扩大 2 倍多。纵观历史年度，瑞信步入了一个资产收缩的恶性循环中。

（亿瑞士法郎）

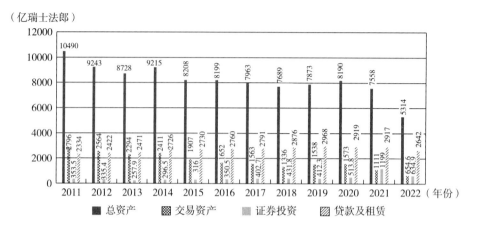

图 1　2011～2022 年瑞信总资产、交易资产规模

资料来源：瑞士信贷集团 2011～2022 年年度报告。

存款是银行的一种负债业务，是商业银行资金的主要来源。如图 2 所示，瑞信的客户存款表现优于其资产，2011～2019 年，虽然存款余额在各年度间增长幅度相对较小，但是总体上呈现上升趋势。2020 年和 2021 年，瑞信的存款余额开始出现增长乏力的迹象，基本维持在 3900 亿瑞士法郎左右。到 2022 年，存款余额出现了大幅度的流失，降至 2332 亿瑞士法郎，相比 2021 年，几乎缩水了四成左右。经营性现金流是一个重要的指标，它反映了一个公司是否有足够的造血能力

（亿瑞士法郎）

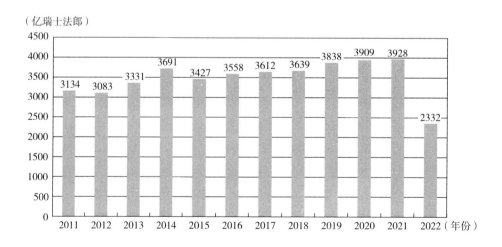

图 2　2011～2022 年瑞信存款规模

资料来源：瑞士信贷集团 2011～2022 年年度报告。

和流动资金是否有保障。瑞信的现金流如表3所示，经营性现金流2018~2022年表现出较大的波动。其中，只有2018年、2021年和2022年的经营活动净现金流为正数，而2019年达到了最低点，为-173.40亿瑞士法郎，这种波动主要是由经营业务调整和其他项目导致的。2021~2022年，瑞信的筹资活动净现金流发生了显著变化，从2021年的-0.47亿瑞士法郎直接下降到-1639.00亿瑞士法郎，这主要是由存款大幅度下降所导致。此外，在这段时间里，投资业务和其他项目产生的现金流导致瑞信的投资活动净现金流发生了显著变化。

表3　瑞信部分现金流　　　　　　　　　单位：亿瑞士法郎

年份	2018	2019	2020	2021	2022
经营活动净现金流	128.80	-173.40	-60.31	369.40	138.20
投资活动净现金流	-76.78	-23.59	144.50	-100.80	555.40
筹资活动净现金流	-149.80	221.40	314.80	-0.47	-1639.00

资料来源：瑞士信贷集团2018~2022年年度报告。

3　追本溯源：瑞信危机为何产生

3.1　沉重的诉讼成本

前文展示了瑞信业务结构的调整和资产规模的下降，然而，在长期经营不善的背后，瑞信还爆出一系列丑闻和违反法律法规事件。根据瑞士信贷银行集团官网公开披露的信息，2011~2022年，瑞信集团主要的违法违规行为有：①帮助客户洗钱。其中最引人注目的是为保加利亚贩毒集团进行洗钱的行为，该事件也致使瑞信成为瑞士历史上第一家背负刑事罪名的大型银行。②帮助客户逃税。瑞信屡教不改，涉及的客户跨越了多个国家，包括美国、意大利、德国等。③商业贿赂。马来西亚与莫桑比克是其主要客户来源地。

如表4所示，风险事件给瑞信造成了巨额的诉讼以及罚没成本。比如，瑞信在2012年被指控抵押支持债券或者抵押贷款证券化欺诈，最终于2016年被处罚高达53亿美元，相当于当年营业收入的24%[①]。除此之外，在2022年第一季度也

[①]　资料来源：瑞士信贷银行2016年年度报告，https://www.credit-suisse.com/about-us/en/investor-relations/financial-regulatory-disclosures/annual-interim-reports.html。

面临巨额的诉讼费用，高达当季度营收的 15%①。接连发生的高风险事件，使投资者逐渐失去了对瑞信的信任。根据 2022 年第四季度报显示，由于客户对瑞信财务健康状况的担忧加剧，瑞信有超过 1000 亿美元的资产外流②，在亚洲财富管理中，业务损失尤为严重。近十年来，瑞信不断陷入负面舆论，如为多国避税案、莫桑比克腐败、涉黑洗钱等丑闻。与此同时，瑞信的股价也遭受重挫，如图 3 所示，自 2011 年起，瑞信的股价一直处于下跌状态。截至 2023 年 5 月 31 日，瑞信的股价已经跌至历史最低点，仅为 0.815 美元。

表 4　2011~2022 年瑞信涉及的法律诉讼及监管判罚

时间	法律合规风险事件
2011 年 9 月	帮助 1100 名德国客户逃税，最终以支付 1.5 亿欧元了结调查
2012 年 2 月	美国检方指控 4 名瑞信前交易员谎报 MBS 的价值，于 2016 年罚款 53 亿美元
2014 年 5 月	帮助美国人避税，向美国当局支付 26 亿美元
2016 年 2 月	反洗钱计划的"重大缺陷"，罚款 1650 万美元
2016 年 3 月	帮助客户隐藏资金与逃税，意大利当局罚款 1.095 亿欧元
2017 年 5 月	卷入马来西亚国家基金腐败案，新加坡金融管理局对其罚款 70 万新元
2019 年 12 月	瑞信旗下美国证券业务机构的内部监控失效，FINRA 对其处以 650 万美元的罚款；同时高管内斗引发监管调查，致使原 CEO 于 2020 年辞职
2021 年 10 月	因受贿而向莫桑比克金枪鱼捕鱼业发放贷款，将向美国和英国当局支付 4.75 亿美元罚款
2022 年 2 月	帮助保加利亚贩毒集团洗钱，面临 2100 万瑞士法郎的罚款与赔偿

资料来源：根据瑞士信贷银行集团官网公开披露资料整理所得。

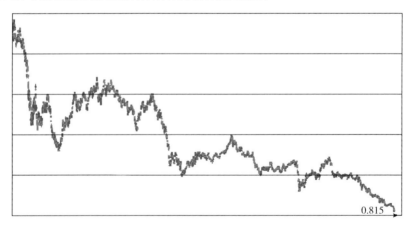

图 3　瑞信股价走势

资料来源：根据同花顺官网公开披露资料整理所得。

---

①　资料来源：瑞士信贷银行 2022 年第一季度季报，https：//www.credit-suisse.com/about-us/en/investor-relations/financial-regulatory-disclosures/quarterly-earnings-material.html。

②　资料来源：瑞士信贷银行 2022 年第四季度季报，https：//www.credit-suisse.com/about-us/en/investor-relations/financial-regulatory-disclosures/quarterly-earnings-material.html。

3.2　风控机制的缺乏

瑞信一而再再而三地受到风险事件的冲击，导致损失惨重，其根源在于严重缺乏有效的风险管理。作为全球顶尖金融机构之一，瑞信为何没有一个有效的风险管理？一方面，瑞信内部存在"风险让步于业务"的文化，这违背了风控独立性的原则；另一方面，高级风险管理人员的设置相对薄弱，风控部门对业务的管控效力不足，多个风波都反映出瑞信的风控漏洞。瑞信集团在投行业务战略上遭受了失利，导致其总资产和现金流产生显著变化，但这并不是其破产危机爆发的根源，内部风控机制的缺失和管理层的不当行为才是导致其走向衰败的关键原因。

3.2.1　瑞信内部存在"业务优于风险"的文化

瑞信的前首席风险官劳拉·华纳（Lara Warner）曾多次发表风险部门和合规部门应"更加商业化"、与前台交易员"保持一致"的言论。显然，瑞信不仅风险偏好高，还缺乏金融机构最基本的风控文化，这样的言论明显已经违背了风控独立性原则①。此外，瑞信在风险管理部门的设置上，与其他金融机构及投资银行之间存在着显著差异，它的高级风险官不仅需要独立审查风险，而且还要承担多个职务，许多其他投资银行要求至少有两名高级风险官来负责风险审查，并且高级风险官应保持一定的独立性。

3.2.2　风险管理层职责界定不清楚

瑞信的风险管理层在 Archegos Capital② 爆仓事件中的行为体现了其职责界定较为模糊。投行首席执行官并未在 Archegos 突破风险敞口限额时收到相关报告，直到临近 Archegos 强制平仓时，公司高层才了解到该基金风险敞口高达 210 亿美元，这显然已经错过了最佳的补救时机③。瑞信还在 2022 年年度报告中声明，2022 年与 2021 年的财务报告在内部控制方面存在重大缺陷，瑞信集团已经失去对财务报告的内部控制，未能实现有效的风险评估④。

3.2.3　风控部门对业务的管控力度不足

瑞信的风险防线由信用风险管理部门和主营业务风险部门共同构成，但在 Archegos 事件中，风险防线未能发挥应有的作用。这主要表现在以下两个方面：第一，业务部门在该事件中的权力过大，以至于风控部门的建议被轻易否决。

---

① 资料来源：第一财经官网，https：//www.yicai.com/news/101726130.html。

② Archegos Capital 爆仓事件：由于几个持仓股下跌，Archegos 基金的损失触发清算。而后，某些国际知名投行率先大规模抛售与 Archegos 相关的股票头寸以限制损失，而反应较慢的其他投行也纷纷蒙受了巨额亏损。

③ 资料来源：瑞士信贷集团董事会特别委员会关于 Archegos 资本管理的报告，https：//www.credit-suisse.com/about-us/en/reports-research/archegos-info-kit.html。

④ 资料来源：瑞士信贷银行 2022 年年报，https：//www.credit-suisse.com/about-us/en/investor-relations/financial-regulatory-disclosures/annual-interim-reports.html。

尽管信用风险管理部门和主营业务风险管理部门发现 Archegos 突破了风险敞口限额，并建议终止互换合约，甚至进一步放开保证金限制，但这些建议都被业务部门否决。这种权力失衡的情况使得风控部门的建议无法得到有效执行，从而削弱了风险防线的作用。第二，两部门本身也存在失职的情况，例如，信用风险管理部门因 Archegos 有着不俗的业绩而虚构其信用等级，主营业务风险部门还对 Archegos 设置了超低的保证金限额。

3.3 投行业务战略的失利

3.3.1 瑞信业绩下滑归因于投行业务

如图 4 所示，瑞信集团在 2011~2012 年、2014~2016 年以及 2021~2022 年经历了业绩的大幅下滑，这主要是由于手续费及佣金收入和交易性收入的下降。2011~2012 年，瑞信的交易性收入由 50.2 亿瑞士法郎下降为 11.95 亿瑞士法郎，大幅下降了近 40 亿瑞士法郎。接着在 2014~2016 年，瑞信的手续费及佣金收入由 130.58 亿瑞士法郎降为 110.92 亿瑞士法郎，交易性收入由 20.07 亿瑞士法郎降为 3.13 亿瑞士法郎，它们又分别下降了近 20 亿瑞士法郎和 17 亿瑞士法郎。2022 年，这种趋势进一步加剧，瑞信的各项业务遭遇了全线衰退，其中降幅最大的是手续费及佣金收入和交易性收入，手续费及佣金收入由 131.65 亿瑞士法郎下降为 88.53 亿瑞士法郎，交易性收入由 24.31 亿瑞士法郎下降为 -4.51 亿瑞士法郎，分别下降了近 43 亿瑞士法郎和 29 亿瑞士法郎，交易性收入在 2022 年更是为负数。

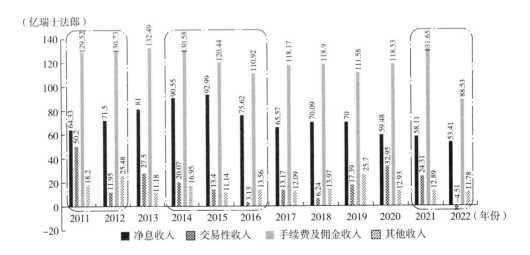

图 4　2011~2022 年瑞信的分项收入情况

资料来源：瑞士信贷集团 2011~2022 年年度报告。

手续费及佣金收入主要来自投资银行和财富管理板块，而在 2014～2016 年与 2021～2022 年，瑞信手续费及佣金收入下滑都主要源自其投行业务的减少。在 2014～2016 年，手续费及佣金收入中的承销及经纪业务收入减少了约 12 亿瑞士法郎[①]，而在 2021～2022 年，承销及经纪业务收入仅有 28 亿瑞士法郎[②]。由此可见，承销及经纪业务收入的下滑情况反映了瑞信的投行业务在这两个时期所面临的严峻挑战。

在瑞信集团的四大业务板块——投资银行、财富管理、商业银行和资产管理中，投资银行一直是其最核心的业务。如图 5 所示，在 2008 年，投资银行的总资产高达 9767.13 亿瑞士法郎，占据了瑞信集团总资产的 83%，这在当时是非常典型的投行模式。尽管自 2008 年以来，投资银行资产占比逐年下降，但到 2021 年，投资银行业务的总资产仍达 2718.02 亿瑞士法郎，在瑞信集团总资产中占比高达 36%，然而，到了 2022 年，投资银行业务的资产下降为 1468.46 亿瑞士法郎，仅占瑞信总资产的 28%。

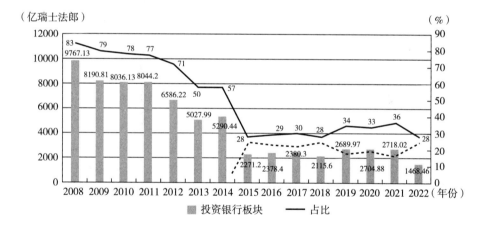

图 5　瑞信投行业务资产规模占比

资料来源：瑞士信贷集团 2008～2022 年年度报告。

投行业务的营业净收入在瑞信整个营业净收入中一直占有较大的比重，如图 6 所示，2008 年瑞信投行业务的营业净收入为 -18.25 亿瑞士法郎，2009 年，该营业净收入剧增到 205.37 亿瑞士法郎，在整个营业净收入中占比高达 61.1%。尽管在 2010～2018 年，投行业务的营业净收入逐步下滑，但到了 2021 年，该营业净收

[①]　资料来源：瑞士信贷银行 2014～2016 年年报，https：//www. credit-suisse. com/about-us/en/investor-relations/financial-regulatory-disclosures/annual-interim-reports. html。

[②]　资料来源：瑞士信贷银行 2021～2022 年年报，https：//www. credit-suisse. com/about-us/en/investor-relations/financial-regulatory-disclosures/annual-interim-reports. html。

入接近 100 亿瑞士法郎,在营业净收入中的占比仍高达44%,依然是营业净收入贡献最大的板块。此外,投资银行板块还与财富管理、商业银行等其他业务板块有着紧密的业务协同关系,是其他板块服务各类客户的重要产品提供者。自2008年以来,瑞信投行业务的营业净收入的变动可以在很大程度上解释整体营收的变动,所以,瑞信在 2011~2012 年、2014~2016 年以及 2021~2022 年整体营收的下滑本质上就是投行业务的经营失败。

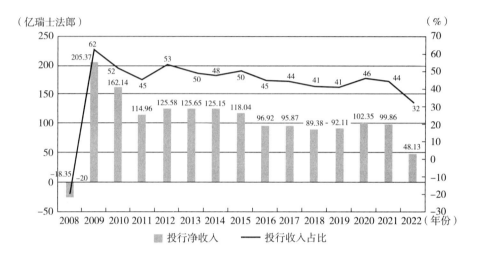

图 6 投行净收入及占比

资料来源:瑞士信贷集团 2008~2022 年年度报告。

3.3.2 投行业务倾向重资产、高风险战略

投行业务有轻资产业务与重资产业务,而瑞信更加偏好重资产业务,比如自营投资、杠杆融资、夹层融资、过桥融资以及证券化产品等,这些重资产业务在投行板块聚集了较大的风险敞口。如图 7 所示,在 2008 年和 2012 年,瑞信投行板块的风险加权资产在整个集团风险加权资产的占比分别高达66%和64%。尽管在 2008~2022 年,投行板块的风险加权资产不断减少,但是在 2015~2022 年,仍然有着 30%左右的浮动水平。

如图 8 所示,瑞信投行板块的杠杆敞口曾在 2014 年达到高点,为 7858.36 亿瑞士法郎,随后,在 2015 年经历了断崖式下滑,缩减至 3193.39 亿瑞士法郎,2015~2021 年,基本上维持在 3000 亿瑞士法郎左右,波动幅度较小。虽然在 2022 年杠杆敞口再次降至 2116.01 亿瑞士法郎,但仍然是投行板块资产规模的 1.4 倍、风险加权资产规模的 2.8 倍。这种情况导致原本轻资产、高收益的投行业务变成了高资本消耗、高风险、收入不稳定的业务,在 2021 年,瑞信投行业务的脆弱性在 Archegos 基金倒闭事件中得到了充分的体现。这起重大投资失败案例,使瑞信承

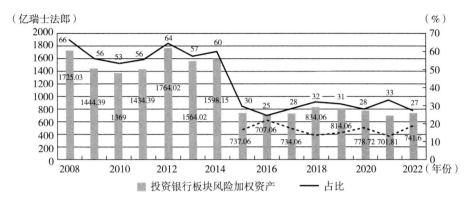

图 7　投行板块风险加权资产及占比

资料来源：瑞士信贷集团 2008~2022 年年度报告。

受了高达 48 亿瑞士法郎的损失，并导致其投资银行板块的首席执行官和首席风险合规官引咎辞职[①]。

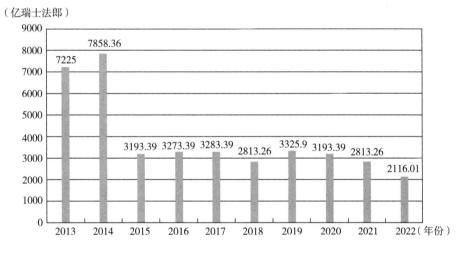

图 8　投行杠杆敞口规模

资料来源：瑞士信贷集团 2013~2022 年年度报告。

3.3.3　瑞信的战略方向模糊不清，举棋不定

2009~2022 年，瑞信对战略框架进行了多次调整与重整，如图 9 所示，其中有两次涉及投业务，分别是在 2015 年与 2020 年。在 2015 年，瑞信将之前的三大板块划分为更为细致的六大板块，其中将投行板块的部分业务划分到瑞士全球银行、亚太银行、全球市场这三个板块。在 2019 年，来自投行及资本市场的净收

---

① 资料来源：瑞士信贷集团董事会特别委员会关于 Archegos 资本管理的报告，https://www.credit-su-isse.com/about-us/en/reports-research/archegos-info-kit.html。

入降低，于是，2020 年瑞信集团对投行业务再次做出了调整，将它划分为独立的全球一体化投资银行部门。仅 5 年的时间，投行业务板块又拆又合，显示出瑞信的战略方向模糊不清，举棋不定。

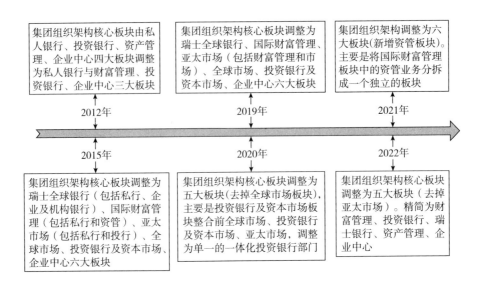

图 9　瑞信组织架构调整

资料来源：瑞士信贷集团 2012～2022 年年度报告。

　　2022 年 10 月，瑞信决定实施战略转型，其首要任务是彻底重组投行业务。具体措施包括：停止为对冲基金提供融资，并通过出售证券化产品集团的风险敞口和剥离非核心业务等方式，将风险加权资产和杠杆敞口分别降低 40%。此外，瑞信还将财富管理和瑞士银行板块确定为核心领头板块，并增加资本投入。而经过一系列分拆和出售后，投行板块更名为市场板块，并降至四大板块的末位。从战略方针的角度来看，瑞信的转型来得有些迟缓，这导致其在市场竞争中失去了优势，若瑞信提早制定明确的战略方针，并积极实施战略转型，将战略重心从投行调整到财富管理，那么在危机事件中，它就有可能扮演更为积极的角色。

4　未卜先知：财务信息趋势展示

4.1　盈利能力趋势分析

　　在前文中，从诉讼成本、风控机制以及投行业务战略的角度深入剖析了导致瑞信破产危机的原因。接下来将从财务的视角分析瑞信2018~2022年的盈利能力、营运能力以及投资回报能力。在衡量盈利水平方面，本案例选取净利润率、净利息收入、净利息收入增长、归母净利润以及归母净利润增长率来分析瑞信的盈利水平。如表5所示，对比瑞信2018~2022年的各项财务指标，可以明显地观察到其呈现一种急剧下滑的态势。具体来说，净利润率从10.15下降至−59.72，这表明瑞信在过去五年中一直处于亏损状态，并且亏损幅度持续扩大。此外，归母净利润也呈现类似的情况，从2019年开始下滑，到2022年归母净利润已经降至−73.06亿瑞士法郎。这些数据反映出瑞信的盈利能力2018~2022年持续削弱，揭示了其在资产管理方面存在的诸多问题。

表5　盈利能力指标　　　　　　　　　　单位：亿瑞士法郎，%

年份	2022	2021	2020	2019	2018
净利润率	−59.72	−16.65	18.54	16.03	10.15
净利息收入	53.41	58.11	59.48	70.17	70.09
净利息收入增长	−8.09	−2.30	−15.23	0.11	6.89
归母净利润	−73.06	−16.26	26.66	34.25	20.11
归母净利润增长	−349.32	−160.99	−22.16	70.31	312.13

资料来源：瑞士信贷集团2018~2022年年度报告。

4.2　营运能力趋势分析

在以往的案例中，较多学者选取存货周转率、应收账款周转率以及总资产周转率等财务比率来衡量公司营运能力，即公司运用各种现有资产获取现金流的能力。但以上指标较为适用于非金融部门，而对于金融部门，本案例采取贷款/存款、贷款/股东权益、贷款/总资产、存款/股东权益以及存款/总资产来分析瑞信的经营运行水平。如表6所示，2017~2021年，瑞信的贷款与存款比在0.8左右浮动，然而在2022年，上升到了1.13，进一步观察瑞信的贷款/股东权益以及存款/股东权益，2017~2022年，贷款/股东权益由6.66下降到5.85，存款/股东权益由8.62下降到5.17。2017~2022年，尽管贷款/总资产与存款总资产比基本上维持在0.4左右，但是总体上都处于下降趋势。另外，联合贷款/存款、贷款/股东权益以及存款/股东权益的变化趋势凸显了瑞信存款的大幅减少、资金流出以及营运能力减弱的现象。

表6 营运能力指标 单位：倍

年份	2022	2021	2020	2019	2018	2017
贷款/存款	1.13	0.74	0.75	0.77	0.79	0.77
贷款/股东权益	5.85	6.64	6.84	6.80	6.55	6.66
贷款/总资产	0.50	0.39	0.36	0.38	0.37	0.35
存款/股东权益	5.17	8.94	9.16	8.79	8.29	8.62
存款/总资产	0.44	0.52	0.48	0.49	0.47	0.45

资料来源：瑞士信贷集团2017~2022年年度报告。

4.3 投资回报能力分析

投资回报是衡量公司投资决策和战略方针的重要指标之一，本案例选取了贷款回报率、存款回报率、股东权益回报率和总资产回报率这四个财务比率来度量瑞信的投资回报。由表7的数据可知，2017~2019年，瑞信的投资回报率呈现一定的增长趋势。然而，自2019年开始，这一趋势逐渐转为下滑。特别值得关注的是，到了2022年，这种下滑趋势越发明显，各项指标普遍大幅下降，甚至有的出现了负值，这意味着，2022年对于瑞信来说，是一个投资损失较为严重的年份。总体而言，虽然在某些年份瑞信的投资回报率有所提升，但由于战略转型和一系列负面事件的影响，自2019年以来，其投资回报率持续下滑，并于2022年出现了严重亏损的局面。

表7 投资回报指标 单位：%

年份	2022	2021	2020	2019	2018	2017
贷款回报率	-2.76	-0.57	0.91	1.15	0.70	-0.35
存款回报率	-3.13	-0.42	0.68	0.89	0.56	-0.27
股东权益回报率	-16.16	-3.75	6.25	7.83	4.61	-2.35
总资产回报率	-1.37	-0.22	0.33	0.43	0.26	-0.12

资料来源：瑞士信贷集团2017~2022年年度报告。

综上所述，瑞信的盈利能力与营运能力逐步减弱。2017~2022年，瑞信的经营状况堪忧，盈利始终深陷泥潭，营业收入持续性下滑，净利润的表现同样乏善可陈，与此同时，投资回报长期呈现负数。这并非偶然，与瑞信一直采取重资产、高风险的投行业务战略有莫大的关系。此外，瑞信在2011~2022年面临着一系列的风险和爆仓事件，不仅带来了巨额的诉讼和罚没成本，还使瑞信财报里的信用减值准备、诉讼拨备、商誉减值等成本上升。

5　穷途末路：资本市场至暗时刻

5.1　跌跌不休：股价尽头在何方

瑞信于 2023 年 3 月 14 日发布了 2022 年的年度报告，揭示了公司在过去的财政年度中存在的严重问题。报告显示，2022 年瑞信归属于股东的净利润亏损为 73 亿瑞士法郎（约合 78.6 亿美元、540 亿元），表明公司的财务状况严重受挫。此外，更令人担忧的是，在 2022 年和 2021 年的财报程序中均发现了"重大缺陷"[①]。2023 年 3 月 15 日，瑞信最大股东——沙特阿拉伯国民银行董事会主席公开表示，不会增持瑞信的股份[②]，这一声明加剧了市场对瑞信的信心危机，对其股价造成了更大压力。2023 年 3 月 15 日，瑞信经历了一场前所未有的股价暴跌，其在欧洲股市的股价跌幅扩大至 18%，触及了熔断停牌的边缘。同时，在美国股市开盘前的交易中，瑞信的股价也暴跌近 30%[③]，创下了历史新低。在此之前，瑞信的股票一直处于下跌趋势，并未出现止跌迹象，投资者损失惨重。随着瑞信破产风险以及债券违约风险的上升，投资者纷纷在二级市场抛售瑞信的股票和债券，导致股价持续下跌，即使期间有小幅反弹，也无法改变这一下跌趋势。如图 10 所示，2021 年 2 月 24 日至 2023 年 3 月 29 日，瑞信的股价呈现出极度疲软的态势，从每股最高 14.73 瑞士法郎（约合 15.73 美元）的水平跌至每股最低 0.82 瑞士法郎（约合 0.89 美元），股价累计下跌了约 14.77 瑞士法郎，减值幅度高达 18 倍，巨大的价格波动也反映了投资者对瑞信未来盈利能力的担忧。

5.2　有苦难言：人在家中坐，祸从天上来

在瑞信的救助计划中，有一项打破常规的举措引起了市场的轰动，瑞士金融监管局宣布将瑞信高达 160 亿瑞士法郎的 AT1 债券价值清零，这一消息震惊了全球债券市场[④]。这一做法在全球鲜有先例，上一次这么做的还要追溯到 2017 年，当时，西班牙桑坦德银行在政府主导下收购了西班牙大众银行，在这项并购案中，西班牙大众银行的股东和 AT1 债券持有人所持证券也被全额计损。而在瑞信危机

①　资料来源：瑞士信贷集团 2022 年年报，https：//www. credit-suisse. com/about-us/en/reports-research/annual-reports. html。

②　资料来源：沙特阿拉伯国民银行官网，https：//anb. com. sa/web/anb/company-announcements。

③　资料来源：英为财情官网，https：//cn. investing. com/equities/credit-suisse? cid=980780。

④　资料来源：瑞士联邦金融市场监管局官网，https：//www. finma. ch/en/。

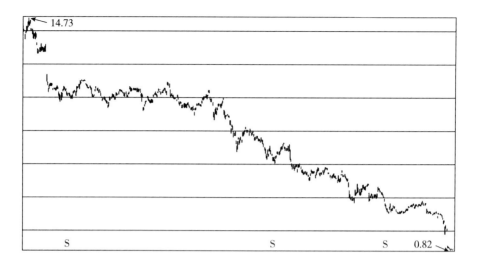

图 10　瑞信股价走势

资料来源：根据东方财富官网公开披露资料整理所得。

事件中，谁又是 AT1 债券的苦主？据《证券时报》的新闻报道①，虽然无法汇总全部瑞信 AT1 债主要涉及哪些机构，但对多个确定投资者的 AT1 债券资料的提取，显示贝莱德集团、黑石集团、太平洋资产管理有限责任公司、美国教师退休基金会、第一信托银行、澳大利亚国民银行、瑞士人寿保险公司等全球资管巨头均出现在 AT1 债券持有人名单中。

瑞士隆奥银行、瑞万通博控股有限公司、GAM 控股有限公司、忠利保险有限公司、苏黎世银行等机构也出现在了一只规模约 2 亿美元的 AT1 债券持有人名单中，然而，这只是瑞信庞大债务的冰山一角。从整体债务情况来看，截至 2023 年 3 月 20 日，瑞信的总债务余额超过 1500 亿美元，观其债务图谱，公司债务的占比处于一个较高地位，存续公司债超 3800 只，持有人超 1200 户。瑞信的债务主要持有者包括了一些全球知名的金融机构，如德国安联保险集团、贝莱德集团、富达基金管理有限公司、先锋领航集团以及美国资本集团等。此外，洛杉矶资产管理公司、景顺资产管理公司、摩根大通集团、美国教师保险和年金协会、瑞银、德意志银行股份公司、加拿大皇家银行以及第一信托银行等也榜上有名，出现在前 20 名持有者之列。

5.3　雪中送炭：外来援助稳风险

为了稳定金融市场、防范金融风险，瑞士国家银行（以下简称瑞士央行）联

---

①　资料来源：证券时报官网，http：//www.stcn.com/article/detail/821102.html。

合瑞士金融市场监督管理局于 2023 年 3 月 15 日发布了一份紧急联合声明①，确认瑞信符合较高的资本和流动性要求，并承诺在必要时为其提供流动性支持。2023 年 3 月 16 日，瑞信危机开始有所缓解，并宣布计划通过担保贷款工具和短期流动性工具向瑞士央行借入 500 亿瑞士法郎的贷款，以增强其流动性②。这一消息缓解了投资者的恐慌情绪，瑞信股价于当天开盘后一度飙涨 40%，创下了单日最大涨幅的纪录，随后略有收窄，截至当地时间 2023 年 3 月 16 日收盘，瑞信股价报收 2.16 美元，全天微涨 1.62%③。

瑞士银行集团（以下简称瑞银）主席表示④，瑞银以每股 0.76 瑞士法郎、总价 30 亿瑞士法郎的价格收购瑞信，瑞信股东将以 22.48 股瑞信股票换取 1 股瑞银股票，瑞银和瑞信的交易创造了一个拥有 5 万亿美元投资资产的财富管理公司，他将继续担任合并后实体的主席，合并将在未经股东批准的情况下完成，并且继续雇用瑞信员工。紧接着，瑞士央行表示⑤，它将提供大量流动性援助，以支持瑞银收购瑞信。这次收购是在瑞士联邦政府、瑞士金融市场监管机构和瑞士央行的支持下实现的，瑞士央行可以向瑞信提供高达 1000 亿瑞士法郎的流动性援助贷款，并提供联邦违约担保。随后瑞士金融市场监管局也发表声明，表示瑞士央行的举措将为收购提供充足的流动性，当局还将与美联储以及英国审慎监管局进行协调，如果交易中瑞银收购的某些资产的潜在损失超过了特定阈值，瑞士联邦政府将为这些损失提供担保⑥。

6　案例结语

2023 年 6 月 12 日，这场备受瞩目的"世纪大并购"收购案迎来了尾声，瑞银发表声明称已完成对瑞信的收购，这一合并跨越了一个重要的里程碑，如今，瑞

---

① 资料来源：瑞士国家银行官网，https：//www.snb.ch/en/publications/communication/press－releases/2023/pre_20230315。

② 资料来源：瑞士信贷官网，https：//www.credit-suisse.com/about-us－news/en/articles/media－rele a-ses/csg-announcement-202303.htmll。

③ 资料来源：英为财情官网，https：//cn.investing.com/equities/credit-suisse？cid=980780。

④ 资料来源：瑞士银行集团官网，https：//www.ubs.com/global/en/media/display－page－ndp/en－20230319-tree.html？caasID=CAAS-ActivityStream。

⑤ 资料来源：Sveriges Riksbank 官网，https：//www.snb.ch/en/publications/communication/press－relea-ses/2023/pre_20230319_1。

⑥ 资料来源：Finma 官网，https：//www.finma.ch/en/news/2023/03/20230319-mm-cs-ubs/。

信已正式并入瑞银,合并后的实体将作为一个银行集团运营①。经过漫长的过程,瑞信危机终于告一段落。瑞信、硅谷银行、签名银行和其他金融机构都面临类似的破产危机,同业银行该采取怎样的行动从危机的震荡中抽身?又将从瑞信破产危机中吸取什么经验?对以上的问题本案例做出了以下回答:

第一,投行业务坚持轻资产、风险可控的原则。

投行业务本身并不是瑞信衰落的根源,它的衰落源于重资产、高风险的投行业务战略方针。实际上,全球许多顶级的金融集团都把投行业务作为其核心业务,然而,投行业务呈现复杂性和较高的风险性的特征,需要金融机构拥有强大的风险管理和内部控制机制来确保其稳健运行。如今,投资业务已经成为国内部分商业银行一项重要的资产业务,也是其收入的主要来源之一。投行业务可以提供广泛的投资解决方案,包括证券承销、证券交易、资产管理、企业并购、理财顾问、风险投资、项目融资和资产证券化等。根据是否利用自有资金来承担风险以及风险的高低,投行业务可以分为服务型、资本中介型和资本型三类。这种分类框架可以帮助商业银行全面掌握投资银行业务的整体轻重结构,评估投资银行业务是否偏离轻资产、风险可控的业务主线。

第二,建立与投行业务发展相匹配的风控机制。

瑞信破产危机揭示了风控机制的重要性,发展投行业务必须建立其与之相匹配的风控机制。值得注意的是,投行业务面临的主要风险包括市场风险、合规风险、模型风险等,这些风险与传统商业银行业务有所不同。因此,不能简单地沿用传统的风险管理模式来管理投行业务,而需要根据其独特的风险特点来构建专门的风控机制。在构建风控机制时,首先,管理层要明确自身在投行业务各项风险中的职责;其次,要建设与投行业务相适应的风险管理文化;最后,投行业务的风控体系要波及整个集团和相关子公司。总的来说,无论是投资银行还是其他类型的金融机构,都需要将风险管理作为其核心工作之一。只有这样,才能确保业务的稳健发展,避免因风险管理不善而导致的重大损失。

第三,重视法律合规管理。

通过总结瑞信的案例可以发现:法律风险与其他形式的风险相比,有截然不同的特征。一是潜伏期长,违规、违法交易带来的法律风险并不会随时间或外部环境的变化而消失,这是因为司法部门有较长期限的追溯权。二是潜在损失大,司法部门不仅会没收潜在的非法所得,还可能会对其处以相当于非法所得数倍的高额罚款。三是绩效考核与薪酬制度难以覆盖法律风险,业务团队可能通过违规

---

① 资料来源:瑞士银行集团官网,https://www.ubs.com/global/en/media/display-page-ndp/en-20230612-ubs-credit-suisse-acquisition.html?caasID=CAAS-ActivityStream。

操作获取高额报酬，但最终需要银行为后续的违规成本埋单。所以，与传统风险形式相比，法律风险更难以监控和管理，我国商业银行要把法律合规管理摆放到更加重要的位置，并且商业银行的境外分支机构也要坚持合规优先，遵守各国法律及其监管规定，树立合规经营的形象。

案例使用说明

一、教学目的与用途

本案例教学使用说明是以将此案例应用于《企业战略框架》《公司理财》《投资学》《公司战略与风险管理》等课程中的会计报表与现金流量、加权平均资本成本、金融风险与金融危机等章节的教学为基础撰写。如将本案例应用于其他课程教学安排，需做相应调整，本案例的使用说明可作为参考。

（一）适用课程

本案例主要适用于《国际金融学》《公司金融》《金融工程》《金融科技》《国际投资》《金融风险管理》《财务报表分析》《金融市场学》等课程。

（二）适用对象

本案例主要适用于以下对象：

1. 经济学、金融学、金融工程、投资学等相关专业的本科生和研究生。对金融和投资领域感兴趣的专业人士，包括但不限于金融分析师、投资顾问、银行工作人员等。

2. MBA、EMBA、MPACC 等专业课程的学生，以及其他参与继续教育和职业发展课程的成人学习者。

3. 对金融市场、金融产品、金融技术等有兴趣的企业管理者和决策者。

（三）教学目标

硅谷银行在 2023 年 3 月 8 日宣布出售其持有的所有可销售证券，这一消息引发了市场的恐慌，美股银行板块受到重创。随后，签名银行被纽约金融监管机构关闭，第一共和银行也面临流动性危机，其股价在短短几天内近乎腰斩。风险逐渐从美国蔓延至欧洲，瑞信也面临破产危机。这些银行相继出现问题加重了金融市场的负担，也容易引发金融风险的发生与传导。这一系列金融事件对全球金融市场的影响不容小觑，因为它们不仅影响了银行业的股票价格，还可能对更广泛的经济产生影响。为了应对这些挑战，各国政府和金融机构需要采取相应的措施来确保金融市场的稳定和经济的持续增长，防范金融系统性风险的发生。为此，本案例选取瑞信作为研究对象，拨开其产生破产危机的迷雾。首先，以全球经济形势为开端，分析瑞信所处大环境；其次，从瑞信战略方向、投行业务、风控机制以及经营模式，更深层次地去剖析瑞信危机产生的原因；最后，针对此次危机对同业机构的启示，深刻剖析此次危机对金融机构的启示与警示。

因此，本案例通过学习、思考和小组讨论，应该达到以下三个目的：

1. 梳理瑞信破产危机的历程，对瑞信的发展历史与公司背景有清晰的认识。

2. 分析瑞信的战略方针、经营模式、投行业务以及风控机制，从而了解瑞信破产危机发生的始末以及原因。

3. 思考若我国金融机构爆发破产危机，应当采取什么措施。

二、启发性思考题

本案例设置的启发性思考题旨在传递案例的教学知识。在案例讨论前，通过布置启发性思考题，引导学生带着问题分析案例。

1. 分析瑞信发展历程以及战略决策的变化，与其战略的有效性。

2. 瑞信有哪些自救行为？

3. 从公司内部运营和外部监管的角度，谈谈如何防范此类情况。

4. 了解类似的案例，其他企业是如何处理危机的？

三、分析思路

本案例内容紧跟时事，涉及主体多，事件牵连广，需要教师引导学生透过现象抓本质。因此可以先安排学生预先搜集瑞信的相关信息，包括目前所处环境、各年度财务报表，再根据自己的教学目标来灵活使用本案例，这一部分将结合案例材料和启发性思考题，梳理本案例的分析思路，仅供参考。

首先，梳理瑞信破产危机的历程，对瑞信的发展历史与公司背景有清晰的认识。

其次，分析瑞信 2011～2022 年的战略方针、经营模式、投行业务以及风控机制。

最后，通过深入探讨瑞信破产危机，使学生深入了解危机产生的始末以及影响，思考我国如何在未来应对此类情况，如何对构建良好的金融秩序做出贡献。

四、理论参考

（一）权衡理论

该理论认为，公司资本结构与市场价值不相干理论（MM 理论）忽略了现代社会中的两个因素：财务拮据成本和代理成本，而只要运用负债经营，就可能会发生财务拮据成本和代理成本。当负债率较低时，负债的税盾利益使公司价值上升；当负债率达到一定高度时，负债的税盾利益开始被财务困境成本所抵消；当边际税盾利益恰好与边际财务困境成本相等时，公司价值最大，此时的负债率（或负债率区间）即为公司最佳资本结构。负债的利弊权衡还包括代理成本，即公司股东、债权人和管理层之间的利益冲突的权衡理论常被认为与优序融资理论是相互竞争的。

（二）战略管理理论

战略管理理论起源于 18 世纪中叶，随着产业革命和经济的发展，欧洲产生了以亚当·斯密、瓦特、斯图亚特等为代表的欧洲管理思想，以后美国又出现了以泰罗为代表的科学管理学派。当时这些学者都将研究目标对准了企业内部管理。到 20 世纪初，法约尔对企业内部的管理活动进行整合，提出了管理的五项职能，这应该说是最早出现的战略管理思想。战略管理是指对一个企业或组织在一定时期的全局的、长远的发展方向、目标、任务和政策，以及资源调配做出的决策和管理艺术。经典战略管理理论建立在对企业内部条件和外部环境系统分析的基础上，通过 SWOT 分析法（分析企业的优势、劣势、机会和威胁）来确定企业如何制定战略。战略管理主要包括三个阶段，即战略设计、战略实施以及战略评估，并且这一理论为企业战略的制定提供了基本思路和程序，强调了组织内外部关系对战略形成的重要性。

（三）代理理论

代理理论认为，企业资本结构会影响经理人员的工作水平和其他行为选择，从而影响企业未来现金收入和企业市场价值。债权筹资有很强的激励作用，并将债务视为一种担保机制。这种机制能够促使经理多努力工作，少个人享受，并且作出更好的投资决策，从而降低由于两权分离而产生的代理成本；但是，负债筹资可能导致另一种代理成本，即企业接受债权人监督而产生的成本。均衡的企业所有权结构是由股权代理成本和债权代理成本之间的平衡关系来决定的。

（四）风险管理理论

1921 年，美国基金学家 Knight 在《风险，不确定性和利润》中对风险作出了定义：可测定的不确定性。表达的是一个时间的状态的概率如果可以测定，则可称为风险事件。而风险管理理论是指为了降低与不确定性情境相关的潜在损失而采取的一系列策略和方法，这些方法被广泛应用于各个领域，包括金融企业、项目管理等，以确保组织能够更好地应对风险。风险管理理论的基本原则是预测、评估和控制风险，首先，预测风险是通过识别潜在的危险事件和可能的损失来实现的。预测风险的方法包括概率统计、数据分析和情景分析等，通过这些方法，可以对风险发生的可能性进行估计，从而为后续的风险管理工作提供依据在预测风险之后，评估风险是必不可少的。其次，评估风险是指对风险的影响程度和可能性进行综合评估，以确定其重要性，可以采用定性和定量的方法。定性方法是基于专家经验和观察，通过判断风险对组织的影响程度来进行评估，而定量方法则是通过数学模型和统计工具，对风险进行量化评估。最后，控制风险是风险管理理论的核心，是指采取一系列的措施，以降低或消除风险的影响。控制风险的方法有很多，包括避免风险、减轻风险和转移风险等。

除了以上基本原则外，风险管理理论还包括识别风险、监控风险和沟通风险等方面的内容。识别风险是指通过搜集信息和评估相关因素，来识别潜在的风险因素。监控风险是指持续关注风险的发展态势并采取相应的调整措施。沟通风险是指在风险管理过程中，与利益相关者进行有效的沟通，以确保信息的共享和决策的有效执行。

五、具体分析

下面通过回答提出的启发性思考题，详细分析本案例所涉及的知识点，进而达到更全面掌握本案例关键点的目的。

（一）分析瑞信发展历程以及战略决策的变化，与其战略的有效性

【理论知识】战略管理理论

【分析思路】本题设置的目的是让学生加深对企业战略的了解，包括以下四个方面：了解企业战略的重要性、掌握企业战略的制定过程、理解不同类型企业战略的特点、学习企业战略的实施与控制。通过回答本题，学生可以通过理论学习和实际案例分析相结合的方式，深入了解企业战略的概念、内容和方法，提高对企业战略的理解和应用能力。

【案例答案】瑞信起源可以追溯到 1856 年，创立之初是为铁路网络的扩张以及瑞士的进一步工业化提供资金，在百年发展历程中，瑞信通过不断兼收并购实现了综合金融经营。自 2009 年以来，瑞信对战略框架进行多次调整与重整，2015年，瑞信将之前的三大板块划分为更为细致的六大板块，其中将投资银行业务板块的部分业务划分到瑞士全球银行、亚太银行、全球市场这三个板块。2020 年，瑞信集团对投行业务再次做出了调整，将它划分为独立的全球一体化投资银行部门。

2022 年 10 月，瑞信开始调整战略方针，实施战略转型，其核心任务就是彻底重组投行业务。采取的措施主要包括：暂停为对冲基金提供融资；通过出售证券化产品集团的风险敞口、剥离非核心业务。此外，瑞信还为财富管理板块及瑞士银行板块注入更多的资本，并将投资银行业务板块进行一系列的分拆与出售，改名为市场板块（本题属于开放性作答，学生回答有理即可）。

（二）瑞信有哪些自救行为？

【理论知识】权衡模型理论、战略管理理论

【分析思路】本题设置的目的在于帮助学生更深入地理解和掌握权衡模型理论和战略管理理论。这些理论在现代商业环境中具有重要的指导意义，能够帮助企业应对不断变化的市场环境，提高竞争力。

【案例答案】瑞信在危机爆发前就已进行过积极自救行为，比如在 2022 年 11

月正式公布了其最新的集团战略和架构重组计划，本次计划主要包括：

第一，缩减投行业务，旨在降低风险：瑞信将关闭大部分大宗经纪业务，同时停止为对冲基金提供资金，通过大幅降低证券化产品的风险敞口、剥离非核心业务，以释放投行业务40%的资本，计划专注于其占据顶端优势的业务（例如杠杆融资和信用业务）。

第二，资源倾斜财富管理业务：目标将重心从投行转向财富管理，发挥服务高净值客户之长，瑞信计划未来增加500名客户经理，并退出其财富管理策略中非核心的10个市场。

第三，简化机构，加快成本削减：瑞信计划到2025年底，将其总员工人数减少9000人，整体支出减少15%。同时也在积极增资，拟通过发行新股筹资40亿瑞士法郎。

第四，强化风险文化：经历重大风险事件后，瑞信高层表示将把风险管理和责任放在瑞信业务的核心位置，新战略"应能使我们实现可持续增长，同时大幅降低风险，并为我们的所有关键利益相关者带来持久价值"。

（三）从公司内部运营和外部监管的角度，谈谈如何防范此类情况

【理论知识】权衡模型理论、风险管理理论

【分析思路】本题设置的目的是让学生加深对权衡模型理论和风险管理理论的了解，通过学习这些理论，学生可以更好地理解金融市场的运行机制，提高自己的金融素养，而且还可以在实际的投资活动中更好地应对各种风险，提高自己的投资回报。

【案例答案】从经营角度来看，不仅要注重账面上的收益，还要注重资金的持有，避免出现流动性危机，从而导致企业的信用危机和破产。为了避免债务危机，公司可以采取以下步骤：

第一，设立债务偿还基金。企业可以通过设立偿债基金，不仅保障公司的偿债能力，还有效地防范了公司的财务风险。在进行债务管理时，要充分考虑到自身的情况，确定债务限额，研究融资的来源，并从中挑选出最佳的负债模式，并使其能够合理地使用债务资本，并且如何在保证公司持续健康的发展前提下，减少负债风险，是公司长期追求的目标。

第二，掌握比率指数。在实施负债运营前，应当建立一个合理的负债比率指数，以反映公司的偿债能力，把负债风险控制在可接受的范围内。公司的资产负债率，直接关系到公司的偿债能力和负债能力。将负债率控制在100%以下，就可以使公司的经营和偿付能力得以维持。公司负债比率越高，说明公司的负债风险越大。

第三，正确使用金融杠杆的原则。财务杠杆效应是指在一定的负债规模下，通过使用债务运营的方式，可以有效地增加公司的自由资本回报率。公司税前收

益的微小变动，会对资本回报率造成很大的影响。当然，这样的效果也是有利的，一方面，可以让公司通过合理的管理来获得丰厚的利润；另一方面，如果使用不当，超过了公司的承受能力，就会让公司陷入财务危机，因此，企业必须充分利用财务杠杆的放大效应，将公司的债务规模控制在自己的承受范围之内，从而减少公司的财务风险。

第四，对债务偿还能力进行评估。通过建立评价指标，对公司的偿债能力进行精确的评价，从而让企业更好地了解债务管理对公司的效益、利润和债务的影响，从而引导企业根据自身的实际状况进行合理的融资。我国大多数企业都有资本利用效率低下的问题，当资金短缺时，往往会通过举债来解决问题，却忽视了投资收益与风险，导致贷款规模不断扩大。因此，要有效地控制企业的资金运用，以避免出现亏损现象，避免出现破产的危险。

第五，强化运营资本管理。根据经济发展和市场运作状况，谨慎地选择贷款的投资方向，由于资金的投放不同，获利时间、收益水平也会有所不同。科学合理地使用基金、正确地投资项目、及时了解资金的流向和保持较高的流动性，是一种行之有效的防范和减轻财务负担的方法。要进一步强化生产经营和市场管理，实现产品的最小化、最节省的时间、最小的消耗和最大的效益。在内部财务管理中，要有一个有效的、灵活的管理机制，要根据公司的实际情况和市场需求，从产品结构、产品质量、经营、工作效率等方面进行有效的统筹，以达到公司经营的最佳状态。

从监管层面来看，监管层应进一步规范企业的分红行为，在制定企业的分红规范时，宜引入"获现率"这一指标，同时引导企业"因地制宜"地制定分红政策，而不是对分红比率做出要求。真正将"分红权"交给企业，将对企业分红政策的"评价权"交给市场。这样可能对企业经营的政策干预最少，也符合市场化原则下最大限度保护投资者利益的需要。

（四）了解类似的案例，其他企业是如何处理危机的？

【理论知识】权衡模型理论、代理理论

【分析思路】本题设置的目的是让学生加深对权衡模型理论、代理理论的了解，以及它们在企业危机管理中的应用。通过分析企业危机案例，学生可以了解不同理论对企业危机的解释和应对策略，并思考如何将理论应用到实际情境中。

【案例答案】永泰能源案例：永泰能源创立于1988年，是煤炭行业的佼佼者，也是煤炭板块中唯一的民营上市公司，更是我国最大的民营能源企业。然而，随着债务危机的爆发以及企业多元化经营意向的追求，面临营收比重过低的困境，从而给企业带来了沉重负担。永泰能源先是因无法偿还15亿元债券而陷入困境，随后又被曝出拖欠785亿元债款，从而导致国际信用评级机构将其评级从A下调至 CC 级。为化解危机，永泰能源采取了一系列措施，包括收缩规模、出售与主业务关联较差的多元化经营产业，回笼资金 281 亿元；同时，持续提升旗下煤炭产业的整体质量，以重振市场信心。2021 年 9 月 22 日，法院裁定永泰科技与永泰集团等五家公司实质合并重整，随后于 2021 年 12 月 16 日裁定批准重整计划，终止了重整程序。永泰集团成功完成合并重整，债务风险得到整体化解，各公司得以迅速恢复正常经营，债权人和中小股民的利益得到了最大限度的保护，实现了企业、股东、职工、债权人、政府等多方共赢的局面，也为提振市场信心起到了重要作用。

六、关键要点

（一）案例关键点

本案例旨在分析瑞信破产危机的整个始末以及危机来源。主要内容包括：瑞信发展至今的历程与背景；瑞信的战略方针、经营模式以及风控机制；瑞信针对此次破产危机所采取的措施；瑞信破产危机所带来的影响与启示。

（二）知识关键点

本案例涉及的知识点主要有：战略部署、风控机制、经营模式、财务分析、金融风险与金融危机。

（三）能力关键点

本案例涉及的能力点主要有：分析与综合能力、比较分析能力、理论联系实际能力、逻辑分析能力。

七、课堂计划建议

本案例可以作为专门的案例讨论课来进行。如表 8 所示是按照时间进度提供的课堂计划建议，仅供参考。整个案例课的课堂时间控制在 90~130 分钟。

表 8 案例教学计划安排

阶段	内容	教学活动	时间
课前准备	提前准备	1. 提前给学生发放案例资料，并提出启发性思考题，让学生根据案例对问题进行初步思考； 2. 提前要求学生做好分组，建议划分为 5~7 个小组，分配思考题任务。提前给学生发放案例资料，并提出启发性思考题，让学生根据案例对问题进行初步思考	提前一周
	案例引入	简要介绍案例背景以及基本情况，明确案例教学目的、要求和安排等	5 分钟
	分组讨论	开始分组讨论，各学生根据课前搜集的信息，围绕启发性思考题进行深入讨论	20 分钟

续表

阶段	内容	教学活动	时间
课堂计划	案例教学	带领学生回顾案例正文	5分钟
	提问思考题	1. 授课教师根据分析思路中给出的案例分析逻辑以及各启发性思考题对应的引导性提问，展开教学； 2. 就每个小组分配的思考题展开回答，每个问题的答案要点做好记录，每个问题时间建议控制在10分钟内； 3. 授课教师在提问过程中穿插讲解理论参考和知识点	40~50分钟
	案例总结	教师就小组发言情况和课堂讨论情况进行点评和相应补充，对案例知识点进行梳理总结，完成教学目的	10分钟
课后计划	—	要求学生在课程结束后，针对自己的思考和感兴趣的一个或两个问题收集资料，有针对性地对瑞士信贷危机进行评价，突出自己的观点和想法	最后一周

第五篇

典型事件类案例

案例一 "保险+期货"助力四川畜牧发展的案例分析

摘要："保险+期货"是金融服务实体经济的一种市场化运作模式，推进"保险+期货"模式的高质量发展，是中国特色农业风险管理体系的重要内容。自2015年中央一号文件提出要稳步扩大"保险+期货"模式之后，该模式在各个方面都在不断地创新与提升，为我国的农业发展贡献重要力量。为了更好地助力农业发展，我国在"保险+期货"模式的基础上衍生出许多创新的模式，为农民收入的稳定提供了源源不断的保障。本案例以四川通江、万源禽畜饲料价格险"保险+期货"项目为例，介绍了该项目的重要参与主体、保险赔付的具体方式以及项目最后的实施效果，发现四川禽畜价格险项目存在宣传不到位、市场不完善以及立法不严谨等方面的问题。通过回顾美国农业保险的发展历程并从中借鉴相关经验，分别对应提出要丰富市场参与主体、充盈项目资金来源、完善金融市场以及推进立法进程等方面的建议。为进一步稳步扩大"保险+期货"模式提供重要的参考依据，更加有效地助力乡村养殖业的发展。

1 案例背景与案例思政

思政元素：健全政府投资与金融、社会投入联动机制，鼓励将符合条件的项目打捆打包按规定由市场主体实施，撬动金融和社会资本按市场化原则更多投向农业农村。用好再贷款再贴现、差别化存款准备金、差异化金融监管和考核评估等政策，推动金融机构增加乡村振兴相关领域贷款投放，重点保障粮食安全信贷资金需求。引导信贷担保业务向农业农村领域倾斜，发挥全国农业信贷担保体系作用。加强农业信用信息共享。发挥多层次资本市场支农作用，优化"保险+期货"。（摘自：中共中央 国务院关于做好2023年全面推进乡村振兴重点工作的意见①）

教学意图：通过对四川禽畜价格险试验区的案例研究，旨在引导学生深入了解"保险+期货"模式的运行机制，认识到农产品期货期权产品对农业风险管理的重要意义，理解和掌握场外期权产品设计和场内期货的对冲方法。

2018年12月28日，中央农村工作会议在北京召开，中共中央总书记、国家主席、中央军委主席习近平对做好"三农"工作作出重要指示，习近平强调：2019年是决胜全面建成小康社会第一个百年奋斗目标的关键之年，做好"三农"工作对有效应对各种风险挑战、确保经济持续健康发展和社会大局稳定具有重大意义。自2015年以来，"保险+期货"作为期货市场服务实体经济和"三农"领域的重要创新工具，受到了国家的高度重视。在期货交易所的支持以及会内相关部门的共同努力下，"保险+期货"试点项目在之后的服务脱贫攻坚战略和乡村振兴等方面都发挥了重要作用。

"保险+期货"模式在大量试点展开之后，期货公司从项目结构的创新与完善着手继续探索创新型模式，探索出了"保险+期货+N"的服务链条，进一步强化试点服务深度。"保险+期货"模式的研究人员在原有模式的基础上实现延伸和拓展，将服务农业方式多样化，通过合作套保、订单收购、参与交割等多种举措，带动产业链上下游各方主体参与其中，提升产业帮扶质效②。在多方的努力与扶持下，"保险+期货"实现由"零星分散"到"县域覆盖"、由"单一支持"到"多方共担"、由"种植单业"到"种养两业"；从普通农户到新型农业经营主体，再到涉农企业，覆盖涉农主体越来越广泛；从最早的"保价格"到"保收入"，再到引入订单、银行信贷、科技赋能等形成的"保险+期货+N"模式，"保险+期货"项目模式内涵不断丰富，正在踏入从量变到质变的高质量发展之路③。

随着"保险+期货"创新型模式的多元化发展，期货和保险的品种也在不断丰富，不再局限于农业产品，开始向畜牧业险种扩展，并在此基础上衍生出更加完善的模式。2017年之后，大连商品交易所联合期货公司、商业银行等有关机构，

① 资料来源：中华人民共和国中央人民政府网，https：//www.gov.cn/zhengce/2023-02/13/content_5741370.htm。
② 资料来源：《证券时报》，http：//www.stcn.com/article/detail/880167.html。
③ 资料来源：《期货日报》，https：//www.cfachina.org/industrydynamics/mediaviewoffuturesmarket/202308/t20230802_48786.html。

在四川省成功开展了以鸡蛋、玉米、饲料等为标的的"保险+期货"项目，为参保农户、企业提供了更多价格保障的渠道，同时，项目的开展也得到了四川省财政的大力支持。从改革开放到2022年的这40多年间，我国畜牧业的综合生产能力不断增强，在保障国家食物安全、繁荣农村经济、促进农牧民增收等方面都发挥了重要作用，但同时也伴随产业发展质量效益低、支持保障体系不健全、抵御风险能力偏弱等一系列问题。我国是传统的养殖业大国，禽畜产值占据全球较大的比重，是我国重要出口贸易之一，关系到我国千家万户的民计民生，畜牧价格和产量的稳定对我国的进出口贸易和农业发展来说意义重大。养殖业是一个具有高投入、高风险的行业。以典型的生猪养殖业为例：在生猪养殖的整个过程中，饲料成本占整个生猪养殖的大部分成本。如果生猪价格发生重大波动，猪饲料的价格也会受到影响并随之同向变化，从而造成养殖户的养殖成本大幅波动，最终影响到养殖户养殖收益的稳定。生猪养殖行业的整个养殖周期都需要源源不断地投入成本，待到出栏时出售生猪获取收益。如果生猪出栏时市场行情低迷，养殖户会选择积压一段时间以期价格上涨，这样一来，积压期间就会进一步增加养殖成本，压缩养殖户的收入空间。因此，养殖成本一直以来都受到了养殖户的热切关注，饲料成本作为养殖成本中的大头支出，有效地把握饲料成本成为养殖行业效益的关键一环。在饲料的制作中，玉米和豆粕的占比在不考虑替代的情况下可达80%以上[①]，玉米和豆粕的价格基本决定了饲料的价格，因此稳定玉米和豆粕的价格可以有效地控制养殖户的饲料成本。从2019年开始，国内少数养殖龙头企业开始参与到玉米、豆粕期货市场当中，通过相应期货帮助企业对冲原料价格带来的波动风险。但对于大多数的养殖户来说，由于资金、专业、风险等方面的欠缺，使他们没有达到进入期货市场参与交易的要求，此时，"保险+期货"模式是帮助养殖户间接进入期货市场的一个有益探索。2014年1月19日，中共中央、国务院印发《关于全面深化农村改革加快推进农业现代化的若干意见》，文件中提出要探索粮食、生猪等农产品价格保险试点，扩大畜牧产品保险范围和覆盖区域，显示出决策层使用保险工具支持和稳定生猪生产的意向。探索饲料"保险+期货"的创新模式，对有效推动我国养殖业的发展具有重要的作用。

美国是世界上较早使用金融工具来规避农产品价格波动风险的国家，依靠其完备发达的保险体系和期货市场来实现农业价格风险的有效管理。与国内环境不同，美国并没有直接类似于"保险+期货"这种模式的风险分散机制（陈蕾，2020）。通常情况下，美国大部分农业生产者直接或以合作社的形式进入期货市场进行套期保值，又或者向商业保险公司购买农业保险，之后商业银行再与联邦作

---

① 资料来源：证券之星，https://stock.stockstar.com/IG2022111400001349.shtml。

物保险公司或私人再保险公司签订再保险合同，从而将赔付风险转移给再保险公司（李铭和张艳，2019）。美国的农作物保险实行时间大致可以追溯到20世纪50年代，而畜牧保险于21世纪初才开始发展起来，相对于农业保险来说，畜牧保险的发展时间较短，保险产品也相对单一，但对保险行业来说是一次很大的进步。作为世界上生猪生产的大国之一，美国的生猪存栏量、出栏量以及猪肉产量仅次于中国，位居全球第二，生猪价格的稳定直接关系美国公民的日常生活，因此生猪的价格一直受到美国政府的关注。为了抵御生猪价格下跌的风险，保障养殖户的收益稳定，美国政府在2000年颁布了 *Agricultural Risk Protection Act*，同时将畜牧类产品纳入了保护范围之中。2001年11月，美国联邦农作物保险公司积极响应美国政府对农业风险管控的政策，该公司董事会正式批准了第一款由政府补贴的畜牧保险产品：畜牧风险保障保险[1]（LRP）。2002年，美国农业部风险管理局又推出了生猪毛利保险产品，并于2007年在美国本土的48个州正式销售（夏益国等，2015）。与国内的饲料成本价格险不同，该产品的承保范围更广，主要承保被保险人饲养生猪的毛利风险。生猪毛利保险在畜牧风险保障保险的基础上将饲料价格波动风险也纳入保障范围，为生猪市场价格与饲料（玉米和豆粕）成本价格波动导致的生猪养殖户收益损失提供保障。投保人通过投保生猪毛利保险把未来养猪的毛利固定下来，从而降低生猪和饲料价格波动给生产者带来的不确定风险。它相当于为生猪养殖户提供了一个组合期权，即"生猪看跌期权+饲料看涨期权"，以保障生猪收益不因单一价格波动而受影响。生猪毛利保险结合了期货工具，避免了玉米、豆粕等饲料的单一价格变动对生猪价格造成的影响。据美国农业部风险管理局（RMA）统计，2015年美国市场出售的生猪保单中，87%为生猪毛利保险。联邦政府对生猪毛利保险的保费给予补贴，补贴率最高可达50%[2]。该保险机制受到了生猪养殖者的热烈欢迎，提高了养殖户的生产积极性，同时稳定了生猪生产及其价格，促进了生猪养殖业的稳定发展。

相比美国，我国直接推出了"保险+期货"模式助力农业发展，这一模式最早可追溯到2015年。2016年，《中华人民共和国国民经济和社会发展第十三个五年规划纲要》和《中共中央 国务院关于落实发展新理念加快农业现代化 实现全面小康目标的若干意见》都明确提出要"稳步扩大'保险+期货'试点"，2015~2022年中央一号文件连续7次提及该模式，可见国家对"保险+期货"模式的重视程度。2018年11月15日，中国太平洋财产保险与浙商期货有限公司创新开发了国内首单商业性生猪饲料成本价格保险，承保了龙游县生猪养殖龙头企业36000头

---

① 畜牧风险保障保险是一种农业保险，旨在为养殖户提供风险保障，以应对因自然灾害、疾病等原因导致的养殖业损失。

② 夏益国，黄丽，傅佳. 美国生猪毛利保险运行机制及启示［J］. 价格理论与实践，2015（07）：43-45.

生猪，提供了生猪饲料原料价格风险保障金额 3600 万元①。这是国内首单基于玉米、豆粕期货主力合约的生猪饲料成本价格保险，也是生猪产业链金融的一大创新。随后，饲料成本"保险+期货"模式得到迅速推广，由银河期货有限公司与中国人民财产保险股份有限公司广东分公司共同进行的广东首单猪饲料成本指数"保险+期货"项目的承保生猪数量更是达到了 1 万头，共保障了 814 万元的饲料成本②。在规模逐渐扩大的同时，我国饲料"保险+期货"的种类也变得丰富起来，华安期货有限公司和中国人民财产保险股份有限公司在 2020 年联合进行了安徽宿松鸡饲料"保险+期货"项目并顺利理赔，该项目共承保了约 46 万份的鸡饲料成本，最终的赔付总金额更是达到了 65.55 万元③。饲料成本"保险+期货"的推出不仅丰富了我国农产品"保险+期货"的种类，而且和其他险种互相配合做到了对畜牧产品价格风险的多方位保障，在助农惠农上达到了良好的效果。饲料成本"保险+期货"的实践是我国对畜牧价格风险管理作出的新尝试，该项目在我国的迅速推广说明了其可行性和适用性。"保险+期货"模式是金融领域的改革创新，并且逐渐成为乡村振兴背景下金融服务"三农"领域的重要工具。该模式的大量推行，通过填补传统农业保险单一、适用度较低的缺陷，完善了农业保险体系，保障相关主体都能够获得相应的收益，进而极大地提高了农户的生产积极性，有助于促进农业产量和收入的增加。

2 立足实践，盘点试点的前世今生

2.1 三赴四川实地考察，政府牵头敲定项目

2018 年 11 月开始，受到非洲猪瘟的影响，玉米、豆粕期货合约走出空头行情，直至 2019 年 3 月，其间玉米、豆粕期货合约的价格一直处于低位，反复震荡。2019 年 4~5 月，玉米主力合约价格上升，从而导致养殖户的饲料原料成本一路上涨。四川省通江县、万源市是饲料生产和养殖大县，饲料成本占生猪养殖成本比例很高，其中豆粕和玉米又是饲料的重要原料，其价格波动对当地生猪养殖户经营有着重要影响，当地养殖户对于利用有效的金融工具管理价格风险的需求

---

① 资料来源：太平洋保险，http://life.cpic.com.cn/c/2018-11-16/1563363.shtml。
② 资料来源：许昌市农业农村局，http://nyncj.xuchang.gov.cn/nyxw/20190813/f3544a89-6ca0-4369-a376-056ee54ad017.html。
③ 资料来源：《期货日报》，http://www.qhrb.com.cn/articles/283256。

日趋强烈。2019 年 1 月、3 月、6 月，专家组先后三次远赴通江县、万源市进行实地调研①，在农户逐步了解"保险+期货"模式后，结合通江县、万源市的实际情况。华泰期货有限公司决定在"保险+期货"的基础上引进"银行+"，探索"银行+保险+期货"的创新模式，并选定玉米和豆粕两种饲料原料作为价格保险的标的，由地方政府配合保险公司开展农户数据核查工作，组织参保农户投保。在政府的牵头下，四川万源、通江两个地区的养殖户、中国太平洋财产保险股份有限公司、安信农业保险股份有限公司和它旗下的风险管理子公司——华泰长城资本管理有限公司以及地方政府共同组成了"银行+期货+保险+政府"的价格分散试点项目，为助力通江县、万源市农户收入保障、提高收入寻求解决之道。

2.2 参与主体多元化，打造"银期保金融扶贫"新模式

2.2.1 当地农户和合作社

参与本次项目的农产品生产经营者是来自四川万源市和通江县的 10018 户养殖户，项目一共涉及 9 家地方政府、1 家合作社、1 家村民委员会，投保现货总量豆粕 5863.854 吨、玉米 17894.912 吨②。表 1 是本次试点投保的具体情况。本次项目选择以上几个试点，是参考了当地的气候条件以及相关产业之后精心挑选出来的。万源市隶属于四川省达州市，坐落于川陕边陲，因地处万顷池和诸水源头而得名。大巴山腹心地带的通江县、万源市自古以来就是入蜀要道，崎岖的地形导致这里长期交通不便、生产落后、区域贫困。四川省万源市曾是国家级贫困市，于 2020 年 2 月实现脱贫摘帽。华泰期货有限公司上述项目为当地养殖合作社、家庭农场、养殖大户和养殖企业共 10018 户提供玉米、豆粕成本保险，参保涉及49157 头生猪、637760 只鸡、1130 头肉牛、150 只羊，涉及玉米现货量 1.78 万吨、豆粕现货量 0.58 万吨，直接服务低收入人口 544 人，提供就业岗位扶贫人口8930 人③。本次项目将银行融资、金融扶贫、"保险+期货"等多种现代金融工具相结合，打造"银期保金融扶贫"模式，体现了金融扶贫"造血"功能，保障了养殖主体盈利能力、降低还贷违约风险、提升了养殖主体融资征信，极大地促进了养殖业良性健康发展，是金融跨界联合助力脱贫攻坚以及农业供给侧改革的一次重要探索。

表 1　农户投保情况

单位：吨

主体名称	玉米投保量	豆粕投保量
通江县板凳乡人民政府	1318.107	442.519

---

① ② 资料来源：《期货日报》，http：//www.qhrb.com.cn/articles/279709。

③ 资料来源：中国证券网，https：//news.cnstock.com/industry，rdjj-202009-4590097.htm。

续表

主体名称	玉米投保量	豆粕投保量
通江县两河口镇人民政府	719.628	239.876
通江县毛浴镇人民政府	2181.816	727.272
通江县朱元乡人民政府	829.92	276.64
通江县胜利乡人民政府	753.753	251.251
通江县铁溪镇人民政府	2761.668	920.556
通江县铁佛镇白土垭种植合作社	2184	728
通江县空山镇人民政府	1674.036	558.012
通江县沙溪镇人民政府	2852.85	950.95
通江县长坪乡人民政府	862.134	287.378
万源市旧院镇大伦坎村村民委员会	1751	481.4
总计	17888.912	5863.854

资料来源：根据中国政府官网和华泰期货有限公司官网公开披露资料整理所得。

2.2.2 保险公司

中国太平洋财产保险股份有限公司和安信农业保险股份有限公司是本次项目的联合承保人。中国太平洋财产保险股份有限公司是中国太平洋保险（集团）股份有限公司旗下的专业子公司，致力于为客户提供全面的财产保险产品和服务。2017 年，该公司成功中标了 18 个"保险+期货"创新项目，其中包括大连商品交易所、郑州商品交易所和上海期货交易所。此外，他们还开发了一系列"保险+期货"创新产品，如云南天然橡胶价格保险、黑龙江大豆/玉米价格保险、新疆棉花价格保险以及云南糖料甘蔗价格保险等，为相关地区和农户提供了有效的价格风险管理服务，并积累了丰富的试点经验。表 2 是截至 2019 年 12 月 31 日太平洋财产保险股份有限公司 2019 年的保险业务收入情况。从保险公司的收入结构来看，太平洋财产保险股份有限公司的保险业务收入主要来自机动车辆险，占比为79.65%，而农业险只占 6.41%[①]，与主营业务相比还差距较大，农业保险还有较大的发展空间，也从侧面说明了农产品保险更偏向于政策性的一类产品，需要国家政府的大力扶持。

表 2　2019 年中国太平洋财产保险股份有限公司保险业务收入

单位：百万元，%

险种名称	保险业务收入	保险金额	赔款支出	准备金	承保利润	综合成本率
机动车辆险	93218	27372994	51073	61650	1701	97.9

---

① 资料来源：《中国太平洋保险（集团）股份有限公司 2019 年年度报告》。

续表

险种名称	保险业务收入	保险金额	赔款支出	准备金	承保利润	综合成本率
企财险	6128	15674959	2856	4557	125	96.0
责任险	6097	20523273	2515	5075	398	90.7
农业险	5975	238369	4185	2219	6	99.8
保证险	5616	111957	1108	6727	125	95.5
总计	117034					

资料来源:《中国太平洋保险(集团)股份有限公司 2019 年年度报告》。

安信农业保险股份有限公司是我国首家专业化的农业保险公司,致力于满足农业、农村、农民的保险需求,并积极参与上海农村社会经济的发展。多年来,安信农业保险股份有限公司不断探索农业保险产品和服务的创新发展,覆盖多个险种,包括水稻、小麦、油菜、生猪、能繁母猪、奶牛、设施蔬菜、公益林、农机保险等,保险服务网络已经覆盖市、区(县)、镇以及村的多级网络,保险金额约为 193 亿元,占全市农业总产值的 56.2%①,与发达国家的农业保险水平相当。农业保险通过采用专业的风险管理手段,有效缓解了农业面临的自然灾害、市场变化以及政府社会管理方面的风险,得到了各级政府和社会各界的广泛认可和支持。在《安信农业保险股份有限公司 2019 年年度信息公开披露报告》中,本案例列举出了该公司保费收入排名前五的险种经营情况,具体信息如表 3 所示。不难发现,农业保险的保费收入在安信农业保险股份有限公司占据大头,甚至是其他险种收入的 8 倍及其以上,但承保利润却显示为负,保费收入和成本不成正比。

表 3 安信农业保险股份有限公司 2019 年保费收入居前五位的险种

单位:万元,%

排名	险种名称	原保费收入	承保利润	承保利润率
1	农业保险	85812.56	−4137.46	−5.10
2	责任保险	18859.13	1458.39	18.59
3	意外伤害险	13071.54	−3751.76	−33.40
4	企业财产保险	7495.09	3338.21	68.22
5	工程保险	5245.41	4087.76	72.98

资料来源:《安信农业保险股份有限公司 2019 年年度信息披露报告》。

2.2.3 期货公司

由于我国现行法律的制约,期货公司不能直接参与期货交易,因此在实际操

---

① 资料来源:《安信农业保险股份有限公司 2019 年年度信息披露报告》。

作中，提供场外期权产品的是华泰期货有限公司旗下负责风险管理的子公司华泰长城资本管理有限公司。并且在实际交易过程中，真正进入期货市场进行交易、对冲风险的也是风险管理子公司。华泰长城资本管理有限公司是华泰期货有限公司全资设立的风险管理子公司，注册资本 10 亿元①，开展场外衍生品业务、做市业务试点。公司立足场内外期权业务，不断提升期权服务机构客户的专业能力，深化期权服务实体经济的功能，以精深的专业能力打造华泰期权业务品牌。案例中的 10018 户养殖户向太平洋财产保险股份有限公司和安信农业保险股份有限公司购买饲料价格保险，提前锁定饲料成本，稳定养殖利润。之后由承保的两个保险公司向华泰长城资本（华泰期货有限公司全资子公司）购买玉米、豆粕看涨期权实现风险转移。

2.2.4 中国工商银行

中国工商银行成立于 1984 年 1 月 1 日，是国有大型商业银行。2019 年，中国工商银行全面升级普惠金融综合服务，全面推出以"融资+融智+融商"为核心的普惠金融服务 2.0，致力于更好地服务实体经济、加快自身经营转型，更好地为小微企业和农村地区提供融资贷款等金融服务②。四川通江、万源禽畜饲料价格险是"银行+保险+期货+政府"模式的一次突破性尝试，汇集了银行专项扶贫资金、政府扶贫干部、专业保险公司和当地分支机构、期货公司及其子公司等多方资源的优势，并且得到了大商所的充分支持和指导。项目中，工商银行向 25 户参保户提供小微扶贫信用贷款 40 万元，全部为信用放款，基准利率，期限一年③。这一项目在金融机构服务农村地区发挥了积极的示范作用，目前已经进入到了攻坚阶段，一批龙头企业正在逐步壮大，并以多种形式带动低收入户走上脱贫致富的道路。此外，该项目还向参保农户提供信用贷款，帮助养殖户通过积极生产增加收入，改善生活，进一步促进农村地区的发展。价格保险的存在，有效控制了银行贷款的信用风险，进而降低了养殖户的贷款成本，充分发挥了金融机构在帮扶工作中的"造血"功能。

此次项目试点中，太平洋财产保险股份有限公司和安信农业保险股份有限公司作为参保养殖户和华泰期货长城资本管理有限公司的中间连接"桥梁"，以简单的保险合约带领养殖户进入期货市场，扩充了我国期货市场的参与主体，又避免了养殖户因为金融知识匮乏无法利用金融工具进行风险对冲。项目最终实现赔付约 35 万元，有效地控制了参保养殖户的饲料成本，农户取得了工商银行 40 万

---

① 资料来源：华泰长城资本管理有限公司，http：//www.htoption.cn/index.html。

② 资料来源：中国工商银行，https：//wap.icbc.com.cn/icbc/工行动态 1/工行动态/工行全面升级普惠金融综合服务.htm。

③ 资料来源：《期货日报》，http：//www.qhrb.com.cn/articles/279709。

元①的信用贷款额度，进一步增强了养殖户通过积极生产改善生活、增收致富的决心。项目取得了良好效果，不仅起到了带头示范作用，增加了投保人的信心，也增强了养殖户对"保险+期货"的流程、模式的了解，有利于项目规模的扩展。

3 引经据典，洞悉"保险+期货"的内在逻辑

3.1 "保险+期货"模式基本运作机制

农产品"保险+期货"模式是农业保险和农产品期货市场协同发展的一种创新性探索。保险公司和期货公司共同商定保险合约的相关细节，通过参考商品期货交易所公布的期货价格，近三年的农产品价格、产量的波动情况以及参与签订的农户数量、承保金额等方面设计保费、权利金、赔率等合约的基本内容。保险公司在综合参考了合约标的的预期价格波动范围以及期货公司旗下的风险管理子公司出具的农产品期货的历史价格变动范围之后，商议出理赔的预期价格，并在此基础上计算标的期货的保费价格。农户或者农村合作社以购买保险的方式向保险公司投保，将风险转嫁给保险公司。保险公司在承担了价格风险给公司带来的巨大理赔额之后向期货风险管理公司支付商定的权利金，购买场外期权，以实现保险的再保险。紧接着，期货公司通过专业的期货头寸管理方式在期货市场上买卖期货合约，分散保险公司转嫁过来的风险。

在本次试点中，饲料制作采用的主要原料是玉米和豆粕，运用的金融衍生工具是欧式看涨期权，养殖户以签订保险合同的形式锁定饲料原材料未来的价格。在保单约定的保险期间内，保险公司根据大连商品交易所每个交易日玉米和豆粕的收盘价进行清算，当价格高于保险目标价格，保险公司将根据保险合同约定，将高出的差价部分赔偿给投保养殖户，从而减少因饲料原材料价格上涨造成的养殖成本增加，有效控制养殖户的养殖成本。在合同期内，如果饲料原材料的价格高于执行价格，养殖户可以向保险公司索赔，如果市场低于执行价格，农户就随行就市。保险公司承接过的风险通过复制场外期权进行分散，向期货公司买入看涨期权，对冲玉米、豆粕价格上涨带来的赔付风险，期货公司则管理头寸，进入期货市场进行风险分散和转移。

---

① 资料来源：《期货日报》，http://www.qhrb.com.cn/articles/279709。

3.2 "保险+期货"模式基本运行环节

3.2.1 设计保险产品，商定执行价格

"保险+期货"模式采用的是倒向型定价方式，该模式的产品前端是大众所熟悉且容易接受的保险产品，产品后端是期货交易环节，即风险管理。在该模式中，保险公司先通过期货市场所反映出的标的价格以及近几年标的种类的历史价格波动情况设计保单，确定一个合适的执行价格。华泰期货有限公司在本次项目中为当地养殖合作社、家庭农场、养殖大户和养殖企业共 10018 户提供玉米、豆粕保险，参保涉及 49157 头生猪、637760 只鸡、1130 头肉牛、150 只羊，共计所需23452 吨[①]饲料，经过换算（玉米：豆粕=0.75：0.25）涉及玉米现货量 1.78 万吨、豆粕现货量 0.58 万吨。经协商，保险标的为玉米期货 C2001 合约，豆粕期货M2001，目标价格为 2019 年 11 月 30 日的标的合约收盘价，C2001 为 1980 元/吨，M2001 为 2818 元/吨[②]。

表 4 是太平洋财产保险股份有限公司和安信农业保险股份有限公司共同商榷的保单基本信息，因为是首次开展该项目，所以投保数量上有所保留，玉米投保17894.912 吨，豆粕投保 5863.854 吨，其中一手为 1000 吨，折算后玉米约投保18 手，豆粕投保 6 手。

表 4 项目保单设计

保险公司	太平洋财产保险股份有限公司和安信农业保险股份有限公司联合承保
保险标的	玉米期货 C2001 合约、豆粕期货 M2001 合约
保障数量	饲料 23452 吨
总保额	7219.8898 万元
总保费	167.3499 万元
保险费率	2.37%
保险目标价格	C2001：1980 元/吨 M2001：2818 元/吨
理赔公式	玉米：（C2001 结算价格-C2001 目标价格）×17894.912 豆粕：（M2001 结算价格-M2001 目标价格）×5863.85
产品周期	每月一期，每期期限一个月，滚动操作，共计 6 期
保险责任水平	保险标的在产品中，各个保险期末相对于保险期初的全部价格涨幅，若涨幅小于保险目标价格，则按保底赔付确定保险责任

资料来源：根据太平洋保险公司官网和安信农业保险公司官网公开披露资料整理所得。

---

① 资料来源：中国证券网，https：//news.cnstock.com/industry，rdjj-202009-4590097.htm。

② 资料来源：《期货日报》，http：//www.qhrb.com.cn/articles/279709。

在本案例中，保险产品的保险费率为 2.37%，总保费共计约 167 万元，值得关注的是，保费 70%来自大连商品交易所的补贴，投保农户则承担剩余的 30%，养殖户仅需承担少部分保费就可实现饲料价格风险的转移。

3.2.2 场外期权复制，场内风险对冲

考虑到参保农户大部分为禽类养殖户，无法采用大连商品交易所的猪饲料成本指数进行投保。同时考虑价格指数结构会因两者的价格变动方向不一致，最终影响赔付效果。因此在本案例中，对玉米和豆粕两种产品分别投保，独立计算赔付。表 5 是期权产品的相关信息，根据保险产品所设计的场外期权产品为相应的玉米、豆粕期货欧式看涨期权，每月一期，每期期限一个月，滚动操作，共计 6 期[①]。每期场外期权的标的期货合约为当期玉米、豆粕期货主力合约。保险周期内，为了防止玉米、豆粕期货合约价格上涨导致养殖户养殖成本的上升，所以本次试点采用的是以玉米、豆粕期货合约为标的的看涨期权。同时，根据养殖户所需的玉米、豆粕数量，滚动操作多期欧式看涨期权，并在期权结构中设计少量保底赔付。期权到期若未发生价格上涨，被保险人可获得保底收益，若发生上涨，收益不低于平值期权效果。

表 5　场外期权方案

场外期权产品	玉米期货欧式看涨期权	豆粕期货欧式看涨期权
期权标的	大连商品交易所玉米期货合约（C2001）	大连商品交易所豆粕期货合约（M2001）
期权执行价格（元/吨）	1980	2018
名义现货数量（吨）	17894.912	5863.854
期权到期收益	标的数量×MAX（标的合约到期日收盘价-期权执行价，0）	期权到期收益
期权赔付	（S-K）×17894.912	（S-K）×5863.854
权利金单价（元/吨）	53.28	106.74
期权费率（%）	1.90	2.37

资料来源：根据大连商品交易所公开披露资料整理所得。

在金融衍生品交易中，Delta 对冲是一种风险管理策略，用于减少期权等金融衍生产品的价格变动对投资组合的影响。具体到案例中，玉米期货的波动率为 10%~12%，但在定价时考虑到项目周期长且面临中美贸易摩擦的影响，隐含波动率定为 16%左右。豆粕期货的波动率为 14%~20%，同样因项目特性和外部因素，

[①]　资料来源：《期货日报》，http：//www.qhrb.com.cn/articles/279709。

隐含波动率定为20%左右。在最后一期期权开仓时，定价风险已经较小，隐含波动率相应下调。交易日定价方式中，年交易日数定为244天。因期限较短，无风险利率定为0%[①]。根据市场的实际情况，场外期权的整体对冲思路是使用期货Delta对冲。

在Delta对冲中，首先需要计算期权的Delta值，该值表示期权价格相对于标的资产价格变动的敏感度。对于平价期权，Delta值接近于0.5；对于实值期权，Delta值接近于1；对于虚值期权，Delta值接近于0。具体来说，根据场外期权产品的虚实值程度、剩余期限等因素，确定初始的Delta敞口。在期权成交时，通过在期货市场进行交易来对冲这个Delta敞口，确保组合的Delta中性。随着标的期货价格的变动，Delta值会发生变化，导致Delta敞口也会变。当Delta敞口超出事先设定的风险阈值时，需要进行再平衡，即再次进行对冲操作以维持Delta中性。由于问题中没有提供具体的期权合约数量、执行价格或是当前的期货价格，无法计算确切的Delta值或进行具体的对冲操作。但是，上述步骤概述了整个对冲过程，并说明了如何基于市场的波动性和其他相关参数来进行动态的风险管理。

4 成效初显，机遇和挑战相伴相行

"保险+期货"模式给农业经济的发展带来了新的机遇和挑战，该模式在保障农业经营主体收入稳定、分散市场风险以及发挥期货市场价格发现功能等方面都取得了重大的成效。但是，该模式同时也伴随一系列的问题使得"保险+期货"模式的风险管理作用大打折扣。明确该模式的关键问题，对于"保险+期货"模式的推广以及农业经济的发展至关重要。以四川禽畜价格险来说，中国长城资产管理股份有限公司为四川万源、通江的农户提供了管理价格风险的金融工具，发挥了期货主体的先进示范作用，运用金融创新工具增收致富和服务"三农"，推动不同类型金融企业合作开发产品和开展业务，保障了四川通江、万源等地的低收入户的基本收入。但是，由于我国对饲料类"保险+期货"的试点相对较少且大部分试点仍处于探索阶段，四川万源、通江的饲料价格险便是其中一例，所以项目在实施过程中也遇到了来自各个方面的问题，主要体现在以下几个方面。

4.1 风险意识匮乏，入场积极性不高

此次试点项目的实施，主要覆盖了四川省的通江县和万源市，共计10018户

---

① 资料来源：《期货日报》，http：//www.qhrb.com.cn/articles/279709。

养殖户受益。这两个地区位于四川省的偏远地带，交通条件相对落后，道路通行困难。同时，农户的居住地分布广泛且分散，这给专家组前期的调研工作、宣传推广以及保险公司后期的理赔服务带来了诸多不便和挑战。首先，由于地理位置的原因，前期的调研工作需要耗费大量的时间和精力。工作人员需要深入到每一户农户家中，了解他们的实际情况和需求。同时，由于交通闭塞，工作人员在往返于各个农户家的过程中，也会遭遇到各种困难。其次，宣传推广工作也面临巨大的困难。由于农户居住地分散，工作人员需要花费大量的时间和精力进行宣传推广，同时由于交通闭塞，再加上农户获取信息的渠道比较单一，一些农户可能无法及时了解到试点项目的有关信息，这对于项目的推广来说无疑是一大难题。最后，后期的理赔工作也因为农户居住地的分散而变得复杂。一旦发生保险事故，工作人员需要在短时间内赶到现场进行理赔，同样由于交通不便的问题，增加了理赔的难度和复杂性。除此之外，当地农户的文化程度普遍处于初高中水平，对于期货市场和保险市场的知识了解不多。他们对于农产品期货期权等新型金融工具持观望的态度，对于参与此类项目缺乏积极性，这也给项目的推进带来了一定的困难。

4.2 项目资金缺位，长期可持续受阻

2015~2020年，稳步扩大"保险+期货"模式连续六年被写入中央一号文件当中，国家大力推行"保险+期货"项目助力农业经济发展，保障农业生产者的收入稳定，不断增加对"三农"的扶持力度。国家对"保险+期货"模式的重视有目共睹，但是这方面的项目资金却一直没有纳入国家财政政策支持的范围当中。项目上的资金大多数都是来自农业农村部、交易所以及个别地方政府，扶持资金的规模远不及项目试点扩张的规模，这使得许多试点因为资金缺乏而停滞或者效率不尽如人意。如果"保险+期货"模式推广至市场运行，资金需求缺口日益增长难以补足。

4.3 场内期权缺失，运营成本升高

在我国的"保险+期货"模式中，保险和期货的结合给农户带来规避市场价格波动的同时，也增加了期权复制的成本。养殖户与保险公司签订保险合约后，为了对冲标的价格上涨带来的赔付风险向期货公司购买期权，以期权费为代价将部分风险转移给期货公司，期货公司进一步在期货市场上进行期货合约的买卖交易来模拟期权以规避自身风险。由于我国目前缺乏场内期权，期货公司只能通过场外期权进入期权复制，与直接使用期权合约相比，我国的"保险+期货"模式增加了复制期权的成本，同时也增加了期权交易的复杂度。

4.4 风险认知差异，管控衔接困难

"保险+期货"模式属于导向型定价，该定价方式要求场外期权与保险具有一致的产品设计，期权赔付基本能直接转移给参保主体。在此期间，保险公司扮演了一个中间人的角色，利用多年的客户资源引进和集中特定的农产品进入期货市场。而这样的角色定位会使保险公司降低对该项目的责任心，甚至为了赚取保费而一味地签订保险合同。此外，不少参与项目的农户在收到赔款的时候并不清楚资金的来源，甚至以为是政府给予的补贴，这给"保险+期货"项目的推广带来了巨大的阻碍。"保险+期货"模式的风险对冲环节需要拥有较高的期货期权知识储备以及专业的设计期权买入卖出组合的能力才能真正做到有效地分散风险，而保险公司对农产品期货运作过程并不熟悉，使得期货公司在和保险公司的对接上还存在一定的阻碍。

5 查缺补漏，士农工商上阵齐破局

随着养殖业的不断变化，"保险+期货"模式的不断升级和完善，国家对农业发展的高度重视，给我国的养殖业提供了大量的机遇。但是，自2018年以来，受农业政策、中美贸易摩擦等影响，作为饲料原料的玉米和豆粕价格频繁波动，养殖户的饲料成本一直处于一个浮动的状态，养殖户的内心也一直悬着。由于我国期货市场起步比较晚，机制尚未成熟，模式上还存在许多问题有待完善。自2015年"保险+期货"模式提出到2019年，基差风险的存在、期货市场产品单一、风险管控衔接机制不完善等一直是制约"保险+期货"发展的几大难题。特别地，由期货市场产品单一又导致了期货市场无法准确地捕捉产品的市场价格。2015年开始，我国期货市场上的各类农产品逐年增加，但相较于整个期货市场所需要的期货产品来说还远远不够，制约了期货市场的价格发现功能。同时，在期货市场上，即使已经上市为农产品"保险+期货"为标的的产品，如果农产品未在现货市场上市，期货市场上也很难能得到相应的期货价格，进而也会制约期货市场的价格发现功能。虽然我国引入期货概念较早，但很多农民都不了解期货，将期货的概念增加到农业保险上就更为困难。并且，对于2014年的政府托底收购价政策，农民已然习惯了农业保险带来的便利，想要提高农户积极参与"保险+期货"模式还需要各地政府、企业的大力宣传与推进，真正让农户认识到"保险+期货"给农户带来的效益。

在项目中，四川禽畜价格险"保险+期货"模式的实践是我国对禽畜价格风险管理作出的新尝试。通过案例分析发现，此次试点存在着市场参与主体入场积极性不高、项目资金不到位、交易成本较高、管控衔接困难这几个方面的问题。在回顾美国农业保险发展历程的基础上，借鉴美国丰富的经验，针对养殖类"价格保险+期货"项目运行过程中存在的一系列问题，结合我国当前"保险+期货"模式的项目试点实践情况，提出以下几点建议，促进"保险+期货"模式在养殖产业中的运行和发展。

5.1 重要角色齐补位，充盈资金续发展

随着"保险+期货"模式的不断发展和完善，涉及的相关主体也越来越多，不同层面的主体逐渐参与进来，进一步提高了市场的运行效率。然而，主体的增加额与市场需求相比还远远不够，重要角色的进场对模式的全面开展至关重要。2015 年之后，中央不断增加对"三农"的扶持力度，同时大力推行"保险+期货"项目助力农产品价格保险，但是这方面的项目资金却迟迟没有纳入国家财政政策支持的范围。大多数资金都是来自农业农村部、交易所以及个别地方政府，期货交易所、政府的财力有限，这些补贴都是暂时性的，资金的短缺使项目无法长久持续性地开展下去，不利于"保险+期货"模式的稳步推进。因此，政府应该早日将"保险+期货"模式的项目资金纳入国家财政政策支持的范围，为项目的开展提供充盈且持续的资金。此外，银行在涉农主体信贷资源投放上缺乏较好的风险管理机制。因此，引入"银行+保险+期货+政府"模式可以提供更加完善的评估机制，除了传统的保险公司和期货公司，政府应该连接当地的银行，创建"银行+保险+期货+政府"新模式，帮助提供较好的农作物价格风险管理机制，提高涉农信贷资源的投放效果。对农民而言，有关期货的概念、名词晦涩难懂，如场外期权、亚式期权、欧式期权、对冲风险等，即便是一些地方政府领导或新型经营主体负责人，也不熟悉这些新名词。金融知识匮乏使保险公司与期货公司推进试点模式的动力产生很大的阻碍。因此，加大宣传教育，引导更多的农户参与到项目中来，一方面可以保障更多农户收入的稳定，另一方面可以减少保险市场上的道德风险。随着入场农户数量的增加，保费额度进一步扩大，也可以部分缓解财政压力。

5.2 完善市场功能，健全风险分散机制

5.2.1 完善保险市场，架稳中间桥梁

自 2015 年中央一号文件提出要稳步扩大"保险+期货"模式之后，虽然该模式一直处于平稳运行的状态，并没有出现过重大的问题。但是这项业务本身就是一个零和游戏，只是起到一个分散风险的作用，该模式还存在巨大的系统风险，

一旦出现违约问题，将会引发一系列连锁反应，甚至影响到金融市场的稳定。在模式的运行过程中，保险公司扮演了一个中间人的角色。保险公司利用多年的客户资源引进和集中特定的农产品进入期货市场，而这样的角色定位会使保险公司降低对该项目的责任心，甚至为了赚取保费而一味地签订保险合同，从而忽略对投保农户的调查分析。保险公司的存在，一方面衔接了金融意识薄弱的农户，另一方面衔接了瞬息万变的期货市场，架稳连接农户和期货市场这两者之间的桥梁显得至关重要。因此，保险公司应该提高警惕，加强对参保农户的调研考察，进一步核实参保农户的实际情况。同时，保险公司应当时刻警醒自身，选择与自身风险管理能力相匹配的业务规模，不能单纯地认为支付过期权费就能高枕无忧，必须意识到自己才是理赔的直接负责人。

5.2.2 完善期货市场，发挥价格发现功能

期货市场功能的正常发挥是"保险+期货"模式运作的关键，丰富而完善的期货品种体系是期货市场发挥价格发现功能的重要基础。目前，我国农产品期货品种体系结构不完善，一些重要品种缺失，如畜牧业中的肉鸡、牛、羊、水产品，特色农产品如蔬果类、指数类产品等，极大制约了"保险+期货"模式的应用范围。迄今为止，我国所采用的期权合约中，交易农产品的种类比较单一，主要是在面向玉米、大豆、苹果等种植面积较广、产量较高的几种经济作物上，市场范围比较狭窄，期货市场并不完善，农产品市场价格机制的反应较慢，短时间内"保险+期货"模式无法对价格波动较大的农作物进行承保或者是实行价格保护。因此，期货交易所应根据市场需求，不断推出新的期货产品，丰富市场的交易品种，满足多样化的风险管理需求，为"保险+期货"提供运作基础。同时，市场上应当加强监督管理，加大对违法违规行为的惩处力度，提高违法违规行为的成本，有效维护市场秩序，使得市场可以有效地运行。最后，增加市场信息的公开程度，让所有参与者都能获取到及时、准确的市场信息，以作出更为合理的交易决策。只有保证期货市场处于一个有效率的状态，其市场的价格发现功能才能最大程度发挥，准确无误地捕捉价格信息。

5.2.3 完善现货市场，衔接现货市场和期货市场

"保险+期货"模式中存在基差风险，即现货价格与期货价格之间的偏离可能导致套期保值者无法避免的风险，尤其是在采用替代品种保值时风险的可能性会被放大。在套期保值持有期间，基差会不断扩大或缩小，影响套期保值效果并产生损益。通常情况下，基差波动幅度相对较小且稳定，在一个固定的波动区间中，套期保值组合的盈利或亏损较小，不会对套期保值的有效性产生太大影响。但是，在特殊情况下，市场会出现异常情况，导致基差持续扩大或缩小，从而使套期保值组合出现越来越大的亏损，如果不及时止损，将对套期保值者造成巨大的亏损。

虽然偏离正常基差水平的异常基差现象是小概率事件，但如果风险处理不当，会对套期保值造成巨大的亏损。期货市场为现货市场的风险分散、生产及资源配置所服务，可以说其是现货市场的衍生市场。因此，两者之间相伴相生。注重现货市场的完善，是当前不可忽视的一项重要任务。一方面，市场监督者要制定统一的市场准入退出、交易品种、交易时序、交易执行结算等规则体系和技术标准，加强期货市场和现货市场之间的相互耦合和有序衔接。另一方面，建立健全市场监管机制，加强对市场运行的监控，及时发现并处理市场操纵、欺诈等违法行为，确保市场的公平性和透明度，使得现货市场处于一个有效率的状态。

5.3　推进立法进程，完善监管体系

立法是监管的基础，没有相应的法律法规，难以提升监管层次。因此，应加快推进《农业保险法》的立法进程，条件成熟时择机推出。从期货市场的角度来看，在《期货和衍生品法》立法的基础上，进一步完善期货市场监管机制，尽快建立保险业和期货业监管的协调机制，有效管控风险，确保"保险+期货"的健康可持续发展。同时，鼓励期货市场持续优化现有的品种交易规则，适时推出新型农产品金融衍生品，为保险公司提供更理想的风险管理手段，建立起更为合理、完整的"保险+期货"产品链条。就保险市场监管来讲，要引导保险企业合规经营，一定要防患未然。若期货市场面临风险较大，那么带给农业保险的损失也是不可预估的，还可能影响到已然开展的农业保险业务。所以，银保监、证监部门要加快相关政策法规的出台，完善配套监管制度，以保证监管体系的建立健全，实现各类风险的良好防范，特别是系统性风险。

6　案例结语

四川禽畜价格险是国内首批养殖业饲料涨价保险，通过保障玉米、豆粕两种主要饲料原材料的价格稳定进而控制养殖成本，不仅拓展了价格保险在产业链上的覆盖面，而且有助于促进期货套期保值、价格发现功能的充分发挥。养殖农户通过饲料价格险有效控制了饲料成本，保障了养殖收入的稳定，降低散户个体经营的风险。同时，价格保险也控制了银行贷款的信用风险，进而降低了养殖户的贷款成本，充分发挥了金融机构在增收工作中的"造血"功能。在养殖周期中，养殖户可能会因为饲料成本较高且价格波动剧烈等因素而预留一大部分的风险资金，防止饲料价格上涨的风险，从而限制养殖规模（钟叶锴等，2021）。而在本项

目中，养殖户只承担了较少一部分的保费，养殖户们便可以将预留对冲风险的资金投入到养殖规模上，扩大养殖规模，促进农村经济的发展。

"保险+期货"模式不仅有效控制了养殖户的饲料成本，推动了养殖规模的扩大，而且还带动了相关企业的成功转型，促进了我国养殖行业的平稳发展。同时，通过本次试点也暴露了"保险+期货"模式在实际运行中遇到的许多问题。具体包括试点项目的资金不足、各参与主体的金融意识参差不齐以及我国期权交易方式的特殊性带来的运营成本增加等问题。在参考了美国对于农业险的一些先进经验后，针对此次试点出现的问题进行总结分析，提出相应的解决方案，以待在后续的其他试点中更好地发挥"保险+期货"模式的优势。未来我国的"保险+期货"模式应该主要面向养殖业，针对小型个体养殖户的状况。相关部门应尽快组织专业人员对个体养殖户进行实地调研和专业的金融教育，使他们积极参与到项目当中。地方政府和养殖户也应该给予积极配合，保障项目的稳定实施。

案例使用说明

一、教学目的与用途

（一）适用课程

本案例主要适用于《投资学》《金融工程》《衍生金融工具》《金融风险管理》《证券投资学》《金融市场学》《金融学理论与实务》《行为金融学》等课程。

（二）适用对象

本案例主要适用于以下对象：

1. 经济学、金融学、金融工程、投资学等相关专业的本科生和研究生。

2. 对金融和投资领域感兴趣的专业人士，包括但不限于金融分析师、投资顾问、保险工作人员等。

3. MBA、EMBA、MPACC 等专业课程的学生，以及其他参与继续教育和职业发展课程的成人学习者。

4. 对金融市场、金融衍生产品、金融技术等有兴趣的企业管理者和决策者。

（三）教学目标

通过介绍"保险+期货"模式的农业风险管理案例，借助四川 2019 年由华泰期货有限公司、上海安信保险股份有限公司、中国太平洋财产保险股份有限公司以及通江县和万源市的 10018 户养殖户共同组成的"保险+期货"项目，共同探索"保险+期货"业务对养殖业的饲料风险管理模式。通过对案例的详细介绍，让学生系统全面理解并从中体会"保险+期货"模式在养殖业的饲料风险管理中的作用，了解农产品期货期权产品对于养殖业风险管理的重要意义以及关于场外期权产品设计和场内期货的对冲方法。

二、启发性思考题

本案例设置的启发性思考题旨在传递案例的教学知识。在案例讨论前，通过布置启发性思考题，引导学生带着问题分析案例。

1. 四川通江、万源禽畜饲料价格险项目中会面临哪些风险？

2. 该案例中，"保险+期货"模式是如何转移风险的？

3. 保险公司和农户签订的保险合同风险管理效果如何？赔付金额如何？

4. 华泰期货有限公司和保险公司签订的场外期权合约是什么类型的？

三、分析思路

本案例内容聚焦于"三农"问题，涉及主体较多，涉及内容比较专业，需要教师引导学生透过现象理解本质。因此可以先安排学生预先了解"保险+期货"的相关专业知识，教师再根据自己的教学目标来灵活使用本案例，这一部分将结合案例材料和启发性思考题，梳理本案例的分析思路，仅供参考。

首先，介绍"保险+期货"模式的发展历程、运行机制、风险管理的效果以及"保险+期货"模式在农业政策中的重要性。分别就四川禽畜饲料价格险项目中养殖户所面临的风险以及各参与主体的避险需求，指明在该案例中"保险+期货"可以满足各方参与主体的避险需求。

其次，引入案例，逐步展开介绍、分析案例中的保险环节、场外期权环节、场内对冲环节中各主体的收益状况和潜在风险。

最后，探讨"保险+期货"模式在农业风险管理中发挥的作用，分析"保险+期货"模式在实践中存在的问题，针对出现的问题提出相应的解决方案。

四、理论参考

（一）"保险+期货"模式

"保险+期货"模式是我国独有的农业风险管理模式，由农业生产者或者农业相关企业购买相应的农产品保险，当遇到市场价格动荡触发价格保险的赔付条款时，保险公司按照事先约定的价格对农户进行赔付，而保险公司则通过向风险管理公司购买场外期权产品转移赔付风险，实现"再保险"，形成风险多方共担的共赢局面。

从本质上来说，"期货+保险"为投保主体提供了一种灵活的金融避险工具，将农业领域所面临的价格风险转移至期货市场，保险是连接两个市场的纽带，衔接了农业生产经营者与期货市场，协同合理地利用期货市场的风险管理功能实现价格风险对冲，为农业经济的发展提供助力。

（二）场外期权

场外期权是指在交易所之外的场所进行交易的期权[1]。场外期权在设计和使用上具有灵活性、多样性以及可以为企业提供一对一个性化定制服务等特点，可以帮助企业管理经营过程中潜在的市场风险，延伸了场内产品的内涵与功能[2]。在案例中，期货公司根据自身的需要，设计相应的期权合约和拟定价格，然后通过场外期权经纪人寻找交易。场内期权与场外期权的最大区别在于场内期权合约是标准化后的合约，流动性和变现性都比场外期权要强得多。

（三）"保险+期货"产品定价原理

"保险+期货"将期货对冲作为风险管理的最终环节，将产品前端设计为农户

---

① 刘懿莹. 场外期权发展现状及定价方法研究［D］. 济南：山东大学，2017.
② 张田苗. 期货市场创新服务产业进入新阶段［N］. 期货日报，2022-11-23（002）.

较为熟悉、便于理解的保险产品，其定价过程遵循倒向型原理——先确定场外复制期权价格（权利金），再附加通道费来计算最终保险保费，即保险保费＝权利金＋通道费。因权利金受期权价值状态（行权价格与标的价格的相对差值）的显著影响，"保险+期货"产品的目标价格通常"随行就市"，即期权入场后以建仓价格为参考来确定[①]。

（四）风险管理

风险管理是指通过一系列过程和方法，以最小的成本获取最大的安全保障，降低风险带来的消极结果。通过有效的风险管理，可以降低不确定性对公司的负面影响，同时提高公司对机会的把握能力，从而实现公司的稳定发展和目标达成。在金融衍生品市场上，风险管理理论涉及多个方面，包括利用衍生产品的杠杆属性、专业性要求、风险管理策略、监管和创新、资产价格发现、套期保值和资产负债管理以及投资和套利等。这些理论为企业和投资者提供了一套完整的框架去实现有效管理和转移风险。然而，这也要求参与者必须具备高度的专业知识和技能，以及对市场动态的敏感洞察力。

五、具体分析

下面通过回答提出的启发性思考题，详细分析本案例所涉及的知识点，进而达到更全面掌握本案例关键点的目的。

（一）四川通江、万源禽畜饲料价格险项目中会面临哪些风险？

【理论知识】保定价风险、基差风险、信用风险、定价风险、流动性风险

【分析思路】本题设置的目的是结合具体的实际情况认识到我国"保险+期货"模式在运行中遇到的各种风险，理解我国政府大力推行"保险+期货"模式的重要意义。

【案例答案】案例中，四川万源和通江的 10018 户养殖户面临价格浮动和产量波动的风险。但是，项目中，主要针对饲料的需求端——禽畜养殖户具体展开分析。转换传统的农行保险思维，站在养殖户的角度上剖析饲料价格波动给养殖户带来的成本波动风险，通过工商银行、保险公司、期货公司以及该地方政府的调研和分析，选定以玉米、豆粕两种饲料作为标的。项目中，各参与方面临的风险具体如下：

第一，养殖户面临的价格浮动和产量波动的风险。和玉米、豆粕的种植户的价格浮动风险不同，养殖户的价格浮动来自两方面：一方面是禽畜价格浮动，另一方面是饲料成本的价格浮动。

---

① 徐媛媛，崔小年，王聪等．"保险+期货"模式能实现农产品市场风险管理闭环吗？［J］．保险研究，2022（07）：69-84+95.

第二，定价风险。场外期权的定价依赖于目标标的的历史价格数据。如果期货市场价格波动较大，出现行情极其不稳定的情况，那么期权的定价可能无法真实预测，从而难以覆盖对冲成本增加期权卖方的风险。

第三，基差风险。基差风险是期货价格与现货价格的背离。在这种情况下，投保人虽然购买了价格保险，但却没有享受到对现货价格的保险。

第四，信用风险。资本市场的不稳定引起商品期货市场的波动，从而增加了各参与方的信用违约风险。

第五，流动性风险。短期内交易需求强烈，大量交易者涌入场内期货或期权市场，如果无法及时全部成交，那么就会对市场价格形成显著冲击的风险。

（二）该案例中，"保险+期货"模式是如何转移风险的？

【理论知识】"保险+期货"模式、风险转移

【分析思路】本题设置的目的是帮助学生理解"保险+期货"模式的实际运行机制，了解该模式风险转移的具体过程。

【案例答案】案例中，当地的养殖户以当地政府、合作社或者村民委员会的形式进行投保，承保人是安信农业保险股份有限公司和中国太平洋财产保险股份有限公司四川分公司，负责市场风险对冲的是华泰期货的风险管理子公司华泰长城资本管理有限公司。保险公司和期货公司事先确定好相关细节，包括保费的各方支出比例、保险的执行价格、赔付额等。之后就设计好的保险合同内容与来自通江、南江、万源的合作社（农户）签订合同。为了防止玉米、豆粕价格上涨给保险公司带来大量的赔偿额，保险公司买入看涨期权对冲风险。如果玉米价格在承保期内上涨，到期日后价格高于保险合同约定的执行价格，那么在价格保险的价格锁定保护下养殖户可以从安信农业保险股份有限公司和中国太平洋财产保险股份有限公司四川分公司得到赔付金。同时，保险公司作为看涨期权的买方，由于价格上涨而获得盈利，只要保险公司获得的受益超过赔付给农户的赔偿金，保险公司就是受益的。华泰长城资本管理有限公司作为看涨期权的卖方，通过保险公司权利金的支付以及在期货市场上的对冲操作分散自身部分风险，如果权利金的数额超过未能对冲掉的风险敞口，那么期货公司最终也能从模式中获益。

（三）保险公司和农户签订的保险合同风险管理效果如何？赔付金额如何？

【理论知识】保险合约、风险管理、合约理赔、倒向型期权、延期式场外复制期权

【分析思路】本题设置的目的是帮助学生认识到"保险+期货"模式对养殖业的饲料成本保障作用，理解该模式对养殖业发展以及农村经济发展都具有重要的意义。

【案例答案】与依据大数据算法原则的传统保险精算定价原理不同，"保险+

期货"的保险价格本质上是倒向型期权，定价原理是先通过确定延期式场外复制期权价格作为单位纯保费，在此基础上附加费用率和利润率再确定单位保费。"保险+期权"模式价格保险生命周期分为锁定期和计价期。在"保险+期货"合同签订时约定起赔的目标价格，根据标的期货合约价格波动进行理赔处理，如果期货合约价格在约定的未来一段时间窗计价期内高于或触及目标价格，那么"保险+期货"合同就启动理赔，理赔金额根据约定的起赔条件进行计算并足额赔付。

此次试点由安信农业保险股份有限公司和中国太平洋财产保险股份有限公司川分公司联合承保，共同对参保农户进行理赔。来自通江、南江、万源的 10018 户养殖户以农村合作社的形式向保险公司购买价格险，其中也包含当地相关企业。由于篇幅限制，我们只展现承保清单的合计情况。根据承保清单不难发现，企业玉米投量 7446.397 吨，农户玉米用量 17894.912 吨，企业豆粕用量 2420.999 吨，农户豆粕用量 5863.854 吨。相应的保费及保额加总得出。具体的数值如表 6 所示。

表 6　玉米/豆粕的统计信息　　　　　　　　　　　　　　　　单位：吨，元

	玉米用量	豆粕用量	保险金额	保险费
总计	25341.310	8284.850	72198898.30	1673499.84
企业	7446.397	2420.999	21178221.40	489476.03
农户	17894.912	5863.854	51020676.90	1184023.81

资料来源：根据华泰期货有限公司公开披露资料整理所得。

该项目的试点周期为 6 个月，每月为一期，共 6 期。以玉米、豆粕期货主力合约为参照目标合约，上月最后一个交易日收盘价为行权价，本月最后一个交易日的收盘价为结算价，滚动操作。玉米每期保险费率约为 2.15%，豆粕每期保险费率约为 2.69%，如果结算价高于保险合同约定报价，则投保方可获得理赔。本项目总保费规模为 118 万元，最终实现赔付总额 35 万元，有效控制了参保养殖户的饲料成本，不仅提高了涉农主体的抗风险能力和潜在利润水平，还有助于增强涉农主体的金融意识，激发涉农主体的自身"造血"机能。

（四）华泰期货有限公司和保险公司签订的场外期权合约是什么类型的？

【理论知识】场外期权、欧式期权

【分析思路】本题设置的目的是帮助学生认识场外期权的基本性质和交易过程，理解期权的交易方式。

【案例答案】此试点行权选择的是欧式期权。欧式期权是指在将来的某个约定的时间，支付商定的权利金成为期权的持有者，获得以事先约定的价格向期

权出售者购买或者出卖约定数量的标的的权利。欧式期权对期权买方来说可以更轻松地管理投资组合，并且权利金定价相对较低。根据双方合约内容，可知本项目的期权品种为欧式看涨期权，标的资产为玉米/豆粕主力合约，每一个月作为一期，共6期，每期最后一个交易日进场，每月最后一个交易日到期，滚动操作。

六、关键要点

（一）案例关键点

本案例主要围绕四川万源、通江项目试点展开，介绍了项目的基本情况以及背后的理论机制，以案例入手，更加深刻地了解"保险+期货"的运行机制，案例中将各环节一一展开，帮助读者认识到每个环节的关键要点，理解保险市场和期货市场上的具体运行，对我国农业保险的发展具有一定的启示作用。

（二）知识关键点

本案例涉及的知识点主要有："保险+期货"模式的运作机制、风险对冲、欧式期权、场外期权、农业保险。

（三）能力关键点

本案例涉及的能力点主要有：发现与解决问题的能力、比较分析能力、理论联系实际能力、逻辑分析能力。

七、课堂计划建议

本案例可以作为专门的案例讨论课进行，教学教师可以通过对案例的逐一介绍，按照一定的时间进度，设计适应教学进度的教学方案，如表7教学案例计划安排所示，仅供参考。如下是按照时间提供的具体教学计划参考。本案例建议在《金融工程》《金融衍生工具》及《金融案例分析》等课程中作为综合案例使用。整个案例课的课堂时间控制在2课时，共90分钟，为了保证案例教学的质量，建议学生规模控制在30人以内。

表7 案例教学计划安排

阶段	内容	教学活动	时间
课前准备	课前计划	提前发放案例正文、启发性思考题和背景资料，请学生在课前完成阅读和初步思考，了解大的宏观政策背景和案例项目细节。同时将学生分组，小组规模在5~6人为宜，要求以小组为单位进行案例阅读、相关资料查询与课前讨论	提前一周

阶段	内容	教学活动	时间
课堂计划	理论基础与案例背景介绍	授课教师介绍四川地区的养殖户受饲料现货市场价格风险波动影响而导致禽畜产量减少的背景，再将饲料成本"银行+保险+期货+"项目作为缓解养猪户饲料成本波动的一个途径引入，向学生介绍关于农业风险相关理论、保险和期权，使得学生对这个项目的知识点有个大概的把握	10 分钟
	案例教学导入	授课教师简单扼要地介绍项目的内容与主题，主要包括"银行+保险+期货"项目的主要流程以及业务特征	20 分钟
	小组汇报	遵循自愿主动的原则，选取其中 1~2 个小组来展示自己小组的分析成果，内容包括案例重点内容总结、回答启发性思考题以及小组成员对于这个项目的一个评价	40 分钟
	自由发言环节	每位学生都可以对刚刚发言的学生观点进行补充和提出自己的想法	10 分钟
	教师进行总结	教师对于案例讨论进行归纳总结，并进一步鼓励学生对于案例中的一些知识点进行发散性思考和分析	10 分钟
课后计划	—	让学生以小组报告的形式写出自己对这个案例的思考和结论。为后续章节的学习做好铺垫。同时课下查找资料，了解该模式的相关项目试点情况	课后一周

案例二 青山控股集团镍期货逼空事件的案例分析

摘要： 国际局势动荡，伦敦金融交易所（LME）上的各种金属期货价格，尤其是镍，经历了持续的上涨。国际投资者利用这种形势，在期货市场上通过重金押注镍期货多头，企图逼空。自 2022 年 3 月 1 日起，伦敦镍价从每吨 24225 美元飙升至 101365 美元，仅在六个交易日内便暴涨了 3.18 倍。这种剧烈的价格波动可能对持有大量镍期货空头合约的青山控股集团造成巨大损失，预计损失高达数十亿美元。本案例探究了青山控股集团可能产生巨额亏损的成因，包括国际与国内期货交易体系的不同、供应链危机以及国际地缘政治的影响。此外，案例还分析了青山控股在套期保值和交叉套保策略上的运用，指出公司在风险管理、流动性管理和市场洞察力方面存在的不足，这些因素最终导致了青山控股在这一备受关注的镍期货事件中一度十分被动。此案例为中国的企业和机构提供了重要的教训，强调了保持高度的风险意识，以及坚持套期保值和风险防控原则的重要性。

1 案例背景与案例思政

思政元素： 习近平总书记强调，实现中国式现代化，必须加快建设以实体经济为支撑的现代化产业体系。我国期货市场因实体经济需求而生、为实体经济发展而长。我们要更好发挥期货市场功能，抓住大力培育产业客户这个关键，进一步丰富贴近实体经济的期货和衍生产品，切实增强期货中介机构的服务能力，不断提升期货对发展现代农业、服务中小企业、提升产业链供应链韧性与安全、促进绿色低碳发展等方面的能力和水平，更好服务构建现代化产业体系。（摘自：坚持稳中求进　提升服务能力　坚定走好中国特色现代期货市场发展道路——方星海副主席在中国期货业协会第六次会员大会上的讲话[①]）

教学意图：第一，青山控股集团镍事件中，青山控股集团暴露出企业在风险管理中的什么问题？第二，青山控股镍事件之后，对我国期货市场风险监管和企业衍生品工具风险管理带来的启示。

2022年10月27日，中国金融期货交易所召开党委理论中心组（扩大）学习会议（以下简称会议）[②]，认真学习贯彻党的二十大和中共二十届一中全会精神，认真学习习近平总书记代表十九届中央委员会所作的报告、新修改的《中国共产党章程》、关于十九届中央纪律检查委员会工作报告的决议，以及习近平总书记参加党的二十大广西代表团讨论时的重要讲话精神，传达中国证监会党委有关要求，并对交易所学习宣传贯彻工作进行研究部署。

会议提出要把学习宣传贯彻党的二十大精神，同走好中国特色现代资本市场发展之路相结合，同推动巡视整改常态化长效化工作相结合，同金融期货市场改革发展稳定各项工作相结合，真正做到学以致用，知行合一，把学习贯彻党的二十大精神转化为具体行动和实际成效，切实推动交易所各项事业发展。首先要加强理论和实践探索，为中国特色现代资本市场建设发展贡献力量；坚持服务实体经济，加快产品和业务创新；防范化解风险，筑牢市场安全底线；积极深化改革，稳妥推动高水平开放；优化市场生态，讲好金融期货故事；持续强化全面从严治党的氛围。坚持稳字当头、稳中求进，全力维护金融期货市场平稳健康发展。同时促进金融期货市场功能有效发挥，助力实体经济和资本市场高质量发展，积极推动中长期资金入市，提升各类机构参与金融期货市场的广度和深度；立足市场需求，加快丰富产品供给，全力推动"十四五"规划等相关重点任务落地实施。在中国证监会统一领导下，自觉主动服务全市场注册制改革，积极探索金融期货助力改革的具体举措。

2022年初，世界金融市场剧变。2022年3月上旬，伦敦金融交易所（LME）的镍期货价格在短期内迅速上升，截至3月8日，伦镍的价格继续上涨，曾一度超过100000美元/吨，在两天内累计上涨了将近250%[③]。在俄镍受限机会之下，资金巨头趁机逼空青山控股集团，伦敦金属交易为此紧急采取了取消交易和延迟

---

① 资料来源：中国证券监督管理委员会，http：//www.csrc.gov.cn/csrc/c100028/c7430291/content.shtml。
② 资料来源：中国金融期货交易所，http：//cffex.com.cn/jysdt/20221028/30324.html。
③ 资料来源：中国国际金融股份有限公司，《有色金属：伦镍大幅上涨背后的基本面分析》。

交割的措施。由此，在全球范围内掀起了一场镍期货风波。

针对此次发生的青山控股集团镍事件，中国人民大学国际货币研究所、中国物流与采购联合会大宗商品交易市场流通分会、大连商品交易所研究中心和衍生金融 50 人论坛联合在 2022 年 3 月 25 日举办了大金融思想沙龙总第 177 期线上研讨会"伦敦金属交易所镍事件的思考与启示"[①]。IMI 研究员、中国人民大学财政金融学院应用金融系副主任郭彪应邀出席并做研讨发言，他提出：一是场内市场和场外市场都有存在的必要性；二是青山控股集团使用套期保值的做法本身并没有错，错在其规模远超其实际应做套期保值的规模而导致陷入被动；三是中国交易所涨跌停和临时停盘的制度优越性。同时还提出三个建议：一是继续加大国内交易所市场的规模，提高镍期货的定价权，促进企业使用套期保值工具防范风险；让更多的实体企业进入镍市场，进入"保险+期货"行业；二是要建立一套中国企业参与境外市场的监管体系，包括对它的套期保值的规模进行一些适当的监控，从国家层面进行监管，大力推广衍生品投资教育，明确套保与投机的区别，谨慎使用复杂期权；三是不应该只看到套期保值交易的亏损甚至妖魔化亏损，企业首先要有足够的知识储备，其次要合理大胆地使用套期保值工具。

同时专家还提到，由于此次期货市场的突发事件导致现货价格缺乏报价基准，不难看出青山控股集团伦镍事件体现了期货的价格发现功能。交易所市场的中小型交易都有很强的价格发现功能，交易所市场和场外市场的存在都是必要的，场外市场更适合流动性较强的机构或者规模更大的订单，而场内市场更适合中小型企业，所以我国应该侧重发展场内市场。对此专家提出了一些建议：一是继续加大国内交易所市场的规模，中国目前是全球最大的镍需求国，但在定价权上还有很大的加强空间；二是要建立一套中国企业参与境外市场的监管措施，包括对它的套期保值的规模进行一些适当的监控，从国家层面进行监管，防范从套保变成投机，或者谨慎地使用一些复杂期权，同时大力推广衍生品投资教育，这是国家监管层面。除了提高期货的套期保值功能外，企业也要防范从期权组合变成期货的操作，企业一定要谨慎，当你有很多期权组合的时候，一定要谨慎地分析期权的风险点，从而达到真实的套期保值的功效。最后是关于企业会计的处理，也就是企业治理问题。无论是媒体还是企业，都不应该把套期保值的亏损妖魔化，企业进行套期保值是作为天然空头的，不可避免在套期保值端亏损，但在实体企业中的经营会盈利，所以两者在一定程度上会抵消，只看到套期保值交易的亏损畏手畏脚不敢进行套期保值是不可取的。对企业来说，首先要知识储备，其次要正确合理大胆地使用套期保值工具，才能最大程度地规避风险。

---

① 资料来源：国际货币网，http：//www.imi.ruc.edu.cn/IMIdt/djrsxsl/22680af9dea14578b4a06fb1c0a2808f.htm。

本案例通过展示青山控股集团镍期货事件的过程，对此次事件发生的原因以及该事件所暴露出来的 LME 存在的监管盲点和青山控股集团在套期保值风险管理中可能存在的不足进行探索，为企业期货风险管理带来了启示。企业应该把防风险、促稳定放在更加突出的位置，牢固树立底线思维，坚决守住不发生系统性风险的底线。以金融期货市场的"稳"和"进"为资本市场全局多做贡献，最终促使企业全力推动金融期货市场高质量发展，为维护资本市场和经济社会稳定发展大局积极贡献力量。把贯彻党的二十大精神转化为具体行动和实际成效，以优异成绩完成党的二十大任务。

2 "史诗级逼空"背后

2.1 镍①②

青山控股公司的核心业务是不锈钢的生产和加工，这就离不开一种关键的原材料——镍。镍（符号 Ni，原子量 58.71，原子序数 28）发现于 1751 年，是一种有光泽的银白色金属。它的熔点为 1453℃，热导率和电导率相对较低，耐腐蚀和氧化能力强，在高温下具有优良的强度和韧性，并且能够被磁化。作为一种有极强磁性和延展性的银白色纯金属，它具有吸引力并且非常耐用，它是不锈钢、电池生产中常用的一种金属，可以提高钢铁的高温可塑性和抗腐蚀性，而且很容易与其他许多金属形成合金。镍广泛应用于消费、工业、军事、运输/航空航天、海洋和建筑等领域的 30 多万种产品中。镍制品分为一级和二级，三元电池的生产制造中使用的是一级镍产品，而二级镍产品用于不锈钢的加工。地球上的镍矿大致可以分为硫化镍矿和红土镍矿，根据 Nickel Institute 的统计，全世界的镍资源约为 3.5 亿吨，其中 54% 为红土，35% 为岩浆硫化物矿床。铁镍合金、沉积多金属、火山成因块状硫化物矿床等热液系统以及海底锰结壳和结核含有 10%，尾矿等其他资源含量为 1%③。澳大利亚、印度尼西亚、南非、俄罗斯和加拿大占全球镍资源的 50% 以上。历史上开采的镍矿中有近 80% 是采掘出来的，但已知的镍矿储量和资源也在稳步增长。2020 年，70% 以上的初级镍用于制造不锈钢，大约 10% 用于

---

① 资料来源：国际镍业研究组织，https：//insg. org/index. php/about-nickel/what-is-nickel/。
② 资料来源：Nickel Institute，https：//nickelinstitute. org/en/about-nickel-and-its-applications/。
③ 资料来源：U. S. Geological Survey，2024，Mineral commodity summaries 2024：U. S. Geological Survey，212 p.，https：//doi. org/10. 3133/mcs2024。

其他钢和有色金属合金，通常用于高度专业化的工业、航空和军事应用。超过 6%
用于电池，其余用于其他行业，包括电镀和铸造。全球镍资源分布不均，镍矿石
在各大洲被大约 20 个国家开采，在大约 25 个国家进行冶炼或精炼。硫化镍矿主
要分布在高纬度地区，如俄罗斯，硫化镍矿含镍量高，是制造高性能动力电池的
首选，而红土镍矿成分较简单，冶炼难度低，多用于生产不锈钢，主要分布于印
度尼西亚和菲律宾等东南亚地区。全世界每年只生产和消费约 250 万吨新镍或初
级镍，而铜和钢的产量分别超过 2000 万吨和约 8 亿吨。

在 LME 的镍期货的交易中，对镍的品质有着严格的要求，标准交割品为镍含
量 99.8% 以上的符合美国原材料监管协会（ASTM）规格的阴极镍，一手 6 吨，以
美元作为结算[①]，而俄镍是 LME 的主要交割产品。1991~2021 年，LME 历史上镍
的名义价格显示出相当大的波动性，20 世纪 80 年代末，镍价曾达到顶峰。2003
年，镍价仍低于 10000 美元/吨。价格在 2005 年突破了 14000 美元/吨，然后在
2006 年大幅攀升，直到 2007 年 5 月达到 52179 美元/吨的峰值。镍价随后一直下
跌，直到 2008 年底，当时平均现金价格在去年 12 月触及每盎司 9678 美元的低
点。2009 年初，镍价开始再次攀升，2014 年 1 月印度尼西亚实施未加工矿石出口
禁令，镍价在 2014 年 7 月攀升至略低于 20000 美元/吨的水平。从 2017 年底开
始，镍价开始呈现缓慢的上升趋势，2020 年 4 月出现大幅下跌，镍价达 11753 美
元/吨。到 2020 年下半年中国经济的快速复苏是镍价上涨的主要推动力，2021 年
2 月镍价达到 18568 美元/吨。

2001~2005 年，LME 的镍库存相对稳定，约为 2 万吨。截至 2019 年底，镍库
存达到 9.1 万吨的五年低点（LME 和上海期货交易所合计）。在需求下降并由于
大流行导致价格下降之后，库存水平开始上升，在 2020 年 8 月达到约 27.2 万吨
的峰值。由于国际关系紧张，伦镍期货的价格出现了明显的上升趋势，而全球的
镍的整体情况处于价格较高、库存较低的状态。在 2021 年，由于镍产量的释放和
镍产品的供给的短缺，全球的镍资源储备出现了明显的不足。2021 年 LME 年平均
现金价格估计比 2020 年上涨了 30%，这是因为人们预计电动汽车电池中镍的使用
量将增加，不锈钢需求将继续保持强劲[②]。LME 的镍库存在 2022 年 2 月降至的
8.5 万吨左右，在 3 月 7 日 LME 的统计数据显示镍库存为 7.7 万吨[③]。

同时，随着新能源市场的逐渐兴起，镍的市场空间不断扩大，在 2021 年，新
能源市场上兴起了三元电池的消费市场，镍作为三元电池的原材料，其需求直线

---

① 资料来源：London Metal Exchange，https：//www.lme.com/en/Metals/Non-ferrous/LME-Nickel/Con-tract-specifications。

② 资料来源：U.S. Geological Survey，2022，Mineral commodity summaries 2022：U.S. Geological Survey，202 p.，https：//doi.org/10.3133/mcs2022。

③ 资料来源：London Metal Exchange，https：//www.lme.com/Physical-services/Warehousing。

上升，含有电解镍的高镍三元电池，可以大幅度提高新能源汽车的续航里程。镍在不锈钢与新能源电池生产中应用较多。产业内产生了"选择火法冶炼（RKEF）还是湿法冶炼（HPAL）来生产电池原料的分歧"。生产不锈钢的原料主要为镍铁或者镍生铁，生产镍铁的主要方法是将红土镍原矿在回转窑中进行干燥焙烧，再经还原熔炼，这就是传统的红土镍矿火法冶炼。最后在精炼电炉中利用还原物得出镍铁，生产流程较短，技术难度较低且成本不高。而生产电池原料主要依赖于硫酸镍，生产硫酸镍的原料为镍钴中间品和高冰镍。可以通过火法冶炼和湿法两种工艺。另一种工艺是湿法，也就是 HPAL 技术，其工艺路线为由红土镍矿产生镍钴中间品，最后生产硫酸镍。除了中间品外，高冰镍也可用于生产硫酸镍，可以使用火法冶炼（RKEF），由硫化镍矿产出高冰镍最后得出硫酸镍，或者使用红土镍矿加工得到镍铁和镍生铁，再产出高冰镍以制出硫酸镍。

湿法制备硫酸镍耗能低、成本低，更为重要的是湿法采用资源储备更丰富的低品位镍矿，但如此高效率的优势就意味着较高技术壁垒以及前期研发的较高开发成本投入。对于中国和印度尼西亚而言，早期镍矿冶炼产业主要为生产不锈钢，故多使用的是火法冶炼（RKEF）。如表1所示，因湿法冶炼与火法冶炼存在一定的差异，即湿法技术壁垒较高、研发投入时间较长但生产成本较低，火法冶炼技术难度较低但生产成本高。中国、印度尼西亚的主要生产工艺是火法，而要想转化到湿法，在短期内较为困难。俄镍，也就是硫化镍矿，就是采用火法冶炼进行生产，不仅保证了生产成本和效率，且地理位置占优势，可直接满足中国新能源电池产业对镍的需求。

表 1　火法冶炼和湿法冶炼的区别

项目	火法冶炼		湿法冶炼	
	还原熔炼镍铁	还原硫化熔炼镍锍	高压酸浸	常压氨浸
能耗	较高	高	低	高
镍回收率	较高	较低	90%以上	较低
钴回收率	0%	较低	90%以上	较低（小于60%）
适用于	腐殖土型红土镍矿	含镍低的红土镍矿	褐铁型红土镍矿	镁含量较高的红土镍矿
最终产品	镍铁	镍冰铜或镍金属	镍钴中间产品	氧化镍产品

资料来源：根据朱宇平（2020）和王帅等（2021）的研究整理所得。

作为世界第一产钢大国，我国对镍金属的需求量巨大，但我国并不是一个盛产镍矿的国家，主要依赖于进口，我国的国际进口比例一度高达80%（陈邦祺，2022）。俄罗斯所有的镍矿资源以硫化镍矿为主，其中硫化镍的资源量和产量居世界首位，俄镍贡献了全球较大的一级镍产能，一级镍产品就是 LME 镍期货合约交割所规定的标准交割品。俄镍的出口国主要是德国、瑞士、中国等，中国是俄罗斯一级镍的主要进口方。为了保障资源供给、实现低成本扩张，青山控股集团从2009年10月就开始布局在镍资源丰富的印度尼西亚投资，开发在印度尼西亚境内的红土镍矿，提高冶炼产能。青山控股集团在印度尼西亚苏拉威西和北马鲁古建设了莫罗瓦利（IMIP）和维达湾（IWIP）两个工业园区。2019年，青山控股集团镍当年产量为33万吨，2019年实现年营业额2626亿元，2020年实现营业收入2928.9亿元，而青山既拥有了自己的矿产，也经营着属于自己的不锈钢企业，从而垄断了国内的镍市场，变成了名副其实的"中国镍王"（齐稚平和张晓燕，2022）。

2.2　突如其来的"黑天鹅"事件——俄乌冲突

在俄乌冲突爆发后，全球的股市出现不同程度波动，这打开了国际大宗商品市场的潘多拉魔盒，一时间大宗"脱缰"。原油价格大幅上升，冲破100美元/桶，小麦期货价格更是在两周内翻倍（陈嘉玲，2022）。沪镍价格一度逼近18.5万/吨，创下了历史新高，而到1月中旬，LME的镍价格已经涨到每吨2.4万美元[1]。俄罗斯作为重要的镍生产国和出口国，制裁对镍的短期价格冲击较大。近年来，欧洲是俄镍出口的主要市场，在中国境内出口较少。随着西方国家对俄罗斯采取的制裁，对欧洲地区来说，俄镍的出口将会大幅度下降。一方面，欧洲镍供应存在缺口，LME的镍库存难以获得补充，将持续减少，进一步引发市场对镍供应缺口的忧虑，增强期货市场空单挤兑风险。另一方面，LME俄罗斯的金属注册品牌较多，受制裁可能对LME期货市场及交易所业务的参与方有较大影响，且俄罗斯镍生产商的资金和原料也可能受到西方国家制裁的影响，导致进出口贸易受阻，对俄镍的产量有一定消极影响。

3　事件始末缘由

3.1　主角——"中国镍王"和"多头对手"

本次镍期货事件有两位主角，其中一位主角就是"中国镍王"——青山控股集团，一家从事不锈钢生产的民营企业。与很多20世纪80年代下海的企业家相

---

　①　资料来源：东方财富网，https：//quote.eastmoney.com/globalfuture/LNKT.html。

同，在 1988 年项光达辞去了国企的稳定工作，与妻子何秀琴一起投身到了汽车门窗行业。1992 年项光达在德国考察时发现中国不锈钢对外的依赖度很高。1995 年前后，全国正值钢材供应紧缩，温州的无缝钢管产业兴起，于是项光达的浙江丰业集团就势成立。2003 年，青山控股集团正式成立，逐渐发展现下辖 10 余家企业，青山控股 2020 年的不锈钢粗钢产量达 1080 万吨，产能超过 1000 万吨，约占中国市场供应量的 35.8%，占全球产量的 21%。2021 年，青山控股营收超 3500亿元，利润达数百亿元（陈其珏等，2022）。在 2021 年入选中国民营企业 500强，排名第 14 位（陈邦祺，2022）。值得一提的是，"青山"来源于 1998 年创办的浙江青山特钢有限公司，公司位于温州市龙湾区永中青山村，而"青山"还代表着"咬定青山不放松"之义，象征着永恒和坚韧。另一位"多头对手"是在此次事件中的镍期货多头方，也是对青山控股集团发起逼空操作的资金巨头。

3.2　境外机构盯上规则漏洞"抢劫"

青山控股集团在 LME 持有大量镍期货空单的动机有两种：一种是为了避险而进行套期保值。青山控股集团为了规避现货镍的价格下跌带来的风险而做空镍期货（屈丽丽，2022）。镍是青山控股集团所有生产活动的主要生产原料，包括不锈钢和电池等产品的生产。青山控股集团拥有印度尼西亚约 4.7 万公顷的红土镍矿，这使青山控股公司有大量的镍库存，所以青山控股集团在 LME 中持有大量镍期货空单是合理的。若镍现货的价格下跌，那么持有空单获得的利润就可以抵消掉青山控股公司库存镍价格下跌的亏损。另一种是从镍的供求关系来看，青山控股集团持有 20 万吨伦镍的空单[①]，可能超出了套期保值的需要。青山控股集团根据对市场上镍产量的认识和分析，考究到高冰镍的供给有暴增的趋势，可能造成镍价格下跌，为了避免亏损利用期货合约进行套期保值，故在期货市场上持有大量的镍空单。青山控股集团的镍矿成本约为 8000 美元/吨，但在这场暴涨前，镍的价值仅约为 20000 美元/吨，这样的做空是合适的（书光，2022）。

由于交易所信息保密的缺乏，青山控股集团在 LME 的镍期货交易持有大量空头头寸的消息被资金巨头所知，且头寸远远超过了 LME 的全球镍储备量，而青山控股集团自己的镍产量也在有限范围内。于是国际资本巨头借助这个机会对青山控股集团进行逼空。所谓逼空，就是某一方拥有巨量的资金不断做多，让期货价格飞速上涨，而市场中持有空单的人就会面临严重的损失。因为做空损失没有上限，为了止住更大的损失，空头方需要买入进行平仓，这种操作又正向循环拉高了期货价格。

---

① 资料来源：《中国基金报》，https://mp.weixin.qq.com/s/rzOm07GXKBg7xHcztAR3vA。

与此同时，由于俄镍被禁止进行交割，"多头对手"还在市场上大量购入可交割的镍现货，从而造成了现货短缺。再加上资金巨头的恶意做空，导致 LME 镍价加速上涨，青山控股为了避免被强制平仓，也没有足够的现货进行交割，只能继续支付大量的保证金。东方财富网所显示的数据显示（见图 1），从 2022 年 3 月 1 日开始，LME 镍期货价格从 24225 美元/吨飙升到 101365 美元/吨，在 6 个交易日内上涨了 3 倍多。如图 2 和图 3 所示镍期货价格在 3 月 1 日附近出现了较大波动，而镍期货交易量同时出现波动。

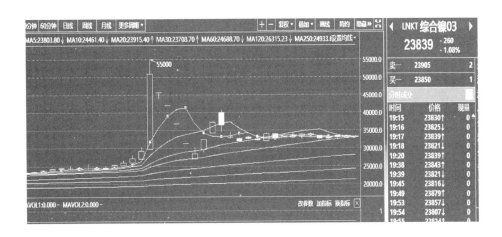

图 1　2022 年 3 月 1 日开始 LME 镍股价图

资料来源：东方财富网。

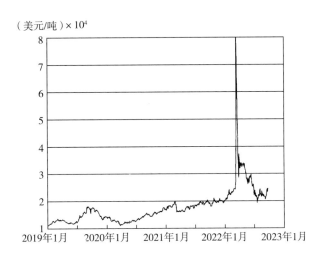

图 2　2019～2023 年 LME 镍期货收盘价

资料来源：东方财富网。

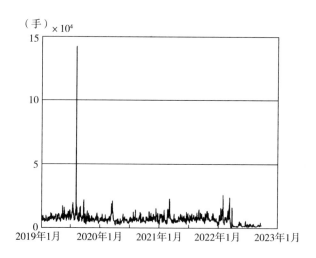

图3　2019~2023年LME镍期货交易量

对于青山控股集团的镍期货事件青山控股集团可行的操作有两种：一种是青山控股集团追加保证金以防止被强制平仓。这种情况下青山控股集团可能会面临数十亿元的巨额亏损。另一种是青山控股集团用20万吨的现货进行到期交割。青山公司的高冰镍产品不能满足交易所规定的交割标准，青山控股集团可以通过购买俄镍现货进行到期交割，但由于俄镍从LME被剔除，同时再加上市场上现货的短缺，使青山控股集团很难拿出用于交割的大量现货。

3.3　伦敦金属交易所的变数

制约青山控股集团的主要两大因素是资金压力和筹集现货的难度。在资金压力方面，青山此次事件得到了各方高度重视，资金压力虽然仍然巨大，但是背靠国内雄厚的资金来源，结合青山自身实力强大，其期货经纪商也可能给予一定的资金宽限，有一定的底气。面临的困难主要是多头方明显对资金量早有准备，而青山控股集团由于前期账户浮亏较大，存在难以补缴保证金压力。在筹集现货方面，青山控股集团可以用高冰镍制备镍板也可以与其他现货商换纯镍板，而在短时间内要筹集到20万吨现货是一件较为困难的事情。所以当镍价一度突破10000美元/吨之后，LME最终选择了出手干预市场，紧急叫停镍金属交易（陈雨康，2022）。在2022年3月8日，LME就宣布暂停并取消所有在英国时间2022年3月8日凌晨00：00或之后在场外交易和LME select屏幕交易系统执行的镍交易，并推迟原定于 2022 年 3 月 9 日交割的所有现货镍合约的交割①，将镍期货价格退回到前一日收盘时的结算价 48078 美元/吨②（由于 2022 年 3 月 8 日交易无效，前一日即为 2022 年 3 月 7 日）。

尽管 LME 采用延期和暂停并取消交易的方式初衷是为了维持期货市场的稳定性，但毋庸置疑的是，LME 的介入给青山控股集团带来了积极的效应，同时，也给青山控股集团争取到足够的时间去筹集所需交割的现货。而对对手方来说，伦镍期货合约的交割期限延迟越长，青山控股集团能储备到镍现货的越多，空头方出现损失的可能性也就越强。

2022 年 3 月 9 日晚间，青山控股集团宣布用旗下高冰镍置换国内金属镍板，已通过多种渠道调配到充足现货进行交割。随着 LME 宣布 3 月 8 日 00：00 停止之后的操作，各方先全部按照 49990 美元的定价去沟通，这比高位的 10 万美元价格好很多（陈其珏等，2022）。此外，青山控股集团已通过福建和广东两大下属公司开单收定金来回笼资金应付交付。青山控股集团 2022 年 3 月 15 日发表的公告称，他们已经与期货银行债权人组成的银团签订了静默协议（黄思瑜，2022）。该协议提到，在规定的静默期时间内，此次事件中涉及的期货业务银行不会对青山控股集团所持有的伦镍期货持仓头寸进行强制平仓，也不要求对持仓头寸追加更多的保证金。并且要求青山控股集团在异常的市场状况消失后，应当以符合规定且合理的方式削减集团目前持有的空单头寸，要求当镍价格低于 30000 美元/吨时，在一系列交易位置中进行减仓。

静默协议约定：如果将来伦镍的价格持续走高，银行将不会再追加保证金，也不强制平仓。也就是说由银团为青山控股集团补缴所需保证金，确保青山控股集团的空单不会被强制平仓。而青山控股集团也需要尽可能地在那段时间筹集现货，一旦现货足够多，问题就会迎刃而解。青山控股集团作为世界上最大的镍供应商之一，在拥有充足的时间下，筹集到用于交割的现货的机会就越大。而对于在 30000 美元/吨附近建仓的镍期货多头方来说也是一种危机，因为如果青山控股集团筹集到镍现货进行交割，此时镍期货价格越高，多头方损失就越严重。也正因为如此，在青山控股集团签订了静默协议后，镍期货价格开始慢慢下跌，最终会导致跟镍现货价格持平。

---

①② 资料来源：London Metal Exchange，https：//www.lme.com/Metals/Non-ferrous/LME-Nickel#Summary（Cancellation of recent trades（see notice 22/053））。

4 伦镍事件的影响

4.1 镍产业链受阻

这次镍事件导致了镍产业链的停滞，使期货价格丧失了对现货价格的导向作用，与期货市场为实体企业服务本意背道而驰。镍价飙升后，使未签订长期协议的下游企业难以接受，极有可能会导致减产停产的情况，使得下游厂商的成本压力陡增（徐爱东和刘宇晶，2022）。就不锈钢产业而言，2022年3月产量增加，但是镍价上涨拉高了不锈钢的生产成本，使得不锈钢价格上涨。由于镍价格的剧烈波动，在很大程度上影响了现货的价格和期货的价格，使镍商品的上、中、下游的产业链减少生产、不再接单，贸易几乎陷入停滞。LME暂停交易、国内的期货交易所也接连涨跌停，使得实体企业和交易机构不能正常进行交易，同时也阻碍了公司的套期保值（安宇飞和杨夏，2022）。

4.2 期货交割问题

由于国际与国内期货合约制度的不同，交割标准品之间的差异，大多数中国公司在没有完全熟悉境外交易所的交割规则之前，贸然进入国际市场进行期货交易，很可能会产生巨大风险，像青山控股集团一样，陷入被逼仓的困境。与此同时，由于国外交易所的规则差异，国内参与期货交易的企业不能及时获得新信息，从而导致信息缺失带来的亏损。为解决这一问题，期货企业必须提高自身的业务能力，深入研究国外交易所的规章制度，并将其系统的更新变化及时传达给相关客户，提高其国际化的服务效率。

在这次青山控股集团镍事件发生之后，LME在交易合约中加入了一个交易价格波动限制，从2022年3月15日起，除了伦镍以外的其他金属按上一交易日收盘价的上下15%而定；从3月16日开始，伦镍按上一交易日收盘价的上下5%而定，即3月16日开盘时，则按3月7日的收盘价为上一交易日收盘价①。而在规则修改之前，LME没有取消过交易的历史，也没有延迟交割的操作，且没有较大持仓账户的持仓报告，在此次修订之后，LME便增加了大户持仓报告和超过100手的场外交易头寸的报告要求（齐稚平和张晓燕，2022）。

---

① 资料来源：London Metal Exchange，https：//www.lme.com/Metals/Non-ferrous/LME-Nickel#Summary（Nickel market update：Arrangement for resumption of trading（see notice 22/064））。

此次 LME 新建立的涨跌停机制，既能避免股价大幅上涨和大幅下跌，又与大户持仓制度和延迟交割等规章相结合，有效地改善了伦敦期货市场的交易环境，并且还能促进行业的保值。更多的是，加强了期货市场的交易透明度，完善风险预警，使投资者能够在一个相对公平的环境下完成交易，从而促进期货市场的长期健康发展。

4.3　对期货交易的警醒

青山控股集团此次事件，也给国家决策机构和金融机构一个警醒，应该时刻重视期货市场交易的重要性和复杂性。期货市场作为一个保障未来需求的重要市场，当国家资源紧缺时，期货交易能够成为我国在国际贸易中使用的一个最有效的工具之一。随着世界人口的大幅增长，战略科技的演变，战略性物资的重要性逐步凸显出来，而由于战略现货资源在现货市场中价格波动跌宕起伏，历史上各国通过签订长期协议以解决物资问题，一旦政治环境动荡，物资协定的不确定性便大幅提升。

而在期货市场交易中，青山镍事件也警醒着国内的期货买家，无论在任何期货产品市场中都要谨慎为先。做空与做多都充满着极大的不确定性，随着世界货币的不断贬值，人口和对物资的需求都在不断增加。在这种大趋势下做空需要有着清晰的头脑和定力，对仓位的合理把持，严谨的交割考虑，配置合理的对冲风险机制，都是必不可少的。

4.4　LME 相关机制和规则的完善

LME 制度的优化滞后，缺乏伦镍交割的品种，以及不够严格的持仓信息披露、没有涨跌停的限制等问题都在此次事件中暴露出来。LME 场内官方价的基准作用大打折扣，导致实体企业和相关参与者难以进行正常交易（董依菲，2022）。而通过此次事件的深刻影响，LME 开始对自己交易所产生的规则漏洞进行完善。

2020 年，LME 还出台了一系列规定，要求会员提供关于场外金属交易的详细信息。但是在实际应用中，这些权限只能用于显而易见和已经发生的市场滥用，而不能防止风险。而在 2022 年 5 月 13 日 LME 发布的主题为 *Consultation on OTC Position Reporting for all Physically Deliverable Metals & Accountability Levels for Reportable OTC Positions* 的公告（以下简称公告）① 要求每位成员每周向 LME 申报可实物交割的铝、铝合金、钴、铜、铅、NASAAC、镍、锡及锌的场外交易头寸，且不设最低头寸规模门槛，同时将问责级别扩展至场外交易职位。公告提到 LME 负有监管

---

① 资料来源：London Metal Exchange，https：//www.lme.com/Metals/Non-ferrous/LME-Nickel#Summary（Nickel trading update：Consultation on OTC Position Reporting（see notice 22/145））。

责任，其中包括监测、发现和调查潜在的市场滥用情况，以及确保其市场的公平和有序运作。LME 通过提高可见度，来提高交易所全面监督活动的能力，确保未来市场稳定以及确保继续遵守其监管义务。同时交易所行使其现有权力，要求场外交易公司提供与镍头寸有关的头寸信息。此外，交易所还认为，现在有必要加快引入定期场外交易报告制度，对在 LME 交易的所有实物交割的金属引入相对应的责任水平。LME 同时向所有利益相关方进行意见寻求，寻求截止到伦敦时间 2022 年 5 月 27 日星期五 18：00。LME 还将指定一个独立的部门来评估此次事故，LME 相信这一举动会极大地提高自身的市场风险监管能力。

5 镍期货逼空事件的启示

5.1 建立有效监管体系，恢复国内外供应链

在有色金属方面，我国对铜、铝、铝合金、镍等产品的进口依赖性都较高，因此中国必须从国外进口大量矿石，而国内矿产资源匮乏加剧了我国对有色金属的需求，从而加强了中国与其他国家的联系。此次俄镍供应受到极大的影响，造成了国内外的供应链的中断。镍产品作为中国发展新能源和新基建的关键，控制好镍的生产成本以及整个产业链，对国内相关企业的发展都是非常重要的（齐琦，2022）。虽然地缘政治因素的不确定性较大，但能增强国内和国际上的供应链管理，同时也能促进完善国内上、中、下游产业链的管理。基于此，加强对镍资源国的全面研究，定期更新研究资源国政策和数据的报告；减少电镍等有色金属的进口关税，以吸引更多资源流入中国，拓宽镍资源的来源；适时开展镍的收储，为保障镍供应链的安全，恰当开展镍资源的收储是必要的。在价格暴涨时国家能采用有效的平抑价格的手段影响市场，同时在国外供应链受阻时也能以最快效率转化为通用原材料。最后对再生原材料的行业进行规范也能有效地扩宽镍资源的进口渠道（王洪中等，2022）。

5.2 加强衍生品风险意识，坚持风险防控

中国的企业和机构应该在此次事件中得到提醒，应该保持强烈的风险意识，坚持企业套期保值和风险防控的原则。必须建立好并不断完善审批授权等监控体系，同时风险管理部门应该加强对企业套期保值的交易评估和风险监管，防止衍生品交易从套期保值演变为投机，合理地综合考虑自身业务链所处环节和市场地

位，考虑期货和现货的实时情况，防止发生逼空危机（周钰铭，2023）。

5.3　关注期货市场风险，及时调整投资策略

中国的企业和机构也应该在制定套期保值策略时，严谨考虑基于现货产销计划合理的建立不同交割期限的仓位，以尽可能匹配对应的交割时间和数量。同时企业相关部门也应该认真研究基差变化规律，选择合适的期货交易品种，持续关注上下游客户履约风险，实时管理所持期货仓位，努力将基差风险最小化。针对企业所进行的套期保值策略，深入识别是否真正符合套期标准，切实控制好基差风险（齐稚平和张晓燕，2022）。

此外，期货投资策略也要根据现货和期货市场的情况进行及时调整。LME 规则漏洞、期镍合约交割品错配、全球镍库存的下降，均是导致伦镍价格上涨和青山控股集团陷入亏损危机的导火索。"黑天鹅"事件警醒企业在期货交易中，需要高度关注期货市场风险，及时对期货投资策略进行实时调整。

5.4　注重流动性管理，防范期货交割风险

在套期保值防止商品价格波动的同时，中国的企业和机构同时也应该对自家经营业务中所涉及的大宗商品的库存及期货合约数量、价格等相关数据有实时的了解和关注，及时在期货市场头寸和现货数量管理的基础上对企业大宗商品期货合约仓位进行调整。尤其是作为空头方，因为"钱永远比货多"，也可以合理地关注衍生品合约，采用移仓或部分平仓的方式对持有头寸进行灵活管理。企业和机构也应该提前准备好应对极端事件发生的风险预防措施，在事件发生时及时平仓或交割，降低头寸，降低风险（齐稚平和张晓燕，2022）。

5.5　认清套期保值，合理使用衍生工具

此次逼空事件中，青山控股集团暴露出了一些问题，在套保风险的管理、对冲风险的策略、保证金流动性管理以及对市场敏锐性等方面都存在着一些需要进一步优化解决的缺点。当企业需要对生产或将来需要购买的现货商品进行保值或者对冲风险时，一般需要买入或卖出该现货品种的期货合约。由于期货合约与远期合约的定制化不同，期货品种有限且是标准化的，可能会出现没有所需要的对应商品的期货合约。此时企业就会选择一种与对应商品类别相似，并且两种商品价格关联程度较高，带有一定协同影响的一种能够替代对应商品的期货品种，通过买卖该商品的期货合约进行套期保值交易，这就是所谓的交叉套保。青山控股集团生产的镍铁并不符合 LME 规定的镍期货标准交割品，所以青山控股集团所使用的对冲价格波动的风险的策略是典型的交叉套保。

青山集团持有的巨量空头头寸反映出其可能未考虑基差风险。在进行交叉套保时，应反复检验被套期商品（高冰镍）与套期工具（LME 镍期货）价格的关联度，据此确定期货空头头寸并根据价格关联度的变化进行动态调整。青山集团在持有的期货空头合约集中临近到期前，既没有对头寸进行移仓，也没有准备足够的库存现货用于交割，一旦发生逼空，其将面临巨大的基差风险和交割风险。对于市场规模较小、流动性较差的镍而言，还应考虑期货合约的规定交割品种的流动性管理。从资金的流动性管理来看，正是由于 LME 暂停交易和宣布 3 月 8 日交易无效，银行债权人同意暂缓强制平仓和追缴保证金，才暂时避免了被强制平仓和追加保证金。这也反映出在持有巨额空头头寸的情况下，青山集团没有做好补足保证金的准备，暴露出其在期货操盘时资金流动性管理上的不足。

6　案 例 结 语

青山依旧在，几度夕阳红。在此次青山控股伦镍事件当中，期货合约作为一种有效的套期保值手段，期货合约本身并不一定会带来风险和损失，更不应该"妖魔化"期货合约，而关键是工具使用者是否能够对其进行科学的、高效的管理，以趋利避害。同时，中国的企业在使用期货衍生工具时也要吸取以往和这次事件的教训，加强对大宗商品风险的管理。在使用交叉套保等衍生品策略时，要根据现货销售计划和销售情况，确定不同期货合约仓位，使持仓头寸与现货的数量和期限相适应；要对基差变动规律进行深入的分析，合理地选取期货品种，动态地管理自己的持仓，及时优化自己的仓位，坚持底线思维，始终敬畏金融市场，正视"黑天鹅"等突发事件给期货市场所带来的风险和危机。

案例使用说明

一、教学目的与用途

（一）适用课程

本案例主要适用于《国际金融学》《公司金融》《投资学》《管理经济学》《国际投资》《衍生金融工具》《金融风险管理》《金融市场学》《金融学理论与实务》《行为金融学》等课程。

（二）适用对象

本案例主要适用于以下对象：

1. 经济学、金融学、金融工程、投资学等相关专业的本科生和研究生。

2. 对金融和投资领域感兴趣的专业人士，包括但不限于金融分析师、投资顾问、银行工作人员等。

3. MBA、EMBA、MPACC等专业课程的学生，以及其他参与继续教育和职业发展课程的成人学习者。

4. 对金融市场、金融产品、金融科技等有兴趣的企业管理者和决策者。

（三）教学目标

大宗商品的套期保值尤其是交叉套保被广泛地应用于商品的价格避险当中，公司采取合理的风险策略，才可以达到较好的套期保值效果。在此次青山控股镍事件中，衍生品工具应用和风险管理问题凸显。本案例通过对青山控股集团的概况介绍以及事件发生的前因后果，让学生了解到金融衍生工具的"双刃剑"特性，并指出LME所暴露出的监管盲点等问题。

二、启发性思考题

1. 青山控股集团在此次事件中自身策略存在什么问题？

2. 在此次事件中，LME由于风控机制漏洞导致了什么问题？

3. 青山控股伦镍事件给中国企业带来了什么经验教训？

4. 青山控股镍事件冲击下的伦镍市场会走向哪里？这对我国期货交易所带来了什么经验启发？

三、分析思路

案例的分析思路是首先了解此次镍事件的两个主角，即青山控股集团和逼空的资金巨头的背景，以及全球镍市场的特点和发展情况，阐述了在事件发生之后对镍产业链和 LME 期货交易规则的更改的影响，并总结青山控股集团在衍生品风险管理、流动性管理等方面的不足，提醒各企业要深刻认识到，是否真的遵守了套期保值标准，并有效地控制基差风险。在极端市场条件下，要保证流动性的充裕，防止保证金不能及时补缴的流动性风险，要密切关注和预测"黑天鹅"事件等突然事件的发生，做好突发事件的应急措施。

四、理论参考

（一）期货（Futures）

与实实在在可以交易的现货完全不同，期货主要不是货，而是以某种大宗产品如棉花、大豆、石油等及金融资产如股票、债券等为标的标准化可交易合约。因此，这个标的物可以是某种商品（如黄金、贵金属、农产品），也可以是金融工具。自期货出现在市场经济活动中以来，期货交易便以一种特有的交易效率在市场上发挥着积极作用，但是期货交易的运转具有特殊性，如果不能客观认识这些特殊规律就会阻碍期货交易制度正常运作，从而加大交易风险。

（二）系统性风险

系统性风险是指国家因多种外部或内部的不利因素经过长时间积累没有被发现或重视，在某段时间共振导致无法控制使金融系统参与者恐慌性出逃（抛售），造成全市场投资风险加大。系统性风险包括政策风险、经济周期性波动风险、利率风险、购买力风险、汇率风险等。对系统性风险的识别就是对一个国家一定时期内宏观的经济状况做出判断。

（三）套期保值和交叉套保

套期保值是指交易人在买卖出示真实商品的同时，以同样数量的期货合约买卖来进行保值。是指通过期货交易来暂时代替实物交易，以规避或降低价格的不利变化所造成的损失。具体来说，就是在一个特定的时间点，在现货和期货市场上，对相同的商品做等量的买卖，进行相反的交易。而在一段时间内，由于价格的变化造成了现货的亏损，可以通过期货交易中的亏损来补偿。这样就可以在两个市场形成一个套期保值机制，将市场的价格风险降至最小。

在正常的市场情况下，现货价格和期货价格的波动方向是相似的，因为两者都受到同样的需求和供给影响，但是由于现货市场和期货市场的运行方向相反，因此期货市场的利润能够补偿现货市场的损失，现货市场也可以通过盈利来补偿期货市场的损失。套期保值应遵循反向交易、品种相同、数量相等、月份接近的原则。在企业的生产和运营中，使用套期保值可以确定产品的采购销售价格，确保企业的利润，控制预算；原材料的上游厂商也确保了生产的利润和贸易利润，同时控制了原料库存。

交叉套期保值是在期货市场交易中，用一种衍生品期货合约为另一种相关的商品提供价格保护。例如，当未来的利率升高导致公司债券的价格下跌时，可以通过国债期货合约来保护公司债券的价值。而交叉套保也并非绝对有效。反之，若公司债券价格比国债的价格下降得更快，那么交易者就会蒙受损失。通常，期货商品的替代品应是对应现货的替代品，两者之间的代替性越高，则套期保值的作用就越大。

在大宗商品的交叉套保策略当中，可能会出现交割风险和基差风险。交割风险通常由于期货合约损失太大，但合约未到期，未能平仓导致的实物交割责任和实物不足以用于交割的问题。而基差风险指的是对应商品的价格在现货市场和期货市场上出现了偏差。同一大宗商品类别下，不同品种的商品在品位、纯度等指标上常常有很大差别，且品种与品种之间价格相关性不强，也不能相互替换，因此存在着基差风险和交割风险。

五、具体分析

（一）青山控股集团在此次事件中自身策略存在什么问题？

【理论知识】 期货的概念、套利理论

【分析思路】 本题设置的目的是加深学生对企业使用衍生品工具（如期货合约）进行套期保值的理解，了解什么是期货以及如何使用期货合约。以下提供辅助问题，仅供参考：

1. 为什么要使用期货合约？

2. 在期货交易市场中如何分清投机还是套保？

【案例答案】 期货合约是一种可以发现价格和信息，从而进行套期保值的工具，但是在足够大的利润诱惑之下，没有健全的风险管控机制，很有可能会发展成为一种过度的套期保值以及投机行为。在这次逼空事件中，根据青山控股集团所披露的资料显示，青山控股获取了印度尼西亚的 4.7 万公顷红土镍矿的开采权，持有镍期货空头头寸可以被认为是合理的套期保值行为。但青山控股集团与镍相关的生产产品中，只有高冰镍与伦镍交割品的关联度较高，折合每年在 12 万吨左右的产量，一次性密集开出 4 个月 20 万空单，那么青山控股集团的空头持仓已经超出了其相关产品的年生产，就可能产生过度套期保值或投机的行为（程静，2023）。而青山控股集团在持有期货空头合约临近到期前，既没有对头寸进行移仓，也没有准备足够的库存现货用于交割，一旦发生逼空事件，青山控股集团将因为无法提供足够的现货进行交割而被迫平仓或现金交割而产生巨额资金亏损。从实物的流动性管理出发，交割物的资源是有限的，过度的杠杆追逐有限的资源会导致价格扭曲，从而产生价格大幅波动、逼仓的可能，期货交易史上操纵者控

制现货流通从而操纵期货价格的案例也层出不穷。

青山控股集团没有注重自身套期保值风险的管理，对投机还是套保的界面划定不清晰；再加上没有实时地观察分析市场走向，及时调整企业的套期保值策略，最终导致了自身陷入巨大的亏损危机当中。这也警醒着中国的企业，要吸取历史套保失败案例的经验教训，按需匹配头寸，确保头寸规模不能超过实体经营的体量范围，并根据期现市场价格走势合理调整仓位（程静，2023）。

（二）在此次事件中，LME 由于风控机制漏洞导致了什么问题？

【理论知识】系统性风险

【分析思路】本题设置的目的是让学生了解到交易所完善风控机制的必要性，再引导学生思考期货交易所应该如何加强风控体系。以下提供辅助问题，仅供思考：

1. LME 在本次事件中暴露出了什么问题？

2. 为了解决题 1 的这些问题 LME 做出了什么改善，与国内的交易所相比如何？

【案例答案】LME 交易制度更新得不及时，镍交割品种的缺乏，持仓信息披露问题和涨跌停限制漏洞等都在此次青山控股集团镍事件中暴露出来。LME 的初衷是为了维持期货市场的稳定，所以 LME 选择用暂停镍期货交易和取消期货交易的方式紧急挽回局面，但这可能引起部分交易商的不满。而镍价飙升和交易冻结又直接影响了下游市场（其中新能源汽车生产商受到的冲击较大）的生产销售情况。

逼空事件过后，LME 对交易所缺乏的规则进行了完善，增加了涨跌停板、大户报告等规则，同时增加涨跌停上下限规则。LME 在设定涨跌停限制之前，市场流动性较好和交易活跃度较高，但随之而来的是短时间价格的波动会由于"黑天鹅"事件或某交易方的恶意操作而剧烈波动，可能会出现类似这次青山控股集团所面临的事件，不仅可能给投资者带来重大的损失，更为严重的可能会出现客户账上的权益为负值的风险状况，进而引发系统性风险。增加涨跌停上下限这一举措对"黑天鹅"事件的突发起到了有效的抑制作用，避免了系统性风险，同时也能有效缓解由于投资者过度投机导致的交易价格恶意波动，还能为客户提供锁定当日的最大交易浮盈浮亏的作用，为多头和空头双方追加保证金和筹集交割品留出缓冲时间。

相比而言，我国的期货交易市场拥有更完善的风险监管体系。国内交易所设置的涨跌停板有效地避免了境内期货市场交易者由于全球价格大幅波动产生的亏损，也为期货市场价格和现货市场价格的理性回归提供了时间和空间。我国境内期货市场均已建立了严格的大户报告制度，要求当会员或客户某一合约持仓达到规定的持仓报告标准时，应当向交易所报告说明。通过大户报告，交易所可以对持仓量较大的会员或客户进行重点监控，了解其持仓动向、意图，并评估是否有过度投机和操纵市场行为以及交易风险过度集中情况。对于风险过度集中或有操纵市场嫌疑的会员或客户，交易所可以要求限制其开新仓，或要求其减仓，甚至实行强制平仓。此外，为了防止市场操纵和过度投机，交易所也可以通过设置交易限额、持仓限额对市场参与者所能交易的合约数量以及可以持有的合约数量进行限制。

（三）青山控股伦镍事件给中国企业带来了什么经验教训？

【理论知识】 系统性风险、套期保值理论

【分析思路】 本题设置的目的是让学生了解企业加强衍生品工具使用的认知的重要性。以下提供辅助问题，仅供参考：

1. 期货作为一个有效的避免价格波动风险的工具，企业如何使用好才能更大化避免自身的风险？

2. 中国的企业在经历过类似事件后，如何加强企业自身的风险监管体系？

【案例答案】 在此次青山控股伦镍事件当中，作为一种有效的套期保值手段，期货合约本身并不一定会带来风险和损失。而期货作为一种风险对冲的有效工具，企业既不能对其"谈虎色变"，也不能轻视参与期货交易过程中的风险（齐稚平和张晓燕，2022）。首先需要关注期货投资的五种风险[①]。期货交易的保证金杠杆效应，易诱发交易者的"以小博大"投机心理，从而产生价格波动风险；每日无负债结算制度，使客户在期货价格波动较大，而保证金又不能在规定时间内补足至最低限度时，面临被强制平仓的结算风险；对基本面、技术面缺乏正确分析的前提下，投资者盲目入市和逆市导致的操作风险；交易者难以及时成交的流动风险；期货市场中卖方或买方不履行合约而带来的信用风险。企业需要严格遵守期货交易所和期货经纪公司的一切风险管理制度。关注信息、分析形势，加强对各类市场因素的分析，注意期货市场的每一个环节。控制好资金和持仓的比例，避免被强行平仓的风险，将风险控制在自己可承受的范围。同时在充分交流和了解的基础上，选择经营规范的经纪公司，并及时认真检查自己每笔交易的具体情况和自己的交易资金情况。

同时，我国使用期货作为风险管理的企业也要吸取以往和这次事件的教训，加强对大宗商品风险的管理。期货交易对流动性资金要求较高，企业还可以使用远期合约、掉期互换、期权等衍生品工具进行风险对冲。同时高度关注期货市场风险，按需匹配头寸，确保头寸规模不能超过实体经营的体量范围，并根据期现

---

① 资料来源：中国证券监督管理委员会，http：//www.csrc.gov.cn/csrc/c100211/c1452120/content.shtml。

市场价格走势合理调整仓位，同时牢固树立套保底线思维以防范投机行为（程静，2023）。

（四）青山控股镍事件冲击下的伦镍市场会走向哪里？这对我国期货交易所带来了什么经验启发？

【理论知识】金融机构风险管理

【分析思路】本题设置的目的是强化交易所机制对市场稳定的重要性，引导学生思考中国的期货交易所应该如何避免类似事件再发生。以下提供辅助问题，仅供参考：

1. 伦敦交易所在青山控股镍事件之后进行的举措挽回了期货市场吗？

2. 中国的期货交易所是否有出现类似的规则漏洞？

【案例答案】LME 暂停交易，取消了价值数十亿美元的伦镍交易，以应对资本巨头对青山控股集团的逼空，并维持期货市场稳定。距离 2022 年 3 月上演的伦镍风险事件一年后，LME 于伦敦时间 3 月 27 日 1 时（北京时间上午 8 时）恢复了亚洲时段镍交易（陈雨康，2023）。这标志着在经历了上年前所未有的伦镍逼空大事件，市场修复努力迈出了关键一步。镍币公司也将重新开门营业。

相比国际期货市场的期货商品种类，我国在 2023 年期货市场所交易的期货品种较少，适当增加期货种类能够有效提高经营各类商品的套期保值效果。而企业进行交叉套保的最大风险就是被套期资产与期货合约标的资产不一致带来的基差风险和交割风险，国内的期货交易所的风控监督体系应该在应对由于交割品错配产生的风险方面逐渐完善，防止出现类似伦镍的事件。一方面，国内期货交易所可以增加套期保值的期货合约品种，以提升期货服务企业的深度和广度。另一方面，国内期货交易所应积极引入境外交易者参加期货交易，以扩大交易所的国际影响力，从而提高产品定价能力，如郑商所引入境外交易者积极参与菜籽油、菜籽粕、花生期货交易，以此不断提升油脂油料在全球的定价话语权（程静，2023）。交易所和投资者都应该时刻警醒，实时关注市场风险，保护好自身风险的头寸隐私，建立起完备的套期保值风险控制系统。

LME 发生的事件更凸显了金融基础设施市场风险管理功能及监管的重要性。在建设国内金融基础设施时不论是在境外展业还是吸引国际参与者进来，都应该充分评估项目的潜在风险。最后，此次"逼仓"事件导致境外机构抓住漏洞影响境内市场也反映出我国在国际大宗商品市场中缺乏定价能力的现状。往后进一步深化金融市场改革，鼓励大宗商品人民币基准价，让上海金、上海银、上海油走出国门，不断提升我国大宗商品定价话语权，时刻切记保持对市场的敬畏（戴新竹等，2022）。

六、关键要点

（一）案例关键点

本案例关键在于理解引起青山控股集团镍空单被逼空的成因。这一事件暴露出的衍生工具套期保值、交易所制度缺陷、青山控股集团风险控制不足等问题。通过理解套期保值的交易特点，并理解在交叉套保下为什么存在基差风险和交割风险。分析 LME 监管对于期货交割制度的不完善带来了哪些问题。最后归纳企业在使用套期保值进行风险防控时的注意事项，对套期保值这一重要衍生金融工具有更深的了解。

（二）知识关键点

本案例涉及的知识点主要有：期货合约概念、套期保值理论、交叉套保概念、基差风险、交割风险、期货交易所监管。

（三）能力关键点

本案例涉及的能力点主要有：金融市场分析能力、问题发现及分析能力及批判性思维，培养市场知识和衍生品工具使用能力；运用所学理论工具研究实际金融问题的能力。

七、课堂计划建议

本案例适用于专门的案例讨论课，课堂计划可以根据学生差异，尤其是对案例的阅读和课前对象相应知识的掌握程度来进行有针对性的设计。授课教师可参考本案例使用说明，做好案例教学计划安排，表 2 仅供参考。本案例建议在《金融衍生工具》《金融案例分析》等课程中作为综合案例使用。整个案例课堂讨论控制在 90 分钟内。为了保证案例教学的质量，建议学生规模控制在 30 人以内，分为 4 个小组（每个启发性思考题随机抽选一个小组进行针对性提问）。

表 2　案例教学计划安排

阶段	内容	教学活动	时间
课前准备	课前准备	1. 提前查看案例正文、启发性思考题，并请学生根据案例提前自行检索搜集金融衍生工具、期货以及青山控股镍事件始末等相关信息； 2. 提前要求学生做好分组，建议划分为 4 个小组，分配思考题任务	课前一周
	案例引入	授课教师说明课程内容和案例讨论主题，说明案例讨论的教学目的、要求和安排等	5 分钟
	分组讨论	开始分组讨论，各学生根据课前搜集的信息，围绕启发性思考题进行深入讨论	20 分钟

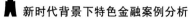

新时代背景下特色金融案例分析

续表

阶段	内容	教学活动	时间
课堂计划	小组汇报	1. 授课教师根据分析思路中给出的案例分析逻辑以及各启发性思考题对应的引导性提问，展开教学； 2. 小组根据所分配任务，理清青山控股镍事件的始末并尝试回答其中的启发性思考题； 3. 授课教师在提问过程中穿插讲解理论依据和知识点	40~50 分钟
	案例总结	对案例正文的整体叙述、相关理论参与和知识点进行总结归结，并适当延伸	15 分钟
课后计划	小组报告	要求学生采用小组报告形式对案例讨论的结论与理论基础、分析思路等进行阐述，为后续章节的学习做好铺垫	课后一周

410

参考文献

［1］ Modigliani F. , Miller M. H. The Cost of Capital, Corporation Finance and the Theory of Investment ［J］. The American Economic Review, 1958, 48（03）: 261 - 297.

［2］ Prahalad C. K. , Hamel G. The Core Competence of the Corporation ［J］. International Library of Critical Writings in Economics, 1990（163）: 210-222.

［3］ 安毅，方蕊. 我国农业价格保险与农产品期货的结合模式和政策建议 ［J］. 经济纵横, 2016（07）: 64-69.

［4］ 安宇飞，杨夏. "妖镍"风起何处？［N］. 每日经济新闻, 2022-03-14 （008）.

［5］ 蔡馨，李心悦. 移动互联网视阈下好利来联名营销的策略探析 ［J］. 今传媒, 2022, 30（06）: 134-138.

［6］ 陈邦祺. "镍王"出山——妖镍事件亮爆隐形的"青山系" ［J］. 国企管理, 2022, 89（21）: 76-79+3.

［7］ 陈国进，丁赛杰，赵向琴. 中国绿色金融政策、融资成本与企业绿色转型——基于央行担保品政策视角 ［J］. 金融研究, 2021, 498（12）: 75-95.

［8］ 陈嘉玲. 镍"妖"何来 ［N］. 中国经营报, 2022-03-14（B01）.

［9］ 陈蕾. "保险+期货": 农业风险管理的策略与战略 ［D］. 北京: 北京外国语大学, 2020.

［10］ 陈明军. 我国上市公司关联交易信息披露问题思考 ［J］. 企业经济, 2010（05）: 169-171.

［11］ 陈其珏，陈雨康，王文嫣. 惊魂16小时！还原青山控股被逼仓事件 ［N］. 上海证券报, 2022-03-10（004）.

［12］ 陈宇. 经济结构转型对企业经营管理的影响 ［J］. 山西财经大学学报,

2023，45（S2）：74-76.

［13］陈雨康．伦敦金属交易所时隔一年重启亚洲时段镍交易［N］．上海证券报，2023-03-28（003）．

［14］陈雨康．伦镍史无前例暴涨 LME 取消 8 日"逼空"交易［N］．上海证券报，2022-03-09（013）．

［15］程静．商品期货交叉套期保值风险管理——以青山伦镍事件为例［J］．投资与创业，2023，34（12）：13-15.

［16］戴新竹，李文伟，缪仁龙．LME 镍期货"逼仓"危机对金融基础设施风险管理的启示［J］．金融市场研究，2022（07）：41-50.

［17］单德才．某期货公司"保险+期货"业务模式研究［D］．成都：电子科技大学，2018.

［18］丁梓航，曹恩国，彭辉．弱关系视域下新零售场景体验设计的创新路径及设计实践研究［J］．设计，2022，35（07）：58-61.

［19］董方冉．科技与金融"共舞"——访光大科技创新总监兼战略发展部总经理王硕［J］．中国金融家，2020（11）：50-52.

［20］董依菲．分析人士：参与伦镍交易要注意风险防控［N］．期货日报，2022-03-25（001）．

［21］方风雷．中国移动上市那些事儿［A］//中国证券业协会．创新与发展：中国证券业 2018 年论文集（上册）［C］．中国财经出版传媒集团，2019.

［22］高薛雯，曹莹．智慧零售理念下无人餐厅的环境交互设计研究——以好利来无人餐厅为例［J］．设计，2023，36（03）：144-147.

［23］郭晔，未钟琴，方颖．金融科技布局、银行信贷风险与经营绩效——来自商业银行与科技企业战略合作的证据［J］．金融研究，2022（10）：20-38.

［24］何德旭，程贵．绿色金融［J］．经济研究，2022，57（10）：10-17.

［25］黄思瑜．伦镍逼空风暴暂缓，分析师：伦镍向下，沪镍向上［N］．第一财经日报，2022-03-16（A08）．

［26］黄珍，李阳阳，付铁岩．好利来产品市场营销策略研究［J］．国际公关，2022（13）：115-117.

［27］吉乐．稳步推进邮政储蓄银行的改革［J］．中国金融，2013（24）：23.

［28］金辉．上市公司关联方交易信息披露问题探究［J］．全国流通经济，2022（14）：151-153.

［29］李苍舒，沈艳．数字经济时代下新金融业态风险的识别、测度及防控［J］．管理世界，2019，35（12）：53-69.

［30］李璠．创新科技治理模式，助力打造一流金控集团——光大金融科技的

探索与实践［J］．中国金融电脑，2018（06）：11-13.

［31］李俊海，吴本健．美国"保险+期货"模式助力农业发展的经验与启示［J］．世界农业，2023（03）：33-47.

［32］李铭，张艳．"保险+期货"服务农业风险管理的若干问题［J］．农业经济问题，2019（02）：92-100.

［33］李逸飞，李茂林，李静．银行金融科技、信贷配置与企业短债长用［J］．中国工业经济，2022（10）：137-154.

［34］刘德红，田原．供应链金融内涵与风险管理研究进展及展望［J］．经济问题，2020（07）：53-60.

［35］刘贯春，张军，丰超．金融体制改革与经济效率提升——来自省级面板数据的经验分析［J］．管理世界，2017（06）：9-22+187.

［36］刘华军，石印，郭立祥等．新时代的中国能源革命：历程、成就与展望［J］．管理世界，2022，38（07）：6-24.

［37］鲁成，赵敏，何松岳，葛云祥．潮牌联名产品的价格溢出机制［J］．东华大学学报（自然科学版），2024，50（01）：171-177.

［38］禄丹，秦志远，李翠翠．防范化解债务风险背景下地方政府信用评级研究［J］．宏观经济研究，2023（05）：20-32.

［39］吕江林，张蕊．商业银行操作性风险与信用风险：理论框架和经验数据［J］．广东社会科学，2019（02）：17-27.

［40］马骏．论构建中国绿色金融体系［J］．金融论坛，2015，20（05）：18-27.

［41］裴璇，刘宇，王稳华．企业数字化转型：驱动因素、经济效应与策略选择［J］．改革，2023（05）：124-137.

［42］彭麟．基于关联方交易视角的公司损益审计风险防范研究［J］．商讯，2023（02）：155-158.

［43］齐琦．伦镍五连跌逼空事件后镍市场正回归正常［N］．第一财经日报，2022-03-23（A08）.

［44］齐稚平，张晓燕．从伦镍事件看我国企业期货市场风险管理［J］．清华金融评论，2022，102（05）：52-56.

［45］邱晗，黄益平，纪洋．金融科技对传统银行行为的影响——基于互联网理财的视角［J］．金融研究，2018，461（11）：17-29.

［46］屈丽丽．伦镍逼空背后资本围剿的奥秘［N］．中国经营报，2022-03-21（C07）.

［47］盛天翔，范从来．金融科技、最优银行业市场结构与小微企业信贷供给［J］．金融研究，2020，480（06）：114-132.

［48］书光.伦镍"史诗级逼空"背后：境外机构盯上规则漏洞"抢劫"［N］.证券时报，2022-03-10（A06）.

［49］宋维东."保险+期货"有效破解种养殖户"急难忧盼"［N］.中国证券报，2022-11-15（A06）.

［50］孙红梅，姚书淇.商业银行经营风险与财务绩效——基于绿色业务影响的视角［J］.金融论坛，2021（02）：37-46.

［51］孙兴杰，鲁宸，张璇.消费降级还是消费分层？——中国居民消费变动趋势动态特征研究［J］.商业研究，2019（08）：25-35.

［52］孙妍，Jing Yi，陈建成.生猪利润保险产品设计与定价研究［J］.保险研究，2019（10）：19-34.

［53］唐松，伍旭川，祝佳.数字金融与企业技术创新——结构特征、机制识别与金融监管下的效应差异［J］.管理世界，2020，36（05）：52-66+9.

［54］天大研究院课题组，王元龙，马昀，王思程，刘宇婷，叶敏.中国绿色金融体系：构建与发展战略［J］.财贸经济，2011（10）：38-46+135.

［55］王凤荣，王康仕."绿色"政策与绿色金融配置效率——基于中国制造业上市公司的实证研究［J］.财经科学，2018（05）：1-14.

［56］王浩斌，陈钰.全球金融科技发展及监管机制对我国的启示［J］.黑龙江金融，2023（01）：80-83.

［57］王宏涛，曹文成，王一鸣.绿色金融政策与商业银行风险承担：机理、特征与实证研究［J］.金融经济学研究，2022，37（04）：143-160.

［58］王洪中，董金玲，崔茜悦.透视热点事件 关注国家安全——以"青山伦镍期货事件"任务驱动教学为例［J］.地理教学，2022（13）：52-55.

［59］王帅，姜颖，郑富强等.红土镍矿火法冶炼技术现状与研究进展［J］.中国冶金，2021，31（10）：1-7.

［60］王硕，莫斯琪.科技创新推动金融数字化服务转型发展［J］.银行家，2021（08）：118-120.

［61］王馨，王营.绿色信贷政策增进绿色创新研究［J］.管理世界，2021，37（06）：173-188+11.

［62］王阳.有上市公司日常关联交易合规性分析——以 HY 股份为例［J］.山西财税，2023（02）：6-38.

［63］王遥，潘冬阳，彭俞超等.基于 DSGE 模型的绿色信贷激励政策研究［J］.金融研究，2019（11）：1-18.

［64］文书洋，刘浩，王慧.绿色金融、绿色创新与经济高质量发展［J］.金融研究，2022，506（08）：1-17.

［65］文书洋，张琳，刘锡良．我们为什么需要绿色金融？——从全球经验事实到基于经济增长框架的理论解释［J］．金融研究，2021，498（12）：20-37.

［66］吴茵茵，齐杰，鲜琴．中国碳市场的碳减排效应研究——基于市场机制与行政干预的协同作用视角［J］．中国工业经济，2021，401（08）：114-132.

［67］仵志忠．信息不对称理论及其经济学意义［J］．经济学动态，1997（01）：66-69.

［68］夏益国，黄丽，傅佳．美国生猪毛利保险运行机制及启示［J］．价格理论与实践，2015（07）：43-45.

［69］项后军，高鹏飞．银行数字化转型能缓解流动性囤积吗［J］．经济学动态，2023（08）：82-100.

［70］项梦曦．镍市乱局余波未平　伦镍价格亟待理性回归［N］．金融时报，2022-03-29（008）.

［71］谢治春，赵兴庐，刘媛．金融科技发展与商业银行的数字化战略转型［J］．中国软科学，2018，332（08）：184-192.

［72］邢小强，周平录，张竹等．数字技术、BOP商业模式创新与包容性市场构建［J］．管理世界，2019，35（12）：116-136.

［73］徐爱东，刘宇晶．从全球镍产业变革看伦镍逼空事件影响［J］．中国有色金属，2022，715（07）：44-45.

［74］徐鹏，孙宁，敖雨．供应链金融与企业创新投入［J］．外国经济与管理，2023，45（11）：49-61.

［75］徐鹏杰，吴盛汉．基于"互联网+"背景的供应链金融模式创新与发展研究［J］．经济体制改革，2018（05）：133-128.

［76］徐阳洋，陆岷峰．关于商业银行数字化转型模式实践与创新路径的研究——基于近年来部分A股上市银行年报分析［J］．西南金融，2022（08）：72-83.

［77］许梦，巩淼森．新零售视角下私房烘焙门店服务设计策略研究［J］．设计，2022，35（04）：72-75.

［78］杨健，洪青祥．基于ISMAS模型的好利来品牌营销策略研究［J］．新闻研究导刊，2023，14（01）：230-233.

［79］叶建芳，周兰，李丹蒙等．管理层动机、会计政策选择与盈余管理——基于新会计准则下上市公司金融资产分类的实证研究［J］．会计研究，2009，257（03）：25-30+94.

［80］余方平，刘宇，王玉刚，尹航．"保险+期货"模式价格保险定价研究——以玉米为例［J］．管理评论，2020，32（04）：35-47.

［81］俞岚．绿色金融发展与创新研究［J］．经济问题，2016（01）：78-81.

［82］张怀岭．《公司法》关联交易规制理念纠偏与规则重构［J］．北方法学，2022，16（05）：108-122.

［83］张敬峰，周守华．产业共生、金融生态与供应链金融［J］．金融论坛，2013，18（08）：69-74.

［84］张玲．我国上市公司关联方交易信息披露的问题及成因分析［J］．财政监督，2011（11）：32-33.

［85］张明明．网红品牌 IP 营销、消费心理及消费意愿的动态关系［J］．商业经济研究，2021，816（05）：83-85.

［86］张娆，郭晓旭．碳排放权交易制度与企业绿色治理［J］．管理科学，2022，35（06）：22-39.

［87］张先治．高级财务管理［M］．大连：东北财经大学出版社，2007.

［88］赵佳，姜长云．农民专业合作社的经营方式转变与组织制度创新：皖省例证［J］．改革，2013（01）：82-92.

［89］赵魁媛．我国上市公司关联交易中的避税问题［J］．经济问题探索，2005（03）：94-95.

［90］肇启伟，付剑峰，刘洪江．科技金融中的关键问题——中国科技金融2014 年会综述［J］．管理世界，2015，258（03）：164-167.

［91］郑嘉榆，胡毅．绿色信贷能带动金融系统"绿色化"和企业减排吗？——基于演化博弈分析［J/OL］．中国管理科学，1-12［2023-11-26］.

［92］中国工商银行绿色金融课题组，周月秋，殷红，马素红，杨荇，韦巍，邱牧远，冯乾，张静文．商业银行构建绿色金融战略体系研究［J］．金融论坛，2017，22（01）：3-16.

［93］钟凯，梁鹏，董晓丹等．数字普惠金融与商业信用二次配置［J］．中国工业经济，2022，406（01）：170-188.

［94］钟叶锴，欧阳若澜，张晋华．"保险+期货"模式在养殖成本风险管理中的应用——以海口养殖类价格险为例［J］．金融理论与实践，2021（08）：110-118.

［95］周林彬，龙强，冯曦．私人治理、法律规则与金融发展——基于供应链金融合同治理的案例研究［J］．南方经济，2013（04）：75-84.

［96］周钰铭．伦镍逼空事件对我国大宗商品企业期货风险管理的启示［J］．现代营销，2023，799（03）：52-54.

［97］朱民，潘柳，张娓婉．财政支持金融：构建全球领先的中国零碳金融系统［J］．财政研究，2022，468（02）：18-28.

［98］朱焱，张孟昌．企业管理团队人力资本、研发投入与企业绩效的实证研究［J］．会计研究，2013，313（11）：45-52+96.

［99］朱宇平．红土镍矿湿法冶金工艺综述及进展［J］．世界有色金属，2020（18）：5-7.